ハヤカワ文庫 NF

〈NF413〉

〈数理を愉しむ〉シリーズ

リスクにあなたは騙される

ダン・ガードナー

田淵健太訳

早川書房

7406

RISK

The Science and Politics of Fear

by

Dan Gardner

Translated by
Kenta Tabuchi
Published 2014 in Japan by
HAYAKAWA PUBLISHING, INC.
This book is published in Japan by
arrangement with
McCLELLAND & STEWART LTD.
through JAPAN UNI AGENCY, INC., TOKYO.

サンドラへ

恐怖は災いを防ぐ手段として我々の心に組み込まれている。ただし、その役割は、ほかの感情と同じく、理性を押さえつけることではなく、助けることである

――サミュエル・ジョンソン

目次

リスクにあなたは騙される

プロローグ

　見た者は決して忘れないだろう。そして、ほぼすべての人間が見た。

　最初のジェット機が九月のさわやかな青空から矢のように現われ、世界貿易センターに激突したとき、その映像をとらえたテレビカメラはたった一台——今では何だったか忘れられたつまらない仕事を市の職員が行なっているのを路上で撮影していた——だけだった。しかし、高層ビルが燃えだす頃には、テレビ、ラジオ、インターネットによって非常事態が告げられた。テレビを通して世界中が注目し固唾を呑んで待った。二機目のジェット機が稲妻のように突っ込んだとき、計り知れない数の視聴者が——おそらく何億人も——ジェット機、激しい爆発、噴出する煙、パレードでまかれる紙吹雪のように降ってくるガラスやスチールを目にした。生放送でだ。あまりにもクリアで、あまりにも身近だった。この恐ろしい光景のすべてを居間の窓から見ているようだった。

　テロ攻撃を生で見なかった人も、すぐに目にすることになった。続く狂乱の日々に、その映像は何度も何度も繰り返し放映された。あらゆる場所で映っていた。ロンドンからモスクワや東京まで。アンデス山脈の頂からマダガスカルの森やオーストラリアの砂漠まで。現代の通信手段が利用可能なあらゆる都市、地方、村——地球のほぼ全域——で、この悲劇が目撃された。このような共通体験は人類の歴史上かつてなかった。

三〇〇〇人近くの人が亡くなった。何十万もの人々が家族や友人を失った。とてつもない犯罪だった。しかし、九月一一日のテロ攻撃によって圧倒的多数の米国人は自分に関係のある人の死を経験していないし、世界全体で考えればなおのことそう言える。九月一二日になると、テロと直接関係を持たなかった私たちは、いつも通りの日常生活へと戻る必要があった。しかしそこには変化があった。あのようなものを見たあとで事態が変化しないことなどあり得ない。

変化の一部は小さなものだった。あるいは起きたことに比べれば些細に思われた。例えば、人々は飛行機に乗るのを止めた。テロ攻撃の数日後に民間航空便の運行が再開したとき、離陸した飛行機はほとんど空だった。

その大きな理由はあの映像だった。それは強く感情に訴えるものだった。確かに、毎日多くのフライトがあるし、ハイジャックされオフィスビルに激突するフライトに出くわす機会はわずかかもしれない。しかし、そんなことは問題ではないようだった。空港は人を不安にさせた。飛行機に乗ることには違和感があり、危険に感じられた。

誰もが、テロ攻撃の数週間あるいは数ヶ月のあいだに、犠牲者の家族を知ることとなった。

メディアは彼らのインタビューや人物紹介、死にまつわる悲惨な話で満ち溢れ、衝撃的な事件がいっそう深く自分にかかわるものとなった。そして、さらに悪いことが起きるという話もしじゅう聞かされた。政治家や評論家、専門家が、まるでヨハネの黙示録での終末を告げるしるしの一つであるかのようにテロについて語った。死と破壊がもたらされる数え切れない可能性について警告された。すなわち、町の水道設備に入れられる毒物、原子炉に激突する飛行機、地下鉄で撒かれる遺伝子操作を受けた天然痘ウィルス、汚い爆弾（放射性物質を含んだ従来型の爆弾）、ありふれた貨物船の船倉内に置かれたスーツケース型核爆弾などである。

次に飛び込んできたのが、炭疽菌に汚染された郵便物によって数名が亡くなったというニュースだった。炭疽菌。誰もそんなことが起こるとは思わなかった。数ヶ月前、私たちは安全で順調にやっていた。それが突然、強風に曝された蝶になった。険しい顔をした政治家たちがみんなに勧告した。テロ警戒レベルに注意を払いましょう。非常用物資を備蓄しましょう。化学兵器あるいは生物兵器による攻撃に対して窓やドアを目張りできるように、ダクトテープを買うのを忘れないようにしましょう。そして、同時に、次の日の夜明けを迎えられるように全能の神に祈りましょう。

非現実的で恐ろしいときであり、世間の人が空港を避けることも予想できた。とはいえ、意外かもしれないが、誰も裏庭に爆弾用シェルターを掘り始めはしなかった。その代わり、ほとんどの人が仕事に出かけ生活を続けた。ただ彼らは飛行機には乗らなかった。代わりに車を使った。

政治家は、大量の米国人が飛行機から車に切り換えたことが航空産業に与える影響を心配して、救済措置を取り決めた。しかし、誰も車による移動の急増については話さなかった。なぜ誰も話そうとしなかったのか？ それは些細なことであり、ほかに心配しなくてはならない致命的な脅威があったからだ。

しかし、政治家が誰も触れなかったのが、飛行機による移動の方が車の運転より安全だということである。安全度は著しく高かった。航空会社による通常のフライトを利用するとき最も危険なのが空港への車の運転の部分であるほどである。

実際のところ、安全度は非常に異なっているので、テロの脅威が実際より想像もできないくらいひどいものであったとしても、飛行機は車より安全である。つまり、米国のある教授の計算によれば、テロリストが一週間に一機のジェット旅客機を米国内でハイジャックし激突させたとしても、一年間毎月一回飛行機を利用する人がハイジャックで死ぬ確率は、わずか一三万五〇〇〇分の一であり、車の衝突で死ぬ年間の確率六〇〇〇分の一と比べれば些細な危険率と言える。

リスク分析家はこの安全度の違いをすべて知っていた。そして飛行機から車への大規模な移行が何を意味するかを理解していた。それは単純な数学である。一人の人間が比較的安全な飛行機による移動を止めて車を運転するとしても、たいした問題ではない。その人はほぼ確実に死ぬことはないだろう。しかし何百万もの人間が同じリスクを冒すとしたら、何人かが賭けに失敗して命を落とすことが起こりえるのだ。

しかし、車の衝突はテロリストのハイジャックと同じではない。CNNで生放送されることはない。評論家によっていつまでも議論されることはない。ハリウッド映画やテレビ番組の題材のヒントにならない。政治家の選挙活動の材料にならない。そういうわけで、九月一一日のテロ攻撃に続く数ヶ月間、政治家やジャーナリストがテロや炭疽菌、汚い爆弾についていつまでも心配し続ける中、テロから身を守るために空港を避けた人たちは、米国の路上で衝突し血を流して死んでいった。そして誰もこの事実に気づかなかった。

正確に言えば、ごく少数の人間は気づいた。ベルリンのマックス・プランク研究所の心理学者ゲルド・ギゲレンザーは、移動手段と事故死についてのデータを根気強く収集し、二〇〇六年に、九月一一日のテロ攻撃前の五年間とその後の五年間の数字を比較した論文を発表した。

この論文によると、米国人の飛行機から車への移行は一年間続いた。その後、交通のパターンは通常に戻った。また、予想通り、米国の路上での事故死は二〇〇一年九月以降急増し二〇〇二年九月に通常レベルに戻った。これらのデータから、飛行機から車への切り替えの直接の結果として車の衝突で死亡した米国人の数をギゲレンザーは算定した。

その数は一五九五だった。この数字は、史上最悪のテロリストによる凶行における総死亡者数の半分を超える。九月一一日の不運なフライトの総搭乗員数の六倍である。二〇〇一年の悪名高い炭疽菌によるテロ攻撃による総死亡者数の三一九倍である。

そして、亡くなった人の家族以外は、ほとんど誰もこの事実に気づかなかった。その家族さえ、何が起きていたかを本当に理解したわけではなかった。夫や妻、父、母、子供を亡くしたのは、現代世界で生活する上での残念な犠牲として受け入れられているありきたりの交通事故のせいだと考え、今もそう考えている。

そうではなかった。彼らの愛する者たちを奪ったのは恐怖だった。

第1章　リスク社会

フランクリン・デラノ・ルーズヴェルトは恐怖のことがわかっていた。ルーズヴェルトが片手を上げて米国の第三二代大統領として宣誓をしていたとき、分厚い灰色の霧のように恐怖がワシントンを覆っていた。大恐慌のどん底の時期だった。銀行は連鎖的に倒産していき、米国の工業生産の半分以上が消失した。農産物の価格は急落し、労働者の四人に一人が失業中で、二〇〇万人の米国人がホームレスだった。

そしてこの国政は、ほんの一ヶ月前に辛くも暗殺を逃れた半身不随の男に任されようとしていた。エレノア・ルーズヴェルトが夫の就任式を「ぞっとする」ものと表現したのも納得できる。

大統領としての最初の演説で、ルーズヴェルトは当時の風潮に対して直截的に話しかけた。「米国の皆さんが期待しているのは、大統領就任に当たって、私が率直さと決断力を持って話すことでしょう。それは国家の現状が要請していることでもあります。今こそまさに、真実を、丸ごとの真実を率直に大胆に話すべき時期です。今日の我が国の事態に正直に向き合って怯む必要はありません。偉大な国家は、これまでもそうだったように、困難に耐え抜き復活を遂げ、繁栄を手にするでしょう。そこで、まず初めに、確信をもって言わせてもらいたいのは、我々が唯一恐れなくてはならないのは恐怖そのものだということです。それは、言葉に表わせない、いわれのない、正当化されない恐怖であり、引き下がらず前に進むために必要な行動を取らせないようにします」

もちろん、恐怖そのもの以外にも恐れなくてはならないものがたくさんあることをルーズヴェルトは知っていた。しかし、国家の問題が深刻であるとき、「いわれのない恐怖」が自由民主主義への信頼を突き崩し、共産主義とファシズムの悪夢を人々に受け入れさせることによって、事態をはるかに悪化させるかもしれないことも知っていた。大恐慌は米国を痛めつけることができる。しかし、恐怖は米国を崩壊させることができる。

それは米国の歴史そのものより古くからある洞察である。ルーズヴェルトはその文句をヘンリー・ディヴィッド・ソローから借用し、そのソローはミシェル・ド・モンテーニュが「私が最も恐れるものは恐怖である」とその三世紀半前に書いた言葉から借用した。恐怖は建設的な感情になり得る。何かのリスクを懸念しているとき、より多くの注意を払い適宜行動に出る。恐怖のおかげで私たちは生き延び繁栄し続けてきた。人類が存在しているのは恐怖のおかげだと言っても過言ではない。しかし「いわれのない恐怖」は別問題である。大恐慌のとき米国を崩壊させたかもしれないのが、いわれのない恐怖だ。九月一一日のテロ攻撃のあと、人々に飛行機を放棄させ車に向かわせ、一五九五の人命を奪ったのが、いわれのない恐怖だ。日々直面するリスクに対処する際に愚かな判断を増加させているのが、西洋のすべての国で存在感を増しているいわれのない恐怖だ。

リスクと恐怖は社会学者の最新のテーマであり、社会学者のあいだでは、現代の私たちはこれまでの世代より恐怖を感じることが多いということで大まかな意見の一致を見ている。社会学者の中には私たちが恐怖の文化の中で暮らしていると言う者もいる。テロリスト、インターネット・ストーカー、麻薬、遺伝子組み換え生物、汚染された食品。新たな脅威は毒キノコのように出現しているように思われる。気候変動、発癌物質、漏出する豊胸材、肥満の流行、農薬、西ナイルウイルス、SARS、鳥インフルエンザ、壊死性筋膜炎。リストはまだまだ続く。新聞の紙面や夜のニュースを見るといい。どの日をとっても、誰か――ジャーナリストや活動家、コンサルタント、企業の幹部、政治家――が私たちや私たちの大切な人を脅かす何かしらの「流行」について警告していることがよくある。

ときどき、こうした恐怖は突如本物のパニックになる。公園やインターネットのチャットルームに潜む小児性愛者が最も新しいものである。一九九〇年代初頭の米国ならロード・レージ（直訳すると路上の激怒。追い越しなどほかのドライバーの行為によって突発的に過激な行動をとる）だった。その一〇年前ではヘルペスだった。悪魔崇拝カルト、狂牛病、学校での銃の乱射、コカイン――これらすべては世間の関心事リストの第一位に急速に上り詰め、上り詰めるのと同じくらい急速に関心事リストを転落した。いくつかはときおり再度話題に上る。その他は、取るに足りない厄介者の範疇《はんちゅう》に入ってしまい、再び耳にすることはない。ヘルペスにはさよならと言っておこう。

上述したことは単に日々のニュースの中身に過ぎない。作家や活動家、コンサルタント、未来学者は、壮大で奇抜過ぎて、核による最終戦争のシナリオが古臭く思われるような脅威について絶えず私たちに警告している。遺伝子操作によって強化された生物兵器、自己再生ナノテクノロジーによってあらゆるものが「灰色の塊《グレイ・グー》」に変わる、超自然的な物理実験によってブラックホールが生まれ地球と地球上のすべての人間を飲み込むなどである。二〇〇〇年問題は不発に終わったが、そのことによって全滅への理論が急速に蓄積されていくのは止まらず、運がよくなければ人類は来世紀まで生きのびられないだろうという主張を聞くのが当たり前のようになっている。

ウルリヒ・ベックはそこまで悲観的なわけではない。ロンドン・スクール・オブ・エコノミクスの教授を務めるこのドイツの社会学者は『ガーディアン』紙に対して、自分は単に「人類が野蛮状態に逆戻りすることなしに二一世紀を越えて」生きのびることは「なさそう」だと考えているだけだと話した。ベックの意見はその他大部分の意見より重要である。なぜなら、現代の国が心配者の国になりつつあることに最初に気づいた一人だからである。一九八六年に「リスク社会」という用語を作り出し、リスク——特に現代のテクノロジーによってもたらされるリスク——への高い関心が存在し、かつてなかったほど恐れている国のことを表わした。

しかし、私たちはどうしてそんなに怖がっているのか？　それは実に難しい問いである。

もちろんテロは実在のリスクである。気候変動や鳥インフルエンザ、乳癌、子供の誘拐もそうだし、社会全体を不安に陥れるほかのリスクはすべてそうである。しかし、人類は常になにかしらのリスクに直面してきた。どうして前の世代より心配しなくてはならないのか？

ウルリヒ・ベックは、その答は明らかだと考えている。つまり、これまで以上にリスクに曝されているから、これまで以上に怖がるのだ。テクノロジーが私たちの制御能力を追い越しつつある。環境が崩壊しつつある。社会的圧力が増大している。大変動の脅威が出現し、迫り来るオオカミの臭いを嗅ぎつけたシカのように、人々は危険を感じている。

ベックに同意する人は多い。未来に目を凝らし、事態がぞっとするほど悪くなるあらゆる可能性を想像することは、知識人の頭脳ゲームのようなものになっている。知識人のなかで野心をもつ者は自らの暗い想像をベストセラーに仕立てる。しかし、そうした陰気な空想家が未来のことを考えるのを控えて過去のことをもっと考えれば、いつの時代でも事態が悪くなる可能性があることに気づくはずだ。今日私たちが直面している潜在的な災害が過去の災害よりともかくも恐ろしいものであると考えることは、無知を示すものであり、傲慢でもあることにも気づくだろう。また、歴史にもう少し注意を払えばいつの時代も「この世の終わりだ」と叫ぶ人間がいたことに気づくだろう。そして、そのように叫ぶ人間のほぼ全員が、童謡に出てくる三匹の盲目のハツカネズミほども、未来を予見する能力を持っていなかったことが判明している。

それに、次に誰かが、空が砕けはじめていると確信を持って主張するとき、いくつか考慮すべき基本的事実がある。

イングランドでは、一九〇〇年に生まれた赤ん坊は平均寿命が四六歳だった。一九八〇年に生まれたその曾孫は七四歳の寿命が期待できた。そして、二〇〇三年に生まれた玄孫は八〇年近くこの世にいることが見込める。

これはほかのすべての西洋諸国でも同じことが言える。米国では、一九三〇年に平均寿命が五九歳だったが、七〇年後にはほぼ七八歳になった。カナダでは最近、平均寿命が約八〇歳をわずかに上回った。

人類の歴史の大部分を通して、出産は、女性にとって最も危険なことの一つだった。開発途上国の多くでは、今なお危険を伴う冒険であり、一〇万人の子供の出生に対して四四〇人の女性が亡くなっている。しかし、先進国ではその比率は一気に一〇万人の子供の出生に対して二〇人にまで下がっており、もはや、誕生に死がつきまとっているとは思わない。母親に言えることが子供にも言える。幼児サイズの棺を墓穴に降ろすという痛ましい経験がありふれていたのはそれほど昔ではないが、今日赤ん坊が誕生ケーキの上の五本のろうそくを吹き消すまで生きる確率は目覚しく向上している。一九〇〇年に英国では乳幼児の一四パーセントが死亡した。一九九七年までにその数は〇・五八パーセントまで下がった。一九七〇年からだけでも、米国の五歳未満の子供の死亡率は三分の一以下になり、ドイツでは四分の一になった。

そして、ただ長生きしているだけではない。より健康に暮らしている。ヨーロッパと米国にまたがる研究において、心臓病や肺病、関節炎などの慢性病にかかる人が少なくなっており、かかる人もかつてに比べて一〇年から二五年遅く発症し、かかった場合も以前に比べて症状が軽くなっていると結論づけられた。これまでより身体障害者が少なくなっている。また、体も大きくなっている。平均的な米国人は一世紀前の先祖より七センチ以上高く、二〇キログラム重くなっており、真正の装備だけを用いて南北戦争を再現しようとすると、軍隊用テントに体を収めるのが難しくなっている。私たちは賢くもなっており、知能指数は何十年ものあいだ着実に向上してきている。

先進国の人間は「人類に特有であるだけでなく、これまで地球上に暮らしてきた七〇〇〇世代ほどの人間の中でも特有のある種の進化」を経験していると、シカゴ大学のノーベル賞受賞者ロバート・フォーゲルは『ニューヨーク・タイムズ』紙に語っている。今日生きている者の幸運とこれから生まれてくる者の成功の見込みは、フォーゲルの著書のタイトル『飢餓と早死からの脱出、一七〇〇年から二一〇〇年』に要約されている。

新聞の見出しに何が書いてあろうと、政治体制の整備もかなり前向きに進んでいる。[1] 一九五〇年には完全に民主化した国が二二あった。二〇世紀末にそれは一二〇となり、世界のほぼ三分の二の人がちゃんとした投票をすることができるようになった。至るところで増加しているとと多くの人が主張する殺戮と混乱に関しては、まったくそんなことはない。「国同士の戦争はこれまでのどの時代よりずっと起こりにくくなり、内戦は一九六〇年以降のどの年よりも起こりにくくなっている」と、ジョージ・メイソン大学のモンティー・マーシャルは二〇〇五年に『ニューヨーク・タイムズ』紙に話している。このあと同じ二〇〇五年に発表された、ブリティッシュ・コロンビア大学の人間の安全保障センターが行なった重要な研究でも、マーシャルの幸せな結論が裏づけられ、さらに詳しく述べられている。西側諸国に住む幸運に恵まれた私たちが、人類の歴史上最も繁栄している人間であることはよく知られている。とは言え、私たちは少し罪の意識を感じている。ほかの多くの国々がこの幸運を共有していないことを知っているからである。しかし、それほど知られていないのは、開発途上国にも大きな進歩があったことである。一九八〇年からの二〇年間に、開発途上国における栄養失調の人の比率は二八パーセントから一七パーセントまで下がった。この数字はまだとんでもなく大きいが、以前よりはるかに良い。

国連人間開発指標（HDI）というものがある。この指標はおそらく人間の状態を調べる最も良い物差しである。なぜなら、収入と健康状態、読み書き能力についての基本データを組み合わせているからである。一七七ヶ国からなるHDIリストの最下位を占めているのはアフリカのニジェールであるが、二〇〇三年のニジェールのHDI値は一九七五年に比べて一七パーセント高くなっている。同様に、マリは三一パーセント良くなり、チャドは二二パーセント上がっている。破滅を言い立てる人は貧しい国々で急増する人口が将来の破滅の原因になると指摘したがるが、そういった災害の予言者が決して口にしないのが、過去に比べてずっと多くの赤ん坊を女性が持つようになっているせいで人口が急増しているわけではないことである。それは、過去に比べて赤ん坊がずっと死ににくくなっているからである。最も気難しいマルサス主義者以外の全員が、このことを非常に良いニュースと見なすだろう。これまで挙げてきたすべての数字を考慮すると、どんな答が導かれるだろう？　文章にするとこうなるだろう――私たちは歴史上最も健康で、最も裕福で、最も長生きな人間である。そして、私たちはますます怖がるようになりつつある。これは現代の大きなパラドックスの一つである。

私たちがリスクについて考えたり行動したりすることの多くは意味をなしていない。一九九〇年の論文で、ジョージ・レーヴェンシュタインとジェーン・マザーは九つのリスク――エイズと犯罪、ティーンエージャーの自殺を含む――についての関心レベルを、客観的に見たリスクの大きさと比較した。結果はごちゃ混ぜとしか言いようのないものだった。リスクの大きさの上下に伴って関心の大きさが上下する事例もあったが、残りは関心のレベルに「激しい変動」があり、その変動は真のリスクとはまったく関係のないものだった。「認識されたリスクと実際のリスクのあいだには一般的に応用できる動的関係は存在しない」と、レーヴェンシュタインとマザーは上品に結論づけた。

混乱させられたり混乱させたりするリスクとの関係の実例は無数にある。乳癌に対する最大の危険因子は年齢である。つまり、女性が年を重ねれば重ねるほどリスクが大きくなる。

しかし、オックスフォード大学の二〇〇七年の調査において、いつ最も乳癌になりやすいかと英国女性に尋ねると、半数以上が「年齢は関係ない」と答えた。五人に一人が、リスクは女性が「五〇代」のとき最も大きいと考え、九・三パーセントが「四〇代」、一・三パーセントが「七〇代」と答えた。正解の「八〇歳以上」を選んだのは、総計で〇・七パーセントだった。乳癌は少なくとも一九九〇年代初頭から一般的関心事で議論のテーマとなっているにもかかわらず、この調査によると、女性の大多数が最も重要な危険因子について今なお何も知らない。どうしてそんなことが可能なのだろう?

ヨーロッパでは、人の数より多い携帯電話があり、売り上げが伸び続けている。だが、調査によるとヨーロッパ人の五〇パーセント以上が、携帯電話が健康に対する深刻な脅威であるという疑わしい主張を信じている。また、ヨーロッパ人の喫煙習慣と、遺伝子組み換え生物を含む食品に対する彼らの嫌悪に、際立った相違が見られている。ためらわずにゴロワーズのタバコに火をつける人間が、どうして消化不良すら引き起こしたことがない食品の販売禁止を求めて街をデモ行進しようとするのかは、科学が答えるべき大きな謎に違いない。

ヨーロッパでもほかのどこでも、人は原子炉を目にすると身震いするがX線を当てられることは意に介さない。X線によって、原子力発電所から漏出することを恐れているのと同じ放射線に曝されていてもである。さらに奇妙なことに、人は何千ドルも払って、遠くに飛行機で行き、砂浜に寝転んで、太陽が発する放射線を浴びる。チェルノブイリのメルトダウンによる推定死亡者数（九〇〇〇人）は、毎年皮膚癌と診断される米国人の数（一〇〇万人以上）とそのうちの死亡者数（一万人以上）と比べるとかなり少ないにもかかわらず。

今度は、人気のある二つの娯楽に対する態度を比較してみよう。自動車レース観戦とマリファナの喫煙である。五年間に、全米改造自動車競技連盟（NASCAR）のドライバーは三〇〇〇回以上衝突事故を起こした。二〇〇一年のデール・アーンハートの死は、七年間で七回目の死に至る大衝突だった。政府はNASCARのドライバーが危険を冒すことを認め、大衆はNASCARを健全な家族の娯楽として観戦している。しかし、NASCARのドライバーがレース後のストレスを取り除こうとしてマリファナを吸ったとしたら、危険性が高いためリスクを承知している成人でも吸うことを許さないことに世界中の政府が決めている禁止薬物所持のかどで逮捕・拘留されるだろう。どれほど大量に吸っても、過剰服用で死ぬことはないにもかかわらず。

同じ論理がドーピングに用いられるステロイドなどの薬物にも当てはまる。これらの薬物がスポーツで禁止されている理由の一つは、きわめて危険性が高いためリスクをわきまえている選手でも服用を許されるべきではないという考えである。しかし、選手が競い合っているスポーツ自体の方がドーピングよりずっと危険である場合が多い。一例を上げれば、スキーのエアリアルで競技者に要求されるのは、斜面を急降下し、猛スピードでジャンプし、空中に舞い上がり、体をひねり、体の向きを変え、こまのように回り、安全に着地することである。ほんの些細な失敗をしても頭から着地することになり、大けがをし、首の骨を折ることさえある。しかし、エアリアルは禁止されていない。賞賛されている。二〇〇六年のオリンピックで、オリンピックのわずか一ヶ月前に首の骨を骨折したカナダのスキー選手は、麻痺と死の危険を冒して、脊椎を固定した金属プレートとともにもう一度ゲレンデに戻ってきて喝采を浴びた。「自分の子供にラグビーをさせるより筋肉増強剤のアナボリック・ステロイドや成長ホルモンを使わせる方がましだ」と、ドーピングを研究している英国の科学者が『フィナンシャル・タイムズ』紙に話している。「成長ホルモンによって四肢麻痺が起きた例は知らない」。同じことはアメリカンフットボールにいっそうよく当てはまる。この非常に人気のあるスポーツでは、ティーンエージャーの選手がときおり首の骨を折ることがあるし、全米フットボール連盟のスター選手が足を引きずりながら痛みにさいなまれる中年の障害者になってしまうのも珍しいことではない。

拳銃は恐ろしい。しかし、仕事に車で行くことはどうだろう？　退屈な日課の一部に過ぎない。だから、当然のこととして、拳銃による殺人が優先的に選ばれ、見出しを飾る一方で、交通事故は現代生活の不快なバックグラウンド・ノイズに過ぎないものとして退けられる。しかし、米国を含むどの国でも、車による死亡は拳銃による死亡よりずっと多い。カナダでは、一人が拳銃に命を奪われるあいだに、二六人が車の衝突事故で死亡している。そして、麻薬の密売人かその友人でなく、麻薬の密売人とその友人がよく利用する場所に頻繁に行かなければ、拳銃で殺される確率はほとんど目に見えない程度まで小さくなる。かたや、車の衝突事故で死亡するリスクは、私道の外に車を出そうとする誰もが負わなくてはならない。

それから、子供の問題がある。一か八かやってみて痛い目に遭うことが子供に期待された時代があった。それも子供の成長の一部だった。しかし、もはやそうではない。銃を持った狂人を防ぐため、学校の入り口はかんぬきをかけて守られており、子供たちは授業の初日に見知らぬ人はみな危ないと教わっている。運動場では、よじ登って遊ぶ遊具が除去され、足首を捻挫したり鼻血を出したりすることがないように、監督なしで鬼ごっこをすることが禁じられている。家庭では、あらゆる世代がこれまで経験してきたことなのに、子供たちだけで外で遊ぶのが禁じられている。あらゆる低木の茂みに性倒錯者が潜んでいると親が確信しているからである。そして、単なる統計値だけでは、そんなことは起きていないと親が納得することはないだろう。子供時代は禁固刑に似始めている。子供たちは、ほとんどあらゆる瞬間を鍵のかかったドアと警報機に守られて過ごし、すべての行動が決められ、監督され、管理されている。その結果として、少なくとも安全性は高まっただろうか？　たぶん高まっていない。肥満や糖尿病、その他の健康上の問題が、室内であまりにも長時間座っていることが原因の一部となって起きており、親の心につきまとう不安材料よりずっと危険性が高いからである。

そして、もちろんテロの問題がある。それは、私たちの時代の嫌われ者である。あの九月のおぞましい日以来ずっと、テロは、米国政府の取り組み課題の中で圧倒的優位を占め、その結果、国際社会全体の取り組み課題でも優位を占めることになった。ジョージ・W・ブッシュは米国の生き残りが懸かっていると言ったが、トニー・ブレアはさらに一歩進んで、全西側諸国が「実在の、人間の存在にかかわる」危機に直面していると言った。

しかし、前世紀にあったテロ攻撃は、二〇件に満たない数で、死亡したのは一〇〇人を超えるほどだ。それまでの、あるいはその後のテロ攻撃とは似ても似つかない九月一一日のテロ攻撃でさえ、通常の犯罪で毎年殺害される米国人の五分の一以下しか死亡していない。メディアで大いに話題になっているこの世の終わりのシナリオに関しては、テロリストがこれまでに本物の大量破壊兵器を手に入れ使用することに成功したことが一度だけあり、それは、一九九五年に東京で起きた地下鉄サリン事件だった。犯人であるカルト集団オウム真理教は豊富な資金を持ち優秀な技術者を使うことができた。目標である混雑する地下鉄網はサリン攻撃にとって理想的だった。そして、一二人が死亡した。

この数字をテロに比べてずっと恐ろしくない不安材料である肥満や糖尿病、心臓病、その他のよくある病気による死亡者数と比べてみるとよい。平均すると、三万六〇〇〇人の米国人が、インフルエンザとその合併症によって毎年死亡している。肥満によって毎年一〇万人ほど死亡している可能性がある。疾病対策センターによると、「何十万人」も毎年亡くなっているのは、単に「最も有効な予防に関する利用可能な公共医療サービス」を利用しなかったせいだ。

こういったリスクは、目新しいものでないし、暗い魅力があるわけでもない。ひどく複雑なことでもないし、ほとんど知られていないことでもない。健康面は非常に大きく前進したが、やりようによってはさらに前進できる。つまり、得られる利益に比べればほとんどコストのかからない実証済みの戦略を用いてリスクに取り組めばよいのである。しかし、そうしていない。その代わりに、巨額を費やしてテロのリスクに取り組んでいる。だが、テロのリスクなど、どう見たって、病気の象の隣を小走りする甲虫に過ぎない。この資源の誤った配分の直接の結果として、数え切れない命が正当な理由無しに失われるだろう。

これが、リスクに関する判断がおかしくなると起きることである。致命的な結果になることもあるのである。

したがって、なぜこれほど頻繁にリスクを誤ってとらえるかを理解することは重要である。どうして私たちは急増する比較的小さなリスクを恐れるのか？　どうして頻繁に大きな脅威を平気でやり過ごすのか？　どうして「恐怖の文化」も持つことになったのか？

答の一部は私利にある。恐怖は売り物になる。恐怖は儲かる。どんなことであれ恐怖を感じていることから恐怖を感じている人を守る商売に携わる無数の会社やコンサルタントはそのことを知り尽くしている。恐怖が大きくなれば、その分売り上げが向上する。だから、家庭用警報機の会社は、怖がっている老婦人や若い母親が登場する広告を出すことによって、老婦人や若い母親を怖がらせている。ソフトウェア会社はインターネット上の小児性愛者について騒ぎ立て、親を脅かしている。安全コンサルタントは、安全コンサルタントにもっと税金を使えば避けることができるように仕組まれた恐怖と死のシナリオを作り出す。恐怖は素晴らしいマーケティング・ツールである。だから、テレビをつければ、あるいは新聞を開けば、いつも恐怖が利用されている。

もちろん、民間企業とコンサルタントだけが恐怖を商売にしているわけではない。政治家がいる。彼らは脅威を喧伝し、考えが甘いとか無能だとか言って政敵を非難し、良識を働かせ自分を選択してくれればすぐにでも戸口にいるオオカミを退治すると約束する。予算を増やしたい官僚がいる。政府の支援を受けている科学者がいる。彼らは「問題の無いところに、資金は与えられない」というルールを知悉している。そして活動家とNGOがいる。彼らは、自分たちの影響力がメディアでの知名度によって決まること、そして、知名度を上げる最も確実な方法が、死骸に引き寄せられるハゲタカのように記者を引き寄せる恐ろしい話をすることであることを知っている。

メディアもまた恐怖の値打ちを知っている。メディアも商売であり、情報業界は競争相手が多いため、耳目を集めるための競争は常に激しさを増している。不可避的な結果として、メディアは市場占有率が下がるのを防ぐため、ますます恐怖に目を向ける。なぜなら、「見逃してはならない！」などと言って、致命的な危険を警告することは、人の注意を引くための優れた方法であるからである。

しかし、これだけでは完全な説明には程遠い。注意を払わない深刻なリスクはどうなのか？　そういったリスクを扱えば儲かることもよくあるのに、私たちにはその気がない。そして、公正を期するために言うと、メディアはパニックや理由のない恐怖に冷水をときおり浴びせるし、企業や活動家、政治家は真の重大事の重要性を引き下げることが自らの利益になることにときどき気づく。たとえば、英国政府が一九九〇年代初頭に試みて失敗している。それは、牛のＢＳＥ（狂牛病）と人の変異型クロイツフェルト・ヤコブ病との関連を示す証拠が増えているときのことだった。この関連は現実に存在したが、政府は存在しないと主張した。閣僚の一人は記者会見を行ない、自分の四歳の娘に英国産の牛肉で作ったハンバーガーを食べさせることまでした。

あきらかに、私利やマーケティング以上のものがかかわっている。一つには文化《カルチャー》がある。色々なリスクを恐れる――あるいは関心のないものとして退ける――かどうかは文化的価値によることがよくある。マリファナが典型的な例である。大恐慌期の黒人ジャズ・ミュージシャンの時代から、マリファナは流行に敏感な者の反体制文化と結びついてきた。今日、有名な複葉のシンボルマークがついたTシャツを着ている若いバックパッカーは園芸好きだと言いたいのではない。そのマークは文化的アイデンティティーの表現なのだ。そのような若者の中には、昔ながらのマリファナタバコによる幻覚以上の害はもたらさないとして、マリファナが健康に害を与えるという主張はどんなものであれ退けようとする非常に強い傾向を示す者がいるだろう。逆の場合も同じことが言える。社会主義的保守主義者にとっては、その葉のマークは自分たちが軽蔑する無政府主義的自由主義のシンボルである。彼らはマリファナが害をもたらすという証拠ならどんなものも立証材料とみなすが、その逆の証拠は軽視するか単純に無視するだろう。

このようなことを心理学者は確証バイアスと呼んでいる。誰もがそれを行なっている。いったん信念が出来上がると、私たちは見聞きすることを偏った方法でふるいにかけ、自分の信念が正しいことが「証明済み」であると思えるようにする。心理学者は、人が集団極性化と呼ばれているものに影響を受けやすいことも発見している。これは、信念を共有する人々が集まってグループを形成すると、自分たちの信念が正しいことにいっそう自信を深め、物の見方がさらに極端になるというものである。確証バイアスと集団極性化、文化を合わせると、私たちは、どのリスクが恐ろしいものなのか、そして、どのリスクが再考に値しないのかに関して、なぜ人によって完全に異なった見解に行き着くのかを理解し始める。

しかし、リスク理解における心理学の役割がこれで終わったわけではない。終わりには程遠い。なぜ心配するのか、そして、なぜ心配しないのかを理解する本当の出発点は、個々人の脳にある。

人はどのようにしてリスクを認識するのか、どのリスクを恐れてどのリスクを無視するかをどのようにして判断するのか、リスクに関してどう行動するかをどのようにして決めるのかについて四〇年前の科学者はほとんど何も知らなかった。しかし、一九六〇年代に、現在オレゴン大学の教授を務めるポール・スロヴィックのような先駆者たちが研究に着手した。彼らは驚くような発見を行ない、その後の何十年かのあいだに新しい科学が育った。その潜在的な影響はあらゆる分野に対して桁外れに大きかった。二〇〇二年にこの研究の主要人物の一人であるダニエル・カーネマンがノーベル経済学賞を受賞しているが、カーネマンは経済学の授業をただの一度も受けたことのない心理学者である。

心理学者が発見したのは非常に古い考えが正しかったということだった。すべての人の脳は一つではなく二つの思考システムを有している。心理学者はそれらをシステム・ワンとシステム・ツーと呼んだ。古代ギリシャ人は、人間に関するこの考えに科学者より少し早くたどり着き、この二つのシステムをディオニュソスとアポロンという神の姿に具現化した。この二つは感情と理性としてより知られている。

システム・ツーが理性である。それはゆっくり働く。それは証拠を調べる。それは計算を行ない熟考する。理性が決定を下すとき、言葉にして説明することは容易である。

システム・ワンである感情はまったく異なる。理性とは違って意識的に認識することなく働き、稲妻と同じくらい速い。感情は、予感や直感として、あるいは不安や心配、恐れなどの情緒として経験する即座の判断の源泉である。感情から生まれる決定は言葉で説明することが難しい。あるいは、不可能でさえある。なぜそのように感じるかはわからない。ただそう感じるだけである。

システム・ワンはできるだけ速く働く。それは、備えつけの経験則と自動設定機能を用いるからである。ロサンジェルスで真昼に散歩に出かけようとしているとしよう。「どんなリスクがある？ 大丈夫か？」と考えることもあるだろう。即座に脳は、同じような状況で誰かが襲われたり、強盗に遭ったり、殺されたりした例を思い出そうとするだろう。一つ以上の例が簡単に見つかれば、システム・ワンは、「リスクは大きい！ 気をつけろ！」と警報すだろう。そして怖がることになる。実際にはなぜ怖がっているかわからないだろう。らシステム・ワンの働きは無意識のものだからである。散歩は危険だという不安な気するだけで、その気持ちをほかの人間に説明しようとすれば困惑を覚えるだろう。

システム・ワンのしたことは単純な経験則の適用である。その経験則とは、何かの例が簡単に思い出されれば、それは一般的なものに違いないということである。心理学者はこれを利用可能性ヒューリスティックと呼んでいる。

あきらかに、システム・ワンは素晴らしくもあり欠点もある。素晴らしいのは、システム・ワンが用いる単純な経験則によって瞬時に状況を見極め、判断を下せるからである。路地の奥に影が動くのを目にしながらも最新の犯罪統計が手に入らないとき、まさに必要なことである。しかし、システム・ワンは欠点もある。同じ経験則が不合理な結論を生み出すことがあるからである。

単に、夜のニュースで、自分と似た人がダラスの閑静な地区で真昼に襲われている衝撃的なレポートを目にしただけかもしれない。別の州の別の市の話だったかもしれない。非常に珍しい犯罪、あるいは突飛と言っていいほどの犯罪だったかもしれない。そして、まさにそういった性質の犯罪だったから、夜の全国ニュースで放送されたのかもしれない。少し考えれば、つまりシステム・ツーを働かせれば、この事例が実際には自分が襲われる確率についてあまり語っていないし、統計によればその確率も驚くほど小さなものだということに、あなたは同意するだろう。しかし、そんなことはまったく問題にならない。システム・ワンにわかっているのは、この事例が簡単に思い出されたということだけである。この事実のみに基づき、システム・ワンはリスクが大きいと判断し警報を鳴らし出す。その結果、実際には怖がるべきでないときに怖がってしまう。

科学者が発見したところによると、この「実例規則」はシステム・ワンが用いる多くの規則と自動設定機能の中の一つに過ぎない。こういった仕組みはたいてい滑らかに効率的に働く。しかし、ときどき、意味を成さない結果を生み出す。「一パーセント」と「百に一つ」という言い方を考えてみよう。これらはまったく同じことを意味している。しかし、ポール・スロヴィックの発見によると、システム・ワンは、「一パーセント」と表現されるより「百に一つ」と言われる方がずっとリスクが大きいと判断するように人を導こうとする。

問題は、システム・ワンが私たちが暮らしている世界のために生み出されたものではないということである。現生人類とそれ以前の人類の歴史のほぼ全てで、私たちの先祖は小さな遊動性の集団の中で暮らし、動物を狩ったり植物を採集したりすることによって生きのびてきた。進化によってシステム・ワンが形成されたのはこの長い時代だった。その時代の環境に鍛えられているため、システム・ワンはそのような環境の中では極めてうまく働く。

しかし、今日、アンテロープに忍び寄ったり、ライオンを回避して過ごしている人間はほとんどいない。私たちはテクノロジーによって変容した世界、すなわち、リスクがミクロンやppmの単位で評価されるような世界に生き、世界中の映像と情報に攻め立てられている。夜、焚き火の残り火のそばで眠り込んでいる石器時代の狩人をイメージしよう。朝目を開けると、彼はタイムズスクエアの歩道に横になっている。それがシステム・ワンの姿だ。驚き、混乱し、周りの世界を理解しようと必死になってもがいている。どう転んでも理解するのは難しいだろう。誤りは避けられないだろう。

しかし、真の困難が始まるのは、この先史時代からの難民が、恐怖を売り物にする商人に出会うときである。

第2章　二つの心について

数年前、ナイジェリアのラゴスに赴任していたときのことだ。ある晩遅くスラムに出かけた。アフリカのスラムのガイドブックでもあれば、こんなことはしないようにと書いてあるだろう。私は見た目で外国人だとわかるし、アフリカのスラムでは外国人は裕福で現金をたくさん持っているとみなされている。ラゴスのように貧しく、無秩序に広がった、非情な都市では、現金をたくさん持っている者は、残念ながら、強盗や殺人あるいはその両方に遭いやすい。

結局のところ、私の財布は、最も手荒でない方法で盗まれた。道端の軽食堂ですりに遭ったのだ。私はこのことに犯行後まで気づかなかったが、そこで会った地元の男性が、誰がやったか分かると思うと言った。彼はどこで犯人が見つかるかもわかると考えていた。一緒になって、私たちは土の道と掘っ立て小屋の迷路の中に入っていった。そこには焚き火と石油ランプの明かりしかなかった。若い男たちが群れて密造酒を飲みながら、外国人である私をじっと見つめた。新しくできた頼りになる友人はそこら中を聞き回ってくれたが、駄目だった。しかし、泥棒がいるかもしれない別の場所に連れていくことができるという人がいた。そこで、その見ず知らずの人を仲間に加えて、湿気の多い真っ暗な夜のさらに奥深くへと突入した。自分がどこにいるかまったくわからなかった。そして、胃の辺りが沈んでいく感じが、今やっていることがすべて極めて悪い結果になる可能性が高いと告げていた。

肌は汗と不安でじっとりと冷たくなっていたが、それでもなお、私は進み続けた。問題は財布の中のお金の問題ではない。お金は所属する新聞社が補償してくれるだろう。それは幼い二人の子供の写真であり、私はそれを頭の中から消し去ることができなかった。それは、デパートのスタジオで撮られた安っぽいクリスマス写真で、背景には霜で覆われた窓と夜空を飛ぶサンタのそりが描かれていた。よちよち歩きの子供は二人とも大きく口を開けておかしな顔で笑っている。写真を撮ってくれた女性が、ゴム製のアヒルをバランスを取りながら頭の上に乗せて、子供たちがおかしな顔になるように頑張ってくれたおかげだ。

同じような写真は六枚ほど家にあった。それはわかっていた。写真に過ぎないこともわかっていた。それでもなおやめることができなかった。私にはあの笑顔が見えた。現金が抜き取られ、ごみが詰まった溝に投げ捨てられた財布を想像した。写真がごみの中でぼろぼろになっているのが目に浮かんだ。私は気分が悪くなった。当惑し、惨めで、寂しかったが、三時間捜索を続行した。結局、誰かが、お前は愚か者だ、喉をかき切られるかもしれないと言い、手数料をくれるならホテルまで連れて行ってやろうと申し出た。受け入れざるを得なかった。

次の日の朝、私は驚いて頭を振った。写真がなくなったことがまだ頭に引っかかっていたが、その感情はそれほど強いものではなかった。それなのに、私のしたことは完全に、信じられないほど愚かだった。なぜあんなことをしたのか？　さっぱりわからなかった。長く、疲れる日だった。夜遅く、疲れていて、何杯かビールを飲んでいた。しかし、それだけでは判断をそれほどひどく歪めるには足りない。何か別のことが働いているにちがいない。ただ、それが何であるかまるで理解できなかった。

実際、そこには別のものがかかわっていて、私はずっとあとになってそれを発見した。それは、私の内なる原始人――古代に組み込まれた無意識――だった。それが、いくつかの非常にまずい助言を与えていたのだ。

現代の豊かな国に暮らす私たち現代人は、自分たちのことを高等だと考えたがる。私たちは読み書きができる。地球が太陽の周りを回っているのであり、太陽が地球の周りを回っているのではないことを知っている。清潔で、ひげを剃って、香水をつけている。祖先に比べて背が高く、健康で、長命である。私たちが微笑めば、その歯の状態を見て、練り歯磨きや歯列矯正器が誕生する前に生きていた人々はびっくりするだろう。しかし、私たちを今の私たちたらしめている最大の要因は、並びの良い輝く歯のような現代的なものではとうていない。

七〇〇万年前から五〇〇〇万年前のあいだに、チンパンジーの祖先と人間の祖先は霊長類の系統樹上で枝分かれした。二〇〇万年前あるいは二五〇万年前あたりで、私たちの祖先の脳は四〇〇立方センチメートルから約六五〇立方センチメートルに膨らんだ。それは、平均的な現代人の一四〇〇立方センチメートルの脳のごく一部を占める大きさに過ぎないが、人間性の真の始まりを示すには十分だった。ヒト属の誕生である。

五〇万年前あたりに、古代の人の脳はさらに大きな飛躍を遂げた。一二〇〇立方センチまで大きくなったのである。最終段階は一五万年前から二〇万年前のあいだのどこかで訪れ、ホモ・サピエンスが初めてアフリカの平原を歩くことになった。今日生きているすべての人が一〇万年前というそれほど遠くない昔に共通の祖先を持っていることがDNA分析によって示されている。

進化は二つの駆動力を備えている。自然選択と突然変異である。自然選択によって生物の生存と繁殖を助長する形質が優遇され、生存と繁殖を妨げるような形質は取り除かれる。ほかの条件が同じなら、優れた視力とたくましい腕を持った旧石器時代人は、どちらも持たない者より有利だった。生き続け、より多く食べ、配偶者を獲得し、息子が優れた視力でたくましい腕をしているのを見て素晴らしいと思う可能性が高かった。近視で痩せた腕の者は、ライオンの腹の中に行き着く可能性が高かった。時間がたち、全体として人類の目は良くなり、腕はたくましくなった。

しかし、変化の主な原因は遺伝子の突然変異である。多くの場合、突然変異は明瞭な影響を及ぼさない。あるいは、その影響は有利でも不利でもない。突然変異によって人の生存や繁殖の確率が変わらないことが多いため、自然選択によって突然変異が広まるこ とも あまりない。ときおり、突然変異は、それを持っている人が子供を持つ可能性をずっと低くするような悪い結果——例えば致死性の病気——を生み出す。こういった突然変異はほぼ間違いなく一世代か二世代で消滅する。しかし、ごく稀なケースとして、突然変異が新しい形質を生み出し、運よくその形質を受け継いだ者が、生き残って膝の上で子供をぴょんぴょん跳ねさせるための競争に有利になることがある。少し時間が与えられれば、自然選択によってこの小さな幸運は残りの多くの者に受け継がれるだろう。場合によっては、種全体にさえ受け継がれるかもしれない。

しかし、良い働きをする突然変異と悪い働きをする突然変異の境界線がいつもはっきりしているとはかぎらない。突然変異の中には、突然変異を持っている人にひどい害を与えるのに、その害に勝る利益も提供しているため繁栄しているものがある。典型的な例が西アフリカで見られる。西アフリカでは人口の約一〇パーセントが鎌状赤血球貧血——現代医療の手助けがなければ青年期以前に患者が死ぬ可能性の高い病気——を起こす遺伝子の突然変異を保有している。通常なら、自然選択によってこの突然変異はすばやく排除されるだろうがそうはならなかった。この突然変異が必ずしも致死性のものではなかったからである。子供が運悪く両親から変異した遺伝子を受け継ぐと、鎌状赤血球貧血にかかる。片親だけから受け継ぐと、逆に、その子のマラリア——西アフリカ中で流行している病気で、五歳未満の幼児を恒常的に死亡させている——に対する抵抗力が向上する。したがって、この突然変異は命を奪う場合もあれば、命を救う場合もある。結果として、自然選択によってこの突然変異は西アフリカの人々のあいだに広まった。と言っても、一定の水準までである。なぜなら、その水準を超えると、両親からこの突然変異を受け継ぐ子供が増え、そうなると救われる命より奪われる命の方が多くなるからである。

ほとんどの人が、身体的形質に関するかぎりこの手の話を受け入れる。ほかの指と向かい合わせにできる親指はすごく便利だ。ありがとう、自然選択。それに、ヒト以外の種の脳や行動についてこのような話をすることも何の問題もない。なぜチンパンジーの母親は自分の子供を育て、守るのか？ 簡単だ。自然選択によってその行動が有利になり、やがて、チンパンジーの脳に組み込まれることになったからだ。

しかし、会話が人の脳と行動に向かった瞬間に、人は落ち着かなくなる。人間の思考の多くが無意識に行なわれており、進化の過程で組み込まれたものが人間の思考の基礎を成しているという考えは、多くの人にとって受け入れ難い。『ニューヨーク・タイムズ』紙のコラムニスト、デイヴィッド・ブルックスは書いている。「我々の脳がコンピューターと似たようなものだなどと考える気にならない……脳の舞台裏の部分（無意識のこと）が、人格のようなもっと重要なもの、つまり、白衣を着てクリップボードを持った科学者ではうまく一般化できない、独特の非科学技術的な存在であるわけにはいかないだろうか？」。ここでブルックスが言っていることは、私たちの多くが漠然と感じていることだ。つまり、それは、脳は大きくて複雑な身体器官であり、その中心には説明できない物あるいは存在があり、白衣を着た科学者には決して突き止められない理屈で決定を下し、命令を発しているということである。

こういった考えにとって、ルネ・デカルトはありがたい。このフランスの哲学者のことを聞いたことがない人でも、体と心は別のものであるという彼の考えは受け入れている。心は単に首から上の灰色の物質の塊ではない。それは、霊や魂、ブルックスの奇妙な用語を借りれば「非科学技術的な存在」と私たちが漠然と呼んでいる何かを含んでいる。デカルトから三世紀後の一九四九年に、哲学者ギルバート・ライルはこういった考えをばかにして「機械の中の幽霊」と呼んだ。それからほぼ六〇年がたち、人間の思考の仕組みの理解において科学は大きく進展を遂げ、得られた知見のすべてがライルを支持している。幽霊も霊も非科学技術的な存在も存在しない。脳だけが存在するのであり、脳はもっぱら物質的な存在である。脳は、ほかの指と向かい合わせにできる親指や鎌状赤血球貧血を私たちに与えた自然選択の圧力を受けてきたし、今も受けている。そして、進化が私たちを現在の私たちにしたのである。[1]

こう言ったからといって、脳を貶《おとし》めているわけではなく、まったくその逆である。人間の脳は素晴らしい。人類が成し遂げてきたあらゆること——生存と繁殖から、人間を月に送ったことや宇宙だけでなく脳そのものさえもその秘密を解き明かしていることまで——に対して脳に賞賛を送らなくてはならない。なぜなら、本当のことを言えば、私たち人間は、自然界の中では、校庭にいる、やせこけて眼鏡をかけたオタクに過ぎないからだ。私たちの視覚と嗅覚、聴覚が、捕らえて食べたいと思っている動物のものほど優れていたことは一度もなかった。私たちの腕や足、歯は、えさを求めて私たちと争い、昼ごはんだと思ってときどき私たちを見つめる捕食者の筋肉や牙に比べればいつも貧弱だった。
脳が私たちの唯一の強みだった。脳だけが私たちを自然界の失敗作になることから守ってくれた。脳に非常に大きく依存したため、頭の鈍い者は生存競争に敗れ、頭の切れる者に取って代わられた。脳は新たな能力を開発した。そしてますます大きくなった。ヒト科の初期の先祖の時代と現生人類が初めて登場した時代のあいだに、脳の容量は四倍になった。巨大な脳は深刻な問題をもたらすにもかかわらず、この極端な変化は生じた。巨大な脳は収納するのに非常に大きな頭蓋骨を必要としたため、出産時に女性の骨盤腔を通るとき、母親と赤ん坊の命を危険に曝した。巨大な脳のせいで頭が非常に重くなり、チンパンジーやその他の霊長類に比べて、人間は首の骨を折るリスクがずっと大きくなった。巨大な脳は、体全体に供給されるエネルギーの五分の一をも吸い上げた。しかし、これらの難点は深刻なものであったが、内蔵のスーパーコンピューターを持っていることによって人間が得る利益の方が勝っていた。そのため、巨大な脳が選択され、現生人類は生き残った。

人間の脳の現代の形態への変化は、旧石器時代（およそ二〇〇万年前から農業が始まった一万二〇〇〇年ほど前まで）の全体を通じて起きた。農業の出現で、大部分の人の生活が突然変化したわけではない。新しい生活の仕方が広まるには何千年もかかり、ようやく四六〇〇年前になって、最初の都市――現代の基準によれば町よりさほど大きいわけではない――

―が建設された。

現生人類の歴史が、それぞれの発展段階の時間の量に比例して書かれるとすれば、二〇〇ページが遊動性の狩猟採集民としての生活に充てられるだろう。そして、一ページが農耕社会に割かれるだろう。過去二世紀の世界――現代世界――は、最終ページの短いパラグラフにすぎないだろう。

私たちの脳は、今日私たちが知っているような世界での生活によって形成されたのでは断じてない。また、それに先立つ農耕世界での生活によって形成されたのですらない。もっぱら旧石器時代の産物である。そして、脳がまさに私たちを今の私たちにしているのだから、以下の結論は避けられないし、少し動揺を与えるものである。私たちは原始人なのだ。ガラスとスチール、光ファイバーの世界に住む洗練された現代人である私たちは、根本的な意味において、焚き火が最新のハイテクでありバイソン皮が最新の流行である先史時代の人間とまったく違いがない。

これが進化心理学――この三〇年のあいだにようやく有名になった分野――の中心となる洞察である。もっとも、ダーウィン自身は、人間の思考と行動の研究に対して進化が持つ意味を理解していた。私たちの心は、進化心理学者が「進化的適応環境」と呼ぶものにうまく対応できるように進化した。現代の心の働きを理解したければ、まずアフリカのサバンナにおける古代人の生活を調べる必要がある。

もちろん、本当のところはこれよりやや複雑である。一つ言えるのは、人間の最も古い祖先の脳は、さらにそれ以前の種からのおさがりだということである。人間としての経験によって一部が組み直され、多くのものが加えられたものの、元の人間以前の脳がかなり残った。それは、扁桃体やその他の構造として現在も脳にあり、しばしば爬虫類脳と呼ばれている。もう一つ言えるのは、古代人が、旧石器時代の全歴史を通じて、アフリカの金色に輝く平原でガゼルを狩ったりライオンから逃げたりして過ごしたわけではないことである。私たちの祖先は、見ず知らずの土地から別の見ず知らずの土地へと次々と移動する放浪者だった。だから、一つの「進化的適応環境」があったわけではない。たくさんの「進化的適応環境」があった。これは、人間とその巨大な脳が学習し適応しなければならないことを意味した。柔軟性は人間の本質を表わす特性となった。火打ち石を削ってやじりにする方法を考え出した脳は、動物からはいだ皮を用いて寒冷な気候の中で暖かさを保つ方法や、月で呼吸用酸素を確実に供給する方法も習得した。

しかしながら、人間の脳を形成した古代環境のあらゆる多様性に対して、不変のものもある。私たちは、狩猟と採集を行なった。小集団で暮らした。連れ合いを見つけ子供を育てた。これらは、脳の発達に重要な影響を与えた普遍的な事柄である。

ヘビに近づいたとき私たちの大部分が抱くかなり不快な感情は、古代の経験がどのように今日も変わらず影響を与えているかを示している。現生人類とそれに先立つ人類の長い先史時代を通して、ヘビは死をもたらす脅威だった。だから、私たちはヘビに用心しろという教えを学んだ。あるいは、もっと厳密に言うと、一部が教えを学び、その他は教えを学ばず、

がついにはあらゆる人間の脳に組み込まれた。このようにして自然選択が働き、ヘビに用心しろという決まりがついにはあらゆる人間の脳に組み込まれた。この決まりは普遍的なものである。地球上のどこへ行ってもいいし、どんな文化を調べてもいい。みんなヘビに用心している。北極地方のように、ヘビのいない所でさえそうだ。霊長類の仲間たちは、私たちと長期にわたる経験を共有した。だから、彼らも同じように感じる。ヘビを一度も見たことがない実験室で育てられたサルでさえ、ヘビを見ればあとずさりして逃げるだろう。

もちろん、すべての人間がヘビに用心深いわけではないし、ましてや恐れているわけではない。地下室で三メートル半のビルマニシキヘビを飼うほどヘビ好きの者もいる。ヘビよりずっとかわいくて抱きしめたくなるような動物を怖がる場合もある。古代の私たちの祖先が、望ましい性質を持つようにオオカミを交配して作り出したイヌでさえ、その対象になる。心理学者は、人間に自然に備わったヘビに対する用心深さを、ヘビを怖がる傾向に過ぎないと述べている。小さい頃にヘビと過ごした好ましい経験があれば、恐怖症は育たないだろう。悪い経験をすれば恐怖症は簡単に現われるだろう。イヌを怖がるようになることもあるが、その恐怖は古代に組み込まれたものによって出てきたものではない。この二つの恐怖の違いは、心理学者が恐怖症を「正の条件づけ」（患者と恐れている動物を安全で心地よい環境下で一緒にすること）によって治そうとしたときあらわになる。イヌ恐怖症はたいていすぐに消える。しかし、ヘビ恐怖症は消すことができないことが多い。何十万年も前に学んだ教えのせいである。

私たちとヘビとの困った関係は、祖先が古代に暮らした環境が、今まさにこの文章を読んでいる読者の脳をどのように形成したかを示すわかりやすい例である。しかも、かなり取るに足りない例である。古代に組み込まれたもののもっと複雑な例を見つけるのは、それほど容易なことではないが、多くの場合、それらは脳の働きにとって重要性もずっと大きい。

非常に古い時代に組み込まれたものの一つは「類似性の法則」と呼ばれることがある。一九世紀後半、人類学者は、伝統文化では原因がその結果に類似すると考えることに気づいた。たとえば、アフリカのアザンデ族の人々は、白癬がニワトリの糞によって起こると信じていた。ニワトリの糞が白癬に似ているからである。ヨーロッパの民間療法では、キツネは精力が強いと考えられたため、その肺が喘息《ぜんそく》の治療に用いられた。また、中国の民間療法では、視力の低下する病気の治療にすりつぶしたコウモリの目が用いられた。コウモリは優れた視力を持っている（まったくの誤り）と信じられていたからである。同様の思い込み――似たものは似たような結果をもたらす――が世界中の様々な文化で見出されるという事実は、この思い込みが生物学的起源を持っていることを強く示している。

「類似性の法則」は、さらに基本的な表現「見掛けは実際に等しい」と言い表わすことができる。ライオンのように見えれば、それはライオンである。あるいは、現代の用語で置き換えれば、アヒルのように歩き、アヒルのようにガーガー鳴けば、それはアヒルである。これは、古代に組み込まれたものというより常識のように思われるかもしれないが、完全に古代的なものである。そして、必ずしも合理的とはかぎらない。

犬の糞の形をしたキャンデーを食べるように心理学者に頼まれた学生たちは、気が進まないといった感じだった。学生たちは、そのキャンデーがキャンデーであることを知っていた。しかし、それは犬の糞のように見え、そのことによって嫌悪感――もう一つの、古代に組込まれたもの――が発動し、それを払い去ることができなかった。この研究者たちは、嘔吐物のような形と色をしたゴムのかけらを口の中に入れるように被験者に頼んだときにも同様の結果を得ている。また、学生に頼んで、空の容器を選び、砂糖を詰め「青酸ソーダ、毒」と書いたラベルを貼ってもらうと、学生たちは砂糖を使いたがらなかった。心理学者のポール・ロジンとキャロル・ネメロフは次のように書いている。「これらの研究において、被験者は、自分たちの否定的な感情が根拠のないものであることを認識しているにもかかわらず、ともかく、そういった感情を抱き、その感情を認めた」

「見掛けは実際に等しい」規則は、呪術信仰によく出てくる。誰かを痛めつけたいとしたら、ブードゥー教では狙いの相手に似た人形を痛めつける。孤立して暮らしていた部族が初めて写真に出会って怖がるときにも、同様の結びつけがなされた。つまり、写真の画像は写っている人とまったく同じであり、そのことは、写真を撮られた人の魂をカメラが取ったことを意味するに違いないと思ったのである。

もちろん、私は自分の子供の写真が自分の子供でないことを知っている。見方によれば、それは理解しやすいことである。子供の写真を捜してアフリカのスラムをよろよろと歩き回りながら、私は何度もそのことを口にした。しかし、私の内なる原始人はそれを理解できなかった。何百万年ものあいだ、この原始人とその祖先は、「見掛けは実際に等しい」規則に従ってきた。シカのように見えればそれはシカであり、昼ごはんになる。ライオンのように見えれば、それはライオンであり、逃げなければ、自分が昼ごはんになってしまう。その規則はうまく働いた。その規則は、非常にうまく働いたためすべての人間の脳に組み込まれ、今日まで脳に残っている。

したがって、「見掛けは実際に等しい」規則が、私の子供の写真は私の子供だという結論を招くことは明らかである。これが、私の内なる原始人がパニックに陥った理由である。子供を見失った！　子供を捨て去ることはできない！　そこで、私は強盗や殺人、あるいはその両方に遭う可能性の高い場所へと出かけていき、化学薬品で覆われた価値のない紙切れを捜したのだ。

これは、現代人の見方だけからすると、ばかげたことに思われる。旧石器時代人にとって「見掛けは実際に等しい」規則は役に立ち信頼が置けた。旧石器時代人は、自分の子供のように見えるものを見れば、それが自分の子供であることに確信を持つことができた。写真術の発明の結果として環境が変化したとき初めて、人間は自分の子供のように見えるが自分の子供でない画像を見ることになった。しかも、そんなことが起きたのは、わずか一八〇年前に過ぎない。

もちろん、私たちの世界は写真画像で溢れており、それらが古代に組み込まれたものを発動させ、現実感を混乱させることも考えられるだろう。しかし、そんなことは起きていない。

写真はそれが写している物とは違う。大部分の人はこのことを理解するのにそれほど頭を悩ます必要はない。欠陥のある脳回路を持っているのは筆者だけであり、人類すべてではないと読者が判断したとしても理解できる。

ところが、そうではない。なぜだか理解するためには、以前に紹介した思考の二つのシステムに戻らなければならない。

システム・ワンの方がより古い時代のものである。直感的で、素早く、感情的である。システム・ツーは計算高く、遅く、理性的である。二つのシステムを「腹」と「頭」と呼ぶことにしよう。二つのシステムについてよく使う言い方だからである。理由がまったく説明できないものの、本当のことだという漠然とした感じを持っているとき「腹で感じる」と言う人もいるだろう。すると、その友人は「頭を使え」と返答するかもしれない。本当のはずはないから、立ち止まって慎重に考えろという意味である（しかし、心に留めておかなくてはならないのは、これが比喩に過ぎないことである。詩人は感情が心臓あるいは胃から生じると言うかもしれないが、実際には脳だけがすべての思考と感情を生み出している）。

システム・ツーあるいは「頭」は意識的な思考である。私たちが統計を調べて、テロ攻撃で死ぬ確率が極めて低いため心配する必要がないと判断するとき、「頭」が仕事をしている。「頭」は、正確な結果を得るための最善の手段だが限界もある。まず「頭」は教育する必要がある。私たちは複雑な情報の世界に生きている。だから「頭」が数学や統計、論理の基礎を学ばなければ――五パーセントの増加と五パーセントポイントの増加の違いや、相関関係は因果関係の証明にはならないことがわからなければ――ひどい間違いを犯すことになる。また「頭」は非常にゆっくり働く。朝食の食卓で新聞を読んでいるときには問題にならないかもしれないが、背の高い草むらの中で影が動くのを見て、ライオンの出現の可能性やライオンの狩りの習性について百科事典で確認せずに何をすべきかを決めなくてはならないときにはちょっと厄介なことになる。

システム・ワンあるいは「腹」は無意識の思考であり、その特徴となる性質は速さである。「腹」は、背の高い草むらで何かが動いているときに何をすべきかを理解するのに百科事典を必要としない。即座に判断を下し、すぐに警報を鳴らす。胃がうずく。心臓が鼓動を少し速める。目が狙いを定める。

「心臓には心臓の理性があり、心臓の理性について理性は何も知らない」と、ブレーズ・パスカルが三世紀以上昔に書いている。つまり、これは意識と無意識に関することである。「頭」は「腹」のことを調べられない。だから「腹」が判断をどのようにして組み立てたかがまったくわからない。このことは、フォーカスグループ（企業が自社製品について意見を聞くためターゲットとする市場から選んだ調査対象者）からはマーケティング担当者が考えるよりずっと少ない洞察しか得られないと心理学者が考える理由となっている。部屋に人を集めて、車のコマーシャルを見せて、その車についてどう思うかと聞けば、明快な答を得るだろう。「その車は好きじゃない」と一人の男性が答えたとする。よくわかりました。でも、どうしてですか？　その男性は眉間にしわを寄せる。「ウーン、前の部分のスタイルが見苦しい。それにもっと強力なエンジンが欲しい」。

これは、良い洞察、つまり、自社製品をデザインして市場に出そうとする会社が使うのにぴったりのもののように見える。しかしそうではない。この男性の即座の判断――「私はこの車が好きじゃない」――は「腹」から出てきた。しかし、インタビューアーは「頭」に話しかけている。そして「頭」は、どうして「腹」がその車を好まないかについての手がかりを持っていない。そこで「頭」は理屈をつける。「頭」は「腹」の出した結論に着目し、もっともらしいだけでなく、間違っている可能性が非常に高い説明をでっち上げる。

したがって、私たちは、実際には、半ば独立して働く二つの心を持っている。さらに私たちの思考を複雑にしているのが、二つの心のあいだで常に行なわれている複雑な相互作用である。たとえば「頭」によって意識的に学ばれ用いられる知識は、無意識の中に沈み込むことがあり「腹」によって用いられる。ベテランのゴルファーは全員このプロセスを経験している。最初にクラブを手にしたときは、意識的に指示に従う。頭を後ろに引いて、膝を曲げ、右手はまっすぐに。初心者は、これらのポイントのそれぞれについて意識的に、注意深く考える。単にティーの前に立ってスイングすることはできない。しかし、このようなことは、頻繁に十分長い時間行なえば、もう考える必要がなくなる。正しいフォームが正しいと感じられ、ずっと速く、流れるようにできるようになる。それどころか、正しいフォームが一度身についてしまうと、していることを意識的に考えることは動作の流れを妨げ、出来が悪くなる。このため、プロのスポーツ選手は、以前に何千回とやってきた動作について考えないようにすることをスポーツ心理学者に教えられる。

最も知的な行動でさえ「脳」から「腹」への移行が起きることがある。新米の医者は、ありふれた病気に直面しても、症状のチェックリストを意識的に、注意深く検討してから診断を下すが、熟練した医者は即座に答を「感じる」。骨董品の鑑定を仕事とする美術史家でも同様の移行が起きる。マルコム・グラッドウェルの著書『第1感――「最初の2秒」の「なんとなく」が正しい』(2)の最初に出てくる今では有名となった逸話の中で、多くの科学的鑑定によっておそらく本物だろうと考えられていたギリシャの彫像が、それにもかかわらず、何人かの美術史家によって偽物として即座に退けられている。なぜか？　その専門家たちは答えられなかった。何かが間違っていると感じただけである――専門家の一人はこれを「直感的嫌悪」と呼んだ。のちに行なわれた鑑定によって、その彫像は実際に偽物であることが確認された。専門家は瞬時に本当のことを感じ取ることができた。ギリシャの彫像を非常に長いあいだ研究し分析してきたため、知識と技術が「腹」の無意識の働きに吸収されていたからだった。

こうした無意識の働きがどのように働いているかを明らかにするのは、認知心理学者の仕事である。過去何十年かのあいだに、認知心理学者は大きく前進し、思考についての私たちの考え方を永久に変えることになる多くの知見を得た。

ヒューリスティックとバイアスは、思考の秘密を引き出すための最も刺激的な成果にしてはかなり不明瞭な名称である。この場合「偏見《バイアス》」は侮辱を意味しない。傾向のことで、それ以上のものではない。買い物リストを見て一つの項目が緑色で書かれ、残りはすべて青色だったら、緑色の項目を記憶することになりやすいだろう。これがフォン・レストルフ効果――普通とは異なるものを記憶しやすいというバイアス――である。これは心理学者が明らかにしたたくさんのバイアスの一つに過ぎない。フォン・レストルフ効果のようにかなり明白なものもあれば、これから見るように、もっと驚くようなものもある。

「ヒューリスティック」はどうかと言えば、それは経験則である。すでに出会ったものではある。よくできていて、単純明快だ。情報の泥沼にはまり込む代わりに、ライオンのように見えれば、それはライオンであるのだが。「見掛けは実際に等しい」の規則がある。情報の泥沼にはまり込む代わりに「腹」はわずかな観察結果と使いやすい規則だけを用いて、こんな風に歩く猫のような大きな動物はまさにライオンだと即座に結論を出す。すぐに立ち去るにはこうするのがおそらく最も良いだろう。それは命を永らえさせるたぐいの迅速な思考だ。不幸なことに、同じ規則によって、財布に入っているスナップ写真は、単なる紙切れをはるかに上回るものであり、夜の一二時を過ぎてアフリカのスラム中をさまよい歩くことになっても見つけなければならないという結論も生じる。それは死を招くたぐいの思考だ。つまり、「腹」は有用だが、完璧ではない。

幸運にも「腹」は、たった一人で決定を下し、その決定に従って私たちを行動させようとしているわけではない。「頭」もいる。「頭」は「腹」の決定を監視し、「腹」が間違っていると思えば、少なくとも、決定を調整あるいは却下しようとすることができる。「腹」が決め「頭」が見直す。このやり方で、私たちの思考や決定の大部分が形成される。「心理学者の基本的な洞察に次のようなものがある」と、ハーバード大学の心理学者ダニエル・ギルバートは書いている。「判断は、たいていの場合、無意識システムの産物であり、このシステムは、わずかな証拠に基づき、決まったやり方で迅速に働いたあと、急ごしらえの推定を意識に渡す。意識はゆっくり慎重にその推定を調整する」

広い平原に立ち、遠くにある山を見れば、その山がどのくらい遠くにあるか直感が働くだろう（ダニエル・カーネマンによる例）。その直感はどこから生じるのだろう？　何に基づいているのだろう？　知ることはないだろう。おそらく、直感が働いていることさえ知ることはないし、少なくともそんな風に考えることはないだろう。ただ山を見て、その山がどれくらい離れているかのおおよその感覚を持つだけだろう。直感の働きがまるで良くないことを示す情報がほかにないかぎり、現実を測る良い物差しとして直感を受け入れ、直感に基づいて行動するだろう。

知らないうちに、推定値が「腹」の無意識の働きから生じた。その推定値を生み出すのに「腹」は単純な経験則――物は遠くにあればあるほどぼやけて見えるから、山が非常にぼやけて見えれば、山は非常に遠くにある――を用いた。これは、たいていの場合、瞬時に頼りになる情報を与えてくれる、優れた規則だ。そうでなければ、自然選択は、脳にこの経験則を組み込まなかっただろう。

それでも間違うこともある。その日がたまたま暑くて湿気が多いとしたらどうだろう？　靄《もや》がかかり、あらゆる物が晴れた日に比べてぼやけて見えるだろう。距離を正確に推定するには、調整が必要になる。しかし「腹」は調整しない。経験則を適用するだけである。この場合、それは間違いをもたらす。だから、霧に見合うように、「頭」が介入して「腹」の推定値を微調整する必要がある。

しかし、そうするだろうか？　不幸にも、そうしない見込みが大きい。

次の問題を考えてみて欲しい。ボールとバットで合わせて一ドル一〇セントする。バットはボールよりも一ドル高い。ボールはいくらか？

この問題を読んだほぼ全員がとっさに「一〇セント」と答える衝動に駆られるだろう。それはまさに正しいように見えるし、そう感じられる。しかし間違っている。実際のところ、明らかに間違っている（少し注意して考えてみればわかる）[3]。とはいえ、このテストに引っかかるのはまったく正常なことである。「質問したほぼすべての人が、最初『一〇セント』と答えそうになると報告している」と、心理学者のダニエル・カーネマンとシェーン・フレデリックが書いている。「多くの人がこのとっさの衝動に負けてしまう。この簡単な問題の驚くほど高い誤答率は、システム・ツー（頭）がシステム・ワン（腹）の出力をいかにいい加減に監視しているかを表わしている。人はいつも真剣に考えているわけではなく、しばしば、すぐに心に浮かぶもっともらしい判断を信用して満足している」

「頭」は驚くほどいい加減なことがよくある。たとえば、心理学者が繰り返し示してきたように、自分の幸福感について尋ねられたとき、天候によって大きな違いが生じる。晴れだと答の幸福感が高まり、雨だと下がる。「腹」が話しかけているのである。誰しも天候が気分に影響することを知っている。しかし、人の幸福についての質問にとって、天候の良し悪しがもたらす一時的な気分よりはるかに大事なものが存在するのは明らかである。「頭」は、介入して「腹」の答を天候の良し悪しに従って調整すべきである。しかし、そうしないことが多い。数多くの研究によって、天候が株式市場での損得と強く相関していることさえわかっている。陽光がウォール街の株式仲買人の金勘定に関係しているとはこっけいだが、明らかに関係しているのである。「頭」は聡明だが怠け者のティーンエージャーのようだ。ベッドから起きる気になりさえすれば、すごいことがやれるのだ。

以上が通常の条件下での物事の進み方だ。心理学者が明らかにしたところでは、急いでいるときには「頭」による「腹」の判断の監視がずっと甘くなり、より多くの間違いが通過してしまう。朝型人間は夕方になると締りがなくなるし、夜型人間は朝最も調子が悪い。気が散ったり、消耗したりしても、「頭」の集中が弱まる。ストレスもそうである。それに、ビールを一、二杯飲んだあとどうなるかはきわめて明白だ。

ところで、もし、たまたま、アフリカのスラムのように緊張に満ちた場所で、夜の一二時過ぎに、一日中仕事をして疲れ果て、数杯のギネスで少し酔っ払い、財布と中身の写真を盗まれて気が動転しているとしたら、そう、「頭」が最高の状態になるわけがない。

ダニエル・カーネマンは、「頭」と「腹」の関係を要約して、それらは「外に現われる反応を支配しようと競争する」と書いている。正確さは少し劣るが、もう少し生々しくこう言えるかもしれない。私たち一人一人は、高速道路を疾走する車であり、それぞれの車の中には、運転がしたい原始人と聡明だが怠け者のティーンエージャーがいる。ティーンエージャーは、ハンドルに手を掛けていなくてはならないことがわかっているが、それはちょっと煩わしいことで、本当はむしろｉＰｏｄを聞きながら窓の外を見つめていたい。ナイジェリアでのあの夜、原始人が運転し、ティーンエージャーはバックシートで体を丸めて寝てしまった。生きて出てこられて私は運がよかった。

第3章　石器時代が情報時代に出会う

「最近の数字によると、およそ五万人の小児性愛者が常時インターネット上を徘徊している」と、スイスに本拠地があるNGOのウェブサイト「危険に曝されている子どもたち」で述べられている。この主張は、出所が引用されておらず、「恐ろしい統計」という見出しの下に出ている。

確かに恐ろしい統計値だ。しかも広い地域を旅している。英国やカナダ、米国、そしてもっと遠方の地域で目にされてきた。新種のインフルエンザウイルスのように、新聞記事からテレビ報道、講演、ウェブサイト、ブログ、怖気づいた親の無数の会話にまで広がった。米国の元司法長官アルベルト・ゴンザレスにまで影響を及ぼした。

残念ながら、一つの数字が官僚の最高位にまで広がったという事実だけでは、その数字が本当であることの証明にならない。すると、この数字はどうなのだろう？　信用できるのだろうか？

少なくとも少し疑わしいと言えるだけの明白な理由がある。それは、端数を切り捨てた数だということである。しかも、極端に端数を切り捨ててある。四万七〇〇〇とか五万三五〇〇とかではない。五万なのだ。そして、五万というのはまさに、当てずっぽうで思いつきそうなまるで端数のない数字である。

それに、当てずっぽう以外のどんな手段を使ってインターネット上の小児性愛者の数を割り出せるというのだろう？　普通のインターネット利用者を正確に数えるだけでも十分難しい。それでは、小児性愛者はどうだろう？　全員身元がわかっていて関係当局に登録されていればよいと思うかもしれないが、そうなっていないし、電話調査員がインターネット上の性的習癖を電話で尋ねたとしても、自分の性的傾向に完全に正直であることはないだろう。

用心しなくてはならないもう一つの理由は、事実とされているこの話が報道ごとに変わるその変わり方である。英国の『インディペンデント』紙では、五万人「近く」のインターネット上の小児性愛者がいると記事に述べられている。ほかの情報源では正確に五万と述べられている。「少なくとも」五万と述べているものもいくつかある。

小児性愛者がどこまで悪いことをしていると考えるかにもばらつきがある。いくつかの記事では、小児性愛者は単に「インターネット上に」存在するだけであり、彼らが最新の見出しを飾るか水道代を払う以外にしていることは読者の想像に任されている。ほかの記事では小児性愛者が「子供を探している」と述べられている。最もはっきりした説明では、五万人の小児性愛者は全員「心の中に一つの目標――子供を見つけ、親交を結び、最終的にはその子と会うこと――」を抱いているものとされている。この読心術の華々しい偉業は、スペクターソフト社のウェブサイトで見られる。この会社は、怖気づいた親たちに、子供がインターネットでしていることを九九ドル九五セントという低価格で監視するソフトウェアを販売している。

それから、五万人の小児性愛者が活動していると言われている仮想空間の問題がある。いくつかの説では、五万人は、世界中あるいはインターネット全体にいる。しかし、米国のブロガーが次のように述べて、かなりその範囲を狭めた。「常時存在する五万人の小児性愛者は、マイスペース・ドットコムやその他のソーシャル・ネットワーキングのサイトで子供を探している」。それに『ダラス・チャイルド』誌の記事に「二〇〇一年に最も活躍したカリフォルニア在住の親」として知られる二人のペアレント・アクティビスト（子供の教育や安全などに関わる社会活動をする親）が取り上げられ、次のように語っている。「インターネットは素晴らしい道具だが、有害な道具にもなる。特にマイスペース・ドットコムのようなサイトはそうだ。常時、五万人の小児性愛者がサイトにいる」

こういったことはすべて、私たちの心の奥にいる懐疑論者に警報を鳴らさせているはずである。しかし、この数字をくだらないものとして捨て去る前に、答えられなければならない決定的に重要な質問がある。それは、出所はどこか、である。

この数字が出てくるほとんどの場合において出所が引用されていない。筆者は単純に受動態（「……であると推定される」）を使って大きく開いた穴を隠す。同様の効果が得られる別の方法——新聞であまりにも多用され過ぎている方法——は、簡単に、その数字を事実として述べた役人の言葉を引用することである。そうすれば、読者が依然として数字の出所を知らないとしても、数字は役人による信頼性を帯びる。『オタワ・シチズン』紙の記事に引用されているカナダ警察委員会協会の会長イアン・ウィルムズの話の中に五万人という小児性愛者の数が繰り返し出てきたため、私はウィルムズに電話し、どこでその数字を手に入れたのかを尋ねた。英国警察との話に出てきたと彼は答えた。それから、違うと言い、それ以上詳しく特定することができなかった。

　幸いにも、「五万人の小児性愛者」の話には、出所が示されているもの——『インディペンデント』紙の記事も含まれる——がいくつかある。それらすべてに述べられているのは、ＦＢＩが出所だということである。そこで私はＦＢＩに電話した。いいえ、それは私たちの数字ではありません、どこから来たものかまったくわかりませんと、広報担当者は答えた。そして、いいえ、ＦＢＩはインターネット上の小児性愛者数についての独自の推定値など持っていません、そんな数を算出するのは不可能だからですと、彼女は答えた。

　しかし、懐疑的な態度だけでは、疑わしいが役に立つ数字をなくすことはまずできない。二〇〇六年の四月に米国司法長官アルベルト・ゴンザレスは、行方不明・被搾取児童のための全米センターで演説を行なった。「どれほど多くの捕食者がいるかには本当に驚かされる……どの瞬間にも、五万人の捕食者がインターネット上を徘徊している」。この数字の出所はテレビ番組の『デートライン』だとゴンザレスは述べた。

司法長官はナショナル・パブリック・ラジオ（NPR）をもっと聞くべきだ。NPRのジャーナリストがこの数字をどこで手に入れたかの説明を『デートライン』に求めたとき、この番組に出演しているクリス・ハンセンから聞かされたのは、専門家にインタビューし、この「ずっと表に出ている」数字が正確なものかどうか尋ねたということだった。ハンセンのわかりやすい言い換えによると、専門家は次のように答えた。「その数字は聞いたことがある。しかし、捕食者とは何かをどう定義するかにもよるが、実際にはかなり低く見積もっているかもしれない」

『デートライン』は、この答を数字の正確さが確認されたと受け取り、三つの異なる回でまったくの事実としてこの数字を繰り返し伝えた。

『デートライン』が話しかけた専門家は、FBI捜査官ケン・ラニングだった。NPRがラニングにこの重要な数字について尋ねると、彼は言った。「どこから出たものか知らなかった。正しいとは言えなかったけれど、間違っているとも言えなかった。でも、かなり納得できる数字だという感じはした」。ラニングは奇妙な一致にも触れている。五万という数字は、近年起きた少なくとも二つのパニックにおいて鍵となる数字として出てきた。一九八〇年代初頭に、この数字は見知らぬ人間に毎年誘拐される子供の数とみなされていた。一九八〇年代の終わりには、悪魔崇拝カルトによる殺人の数だった。こういった主張は当時広く報じられ信じられたが、繰り返し話されるうちに「事実」となったヒステリックな憶測に過ぎないことがのちに明らかとなった。

さて、ラニングが考えているように、五万という数字は現実に近いかもしれない。しかし、大きく外れているかもしれない。五〇〇万人の小児性愛者がインターネット上に常時いるかもしれないし、五〇〇人かもしれないし、五人かもしれない。実際に知る者はいない。五万という数字は、よくても、未知の人間による推測に過ぎない。

時間をかけてこの数字を詳細に検討してきたが、それは（この本でのちに目にするように）信用できない統計が公の場の会話にあまりにも多いからである。そして、こういった数字に影響されるのは、騙されやすい人間だけにかぎらない。事実、心理学者が明らかにしたところによれば、相当疑り深い人でも難しい、あるいは不可能とさえ感じるのが、偽の統計が頭に入り込んで、判断に影響しないようにすることである。

例によって、問題は「頭」と「腹」の分離にある。「五万人の小児性愛者」の五万という数字をあざ笑うのが「頭」だ。「腹」はそうとはかぎらない。

実例を挙げて説明するために、質問を出そうと思うが、最初は、今扱っている問題にあまり関係がないように思われるかもしれない。ガンディーは亡くなったとき九歳より上か下か？　もちろん、これはばかげた質問だ。答は明らかである。それに今の話と関係ない。まったく関係ない。質問したことは忘れてもらいたい。

もう一つの質問に進もう。ガンディーは亡くなったとき何歳だったか？　ところで、ガンディーが亡くなったときいくつだったかをあなたが実際に知っているとしたら、この練習問題は免除される。お茶でも飲みに行って、数パラグラフ後に戻ってきてもらいたい。この質問は、答をはっきり知らず推定する必要がある人のためのものだ。

あなたの推定を正確に書き記して、楽しませ驚かせることができればよいと思うが、それはできない。しかし、かなり自信を持って言えるのは、二番目の質問に対するあなたの答が九という数字に強く影響されたということである。

なぜわかるかといえば、この質問はドイツの心理学者フリッツ・ストラックとトーマス・マスワイラーの研究から持ってきたものだからだ。彼らはガンディーに関して二バージョンの質問を行なった。一つは前述したものだ。もう一つは、ガンディーが亡くなったとき一四〇歳より上か下かを尋ねることで始まり、亡くなったときガンディーはいくつだったか推定せよという同様の指示が続く。最初の質問に九という数字が出ていたとき、次に続く質問の平均推定年齢は五〇歳だった。二つ目のバージョンでは平均推定年齢は六七歳だった。(1)つまり、推定前に小さい数字を聞いた者は低く推定し、大きい数字を聞いた者は高く推定した。

心理学者はこの実験を変形した様々な実験を行なってきた。あるバージョンでは、被験者は、最初に自分の電話番号の数字で一つの数を作るよう求められ、次にヨーロッパでアッティラが敗れた年を推定するよう求められた。別の研究では、被験者は回転円板型の抽選装置を回してランダムに数を選ぶよう求められ、次に国連に代表を送り出しているアフリカの国の数を推定するよう求められた。どの場合も結果は同様だった。つまり、推定を行なう前に聞いた数字が推定に影響したのだ。数字が明らかに無関係であることは問題にならない。いくつかの研究では、被験者が聞いた数字は無関係なものだと伝え、数字が判断に影響を与えないようにして欲しいと取り立てて頼みさえしている。それでもなお数字は影響を与えた。

ここで起きていることは、心理学者が係留と調整のヒューリスティックと呼ぶもの、あるいは私が「係留規則」と呼ぶつもりのものを「腹」が使っているということである。正しい答がはっきりせず推測するとき、「腹」は、最も手近にある数字、つまり最近聞いた数字に飛びつく。次に「頭」が調整するが「調整は不十分になりやすく、最終的な推定は、最初に錨として使われた値の方に偏ることになる」と、心理学者ニコラス・エプリーとトーマス・ギロヴィッチが書いている。

ガンディーの質問では「頭」と「腹」は最初に九という数字を聞いた。続いて亡くなったときのガンディーの年齢についての質問が出たとき、その答は未知のものだった。そこで「腹」は最も近くにある錨——九という数字——をつかみ、「頭」に渡す。一方「頭」は、ガンディーのイメージを、痩せて背中の丸まった老人として思い出すかもしれない。すると「頭」は上方に調整を行ない、九から自分が知っていることに見合う数字まで上げる。今の場合、五〇になり、九からずいぶん離れている。

しかし、この数字は、錨として一四〇を与えられた者の平均推定値に比べると、まだずっと小さい。ここで起きていることは、心の支配と言い換えることはできない。それは、むしろ、心の感化に近い。そして「頭」はこういったことが起きていることをまったく知らない。つまり、最初に聞いた数字が推定に影響しているかどうか心理学者が尋ねると、その答は常にノーである。

「係留規則」は人心操作に用いる機会が豊富にある。小売業がわかりやすい例である。トマトスープの大きな積荷を急いで売りたいと思っている食料品店は、よく目立つように商品を陳列し、仕上げに「お客様一人当たり一二缶まで」や「常備品として一八缶お買い上げください」と書いた表示を置くとよい。表示の宣伝文句は重要ではない。数だけが重要だ。客が何缶買おうか決めようとしているとき「腹」が「係留規則」に従うことになる。つまり、一八あるいは一二から始め、下方に調整し、表示がなかった場合より大きな数に決めるだろう。心理学者のブライアン・ワンシンクとロバート・ケント、スティーヴン・ホックが、このシナリオを変形させたものをいくつか実際のスーパーマーケットで実行したところ、目覚しい結果を得た。購入を一二缶までに制限するという表示がないと、ほぼ半数の買い物客がスープ缶を一缶か二缶だけ買った。一方、一二缶までの表示があると、ほとんどの買い物客が四缶から一〇缶買い、一缶か二缶だけという買い物客は一人もいなかった。

あるいは、次のような場面を想像してもらいたい。あなたは弁護士であり、依頼人が裁判官に判決を言い渡されようとしている。裁判官は、判決がどのくらいの長さになるかに関しての決定権を握っている。「係留規則」は、正義のはかりのバランスを操作する方法を示唆している。二〇〇六年の研究で、ストラックとマスワイラーは、経験豊富なドイツの裁判官を集めて一つのグループにし、強姦罪の判決を下された男の事件の概要を記した文書を渡した。概要には事件に関するあらゆる事実が述べられ、有罪判決を支持する証拠も含まれていた。裁判官は、概要を読んだあとに、休廷中にジャーナリストから電話があり、判決が三年より長いか短いか尋ねられるところを想像するよう求められる。ストラックとマスワイラーは裁判官に次のように言う。もちろん、当然のこととしてあなたたちは答えるのを断り、法廷に戻ることになります。さて……あなたたちはこの事件にどんな判決を下すでしょう？答の平均は三三ヶ月の禁固刑だった。しかし、この裁判官のグループには知らされなかったが、別のグループがまったく同じ筋書きの実験を受けさせられた。ただし、想像上のジャーナリストが口にする数字は、三年でなく一年だった。その場合、裁判官が科した判決の平均は二五ヶ月だった。

「係留規則」は、世論調査を自分の目的に合うように歪曲するためにも使える。あなたは環境保護団体の会長であるとしよう。ある湖をきれいにするために相当のお金を使うことを世間が支持していることを示したい。そのため、回答者がその湖をきれいにするのに一定のお金——二〇〇ドルとしよう——を寄付する気があるかどうかという質問から始まる調査を実施する。回答者がイエスと言うかノーと言うかは重要でない。回答者の頭に二〇〇ドルという数字を入れるためにこの質問をしているに過ぎない。重要なのは次の質問である。つまり、普通の人はその湖をきれいにするためにどのくらい払う気があるかを推定するように回答者に求めるのである。「係留規則」のおかげで、間違いなく、回答者の「腹」は二〇〇ドルから始め、下方へ調整し、ある数字にたどり着くだろう。その数字は二〇〇という数字が「腹」に与えられていなかったときよりずっと大きいだろう。この通りのことを行なった心理学者のダニエル・カーネマンとジャック・ネッチュによる研究では、平均推定値は三六ドルだった。しかし、二度目の実験で、二〇〇ドルという数字は二五ドルに変えられた。そのあとで、湖をきれいにするために世間ではどのくらい払う気があるかを尋ねられると、平均推定値はたったの一四ドルだった。このように、係留に大きな数字を用いると、回答の平均値は、小さな数字のときに比べてほぼ一五〇パーセント大きくなった。(2)

ここまで来れば、「係留規則」が、恐怖を売り物にする者にとって価値があることは明らかだろう。たとえば、コンピューターの使用を監視するソフトウェアを売っていると想像するといい。主な市場は、勤務時間中に従業員がインターネットサーフィンするのを止めさせようとしている雇用主である。しかし、同時に、チャットルームで子供を誘惑している小児性愛者の記事を耳にし、親がひどく怯えていることを知る。そこで、急いでグーグルによる検索を行ない、探しうる最も大きな、最も恐ろしい統計値——常時インターネット上にいる五万人の小児性愛者——を見つけ、マーケティングに利用する。当然、数字の正確さを疑ったりしない。そんなことは関係ない。自分はソフトウェアを売っているのだ。

そして、あなたは、ほかの多くの人々の断固たる取り組みのおかげで、たくさんのソフトウェアを売ることになるだろう。結局のところ、あなたは親を怖がらせようとしている（警告しようとしていると言いたい者もいるだろう）ただ一人の人間ではない。児童保護関係の活動家やNGO、そして、警察官、政治家、ジャーナリストがいる。彼らは全員、この恐ろしい数字（や似たような数字）を振りかざしている。なぜなら、ちょうどあなたと同じように、この恐ろしい数字が彼らの目標を向上させるからであり、この数字が、どんなことであれ、いい加減な話や暗い空想以上のことによってもたらされたものかどうかをわざわざ知ろうとしていないからだ。

しかし、賢い親は疑いを抱くかもしれない。この数字をあなたや他の関係者から聞いて、怖がらせるための戦術だと考えるかもしれない。彼らはこの数字を受け入れないだろう。

しかし、喜ばしいこと（あなたから見て喜ばしいこと）に、彼らの疑いはたいして問題にならない。結局のところ、インターネット上のストーカー行為は実際に起きている。そして五万という数字を退ける疑り深い親でさえ自分が次のように考えていることに気づくだろう。それでは、正解は何だろう？　何人の小児性愛者がインターネット上にいるのだろう？　その親は、ほぼ瞬間的に、ありそうな答を思いつくだろう。それが「腹」の働きだ。そして「腹」の判断の基礎となっているのが「係留規則」である。つまり、最近聞いた数から始めて下方に調整していけ、である。

どこまで下げればいいか？　たとえば、その親がかなり大胆に減らし、一万に落ち着いたとしよう。理性は次のように命ずる。五万という数字が無意味なものだとすれば、その無意味な数字を適当に調整して導き出された数字は、輪をかけて無意味だ。一万という数字は、まったく意味がないから捨て去るべきだ。

しかし、その親はおそらくそうはしないだろう。その親にとって、一万という数字は、尋ねられたとしても説明できない理由によって正しいと感じられる。企業のマーケティングや質《しつ》の悪いジャーナリズムに関する懐疑主義さえ守ってくれないだろう。なぜなら、その親の心の中では、この数字がマーケティング担当者やジャーナリストから出たものではないからだ。それは自分から生じたものだ。自分が正しいと感じるものだ。そして、その親にとって、一万人の小児性愛者がいついかなる瞬間もインターネット上で子供狩りをしていると考えることは十分に恐ろしい。

おめでとう。あなたは新しい顧客を獲得した。


「係留規則」は有力だが、非常に大きな影響力のある、はるかに広範囲に及ぶ科学上の飛躍的発展のほんの一部に過ぎない。科学の世界でよく見られることだが、この飛躍的発展を生み出した人と場所がたくさんある。しかし、その中でも際立っている二人が、心理学者のダニエル・カーネマンとエイモス・トヴェルスキーである。

四〇年前、カーネマンとトヴェルスキーが共同研究で調べたのは、本当のことがはっきりわからないとき、人間はいかに判断を形成するかということである。それは、沈滞気味の小さな研究分野のように思われるかもしれないが、実際には、人間がいかに考え、いかに行動するかについての最も基本的な側面の一つである。学者にとっては、経済や法律、保健、公共政策などの様々な分野における中心課題に対する答を形成するものである。学者以外の人間にとっては、日常生活の基本要素、つまり、どの職業を選ぶか、誰と結婚するか、どこに住むか、子供を持つかどうか、子供を何人持つかなどを意味する。枚挙にいとまがない命にかかわる脅威――トーストで喉を詰まらせることから、日々の通勤やテロ攻撃まで――を、私たちがいかに認識し、それに対していかに対応するかを決定するのにも極めて重要である。
カーネマンとトヴェルスキーが研究を始めたとき、人間がいかに決定を下すかについての支配的なモデルは、ホモ・エコノミクスのモデルだった。「経済人《ホモ・エコノミクス》」は極度に理性的である。証拠を検討し、利益が何かを理解し、どうすれば最も利益が増えるかを推定し、それに従って行動する。ホモ・エコノミクス・モデルは経済学部を支配し、公共政策の世界でも大きな影響力を持った。それは、部分的には、人間行動に影響を与えることは実際にはかなり簡単だとこのモデルが示唆したからである。たとえば、犯罪と戦うには、政治家は懲罰を厳しくするだけでよい。犯罪の予想コストが予想利益を上回れば、犯罪者予備軍は、犯罪はもう自分の利益を増やさないと推定し、その結果、犯罪を行なおうとはしないだろう。「あらゆる問題に対して、わかりやすく、すっきりしていて、間違った解決策が存在した」と、H・L・メンケンは書いたが、ホモ・エコノミクス・モデルはまったくその程度のものだった。ホモ・エコノミクスと違って、ホモ・サピエンスは完全に理性的なわけではない。その証拠は、人間がときどき間違いを犯すという事実にあるのではない。ホモ・エコノミクス・モデルもその事実は考慮に入れている。証拠となるのは、特定の状況で人間は必ず間違いを犯すということである。私たちには系統的な欠陥がある。一九五七年に、聡明な心理学者かつ経済学者かつ政治学者でのちにノーベル賞を受賞したハーバート・サイモンは「限定合理性」という用語を作り出した。言い換えれば、私たちは理性的だが、それは限度内においてのみであるということだ。

カーネマンとトヴェルスキーは、この限度を明らかにする仕事に着手した。一九七四年、彼らは数年間の仕事をまとめて『不確かな状況下での判断——ヒューリスティックとバイアス』という印象に残るほど退屈な表題の論文を書いた。そして専門家のための学術誌ではなく『サイエンス』に発表した。洞察のいくつかは心理学者でない者にとっても興味深いものかもしれないと考えたからだった。その短い論文は哲学者と経済学者の注目を集め、激しい論戦が始まった。それは何十年も続いたが、最終的にはカーネマンとトヴェルスキーが勝った。「限定合理性」の概念は今では広く受け入れられ、その洞察は社会科学全体にわたって研究を活気づけている。経済学者さえ、ホモ・サピエンスはホモ・エコノミクスではないということをしだいに受け入れつつあり、「行動経済学」と呼ばれる活発な新分野では、心理学の洞察を経済学にもたらすことに熱心である。

エイモス・トヴェルスキーは一九九六年に亡くなった。二〇〇二年に、ダニエル・カーネマンは、学問の世界における勝利者として凱旋パレードを経験した。すなわち、ノーベル経済学賞を受賞したのである。彼はおそらく、この賞の歴史上、経済学の授業をただの一度も受けたことのないただ一人の受賞者である。

驚かされるのは、前述の『サイエンス』誌の論文が、あらゆる方面に衝撃を与えたものの、一見すると非常に地味であることとである。カーネマンとトヴェルスキーは理性について何も語っていない。ホモ・エコノミクスを作り話呼ばわりしていない。やったことと言えば、手堅い研究を示しただけである。その研究では「腹」が判断に用いるいくつかのヒューリスティック（経験則）が明らかにされ、ガンディーは亡くなったときいくつだったかを推定することや仕事に車で行くのは安全かを推定することが、「腹」の判断例として用いられた。このことが、この論文がこれほどの影響力を持った理由の一つだと現在カーネマンは考えている。つまり、大げさな理論化などなく、非常に手堅い研究だけだったため、発表後の何年間かの無数の挑戦に耐えることになったのだと。

論文そのものと同様に、論文で明らかになった三つの経験則も素晴らしく単純明快である。一番目の規則である「係留規則」については、すでに検討した。二番目の規則は心理学者が代表性ヒューリスティックと呼ぶものであり、これを「典型的なものに関する規則」と呼ぼうと思う。そして最後に、利用可能性ヒューリスティックあるいは「実例規則」があり、リスクに対する私たちの認識と反応を形成する上で、三つの中で群を抜いて重要な規則である。

典型的なものに関する規則

リンダは、年齢が三一歳で、独身であり、はっきり物を言い、非常に聡明である。彼女は哲学を専攻した。学生のとき、差別問題や社会正義の問題に深い関心があり、反核デモにも参加した。

リンダには次のことがどのくらいあてはまるだろうか？

● 小学校の先生である
● 書店で働き、ヨガ教室に通っている
● フェミニスト運動に積極的である
● 精神障害に関するソーシャルワーカーである
● 女性有権者同盟の会員である
● 銀行の窓口係である
● 保険の販売員である
● 銀行の窓口係であり、フェミニスト運動にも積極的である

さあ、最もありそうなものから最もなさそうなものまで、順位をつけていただきたい。

これは心理学で最も有名なクイズの一つである。カーネマンとトヴェルスキーは、四〇年ほど前に「リンダ」のプロフィールを書いたとき、活動的なフェミニストに対する世間のイメージ（当時は今よりもう少し際立ったものだったようである）とよく合うように意図した。リストにある記述のいくつかは、どんぴしゃりのように思われる。女性有権者同盟の会員？うん、ぴったりだ。したがって、非常にありそうな話で、きっとリストの最上位か、それに近いところに来るだろう。フェミニスト運動に積極的？　その通りだ。これも高順位だろう。でも、保険の販売員？　銀行の窓口係？　リンダのプロフィールには、どちらかが正しいと

とりたてて示唆するものは何もない。だから、このクイズに取り組んでいる人は、それらをリストの最下位かその近くの順位にする。

以上はきわめてわかりやすい。しかし、銀行の窓口係であるリンダがフェミニスト運動にも積極的であるという最後の記述はどうだろう？　このクイズに取り組むほぼ全員が、そうだな、少なくともいくらかはありそうだと感じる——確かに、リンダが保険の販売員であるとか銀行の窓口係であるという話よりはありそうだ。カーネマンとトヴェルスキーが学部学生にこのクイズを出すと、八九パーセントが、リンダが単に銀行の窓口係であるより、フェミニスト運動に積極的な銀行の窓口係である方がありそうだと判断した。

しかし、落ち着いて考えてみれば、これは意味を成さない。リンダが単に銀行の窓口係である場合より、銀行の窓口係兼フェミニストである場合の方がありそうだなどということがどうしてありえるだろう？　仮に彼女が銀行の窓口係兼フェミニストであることが判明したとしても、その場合、彼女は銀行の窓口係である——だから、最低でも、二つの記述は同じ程度にありそうでなければならない。さらに言えば、リンダが銀行の窓口係であるがフェミニストでない可能性が常に存在する。したがって、彼女が銀行の窓口係兼フェミニストである場合より、単に銀行の窓口係である場合の方がありそうだというのが本当でなければならない。これは簡単な論理であるが、気づく人は非常に少ない。

そこで、カーネマンとトヴェルスキーは、このクイズを分解して再度試みた。学生にリンダの同じプロフィールを読ませたが、今回は単純に、リンダが（a）銀行の窓口係であるか

(b)フェミニスト運動に積極的な銀行の窓口係であるかの、どちらがありそうかと尋ねたのだ。

ここでは、前述の論理があらわになっている。カーネマンとトヴェルスキーはきっとみんながその論理に気づいて自分の直感を修正するだろうと思った。しかし、みんな間違った。八五パーセントという前回とほぼ同程度の学生が、単にリンダが銀行の窓口係であるより銀行の窓口係兼フェミニストである方がありそうだと答えた。

カーネマンとトヴェルスキーは、「リンダ問題」と呼んだこのクイズの両方のバージョンを論理や統計の訓練を受けた専門家にも試してみた。注意をそらせるための細かい記述が長々とついた元の質問に、専門家は学部学生とまったく同じくらい誤って答えた。しかし、質問が二行で終わるバージョンが試されたときは、まるで誰かが彼らの横腹をひじで突いたようだった。「頭」が介入して「腹」を修正し、誤答率が急に下がった。科学者でありエッセイストでもあるスティーヴン・ジェイ・グールドがこのテストを受けたとき、論理――「頭」――が自分に語りかけているものが正解だと気づいた。しかし、そのことによって、直感――「腹」――が主張していることが正しいという思いは変わらなかった。「私は(正解が)わかっている。でも頭の中のホムンクルスが飛び跳ねて私に叫ぶ――『でも、彼女が単に銀行の窓口係であるはずがない。記述を読んでみろ』」

ここで起きていることは単純で強力だ。「腹」が判断を下すために使っている道具は「典型的なものに関する規則」である。典型的な夏の日は、暑くてよく日が照っている。では、特定の夏の日が暑くてよく日が照っていることはどのくらいありそうか？　非常にありそうだ。これは「典型的」なものの単純な概念に基づく単純な例であるが、私たちは典型性に関する非常に複雑なイメージ――たとえば「典型的な」フェミニストや「典型的な」銀行の窓口係などのイメージ――を形成することもできる。私たちは絶えずこの種の判断を下しており、たいてい、それでうまくいっているからというもっともな理由のため、判断していることにほとんど気づかない。そして、そのおかげで「典型的なものに関する規則」は有効な手段として機能し、複雑な状況を単純化し信頼できるとっさの判断を生み出す。

と言うより、少なくとも通常は有効である。リンダ問題は「典型的なものに関する規則」が過ちを犯す一つのパターンを明らかにしている。何か「典型的な」ものがかかわっていると、直感が発動する。直感はひたすら正しいと感じる。そして、直感が関与するといつもそうであるように、私たちは、論理や証拠に逆らうことになるときでさえ直感に従う傾向がある。ちなみに、この罠にかかるのは普通の人だけではない。カーネマンとトヴェルスキーが医者のグループにある症状における見込みを判定するよう求めたとき、「典型的なものに関する規則」が効き始め、ほとんどが論理を押さえつけて直感を選んだ。

もう一つの問題は、「典型的なものに関する規則」が「典型的な」ものについての知識と同程度に優れたものでしかないということである。西欧諸国、特に米国に不幸にも普及している典型性にまつわる迷信の一つは、黒人がかかわっている。つまり、典型的な黒人は犯罪者であり、典型的な犯罪者は黒人であるというものだ。このことを自覚的に信じている人もいれば、多くの黒人さえそうしているように、意識上はこの固定観念を拒絶しながらも無意識的に信じている人もいる。(3) 自覚的であろうとなかろうとこのことを信じている人が、都会の歩道を歩いているところを想像するといい。黒人が一人近づいてくる。瞬間的に、この人の「腹」は「典型的なものに関する規則」を用いて、この黒人が犯罪者である見込みが高いと判断するだろう。「頭」が介入しなければ、この人は不安を覚え、通りを向こう側へ渡ろうとするだろう。しかし、たとえ「頭」がこのナンセンスに歯止めをかけたとしても、不安は残ってつきまとい、そういった不安が、黒人が歩道で非常によく遭遇する不安げな素振りを生み出すことになる。

「典型的なものに関する規則」にとってもう一つ大きなマイナス面があるが、それはリスクをどう判断するかにとって特に重要なものである。一九八二年にカーネマンとトヴェルスキーは、トルコのイスタンブールに飛行機で行き、第二回未来予測国際会議に出席した。これは通常の集まりではない。参加者はみな、現在の趨勢を評価し、未来を予測することを仕事とする大学と政府機関、企業の専門家だった。物事が起きる確率を合理的に判定することを期待できる人々がいるとすれば、それはこの集団だった。

カーネマンとトヴェルスキーは「リンダ問題」のあるバージョンを合計一一五人の専門家の二つのグループに出題した。最初のグループは「一九八三年のある時点で、米国とソ連のあいだの外交関係が完全に凍結する」可能性を評価するように求められた。二番目のグループは「一九八三年のある時点で、ソ連がポーランドに侵攻し、米国とソ連のあいだの外交関係が完全に凍結する」可能性はどのくらいかを答えるように求められた。

論理的には、最初のシナリオの方が二番目のシナリオより起こりやすくなくてはならない。それでいてなお、専門家の評価はまさにその逆だった。両方のシナリオともありそうにないと見なされたが、侵攻に続く外交凍結のシナリオの起きる可能性は、単なる凍結のシナリオの三倍あると判断された。ソ連のポーランド侵攻は「典型的な」ソ連の行動だった。それは「活動的なフェミニスト」がリンダのプロフィールに適合したのと同じ具合にうまく適合した。そして、うまく適合したことが、専門家によるシナリオ全体の評価に強く影響した。

ほかにも多くの研究が同様の結果を生み出した。カーネマンとトヴェルスキーはブリティッシュ・コロンビア大学の二四五人の学部学生を二つに分け、一つ目のグループには「一九八三年に北米のどこかで大規模な洪水が発生し、一〇〇〇人以上が溺れる」可能性を評価するように求めた。二番目のグループは「一九八三年のある時点でカリフォルニアに地震が発生し、その地震が洪水を引き起こし一〇〇〇人以上が溺れる」可能性について答えるように求められた。ここでもやはり、論理的には二番目のシナリオが最初のシナリオより起きる可能性が低くなければならないのに、二番目のシナリオは、最初のシナリオに比べて、三分の一だけ起きる可能性が高いと評価された。

カーネマンとトヴェルスキーはのちに次のように書いている。「典型的なものに関する規則」は「よくできた話、あるいはよくできた仮説を生み出すような結果になりやすい。『フェミニストである銀行の窓口係』という結びつきは、リンダに関する仮説として『銀行の窓ロ係』よりよくできているし、ソ連のポーランド侵攻のあとに外交上の危機が続くというシナリオの方が『外交上の危機』よりよくできた話になっている」。「腹」はよくできた話に弱い。

これに関連する問題を目のあたりにするには、どの新聞でもいいから開いてみるといい。未来にどんなことが起きるかについての話をする専門家で溢れている。そして、そういった話はひどい成績を残している。残念ながら廃刊になったが、『ブリルズ・コンテント』はメディアを取材対象とする雑誌であり、ジョージ・ウィルやサム・ドナルドソンのような有名な米国の評論家による単純な一回かぎりの予言（「スミス上院議員は民主党の指名を勝ち取るだろう」）の正確さを追跡調査することを特徴としていた。この雑誌では、そうした評論家たちの成績を「チッピー」という名の予言者の成績と比較した。「チッピー」は四歳のチンパンジーで、カードを選んで予言した。チッピーはなかなかだった。評論家が平均で約五〇パーセントの予言を的中させた（コイン投げと同じ成績）のに対して、チッピーはみごと五八パーセントを的中させた。

もちろん、評論家は自らの未来学を用いて単純な予言だけを行なっているのではない。手の込んだシナリオを提起し、以下のようなことも説明している。どのようにしてスミス上院議員が民主党の指名を得て、それに続く大統領選挙に出ることになるか。どのようにしてレバノンにおける政治不安が長い連鎖反応を起こし、中東全域におけるスンニ派とシーア派の戦争にまで発展するのか。どのようにして中国の平価切り下げ拒否によって次々とドミノ倒しが起こり、最後には米国の住宅価格の暴落を招き、世界経済が不況に傾くのか、などである。論理的には、これらの予言が実現するためには、鎖の輪となるありとあらゆる出来事が起きなければならない。だから、単純な一回かぎりの予言で評論家が収めたぶざまな記録を考えれば、これらの予言が実現する確率はきっとチッピーが大統領になる確率より低いだろう。

しかし「腹」はこういった情報を論理的に処理しない。「典型的なものに関する規則」に導かれて、もっともらしい細部をしっかりつかんで、それを用いて全体のシナリオが実現する可能性を判断する。その結果として「たまたま関連づけられた、典型的ないくつかの出来事で構成されている詳しいシナリオの方が、それらの出来事の部分集合より起こりそうに思われることがある」と、カーネマンとトヴェルスキーは書いている。細部を加え、予言を膨らませ、手の込んだシナリオを作れ。論理からすれば、そんな方向に進めば進むほど、将来予測が正確だったと判明することになる可能性はますます小さくなる。しかし、ほとんどの人にとって「腹」は単なる論理よりはるかに説得力がある。

カーネマンとトヴェルスキーは、こういったことが専門家の予言にどんな意味があるかに気がついた。「この効果は、専門家のシナリオを魅力的にし、実体のない洞察を提示するのに役立つ」と書いている。「政治評論家はもっともらしい原因と典型的な結果を付加することによってシナリオを改善することができる。歌劇『ミカド』の中で登場人物のプー・バーが説明しているように、こういった付加が提供しているのは『そのままだとそっけなくて説得力に欠ける話に魅力的なもっともらしさを与えるように意図された確証的細部』である」

こういったことは問題になるだろうか？　ほとんどの場合、問題にならない。評論家の未来学は、新聞の別のページに載っている星占いと同じくらい不確かかもしれないが、そんなことはさほど重要なことではない。ところが、ときおり、オピニオンリーダーが未来について語ることが問題になるときがあり（二〇〇三年のイラク侵攻に先立つ数ヶ月がそうだった）、そういったときには、よくできた話に対する「腹」の弱さが非常に深刻な結果をもたらすことになる。

実例規則

ルーレット盤が回転して玉が落ちるとき、結果は完全にランダムである。どの回転のときも、玉は、黒か赤の、どの数字にも止まり得る。その確率は変わることがない。地殻を構成するプレートはルーレット盤ではないし、地震はランダムな現象ではない。地球の核によって生み出された熱は、地球の表層部でプレートを容赦なく押す。プレートは互いに擦れ合い、摩擦によって動きが止まる。すると、下部からの圧力が徐々に大きくなり、ついにはプレートが震動し、不意に前に動く。これが地震として経験する猛々しい瞬間である。圧力が解放されると、猛威は収まり、このサイクルが再び繰り返される。

プレートが出会う運の悪い場所のてっぺんに寝室がある人にとって、こういった簡単な事実は、直面するリスクに関して重要なことを語っている。最も重要なのは、リスクが変化するということである。ルーレット盤とは異なり、地震発生の確率はいつも同じわけではない。地震が起きた直後が最も低く、時間がたって圧力が高まっていくとともに、上昇する。そして、科学者はいつ地震が発生するかを正確に予測できないかもしれないが（とにかく、今はまだできない）、増大していくリスクを追跡する能力はかなり優れている。

このことがわかれば、地震保険の販売数にも同様のパターンがあるはずである。最もリスクが小さいのは地震の直後なのだから、それは販売数が最低になるべき時期である。時間がたつにつれて、販売数は増加するはずである。科学者が巨大地震について警告し始めると、販売数は急増するはずである。しかし、地震保険の販売数は実際にはちょうど逆のパターンに従う。販売数は地震の直後に最高となり、時間がたつとともに徐々に下がる。この最初の部分は理解できる。地震を経験することは、人をぎくりとさせて、自分の家がぺしゃんこになっていたかもしれないと思いださせることになる。しかし、時間がたって、保険の期限が切れても、そのままにしているのはおかしい。そして、科学者が警告を発しているときに急いで保険に入ろうとしないのは、まったく奇妙だ。

このことは少なくとも「頭」にとっては意味を成さない。「腹」にとっては、完全に意味を成す。「腹」の最も簡単な経験則は、実例を思いつくのが容易であればあるほど、そのものはより一般的でなければならないということである。これが「利用可能性ヒューリスティック」であり、私はこれを「実例規則」と呼ぶことにする。

カーネマンとトヴェルスキーは「実例規則」の効果を例によってあざやかな方法で示した。最初に、彼らは、□□□□n□の形に当てはまる、思いつくかぎり多くの単語を挙げるように学生のグループに求めた。学生は六〇秒かけて問題に取り組んだ。学生が出した単語の平均数は二・九だった。次に、もう一つの学生のグループに、□□□□ingの形に当てはまる単語に対して同じ時間制限で同様のことを求めた。このときは単語の平均数は六・四だった。

注意深く見てみると、この問題には妙なところがあるのが明らかである。最初の形は、「i」と「g」の文字が省かれていること以外、二番目とまったく同じである。これは、二番目の形に当てはまるどの単語も最初の形に当てはまらなくてはならないことを意味している。したがって、実際には最初の形の方が多い。ところが、二番目の形の方がずっと容易に思いついた。

この知見を武器に、カーネマンとトヴェルスキーは小説の中の四ページを思い浮かべるように別の学生のグループに求めた。そしてその四ページには約二〇〇〇の単語があると告げた。「□□□□ingの形をしている単語をいくつ見つけられると思いますか?」。平均推定数は一三・四単語だった。次に、□□□□□n□について、別の学生のグループに同じ質問を出した。平均推定数は四・七単語だった。

この実験は異なる形式で何度も繰り返されたが、結果はいつも同じだった。つまり、実例を容易に思いつくことができればできるほど、より一般的であると判断する。

注意しなくてはならないのは、「腹」の直感的判断に影響を与えるのが実例そのものではないということだ。思いつく実例の数でもない。いかに容易に思いつくかである。興味深い知見を示す次のような研究がある。心理学者のアレグザンダー・ロスマンとノーバート・シュワルツは、自分がしている行動のうち心臓病になる確率を高める可能性のある行動を三つか八つ挙げるように被験者に求めた。奇妙なことに、リスクを高める行動を三つ思いついた人は、八つ思いついた人より自分が心臓病になる確率を高く見積もった。論理的には逆になるはずである。つまり、挙げた数が多ければ多いほどリスクが大きくなるはずである。では、どうなっているのか？　その説明は、ほとんどの人が心臓病のリスクを高める要因を三つ思いつくのは容易だが、八つ挙げるのは難しいと思うという事実（ロスマンとシュワルツは以前に行なったテストによってこれを知っていた）に見出される。そして、直感を導くのは、思いつくことの容易さであって、思いついた内容ではないのである。

ロスマンとシュワルツの別の研究は、「頭」と「腹」の相互作用がいかに複雑で微妙なものになりうるかも示した。被験者を、心臓病の家系の人とそうでない人の二つのグループに分ける。心臓病の家系でない人の結果は前述の通りである。しかし、心臓病の多い家系の人は、ちょうど反対の結果となった。つまり、自分がしているリスクを高める行動を頑張って八つ挙げた人は、三つ思いついた人より自分が心臓病になる確率を高く見積もった。どうして異なる結果になったのか？　心臓病の家系でない人は、特に心配する理由や判断の根拠にするものがないから、ずっと気楽に判断し、「腹」が「実例規則」を用いて出した評価に同意する。しかし、心臓病の家系の人は「腹」の評価を真剣に考えざるを得ない理由を抱えており、真剣に考えると、「頭」に「腹」は間違っている――論理的には、リスクを高める行動を八つしていれば、そういった行動を三つしている場合よりリスクは大きい――と教えられる。別の研究者による同様の研究――このときは強姦のリスクについて女性に質問するものだった――でも、同様の結果が得られている。つまり、リスクが自分に関係ないと思っている人は「実例規則」に基づく「腹」の評価に同意し、関係あると思っている人は直感を訂正し、より論理的な結論を導き出した。

アフリカのサバンナを歩いている狩猟採集民にとっては、経験則として「実例規則」は非常に意味がある。それは、脳が優先順位の低い記憶を間引くからである。時間が経過し、ある記憶が用いられないと、それは薄れていきやすい。だから、たとえば、誰かが池の水を飲んで具合が悪くなったことを思い出すために必死に頭を使わなくてはならないとしたら、それはかなり昔に起きたことであり、その後は、似たような出来事は起きていないということだ。この場合、その池の水は飲んでも安全だと判断するのが妥当である。しかし、誰かがその水を飲んで顔色が真っ青になった例をすぐ思い出すなら、それはたぶん最近起きたことであり、飲み水を手に入れるどこか別の場所を見つけるべきである。このようにして「腹」は経験と記憶を利用する。

「実例規則」は最悪の経験から学ぶとき、特に優れている。ハイキング用ブーツから数センチ離れたところで、ヘビがとぐろを巻いてシューと音を出している。前から来るトラックが、幹線道路の路肩でスリップし、左右にくねりながらこちらの車線に入ってくる。男が喉にナイフを押しつけて抵抗するなと言う。それぞれの場合に、アーモンドのような形をした脳内の塊である扁桃体が、アドレナリンやコルチゾールなどのホルモンの放出を引き起こす。瞳孔が拡大し、心臓が鼓動を速め、筋肉が緊張する。これが有名な「闘争か逃走か」反応である。この反応は、差し迫った脅威に対して素早い反応を生み出すためにあるだけでなく、効果を永続させるための要素も含んでいる。つまり、扁桃体が一時的に放出を引き起こしたホルモンが記憶機能を向上させるため、反応を引き起こした恐ろしい体験は生々しく刻みこまれ記憶されることになる。そのようなトラウマとなるような記憶は長続きし、強い影響力を持つ。平穏な状態が戻ってからだいぶたって、場合によっては何年もあとでさえ、そういった記憶は恐ろしいほど簡単に思い出されるだろう。そして、簡単に思い出されるというその事実だけでも、「腹」は警報を鳴らし、不安定な脅威感を覚えさせる。

「闘争か逃走か」反応を引き起こすような状況よりずっと劇的でない状況でさえ、扁桃体は中心的な役割を果たす。神経科学者が見出したところでは、静かで安全な大学の実験室に座っている人の扁桃体は、恐ろしいあるいは脅迫的なイメージを見せられると突然活性化する。活動の度合いはのちに被験者が思い出す度合いと対応する。心理学者のダニエル・シャクターが著書『なぜ、「あれ」が思い出せなくなるのか――記憶と脳の7つの謎』[4]で述べているように、普通のもの（学校まで子供を連れて歩いている母親）から、恐ろしいもの（その子供が車にはねられる）までの一連のスライドを見せられた人は、負のイメージをほかよりずっと容易に思い出すものである。

しかし、この効果を得るために、イメージが子供をはねる車ほど恐ろしいものである必要はない。怖がっている表情の顔で効果がある。神経科学者ポール・ウェランの研究によると、怖がっている顔のイメージを、その顔が怖がったものであることを被験者が意識上では気づかないくらいの短時間——被験者は無表情に見えると報告している——ちらっと見せることでさえ、扁桃体は発動する。そして、記憶がより生々しいものとなり、長続きし、思い出せるものとなる。

恐怖はたしかに記憶を固定する最も効果的な方法だが、ほかのものもある。どんなものであれ感情に訴える内容は、記憶をより強く固定する。具体的な単語（りんご、車、拳銃）の方が、数字のような抽象概念より記憶をより強く固定する。人の顔は特に心に残りやすい。少なくともその人の顔が感情を表わしているかぎりは。と言うのも、そういった感情を表わす顔のイメージは、人を怖がらせるようなイメージの場合とまったく同じように扁桃体を活性化することがわかっているからだ。そして、こういった記憶を固定する効果はすべて累積的である。したがって、見た目に印象的で、感情に溢れたイメージ——特に取り乱した人の顔が入ったイメージ——は、まず間違いなく、時々刻々経験している感情の渦を通り抜け、関心を完全にとらえ、記憶に深く潜り込む。転んで膝をつかみ苦悶の表情でむせび泣きしている子は、歩道上の知らない子に過ぎないかもしれないが、目にとまって、少なくともしばらくは覚えているだろう。パーティーで名前すらすぐに忘れてしまった男性と交わした税金に関する退屈な会話とは訳が違う。

目新しさも記憶を残すのに役立つ。心理学者によれば、人はたいてい、前の日に仕事で起きたことを詳細に説明することができる。しかし、一週間後には、その詳細の大部分はどこかへ行ってしまい、それに置き換わるのは、典型的な仕事日に起きることである。言い換えると、人は憶測しているのだ。ここで問題となっているのはダニエル・シャクターが「干渉」と呼ぶものである。月曜日にしたことは火曜日やその他の仕事日にしたことと似ている。そのため、月曜日にしたことをその一週間後に思い出そうとすると、その他の仕事日の経験が干渉する。しかし、月曜日が休暇を取る前の最後の仕事日だったとすれば、その日が珍しくなるため、一週間後でもずっとよく思い出せたことだろう。

集中と繰り返しも記憶を向上させる。何か――何でもいい――を見て、それを思い返さなければ、その何かは、かなりの確率で、永遠に記憶に刻みこまれず、まるで一度も起こらなかったかのように意識から消えてしまうだろう。しかし、立ち止まってそれについて考えてみれば、記憶はもう少し確かなものとなり、もう少し長続きするようになる。繰り返せば、記憶はさらに確かなものとなる。学生が試験のために詰め込み勉強をするときと同じだが、ずっと気楽なものでもよい。たとえば、水飲み場での砕けた会話でさえ同じ効果がある。なぜなら、そういった会話も記憶を意識に呼び戻すからである。

リスクに関する個人的な経験を記憶することは、生存上で明らかに価値がある。しかし、私たちの祖先にとって――そして、私たちにとっても――さらに価値があるのは、他人の経験を学習し、記憶する能力である。結局のところ、自分は一人しかいないのだ。しかし、日中長々と狩猟採集を行なったあと焚き火の周りに座ると、そこには二〇人か三〇人の仲間がいるかもしれない。仲間の経験を収集することができれば、判断の根拠となる情報を二〇倍あるいは三〇倍に増やせるだろう。

経験を共有するということは、話をすることである。焚き火のそばで自分の隣にいる男が話している出来事を想像することでもある。たとえば、部族で一番愚かな男が川の浅瀬に入っていくところを想像し、その男が浮かんでいる丸太を杖で突いているところを想像し、その丸太が突然ワニに変わるところを想像し、その男の死を示す泡が残っている様子を想像する。想像し記憶してしまうと、「腹」は、経験したことの記憶を利用するのと同じように、判断に用いることができる。水辺でワニに襲われるリスクは？ ある。ちょうどそんな出来事を思い出せる。浮かんでいる丸太が見かけと異なる可能性は？ 大いにある――そのことは容易に思い出される。こういった分析に意識上で気づいていないかもしれないが、結論には気づくだろう。つまり、これ以上ほんのわずかでも近づくべきではないという感じ――感覚、予感――がするだろう。「腹」が他人の悲劇的な経験から学習したのである。

しかし、想像した場面のすべてが同じであるわけではない。実際に経験した人間の話から想像される出来事は、価値のある、現実世界の経験を提供する。しかし、話し手によって作り出された想像上の場面は、まったく別のものである。それは作り事である。「腹」は作り事として処理すべきだが、そうしない。

直感を左右する想像力の力を調べた最も初期の実験の一つは、一九七六年の米国大統領選挙戦のあいだ実施された。一つのグループの被験者は、ジェラルド・フォードが選挙に勝ち、大統領就任宣言を行なうところを想像するように求められ、その次に、フォードは選挙にどの程度勝ちそうかを尋ねられた。もう一つのグループは、ジミー・カーターに対して同様のことをするように求められた。さて、どちらの方が勝ちそうだろうか？　フォードが勝っているところを想像したグループのほとんどの人が、フォードと答えた。ジミー・カーターが宣誓しているところを想像した人は、カーターと答えた。のちの実験でも同様の結果が得られている。つまり、逮捕される見込みはどの程度か、どのくらい宝くじに当たりそうか、などの質問に対して、その出来事を想像した人は、そうしていない人より、実際にその出来事が起きる確率が高いといつも感じる。

もっと込み入ったバージョンの研究もある。それは、心理学者のスティーヴン・シャーマンとロバート・チャルディーニ、ドンナ・シュワルツマン、キム・レノルズによるものだ。まずアリゾナ州立大学の一二〇人の学生に、新しい病気が構内で流行ってきていると話した。学生は四つのグループに分けられた。最初のグループは新しい病気の症状を記載したものを読むように求められた。その症状は、活力の低下、筋肉痛、頭痛であった。二番目のグループも症状を読むように求められたが、この症状はずっと想像しがたいもので、失見当識によるぼんやりした感覚、神経系の機能不全、肝臓の炎症であった。三番目のグループは、容易に想像できる方の症状のリストが与えられ、自分がこの病気にかかり症状を体験しているところをきわめて詳細に想像するように求められた。四番目のグループは想像しにくい方の症状のリストを受け取り、この病気にかかったところを想像するように求められた。最終的に、四つのグループすべてが、次のような簡単な質問を与えられた。将来この病気に「どのくらいかかりそうか？」。

予想通り、想像しやすい症状のリストを受け取り、自分がこの病気にかかっているところを想像した学生が、リスクが最も大きいと評価した。その次が、想像する作業を行なわなかった二つのグループだった。最も小さくリスクを評価したのは、想像しにくい症状のリストを受け取り、想像する作業を行なったグループだった。この結果は、想像に関して重要なことを証明した。つまり、どのくらいありそうかについての「腹」の評価を高めるのは、単に想像するという行為ではなく、想像するのがいかに容易かなのだ。想像するのが容易であれば、「腹」の評価は上がる。しかし、想像するのが困難であれば、それだけで「腹」はありありそうにないと感じるだろう。

想像するという行為がこれほど強く思考に影響を及ぼしうるということは、少し意外かもしれないが、様々な状況——治療からプロスポーツまで——で想像は実用的な手段として用いられており、その効果は有名なプラシーボ効果とまったく同じくらい実際のものである。想像力は強力である。宝くじ会社やカジノの広告が勝っているところを想像するように誘うとき——ある宝くじのスローガンは「ちょっと想像してみてください」である——私たちを白昼夢に誘う以上のことをしているのだ。どのくらい大当たりしそうかについての直感を元気づけさせようとしているのである。これは、金を賭けさせる非常に優れた方法である。「ちょっと」想像するだけなどできないのである。[5]

このような想像が関係する問題が、「実例規則」を「腹」が利用する際に起こりうる唯一の問題ではない。記憶の信頼性の問題もある。

ほとんどの人が、記憶はイメージを記録し、将来取り出せるように蓄えておけるカメラのようなものだと考えている。確かに、ときどきそのカメラは撮りそこねる。それに、ときどき古い写真を見つけるのに苦労する。しかし、それらを別にすれば、記憶は、現実を直接、確実に反映する写真が詰まっている。

残念ながら、これは真実に近いとさえ言えない。記憶は生物のプロセスと言った方がよい。記憶は日常的に薄れたり、消滅したり、変形したりする。しかも、ときに劇的である。最も強固な記憶――注意が釘づけとなり、感情が噴出しているときに作られる記憶――さえ変化の対象になる。記憶の研究者がよく行なう実験の一つは、九月一一日のテロ攻撃のような重大ニュースと関連づけられる。学生は、非常に印象的な出来事の直後数日のうちにその出来事をどのように聞いたか、つまり、どこにいたか、何をしていたか、ニュースの出所は何かなどを書くように求められる。数年後、同じ学生がこの課題を再度行なうように求められ、二つの答が比較される。それらは決まったように一致することはない。たいてい違いは小さいが、ときおり、全体状況と関係者が異なっていることがある。そういう回答をした学生が、最初に自分が書いたものを見せられ、記憶の変化を指摘されると、たいてい、現在の記憶が正確であり、以前の説明は間違っていると主張する。これは、あきらかに不合理であっても、無意識が自らに語りかけることに従ってしまう傾向を示すもう一つの例である。

心は記憶を捏造することさえできる。ロナルド・レーガンが戦時中の思い出を語ったが、のちにそれがハリウッド映画に由来するものであることがわかったことが何度かある。本当に間違えたらしい。レーガンの記憶は、見た映画から特定のイメージをただ取り出し、個人的な記憶に変換しただけだ。この間違いは、大統領としてその発言が厳しい精査を受けるため見つかったが、この種のでっち上げは、私たちが思っているよりもずっとありふれたものである。ある一連の実験で、ショッピング・モールで道に迷うとか、耳の感染症で病院で一晩過ごすなどのシナリオが作られた。被験者はその出来事を数日間想像するように、あるいは、その出来事がどのように起きていると想像したかを書き留めるように求められた。そして、数日後、被験者と面談したところ、二〇パーセントから四〇パーセントが、想像したシナリオが実際に起きたと信じていることが明らかとなった。

「実例規則」に付随するより基本的な問題は、記憶の働き方のせいで、「実例規則」にバイアスがかかっているということである。最近の出来事や感情に訴える出来事、生々しい出来事、目新しい出来事はすべてほかの出来事より記憶されやすい。大概の場合、それで問題ない。なぜなら、実際に記憶する必要があるのはそういった種類の出来事であるからだ。

しかし、記憶に含まれるバイアスは「実例規則」を用いる「腹」の判断に反映されることになる。このことは、地震の起こる確率が最低のときに地震保険を購入し、リスクが高まっているときに保険を解約するという逆説の説明になっている。最近地震が街を揺るがしたのであれば、その記憶は新鮮で、生々しく、恐ろしいものだろう。「腹」は、「気をつけろ！保険を買え！」と叫ぶだろう。しかし、その場所に何十年も住んでいて、一度も地震がなかったら「腹」は関心が無さそうに肩をすくめるだけだ。警告を発している科学者でさえ「腹」を目覚めさせることはないだろう。なぜなら「腹」は科学について何も知らないからである。「腹」が知っているのは「実例規則」が言うことだけであり、それは思い出すのに苦労しなければならないのなら地震のことなど心配するなと言うのである。

「氾濫原の人たちは自分たちの経験に非常に強く捕らわれていたようだ」と、研究者のロバート・ケイツは一九六二年に書き、間違いなく洪水が起きると言われていたにもかかわらず建物を建てた人々がいる事実を嘆いている。二〇〇四年一二月二六日にスマトラ島沖地震でインド洋を横断して襲った猛烈な津波のあとにも、同様の力が働いていた。津波のあとに、専門家が警報システムの不備について不平を述べていたことがわかった。専門家は、警報システムは大きなコストがかからないし、津波はきっと起きると主張していた。しかしながら、そういったことはかなり専門的な問題であり、誰も関心を持たなかった。二三万人の命が津波によって奪われるその日まで、多くの人が津波という言葉を聞いたことすらなかった。だが起きてから、全世界が津波について話し始めた。どうして警報システムがなかったのか？ここでも起こりうるか？ 自分たちの警報システムは大丈夫か？ 一ヶ月か二ヶ月のあいだ津波は時の話題だった。しかし、時間がたつと津波の話はなくなっていった。記憶は薄れ、関心も薄れた。少なくとも、現在のところは。ある科学者チームが次のように警告している。アフリカの海岸沖にあるカナリア諸島の一つの島に亀裂が入っており、その島の大きな塊がいつか轟音とともに海洋に崩落する。そして巨大津波が高速で大西洋を横断し、ブラジルからカナダまでの海岸に大被害を与える。ほかの科学者はこの研究結果に反論しているが、万一この津波が起きれば、この専門的な問題への関心はかなり急に復活すると考えてまず間違いないだろう。

経験は非常に役に立つものであり、「腹」が直感の根拠を経験に置いているのは正しい。だが、経験と直感だけでは十分ではない。「経験は金のかかる学校だが、愚か者はそこでしか学ばないだろう」と、ベンジャミン・フランクリンは書いた。

フランクリンはこの言葉を一八世紀半ばに書いた。二一世紀の人間から見れば、それは非常に遠い昔だが、進化という意味では今日の朝と言っていいだろう。フランクリンの頭に詰まっている脳はかなり優れていたが、それでもなお、本質的には、あなたや私の脳あるいは一万二〇〇〇年前に大地に初めて種をまいた人の脳と変わらない。さらに言えば、初めて洞窟の壁に塗料のようなものを塗りつけた人間の脳とも変わらない。

すでに見たように、人間が住む世界は、大部分のあいだほとんど変化しなかった。だがここにきて、筆舌に尽くしがたいほど変化した。最初の都市であるウルはわずか四六〇〇年前に建設され、その人口はせいぜい六万五〇〇〇人だった。今日、全人類の半分が都市に住み、その八〇パーセント以上が先進国に住んでいる。

物理的環境の変化よりさらに大きいのは、通信方法の変化である。最初の未熟な文字――軟らかい粘土に引っかいて書かれた記号――が五〇〇〇年前に出現した。グーテンベルクはほんの五世紀半前に現代的な印刷術を発明した。そして、フランクリンが経験の限界についての警句を出版したのがこの後である。

最初の写真は一八〇年前に撮られた。ラジオは一世紀前に、テレビはその三〇年後に登場した。衛星通信を用いて、最初のメッセージ――米国大統領のアイゼンハワーからのクリスマスの挨拶――が中継されたのはわずか五〇年ほど前である。

そのあとに、ケーブルテレビやファクス、ビデオカセットレコーダー、Eメール、携帯電話、家庭用ビデオ、デジタル放送で二四時間放送のケーブルテレビ・ニュース、衛星ラジオ放送が登場した。二〇年足らず前、インターネットの存在について知っていて、記事を書いた数少ないジャーナリストは、インターネットという言葉に引用符をつけ、この理解しがたい奇妙な仕掛けの性質を注意深く説明しただろう。今日、インターネットは、何億人という人々の日常生活に根付いていて、場合によっては何十億人以上の生活に影響を与える。グーグル、iPod、ウィキペディア、ユーチューブ、ソーシャル・ネットワーク・サービス。これらの語はすべて世界にまたがる情報伝達手段を代表していて、その情報伝達手段は、徐々に展開する、非常に大きな社会を変える潜在力を持っている。さりとて、私がこの文章を書いている時点で、一〇年前に存在したものは一つ（グーグル）しかない。

サダム・フセインが二〇〇六年末に死刑になったとき、イラク政府から公式映像が公開された。それはテレビで放映され、数分後にインターネット上に現われた。同時に、もう一つの短い映像が出現した。誰かが携帯電話を死刑の場にこっそり持ち込み、絞首刑のすべてを記録していたのだ。公式バージョンから削除された守衛や立会人の嘲りと死刑執行の実際の瞬間が含まれていた。携帯電話から携帯電話へと、続いてインターネットへと映像は広がり、厳重な警備下の出来事の検閲を受けていない映像が、地球上のあらゆる国の寝室や事務所、カフェに流れた。

しかし、真に驚くべきことは、世間がこの事件を驚くべきものと思わなかったことである。ベトナム戦争のあいだ、テレビのニュース報道は、フィルムに撮影され、缶に入れられ、飛行場に車で運ばれ、飛行機で国外に運ばれ、撮影の数日後に見ることができた。その報道は驚くほどの即時性を提供し、それ以前に経験したどんなものとも異なっていた。しかし、二〇〇四年の津波がタイの海岸に押し寄せたとき、旅行客は、高台にたどり着くとすぐに電子メールで短い映像を送った。たった三〇年前に、洗練されたテレビ・ネットワークが無制限の時間と金を使ったとしてもできなかったであろうことを、即座にそして自由に成し遂げている。二〇〇五年に、テロリストの爆弾に爆破された列車の残骸に閉じ込められたロンドン市民が、携帯電話のカメラを使って、自分が見たものを見たとほぼ同時に世界に見せたとき、世間の話題は画像の内容にほぼかぎられていて、その伝えられた方法ではなかった。個人の経験は記録されると瞬時に世界中に配信されるものと単純に思われていたのである。私たちは、人の寿命三つ分より短い時間で、一つしかない高価なぼやけた白黒写真が人々を驚かせた世界から、瞬時に作成され世界中で見ることができる安価なカラー映像が人々を驚かせない世界へと進んだ。

　これは、人類の進歩にとって驚くべきことだ。個々人に学習し成長する可能性を提供していることを考えれば、素晴らしいことだ。それはそうなのだが……。

　それでいて、この情報の洪水の真っ只中に生きる人間には脳があって、その脳は、最も奥まった場所のどこかで、自分の子供の写真画像は自分の子供だ、犬の糞の形をしたキャンデーは犬の糞だ、宝くじに当たる白昼夢を見れば宝くじに当たりやすくなると信じている。

　脳は「係留規則」に従って、最初に利用可能な数字を、その数字とまったく関係のないことを推定するための根拠として用いる。これは、モンスーン中の雨滴のように数字を浴びせられている時代には役に立たない。

　脳は「典型的なものに関する規則」を用いることによって論理に従うことを拒み、未来に関する手の込んだ予測の方が、単純な予測より実現しそうだと判断する。未来の恐ろしい成り行きについて絶えず警告を受けている時代には、これも役に立たない。

　何にも増して、脳は「実例規則」を用いて、何か起こった実例を容易に思い出せるということは、その何かが再び起こりやすいことを証明していると判断する。サバンナでヌーに忍び寄っている古代の狩人にとって、悪い規則ではない。津波で残された瓦礫《がれき》が乾くより短い時間で旅行者が映像を全世界に電子メールで送ることができる時代には、それは私たちを狂気に駆り立てる力を秘めている。外来のウイルスを恐れるべきか？　テロリストは？　インターネット上で子供に忍び寄る小児性愛者は？　数が増えつつある心配事の長いリストに載っているその他の項目のどれかは？　地球上の人口は七〇億に達しようとしている。まったくの数の力によって、どの日を取っても、これらのリスクの一部あるいはすべてによって、人が傷ついたり殺されたりする可能性は十分ある。ときには、特に悲惨な出来事が起こり、多くの人が亡くなるだろう。そして、即座に送られる大量の情報によって、私たち全員がそのことを知るだろう。では、そういった悲惨な出来事を恐れるべきか？　不可避的に「腹」は「実例規則」を用いてこの問いに答えようとする。答は明らかだろう。そうすべきだ、恐れろである。

リスク認識研究でよく認められている知見の一つは、夜のニュースになっている出来事によって死ぬ可能性を過大評価し、なっていない出来事を過小評価するということである。どんなことが夜のニュースになるのか？　めったにない、生々しい、大惨事をもたらす強烈なものである。たとえば、殺人やテロ、火事、洪水などである。ニュースにならないのは、一度に一人が死ぬだけで、激しい感情や強烈な映像向きではないありふれた死因である。たとえば、糖尿病や喘息、心臓病などである。一九七〇年代後半にポール・スロヴィックとサラ・リヒテンシュタインによって実施された米国の調査において、認識と現実のギャップはしばしばびっくりするようなものだった。ほとんどの人が事故と病気は死因としてほぼ同じくらいだと述べたが、実際には、病気が事故の約一七倍の死をもたらしている。また、調査対象者は、車の衝突事故によって糖尿病による死亡者の三五〇倍の人が死亡していると推定した。実際には、衝突事故によって死亡した人数はわずか一・五倍である。どのようにして結果は違ってくるのだろう？　私たちは炎上する車の残骸を毎日ニュースで目にするが、誰かが糖尿病で亡くなったことを知るのはその家族と友人だけということだろう。

　少なからぬ研究において、歪んだリスク認識と偏ったニュース報道が関連づけられてきたが、情報やイメージは、新聞や雑誌、夕食時のニュースだけでなくもっと多くの発信源から大量に流出している。映画やテレビドラマもその一部である。これらは明らかに感情に訴えかけ、生々しく記憶に残りやすいように作られている。そして、リスクはこれら無数のドラマの欠かせない要素である。警察ものや医療ドラマがなくなったら、ゴールデン・タイムのテレビ放送は中断してしまうだろう。心理学者が「実例規則」に関して学んだことに基づくと、警察ものや医療ドラマは、ニュースとちょうど同じくらい強く、リスクに関する判断に影響するはずである。もしかするとニュースより大きく影響するかもしれない。結局、映画やテレビドラマを単なる娯楽としてしか見ないため、批判力が弱まった状態で近づくのだ。「腹」は見ているが「頭」は眠っているのである。

　残念ながら、フィクションがリスク認識にどのように影響するかを調べた研究はほとんどない。しかし、最近のある研究によって、まさに心理学者が予測していたとおりだと明らかとなった。ディシジョン・リサーチ（ポール・スロヴィックとサラ・リヒテンシュタイン、バルーク・フィッシュホフによって設立された民間の研究所）のアンソニー・レイセロヴィッツは、地球温暖化によって引き起こされた目を見張るような突然の大惨事の連続を描いたパニック映画『デイ・アフター・トゥモロー』の公開前後に、米国内を横断する調査を実施した。『デイ・アフター・トゥモロー』の中の科学は控えめに言っても疑わしい。地球温暖化の影響に関する最も恐ろしい警告でさえ、この映画に描かれていることには及ばない。しかし、そんなことによって、映画の影響は変わらなかった。全国一律に、この映画を見た人は、見ていない人より地球温暖化が気がかりだと述べ、映画の中で描かれたこと（水浸しの都市、食糧不足、メキシコ湾流の活動停止、新たな氷河期など）のような災害を米国が経験することにどのくらいなりそうか尋ねられると、この映画を見ていた人は、見なかった人より可能性を常に高く評価した。この影響は、回答者の政治的傾向を考慮して数字を調整したあとでさえ残った。

もちろん「頭」はいつでも介入し、証拠に着目し、意見を覆すことができる。だが、すでに見たように「頭」は通常そうしない。仮にそうしたとしても「腹」の判断を修正するか覆すことができるだけで、消し去ることはできない。「頭」は直感を拭い去ることはできない。「頭」はどう感じるかを変えることはできない。

大部分の社会学者が、西側諸国がリスクや安全性に取りつかれるようになったその始まりを一九七〇年代に見出している。それは、指数曲線に近い勢いでメディアの成長が始まり、情報洪水の水量が増加し始めた時期でもある。もちろん、これら二つの非常に大きな変化がいっしょに始まったという事実は、それらが結びついていることの証明にはならない。しかし、疑いを抱き、さらに調査する根拠になることは確かだ。

第4章　感情に勝るものはない

どれほど多くの身の毛もよだつような方法で死ぬ可能性があるかは注目に値する。リストを作ってみていただきたい。家庭内の事故や致死の病のような標準的なものから始めてもらいたい。そのあと、変わったものに移って欲しい。「バスにひかれる」。当然ありうる。「列車の脱線」と「どんちゃん騒ぎをしている酔っ払いが撃った流れ弾」。もしかするとあるかもしれない。ここからは、ブラックユーモアが好きなタイプの人にとって、面白くなってくるところだ。スキーをしていて木にぶつかるかもしれない、ハチが喉に詰まって息ができなくなるかもしれない、マンホールに落ちるかもしれない。飛行機の部品が落ちてきて死ぬこともありうる。バナナの皮で転ぶこともそうだ。リストは、作成者の想像力と悪趣味に対する許容度によって変わるだろうが、終わり近くに次のものが入ることはかなり確実だと思う。「小惑星に押しつぶされる」である。

誰でも死をもたらす岩石が空から降ってくる可能性があることを知っているが、宇宙基地とSFの集会以外では、小惑星による死の脅威は、修辞的な手段としてのみ用いられている。つまり、現実にありうるがあまりにもちっぽけなものなので心配するに及ばないものとして、何かの心配を取り下げるために用いられている。私自身一度か二度用いたことがあったかもしれない。しかし、たぶん二度と用いないだろう。それは、二〇〇四年後半、世界一流の天文学者と地球科学者を集めて小惑星の衝突について議論する会議に出席したからである。

開催地は、北アフリカの大西洋岸沖に位置するスペインのカナリア諸島の一つであるテネリフェだった。故意か偶然か、それは理想的な環境だった。結局、会議は単に宇宙空間の岩石に関するものではなかった。非常に起こりそうにない、大惨事となる可能性のあるリスクの理解についてのものだった。そして、カナリア諸島には、非常に起こりそうにない、大惨事となる可能性のある小惑星以外の二つのリスクが存在している。

まず、活火山がある。すべての島が火山活動によって生み出され、テネリフェには、世界で三番目に大きな火山であるテイデと呼ばれる巨大な山が聳《そび》えている。テイデはまだ非常に活発な活火山であり、過去三〇〇年間に三回噴火している。

そして、前章で触れたラ・パルマという名の島の亀裂がある。ある科学者チームは、ラ・パルマから島の大きな塊が大西洋に落ち、数時間後、北米と南米の東海岸にいる人々が史上最大のパニック映画のエキストラになると信じている。これに反論して、島から落下する状態にあるのはずっと小さな塊だ、落ちるときに細かく砕けるだろうから、その結果できる波は、家庭用ビデオカメラで撮影するにさえ値しないだろうと言っている科学者もいる。とは言え、彼らは、地すべりが起きる可能性があり、地質学の言葉を用いると、まもなく起きそうだということには同意している。ただし、その意味するところは、今から一万年後かもしれないし、明日の朝かもしれないということである。

ところで、毎朝環境の激変で目が覚めることになるかもしれないと、カナリア諸島の住民がある程度不安に思っていると考える人がいるかもしれない。しかし、それはたぶん間違っている。ティデの山腹には、感じのいい大きな町が広がり、非常に安らかに眠る幸せそうな住民で満ちている。同様に、ラ・パルマの八万五〇〇〇人の住民のあいだにも、大規模のパニックが起きたという報告はない。カナリア諸島が穏やかで美しい所だという事実は、ハルマゲドンが起きてもおかしくない状況下で住民が平静さを保っていることとおそらく何らかの関係がある。世界にはほかにもっとひどい死に場所が存在する。「実例規則」も働いている。ティデが最後に噴火したのは一九〇九年だし、自分が住んでいる島の大きな塊が消失するのを見た者はいない。どちらの出来事にしろ、その生存者なら、出来事のあと、これほど楽観的ではいられないだろう。

しかし、この二つがすべてであるはずがない。テロリストが大都市で核爆弾を爆発させたことは一度もないが、そういうことが起こると考えただけでほとんどの人は背筋が寒くなる。だから、世界中の政府が懸命になって、起きたことがないことが起きることがないよう念を入れている。リスク・アナリストは、こういった出来事を低頻度大規模災害と呼ぶ。どうして人はあるものを恐れるが別のものは恐れないのか？　小惑星の衝突――古典的な、低頻度大規模災害――はこの疑問を調べるのにほぼ理想的である。

地球は、宇宙空間に漂う粒子の絶え間ない爆撃に曝されている。地球に衝突するものの多くは塵程度の大きさだが、地球の大気圏に秒速七二キロメートルに達する速度で突入するため、大きさとは不釣合いな強い影響を及ぼす。最も小さな粒子でさえ一瞬非常に明るく輝いて消えていくため、間違って流れ星と呼ばれている。

こういった宇宙爆竹が人間にもたらすリスクはゼロである。しかし、地球に降ってくる粒子は、様々なスケールでやって来る。米粒や小石、野球のボール程度の粒子がある。これらはすべて目がくらむような速度で大気圏に突入するため、粒子の大きさのわずかな増加は、燃えたときに放出されるエネルギーの急激な増加を意味する。

直径三分の一メートルの大きさの岩は大気とぶつかると、ダイナマイト二トン分の力で爆発する。この大きさの岩の爆発は毎年約一〇〇〇回起きる。直径一メートル（造園によく用いられる大きさ）の岩は、ダイナマイト一〇〇トン分の力で爆発する。これは毎年約四〇回起きる。

直径三メートルでは、ダイナマイト二〇〇〇トン分の力で岩が襲ってくる。これは、一九一七年に軍需品を搭載した船が港で爆発したときに、ハリファックスの町に壊滅的な被害をもたらした力の三分の二に相当する。地球は、この大きさの力の宇宙からの打撃を、一年にほぼ二回受ける。

そして、このように大きさが大きくなっていき、直径三〇メートルになると、もはや岩は小惑星に名前が変わる。この大きさの小惑星の大気圏内での爆発は、ダイナマイト二〇〇万トン分、つまり、地上で半径一〇キロメートル以内にあるものすべてを破壊するだけの爆発に相当する。直径一〇〇メートルになると、小惑星はダイナマイト八〇〇〇万トンに相当する力がある。私たちは過去にこういった種類の爆発を経験している。一九〇八年六月三〇日、推定直径六〇メートルの小惑星がシベリアの辺境にあるトゥングースカ川の上空八キロメートルで爆発し、およそ二〇〇〇平方キロメートルの森を破壊し丸裸にした。

もっと大きくなると小惑星は実に恐ろしいものになる。直径一キロメートルになると、小惑星は、直径一五キロメートルのクレーターを造る。そして、太陽の二五倍の大きさに見える火の玉を燃え上がらせ、周辺地域をマグニチュード七・八の地震で震わせ、もしかすると、大気に埃を巻き上げ「核の冬」をもたらすかもしれない。このような衝突を受けて文明が存続するかどうかわからないが、少なくとも人類は存続するだろう。しかし、次の重量クラスではそうはいかない。直径一〇キロメートルの岩の塊によって、人間と地球上のその他の生き物のほとんどは、かつて存在した種を記したリストに入ることになるだろう。これで恐竜たちはやられたのである。

幸運にも、宇宙空間を唸りを上げながら飛行する巨大な岩は多くはない。経済協力開発機構のために作成された論文の中で、天文学者のクラーク・チャップマンは以下のように推定した。この世の終わりをもたらす岩に来世紀の人類が驚かされる確率は一〇〇万分の一である。岩が小さくなればなるほど、その数は多くなるので、衝突の確率は大きくなることになる。三〇〇メートルの小惑星が地球に衝突する確率は毎年五万分の一であり、一世紀ではその確率は五〇〇分の一になる。このような岩が海に落ちたら、巨大津波が起きるだろう。陸地に落ちれば、小国サイズの地域が破壊されるだろう。一〇〇メートルの岩だと、確率は一年で一万分の一、今後一〇〇年で一〇〇分の一である。三〇〇メートルだと、確率は一年で二五〇分の一、今後一〇〇年で二・五分の一である。

このような低頻度大規模災害のリスクに対し、理性的な対応を考え出すのは容易ではない。私たちはたいてい一〇〇万に一つの危険を無視する。確率があまりにも小さく、人生はこの確率に見合うほど長くないからである。確率が一万分の一あるいは一〇〇〇分の一のリスクでさえ通常無視される。そして、小惑星が衝突する確率を見ると、危険は非常に少ない。しかし、ゼロではない。それに、実際に起きたらどうなるだろう？　死ぬことになるのは一人ではない、一〇〇〇人あるいは一万人でさえない。何百万人あるいは何十億人にさえなる可能性がある。死亡者の規模がどの段階になれば、自分の一生あるいは子供や孫の一生のあいだにさえほぼ間違いなくやってくることのない脅威に対処することに価値が生じるのだろうか？

理性は、典型的に冷淡な答を用意している。それは「費用による」という答である。低頻度大規模災害から身を守るためにほとんど費用がかからないなら、金を払う価値がある。しかし、多額の費用がかかるなら、ほかの優先事項に金をかけて――たとえばほかのリスクを減らすなどして――運に任せてみる方が得策かもしれない。

これは、通常、政府が低頻度大規模災害に対処するやり方である。その災害に関して、起きる確率と生じる結果、対策費用が俎上に載せられ、いっしょに検討される。そういった検討がなされたところで、なお多くの議論の余地が残る。専門家は、この三つの要因をどうやって評価すべきか、評価の算定はどのような方法で行なうべきかについて、際限なく議論を続けるだろう。しかし、理性的に危険に対処したいのなら、この三つの要因を検討する必要があるということに疑問を差し挟む者はいない。

小惑星に関して、費用は、破壊力の場合と同様に大きさによって変わる。危険を軽減させる第一段階は、岩を見つけ地球と衝突するかどうか計算することである。その結果、警鐘が鳴らされれば、次に、押しやって進路を変える、核爆弾で破壊する、何か別の方法で無力化するなどの計画を考案する価値があるかどうかを話し合うことができる。しかし、小惑星を見つけるのは容易ではない。小惑星が光を発しないで、光を反射するだけだからである。岩が小さくなればなるほど、見つけるのがより難しくなり、費用が嵩むことになる。反対に、岩が大きくなればなるほど、見つけるのが容易になり、費用が安くなる。

このことから二つの明白な結論に達する。一つ目は、スケールの小さい方の端に位置する小惑星は無視するべきだということ。二つ目は、その反対の端に位置するものを見つけるために是が非でも金を使うべきだということである。そして、この結論はこれまでに実行されてきた。始まったのは一九九〇年代初頭であり、天文学者がスペースガードと呼ばれる国際組織を創設し、小惑星を見つけ、その目録を作成する取り組みの調整を図った。その仕事の多くはボランティアによるものだが、様々な大学や研究所も、たいていは望遠鏡観察に時間を割くという形で、小規模ながら貢献してきた。一九九〇年代末に、NASAがスペースガードに（NASAの一〇〇億ドルの年間予算から）四〇〇〇万ドルの年間資金を毎年提供することになった。その結果、天文学者は、二〇〇八年までにスペースガードが、直径一キロメートル以上の小惑星の九〇パーセントを見つけることになると考えている。

これで、地球上のすべての哺乳類を絶滅させる規模の小惑星のリスクを除くところに近づいたが、もっと小さな小惑星——たとえば、インドを破壊することができる小惑星——については何にもなっていない。もっと小さな小惑星も、見つけるために金を出すべきではないのか？　天文学者は出すべきだと考えている。だから、彼らはNASAと欧州宇宙機関に年に三〇〇〇万ドルから四〇〇〇万ドルの資金を一〇年間出すように求めた。この資金があれば、一四〇メートル以上の小惑星の九〇パーセントを見つけ、記録することができるだろう。これでもまだ大きな小惑星を見逃す可能性が少しあるが、地球にとって宇宙での衝突に対するかなり手堅い保険になるだろう。一回かぎりの三億ドルから四億ドルの出費なら悪くない。この額は、バグダッドに新しい米国大使館を建設するための当初の予算額よりかなり少ないし、外国の外交官が未払いの駐車券代としてニューヨーク市に借金している一億九五〇〇万ドルよりさほど大きな額でもない。

しかし、長年にわたる多大な努力にもかかわらず、天文学者はこの仕事をやり遂げるための資金を獲得できていなかった。資金獲得に失敗したクラーク・チャップマンが、テネリフェの会議に出席していた。このリスクが公式に認められてからほぼ二五年たっているし、根拠となる科学が疑われていたわけではない。世間の認識は向上してきたし、政府は警告を受けてきた、しかし、たいして前進していない。彼はそれがなぜなのかを知りたがっていた。

この疑問に答えるのに役立つように、会議の主催者はテネリフェにポール・スロヴィックを招いていた。スロヴィックは一九六〇年代初頭から研究を始めた、リスク認識研究の先駆者の一人である。この研究は、本質的には、専門家と素人のあいだで意見の衝突が急増した結果として一九七〇年代に始まった分野である。いくつかの事例――タバコ、シートベルト、飲酒運転――において、専門家は世間が考えている以上にリスクが大きいと主張した。しかし、より多くの事例――原子力が典型的な例――において、ほとんどの専門家がそれほど危険ではないと主張したことに世間は驚いた。オレゴン大学の心理学の教授であるスロヴィックは、世間が反応するような形でリスクに対する反応が起きる理由を理解することをもっぱらの目的としたディシジョン・リサーチという名の民間研究所を共同で設立してもいる。

一九七〇年代後半に始まった研究で、スロヴィックたちは、一般の人を対象として、特定の活動や技術の致死率を推定してもらい、どの程度リスクがあると考えているかに応じてその活動や技術の順位をつけ、どう感じているかについてさらに詳細に答えてもらった。この活動あるいは技術が有益であると思うか？　自発的に関与していることか？　未来の世代にとって危険なものか？　ほとんど理解されていないことか、などである。同時に、専門家（本職のリスク・アナリスト）にも意見を聞いた。

意外なことではないが、専門家と素人では多くの項目で深刻度のとらえ方が食い違った。これは、単純に、専門家は自分の話している内容を理解しているが素人は理解していないという事実を反映しているのだと専門家は考えたがった（今なお、多くの専門家がそう考えている）。しかし、スロヴィックがデータを統計分析にかけると、専門家と素人の食い違いの説明には、専門家のこういった考えよりずっと多くの要素が存在することがすぐに明らかとなった。

専門家は古典的なリスクの定義に従った。それは、技術者やそれ以外でも何かがうまく行かなくなることを心配する必要のある人が、ずっと用いてきた定義である。つまり、リスクは確率と結果の積に等しいというものである。今の場合「結果」は死者数を意味する。当然のことながら、活動あるいは技術によってもたらされる死者数の専門家による推定は、各項目のリスク度の順位づけとよく一致した。

様々なリスクがどの程度致死的かを素人が推定すると、まちまちの結果が得られた。概して素人はどの項目が最も致死的でどの項目が最も致死的でないかを知っていた。それ以上のことになると、素人の判断は少し不正確なものからとんでもなく間違っているものまで様々だった。直感が完全に正確なものではないかもしれないと考える手がかりが、彼らにあったわけではない。スロヴィックが、答が間違っている可能性を評価するように求めると、可能性を問うこと自体をあざ笑うことがよくあった。事実、四分の一の人が間違っている確率を百分の一以下と推定した。ところが、非常に自信があると評価した答の八つに一つが実際には間違っていた。これは、直感が用心して扱われるべき理由を示すもう一つの重要な実例であり、直感がそのように扱われていないことを示す実例でもあった。

しかし、最も啓発的な結果はリスク度の順位づけから出てきた。ある項目の素人による死者数の推定は、その項目に感じているリスクとよく一致することがあった。これは専門家の場合と同じである。しかし、「リスク」と「年間死者数」のあいだにほとんどあるいはまったく繋がりがないこともあった。最も劇的な例は原子力である。素人は、専門家と同じように、原子力が調査項目中で最も少ない数の死者しか出していないと正確なことを述べた。しかし、専門家が三〇項目のリストの中で二〇番目にリスクが大きい項目として原子力の順位をつけたのに対して、素人のほとんどが第一位だと述べた。のちに行なわれた研究では九〇項目あったが、再度原子力が第一位となった。あきらかに、確率と死者数を掛ける以外の何かをしてリスクを判断していた。

スロヴィックの分析によって明らかになったところでは、活動あるいは技術が特定の性質を持っていると判断されると、多くの人が死ぬことになると考えられているかいないかに関係なくリスク度の評価が上がった。その他の性質を持っていると判断されれば、評価は下がった。したがって、原子力が多数の死者を出していないということは重要ではなかった。原子力は私たちのリスク認識ボタンを押し、世間の危険なもののリストの最上位に位置づけられるあらゆる性質を持っていたのである。

1　大惨事の可能性――（時間軸上に分散された少数の死者ではなく）一回の事件で多数の死者が出る場合、リスクの認識が高まる。
2　馴染み――よく知らないあるいは聞いたことがないリスクは、余計に心配する。
3　理解――活動あるいは技術の働く仕組みがよく理解できないと、危険意識が高まる。
4　個人による制御――（飛行機の乗客のように）被害の可能性が自分で制御できるレベルを超えていると感じると（車の運転のように）制御できると感じる場合より心配する。
5　自発性――リスクにかかわらないことにすると、余計に恐ろしく感じられる。
6　子供――子供が関与すると、より深刻になる。
7　未来の世代――リスクが未来の世代に脅威を与える場合、余計に心配する。
8　犠牲者の身元――統計上の抽象概念ではなく身元のわかっている犠牲者だと、危険意識が高まる。
9　極度の恐怖――生じる結果が恐怖心を引き起こす場合、危険意識が高まる。
10　信用――関係している機関が信用できないと、リスクは高まる。
11　メディアの注目――メディアで扱われることが多ければ多いほど、余計に心配になる。
12　事故の歴史――過去に良くない出来事があると危険意識が高まる。
13　公平さ――一方に利益がもたらされ、他方に危険がもたらされる場合、リスクの順位が上がる。

14　利益――活動あるいは技術のもたらす利益が明確でないと、明確である場合よりリスクが大きいと判断する。

15　復元性――何かがうまく行かなかったときに、その結果を元に戻せないと、リスクは高まる。

16　個人的なリスク――自分を危うくするものであると、リスクは高まる。

17　出所――人工のリスクは自然起源のリスクよりリスクが大きい。

18　タイミング――差し迫った脅威ほど大きく感じられ、未来の脅威は割り引かれる傾向がある。

スロヴィックのリストの項目の多くは常識のように見える。子供を危険に曝すものは、当然私たちのリスク認識ボタンを押す。かかわることを選んだ人だけに関係するものは、当然ボタンを押さない。それに、メディアの注目を集めるリスクはそうでないものより気掛かりだということを知るために、「実例規則」について聞いている必要などない。

しかし、心理学者にとっては、リストの一項目――馴染み――が、ひときわ予測可能なものであり、なおかつ特に重要なものである。私たちはどの瞬間も常に大量に感覚入力を受けている。脳の非常に基本的な仕事の一つは、こうした入力を素早く二つに分類することである。つまり、意識にのぼらせる必要のある重要なことと、その他すべての二つである。どういったことが重要なことに値するのか？　概して、新しいことなら何でもよい。目新しさと馴染みの無さ——驚き——がほかの何よりも関心をとらえる。過去一二年間毎日車で通勤してきた道を運転するとしたら、ほんのわずかしか注意を払わないということになりがちで、駐車場に入るとき見たものを思い出さないかもしれない。これは通勤がいつもと同じであればの話である。しかし、仕事に行く途中で、裸になった太鼓腹の男が前庭の芝生で美容体操をしているのをたまたま見たとしたら、意識は眠りから目覚めさせられ、記憶がもう少し生々しくなければいいのにと思いながら職場に到着することだろう。

こういったことの裏には慣れと呼ばれる心理学的な仕組みが存在する。良い結果も悪い結果もなしに繰り返し経験している刺激を、徐々に意識から薄れさせる過程である。香水やオーデコロンをつける人は、誰でも慣れを経験している。新しい香水を買ってつけたときは、一日中その香りが漂ってくるのに気づく。次の日も同じ。しかし、繰り返しつけていると、だんだんと気づかなくなる。ついには、気づくのはつけた瞬間だけで、そのときでさえほとんど注意を払っていないということになるだろう。間仕切りで仕切られた隣のスペースで仕事をしている男性が、どうして粗悪なオーデコロンのいやな臭いを平気で一日中撒き散らしていられるのかこれまで不思議に思っていたとしても、もう不思議ではないだろう。

慣れはリスクに対処するために特に重要である。それはリスクが至る所に存在するからだ。朝シャワーを浴びれば滑って首の骨を折るリスクがある。ポーチド・エッグを食べれば食中毒になるかもしれない。仕事に車で行けば、衝突事故を起こし、体がずたずたになるか焼死するかもしれない。歩いて仕事に行けば、発癌性のある太陽放射が降り注ぐか、バスにはねられるか、心臓発作に襲われるか、小惑星に押しつぶされるかもしれない。もちろん、こういったおぞましい出来事のどれも起きる確率は非常に低いから──もちろん太陽光に曝されることを除く──こういったことを常に意識しているのは精神的能力の無駄遣いだろう。私たちには「オフ」のスイッチが必要だ。そのスイッチが慣れである。

霊長類学者ジェーン・グドールは、有名なチンパンジーの観察を行なうため、群れの真ん中に何時間もじっと座り込み、彼らの日常生活を注視し続けた。これは、チンパンジーがグドールを本質的に無視することで初めて可能となったことだった。チンパンジーをこのように仕向けるために、グドールは、毎日毎日何ヶ月も、姿を見せて座り込まなければならなかった。そうして初めて、不安と好奇心が薄らぎ、チンパンジーは彼女に注意を払うのをやめた。同じ過程はほかの種にも見ることができる。この文章を書いているとき、クロリスが窓台で熱心に粒餌を嚙んでいるが、たった一メートル離れた所にある椅子に座っている大型の雑食動物にはまったく関心を払っていない。私が裏庭にいるとき、同じ粒餌を食べる鳥も同じくらい無頓着だ。もっとも、森の中にいるのを間近で確認するには双眼鏡が必要だろう。

人間に関しては、高速道路で初めて運転したときに怖くてハンドルを握り締めたこと、そして最近、運転にまったくあきあきしてハンドルに手を掛けたまま居眠りしてしまったことを思い出せばよい。高速道路で初めて運転したときに高速道路で運転することがどのくらい危ないかと尋ねられていたとしたら、その答は、慣れが働くようになった今とは少し違っているだろう。

慣れは概して見事に働く。慣れに付随する問題は、無意識が行なうあらゆることに付随する問題でもあるが、科学と統計の説明ができないということである。タバコを毎時間、毎日、何年にもわたって吸っていて、何の害もなければ、手にしているタバコは恐ろしい感じがしないだろう。医者が警告してもそのことは変わらないだろう。なぜなら、警告を理解するのは意識だが、意識は感情をコントロールしないからである。この慣れの過程によってほかにも説明できることがある。酔っ払って運転することやシートベルトを着用しないこと、ヘルメット無しでオートバイに乗ることが、どうしてそれほど危険なものではないと信じ込むようになるのかである。そして、感じのいいカナリア諸島の町で静かに何年も暮らしていたら、自分の町が世界で三番目に大きい活火山の斜面に築かれているという事実を考え直してみることなどありそうにない。

ポール・スロヴィックのリスク要因のリストは一見するとまったく理にかなったものだが、その価値には限界がある。問題点はフォーカスグループにつきまとうものと同じである。人は、自分が好きなものや恐れていることなどを知っている。ところが、そういった判断の出所はどこか？　たいていは、無意識つまり「腹」である。判断はすべて腹から生じるかもしれないし、意識すなわち「頭」によって修正されているかもしれない。しかし、どちらの場合でも、なぜ自分がそのように感じるのかに対する答は、少なくとも部分的には「腹」の中にある。「腹」はブラックボックスであり、「頭」はその中を覗くことができない。そして、なぜリスクについてそのように感じたのかと尋ねられたとき、話しかけられるのは「腹」ではない。「頭」である。

さて、「頭」が単に、謙遜して「わからない」と答えるのであれば、別の話になるだろう。しかし「頭」は正当化せずにはいられない理窟屋である。答を持っていなければ、作り上げてしまう。

正当化の証拠はたくさんあるが、最も印象深いもの――きっと最も変わったもの――は神経科学者マイケル・ガザニガによるいわゆる分離脳の患者を用いた一連の実験である。通常は、左右の脳半球はつながっていて、指示を出し合って連絡を取っているが、強度の癲癇《てんかん》の治療の一つでは両者を分断する。分離脳の患者の体は驚くほど健全に機能するが、二つの脳半球が異なる種類の情報を扱うため、それぞれの脳半球は、他方の脳半球が気づいていないことを知ることができるということに科学者が気づいた。この影響は、どちらか一方の目だけに文書による指示を見せる実験で人為的に誘発することができる。ガザニガは、ある実験で、この手法を用いて分離脳の患者の右脳に立ち上がって歩くように指示した。次に、ガザニガは、なぜ歩いているのかとその男に口頭で尋ねた。このような「理由」を尋ねる質問は左脳が扱う。そして、このときの左脳は本当の答が何であるかまったくわからなかったにもかかわらず、その男はソーダ水を取りに行こうとしていたと即答した。状況を変えた実験でも常に同じ結果が得られた。つまり、左脳は何が起きているかわからないと認める代わりに、素早く巧妙に説明をでっち上げた。そして、答を口にした本人は、すべて本当だと思っていた。

一人の女性が研究者にどれほど原子力が危険だと思っているかを話すとき、その言葉が気持ちを反映していることはたぶん信用できる。しかし、研究者がその人になぜそのように感じるのかと尋ねるとき、答は部分的、あるいは全体的に不正確になりやすい。これは、彼女が人を騙そうとしているということではない。答が、無意識による判断を意識である程度正当化したものになりやすいということである。したがって、原子力に関して実際に気掛かりなことが、スロヴィックのチェックリストに載っている特性であるというのは本当かもしれないし、そうではなくて、そんな特性は「腹」の判断を「頭」が正当化したものに過ぎないかもしれない。あるいは、両方がいくらかずつ合わさったものかもしれない。何が本当かわからないというのが、本当のところだ。

スロヴィックのリストは、規模が大きく、現在も成長中のリスク・コミュニケーション産業において、非常に強い影響力を持っていたし、今なお持っている。どんなリスクに対しても、人工のものか、不本意なものかなどと問いかけることによって、素早く容易にその特徴を描き出せる便利なチェックリストだったからである。その簡便性はメディアにも好評だった。新聞や雑誌のリスクに関する記事は、今でもこのリストの項目を列挙していて、人があある危険には反応し、別の危険には反応しない理由について知る必要があることをすべて説明しているかのようだ。しかし、スロヴィック自身はこのリストの限界を認めている。「これは一九七〇年代半ばのことだ。当時の仕事は初期のもので、無意識に、自動的に働く思考のシステムを真に理解していなかった。我々のアプローチは、人は非常に思慮深くリスクを分析しているものと見なしていた」

最終的に、スロヴィックたちは、データに埋もれていた二つの手がかりの助けを借りて、この苦境を脱する方法を見つけた。一つ目の手がかりは極度の恐怖という言葉にあった。スロヴィックは、この極度の恐怖——平凡でおなじみの恐怖——が、リストに載っているほかのいくつかの項目と強く相関していることを発見した。その項目とは、大惨事の、不本意な、不公平なである。これらの項目は、残りのいくつかとは異なり、感情的な内容が詰まっている。そして、これらの特性の集合体——スロヴィックは「恐怖要因」と名づけた——によって、活動あるいは技術に対する反応を非常によく予測できることを見出した。このことは、冷静で理性的な分析以上のことが脳内で生じていたことを強く示唆している。

二つ目の手がかりは、表面上、意味のない偶然のいたずらのように見えることにあった。リストの九〇項目の活動と技術の順位づけで、リスクと利益が関連していたのだ。引き起こされるリスクが大きいと考えると、被験者はその利益は小さいと判断した。この逆も成り立ち、利益が大きいと考えると、リスクは小さいと判断された。専門用語で、これは「逆相関」である。このようにとらえることはまったく意味を成さない。なぜなら、何か——たとえば、新しい処方薬——が、リスクが大きくしかも利益が大きいことがありえないという論理的な理由はないからである。リスクが小さく利益も小さいことがありうるということも事実である。たとえば、長椅子に座って日曜の午後のアメリカンフットボールの試合をテレビで見ることが思い浮かぶ。それではいったいなぜ人はリスクと利益をシーソーの両端に置いたのか？　これは妙なことだったが重要なこととは思われなかった。リスクに関する初期の論文では、スロヴィックは一行か二行だけしかこの発見に触れていない。

しかし、数年たつと、ツー・トラック・マインド（同時に働く「頭」と「腹」）のモデルが、急速に進展した。この進展に大きな影響を与えたのがスタンフォード大学の心理学者ロバート・ザイエンスの研究である。彼は心理学者が情動と呼ぶもの——私たちが単純に感情あるいは情緒として理解しているもの——を詳しく調べた。ザイエンスは、私たちが理性的に計算を働かせて証拠を評価し決定を下しているのだと考えると自身を欺くことになると主張した。「そんなことはめったにない」と、一九八〇年に彼は書いている。「私たちは『気に入った』車を買い、『魅力的だ』と思う仕事や家を選び、あとから様々な理由によってその選択を正当化する」

この新しいモデルを用いて、スロヴィックは初期の研究の限界を理解した。オレゴン大学の博士課程の学生アリ・アルハカミといっしょに研究を続けるうちに、以前に見つけていたリスクと利益のつながりが偶然のいたずらよりずっと大きな存在かもしれないことを理解し始めた。リスクの大きい活動あるいは技術の話になると被験者が無意識のうちに感情的に反応するとしたら、どうなるだろう？　被験者は「原子力」と聞くと、ぎょっとし、瞬間的に無意識の反応を起こす。この悪感情は、実際のところ、どんな意識上の思考よりも先に起きるため、あとに続く思考（リスクに関する研究者の質問への反応も含まれる）の形と色合いを決める。

これによって、リスクと利益があたかもシーソーの両端にあるかのように被験者が考える理由を説明できるだろう。原子力はどのくらいリスクが大きいか？　原子力は「悪いもの」だ。リスクも悪いことだ。だから、原子力は非常にリスクが大きいに違いない。そして、原子力はどのくらい利益となるか？　原子力は「悪い」。だから、そんなに利益がないに違いない。「腹」が活動あるいは技術に対して好意的に反応すると（たとえば、水泳やアスピリンが挙げられる）、「腹」はシーソーを逆に傾ける。つまり、アスピリンは「良いもの」だから、リスクが小さく利益が大きいといった具合になる。

この仮説を検証するために、スロヴィックとアルハカミは、メリッサ・フィヌケインとスティーヴン・ジョンソンとともに、簡単な実験を考案した。西オーストラリア大学の学生が二つのグループに分けられた。最初のグループは、コンピューター画面上で様々なリスク──化学工場、携帯電話、飛行機による旅行──を見せられ、一から七までの数字で各項目のリスク度を評価するように求められた。次に、各項目の利益を評価した。二番目のグループは同じことを行なったが、判断を下すのに数秒しか与えられなかった。時間に追われると、介入して「腹」の判断を修正する「頭」の能力が落ちることが別の研究で明らかとなっていた。スロヴィックの仮説が正しければ、リスクと利益のあいだのシーソー効果が、最初のグループより二番目のグループで強くなるはずだった。そして、まさにそのとおりになった。

二番目の実験では、オレゴン大学の学生にある技術のリスクと利益を評価してもらった（原子力と天然ガス、食品保存が別々に試された）。次に、その技術のもたらす利益について述べた文書を数パラグラフ読んでもらう。最後に、その技術のリスクと利益を再び評価するように求めた。当然のごとく、肯定的な情報を読むことによって、技術の利益の評価は、実施事例の約半数で高くなった。ところが、ある技術の利益の評価を上げた学生のほとんどは、同時にその技術のリスクの評価を下げた。そのリスクについて一語も読んでいなかったのにそうしたのである。リスクのみが検討されたテストをのちに行なったときも、同様だが逆の結果が得られた。つまり、リスクに関する情報に反応してある技術のリスクの評価を上げた人は、同時に利益の評価を下げたのである。

ここで起きていることをとらえるために様々な名前が用いられてきた。スロヴィックはこれを情動ヒューリスティックと呼んだ。私は「良い・悪い規則」としたい。何かに直面したとき「腹」は、即座に、それが良いか悪いかという生の感情を抱く。その感情があとに続く判断を導く。つまり、「このことで死ぬことはありそうか？　それは良い感じがする。良いものが人を殺すことはない。だから、死ぬことはない、心配するな」という具合になる。「良い・悪い規則」は多くの難問を解くのに役立つ。たとえば、スロヴィックは、新たに始めた研究で、被験者が一貫してあらゆる病気の致死性を低く見積もることに気づいた。だが、癌の致死性だけは逆に高く見積もったのである。理由として「実例規則」が考えられる。メディアは、糖尿病や喘息に比べて癌にずっと多くの関心を払っている。そのため、個人的な経験がないとしても、誰でも癌による死亡例を容易に思い出すことができる。しかし、糖尿病と喘息という言葉を目にしたときどう感じるか考えて欲しい。自分や気にかけている人が糖尿病と喘息にかかったことがなければ、これらの病気によって何らかの感情が引き起こされることはありそうにない。しかし、癌という言葉はどうだろう？　この言葉はそっと忍び込んで心を覆う影のようだ。この影が、情動、すなわち、スロヴィックが「情緒のかすかな囁き」と呼ぶものである。私たちは日常言語において癌という言葉を比喩として用い、不吉で、秘められた、良いものをじわじわと破壊するものを表わすが、それはまさにこの言葉が感情を呼び起こすからである。そして、呼び起こされた感情が、癌についての意識を形作り、その色合いを決める。

「良い・悪い規則」は、放射能との奇妙な関係を説明するのにも役立つ。私たちは核兵器を恐れる。もっともなことだ。しかし、原子力と核廃棄物にもぞっとする。ほとんどの専門家が原子力と核廃棄物は世間が考えるよりずっと危険性が低いと主張するが、世間の意見は変わらない。一方、熱帯地方の砂浜で太陽放射を浴びるためにかなりのお金を使うし、医者にレントゲン検査を指示されたとき、自らを意図的に放射能に曝すことにわずかでも不安を覚える人はほとんどいない。事実、スロヴィックの調査によって、ほとんどの素人がレントゲン検査の（最小の）危険を過小評価していることが確認されている。

　どうして私たちは日焼けを心配しないのか？　慣れがなんらかの役割を果たしているのかもしれないが、「良い・悪い規則」が役割を果たしているのは確かだ。想像してみるといい。

あなたはメキシコの砂浜で寝そべっている。どう感じるだろう？　非常に良い気分だ。そして、良いことであれば、そんなにリスクが大きいはずがないと感情は告げる。同じことはレントゲン検査にも当てはまる。命を救う医療技術で、良いことだ。すると、その感情はレントゲン検査がもたらすリスクに関するどんな心配も和らげる。

その対極に位置するのが核兵器だ。核兵器は「非常に悪いもの」だ。これは、核兵器が数都市をまるごと一瞬で壊滅させるように設計されていることを考えれば、かなりもっともな結論だ。しかし、スロヴィックは、原子力と核廃棄物に関する感情も、核兵器とほとんど同じくらい否定的であることを見出している。スロヴィックたちは、ネバダ州の住民がこの州に核廃棄物の処分場を作るという提案についてどのように感じているかを調べたとき、核廃棄物の貯蔵施設のリスクを、少なくとも原子力発電所のリスクと同じくらい大きい、あるいは、核兵器の実験地のリスクとすら同じくらい大きいと住民が判断していることを見出した。最も熱烈な反核活動家でさえ、こんな同一視は行なわないだろう。こんな同一視は、住民の判断が「核にかかわる」あらゆるものに対する極度に否定的な感情の産物でなければ成り立たない。

もちろん、原子力に話が及んだ瞬間にチェルノブイリの惨事のイメージを抱きやすいことを考えれば、「実例規則」も世間の原子力に対する不安に一役買っている。しかし、世間の不安はこのイメージのずっと前から存在し、別の無意識の仕組みが働いていることを示唆している。このことは、はからずも、直感的判断がどのように働いているかの理解に見過ごせない限界があることを例示している。心理学者は、注意深く実験を計画することによって、「実例規則」や「良い・悪い規則」のような仕組みを同定することができるし、私たちは、現実世界の状況を見て、この仕組みやあの仕組みがかかわっていると推測することができる。しかし、私たちにできないこと――少なくともまだできないこと――は、どの仕組みが何をしているかを正確に見つけだすことである。原子力に関する世間の人々の直感が「実例規則」または「良い・悪い規則」、またはその両方のいずれかによって生じている可能性があると言えるだけである。

私たちは感情が意識上の判断の源であると考えることに慣れていないが、研究によるとそれは疑う余地がない。たとえば、保険に関する研究によると、金銭的価値が同じである場合でさえ、自分が魅力的と感じている車に保険を掛けるためには、魅力的でない車よりも多く支払ってもいいと考えられているとわかった。一九九三年の研究では、「テロ行為」をカバーしている航空会社の旅行保険には、「可能性のあるあらゆる原因」による死亡を保証しているものより多く支払ってもいいと考えられていると示された。論理的には、これは意味がない。しかし「テロ行為」は悪感情に溢れている生々しい語句であるが、「可能性のあるあらゆる原因」は素っ気なく空虚である。後者では「腹」は関心を示さない。

エイモス・トヴェルスキーと心理学者のエリック・ジョンソンは、悪感情の影響がその感情を生み出しているものを越えて広がることも示した。彼らは、スタンフォード大学の学生に、三バージョンある悲劇的な死――死因は白血病、火事、殺人のいずれか――についての話の一つを読むように求めた。その悲劇がどれくらい一般的なものかについての情報は含まれていなかった。その後、リスクのリスト——話の中のリスクとそれ以外の一二のリスク——を渡し、それらのリスクによる死の頻度を推定するように求めた。予想できるように、白血病による死に関する悲劇的な話を読んだ学生は、対照群となるその話を読まなかった学生より白血病の致死性を高く評価した。火事と殺人の場合も同様だった。驚きだったのは、話を読むことによって、その話に描かれたリスクだけでなく、すべてのリスクの評価が高まったことだった。火事の話は、認識されたリスクを全体として一四パーセント増加させた。白血病の話は、リスクの評価を七三パーセント高めた。殺人の話は最も影響が大きく、リスクの評価を一四四パーセント高めた。「良いニュース」の話はちょうど逆の結果を示し、一律に認識されたリスクを押し下げた。

ここまで、私は、明白な感情的インパクトを与えるもの——殺人、テロ、癌——に言及してきた。しかし、科学者が示したところでは、「腹」の感情的な反応は、そういったものに対する反応よりずっと微妙にもなりうる。ロバート・ザイエンスは、心理学者のピョートル・ウィンキールマンとノーバート・シュワルツとともに、スクリーン上に短時間漢字が現われる一連の実験を実施した。被験者であるミシガン大学の学生は、漢字を見た直後に、六が非常に好きで一がまったく好きでないとして、一から六でそのイメージを評価するように求められた（中国語、韓国語、日本語に馴染みのある人はこの研究から除外されたので、スクリーン上のイメージは、見た人に意味をまったく持っていなかった）。

学生に伝えられていなかったことがある。それは漢字が現われる直前に、別のイメージが現われることだった。それは、笑顔の場合もあれば、しかめっ面や意味を持たない多角形の場合もあった。こういったイメージはほんの一瞬だけ現われた。わずかな時間のため意識に残らず、イメージを見たと報告した学生はいなかった。しかし、良いあるいは悪いイメージにわずかに接するだけでも、学生の判断は重大な影響を受けた。全体的に、笑顔が先行して現われる漢字は、そうでない漢字より好まれた。しかめっ面は、逆向きに同様の効果があった。

あきらかに、情動が強い影響を与えたが、何らかの情動を感じ取ったと報告した学生は一人もいなかった。ザイエンスらの考えでは、このようなことが起きるのは、「原子力イコール悪いもの」のように、感情的なラベルを物事に貼りつける脳のシステムが無意識の中に埋まっているからである。だから、たとえ意識上で何かが良いあるいは悪いと感じていないとしても、脳は良いあるいは悪いと感じることができる（ちなみに、学生は、何を判断根拠にしているのかと尋ねられると、漢字の美学を持ち出したり、その漢字が何かを思い出させると言ったり、「その漢字がただ好きなだけ」とひたすら言い張ったりした。意識は自分がまったく知らないことを認めるのを嫌うのである）。

以上のような通常の手順で学生をテストしたあと、ザイエンスらはこのテストを再び行なった。ただし、今回は顔のイメージが入れ替えられた。つまり、ある漢字に初回のテストで笑顔が先行して現われたとしたら、その漢字にはしかめっ面が先行して現われた。逆も同様で、しかめっ面は笑顔に替えられた。結果は驚くべきものだった。初回のテストと異なり、出現したイメージはほとんど効果がなかった。学生は以前の判断に固執した。判断をしている本人には気づかれずに、初回のテストで先行して笑顔が現われていたせいで好ましいと判断された漢字は、しかめっ面が先行して現われていても、二回目のテストでは好ましいと判断された。したがって、感情的なラベルは、たとえ存在していることを私たちが知らなくても貼りつくのである。

初期の研究（その後大量の研究によって裏づけられている）において、ザイエンスは次のことも明らかにした。何かに対する肯定的感情は、単にそのものに繰り返し接するだけで生じ、さらに接することによって強まることが可能である。この現象は、現在、単純接触効果として知られているが、「馴染みは愛好を生む」という言葉でうまく要約される。企業は、直感的にかもしれないが長年このことを理解してきた。大量に広告を出す狙いは、単純に企業の名前とロゴに世間の人々を触れさせることであり、そうすることによって馴染みを深め、結果として、企業に対する肯定的感情を高めようとしているのである。

単純接触効果は、リスクについてどう感じるかにかなりかかわっている。嚙みタバコを考えてみよう。今日ほとんどの人は、誰かが嚙みタバコを嚙むのを一度も見たことがないが、嚙みタバコが一般的な環境で暮らしている人は、脳の中に埋まった嚙みタバコに対する肯定的感情をおそらく持っているだろう。そういった肯定的感情は、いかに危険であるかについても含めたその人の嚙みタバコに関する考えに影響する。「腹」は、嚙みタバコは「良い」

と感じる。良いものは癌を引き起こさない。噛みタバコがどのくらい癌を引き起こしやすいのか？　たいしたことはないと「腹」は結論づける。注意してもらいたいのは、ここでの単純接触は、慣れのプロセスと似ているが、慣れが生じるのに必要な水準の接触は必要としないことである。そして、もう一つ注意してもらいたいのは、この単純接触は、噛みタバコの缶がいつも噛んでいた大好きなおじいさんの思い出をもたらすために、その缶を目にしたときに感じるかもしれない心地よい満足ではないことである。名前が物語っているように、単純接触効果は、少なくともわずかに肯定的な感情を生じさせる単純接触以上のものは何も必要としない。大好きなおじいさんは必要ない。(1)

情動に関する研究の多くは実験室で行なわれたが、心理学者のマーク・フランクとトーマス・ギロヴィッチは、黒のユニフォームに対して強く否定的な無意識の反応を人が示すという証拠を実験室における実験で発見すると、現実世界でもそれを裏づける証拠を見つけ出した。ナショナル・フットボール・リーグの中で黒のユニフォームを着た五チームがすべて、一九七〇年から一九八六年のあいだの一シーズンを除くすべてのシーズンで、リーグ平均を上回る罰退距離を科せられた。ナショナル・ホッケー・リーグでは、黒のユニフォームを着た三チームがすべて、同じく一九七〇年から一九八六年のあいだのすべてのシーズンで、リーグ平均を上回る退場時間を科せられた。非常に興味深いのは、これらのチームが別の種類のユニフォーム（白地に黒の縁取りが入っているもの）を着たときも、黒のときと同じ程度の罰則を科されたことである。これはまさしく感情と判断の研究から予想されるであろうことだ。黒のユニフォームが否定的な感情のラベルをチームに貼りつけ、そのラベルはチームが黒を着ていないときでさえもくっついているというわけだ。ギロヴィッチとフランクは、ピッツバーグ・ペンギンズの一九七九年から一九八〇年にかけてのシーズンを用いて理論の実地テストを行ない、ほぼ完璧な結果すら得ている。シーズン前半の四四ゲームで、チームは青のユニフォームを着た。この期間、チームの退場時間は一試合につき平均八分だった。しかし、シーズン後半の三五ゲームで、チームは新しい黒のユニフォームを着た。コーチと選手はシーズン前半と同じだったが、ペンギンズの退場時間は五〇パーセント増え一試合につき一二分になった。(2)

「良い・悪い規則」が現実で働いていることを示すもう一つの実例は、一年に一回やって来る。クリスマスは一般に殺し屋として認識されていない。おそらく、前述の変わった死に方のリストにさえ載らないだろう。しかし、載せるべきだ。クリスマスは転落や火傷、感電死の季節である。英国では、王立災害防止協会（RSPA）が典型的なクリスマスの出来事について警告している。「約一〇〇〇人がクリスマスツリーの事故で病院に行き、これとは別に一〇〇〇人が剪定で負傷するか、家の飾りつけをしているときに負傷し、三五〇人がクリスマスツリーのライトで負傷する」。英国政府は、クリスマス休暇中に、住宅火災で死ぬ確率が五〇パーセント上がることに注目して広報活動を行なっている。米国では、国土安全保障省の次官というかなりの権威者が新聞に署名入りの記事を書き、ろうそくによって起きる火事は「クリスマス休暇中四倍に増える」と警告した。クリスマスツリーだけでも、二〇〇の家庭で出火している。全体として「冬の休暇の時期の住宅火災によって、五〇〇人が死亡し、二〇〇〇人が負傷し、五億ドル以上の損害をもたらしている」と書かれている。

ここで、クリスマスのことを心配し始めるべきだと言いたいのではない。休暇をめぐる広報の多くは少しおおげさに感じられる。いくつか――「電子レンジ内での肉汁の爆発」のリスクに注意を向けようとするRSPAの新聞発表のようなもの――は意図的でないおかしさがある。しかし、過去に新聞の見出しを飾り、現実に世間の心配を生みだしたリスク――ほんの数例だけ挙げるとすれば、サメの攻撃や「見知らぬ人に注意」、悪魔崇拝カルト、ヘルペス――と比べて、クリスマスのリスクは現実的な重要性を持っている。それでいて、毎年行なわれる警告は、毎年無視され、メディアで笑いの種（爆発する肉汁！）になりさえする。

なぜこんな食い違いがあるのか？　答の一部はきっとクリスマスが感情に強く訴えかけることにある。クリスマスは単に「良いこと」ではない。それは「素晴らしいこと」だ。そして「腹」は「素晴らしいこと」は人を殺しはしないと確信している。

「腹」がこれほど頻繁に瞬間的、感情的に反応し、その反応を判断の方向づけに用いているという事実は、多くのことにかかわってくる。中でもかかわりが大きいのが、リスクや悲劇への反応における正義の役割である。

二つのシナリオを考えて欲しい。最初のシナリオでは、小さな男の子が海岸にある傾斜のついた滑りやすい岩で遊んでいる。風が強く、母親は海に近づき過ぎないようにと男の子に言っている。しかし、ちらっと目をやって母親が見ていないのを確認すると、男の子はじわじわ前に進み、濡れた岩を手でぴしゃぴしゃと叩けるところまで行く。そのかわいらしい遊びに夢中になって、大きな波がうなりを上げて迫ってくるのを見ていない。波にぶつかって男の子は後ろに押しやられ、そのあとひきずられて海に転落し、強い潮の流れによって深い所へと引っぱられる。それに気づいた母親は必死になって男の子に手を伸ばすが、打ちつける波で前が見えなくなり、波にぶつかって進めない。男の子は溺死する。

今度は、幼い一人息子と二人で暮らしている母親を想像して欲しい。その地域で母親はちゃんとした人だと思われている。仕事を持ち友達もいる。地域の動物保護施設のボランティアさえ務めている。しかし、誰も知らなかったが、家庭では、どんな欠点であろうと情け容赦なく息子を叩く。ある晩、息子はおもちゃを壊す。母親は息子を何度も平手打ちし、こぶしで殴る。息子が顔に血と涙の筋をつけて部屋の隅に縮こまっていると、母親は台所からポットを取って戻ってくる。息子の頭にポットを叩きつけてからそれを横に放り投げ、寝なさいと命じる。夜のあいだに、息子の脳内に血栓が生じる。息子は朝までに亡くなっている。

失われた二つの命、二つの悲話は新聞の一面に載りそうだ。しかし、編集者に熱烈な手紙を出したり、ラジオのトーク番組に電話したりすることになるのは一方だけだろう。そして、みんなそれがどちらかわかっている。

哲学者や学者は正義の性質について意見を闘わせるかもしれないが、多くの者にとって正義は、悪に対する激しい怒りとその悪を非難し懲らしめることに伴う満足感としてとらえられている。それは根本的な感情である。幼い息子を殺害した母親は、とにかく懲らしめられなくてはならない。彼女がほかの誰に対しても脅威でなかったことは問題にならない。これは安全にかかわる問題ではない。彼女は何が何でも懲らしめられなくてはならない。進化心理学者は、良くない行動をさせないようにする効果的な手段であるという理由で、この悪行を懲らしめたいという衝動が脳に組み込まれたのだと主張する。「自分の邪魔をする者に代償を払ってでも報復しようと感情的に駆り立てられる者の方が、成功する見込みのある競争者であり、相手に付け込まれることが少ない」と、認知心理学者のスティーヴン・ピンカーは書いている。

起源がどうであれ、非難し懲らしめようとするこの本能は、リスクに対する反応においてしばしば決定的な要素となる。あるガスがあって、欧州連合で年間二万人、さらに米国で年間二万一〇〇〇人死亡していると想像してもらいたい。このガスは産業プロセスの副産物であり、どの産業、さらにはどの工場がそのガスを排出しているかを正確に特定できる。そして、これらの事実は広く知られているが、メディアや環境保護団体、一般大衆の誰一人としてたいして関心を持っていない。多くの人がこのガスのことを聞いたことすらなく、聞いたことがある人もそれが何であり、どこから来て、どのくらい致死性があるのかについてぼんやりとしか知らない。そして、もっと知ることには関心がない。

確かにこれはばかげたシナリオだ。決してそのようなものをやり過ごしはしないだろう。しかし、ラドンのことを考えて欲しい。ラドンは、放射性のガスで、屋内で高濃度にたまると肺癌を引き起こす恐れがあり、たまっている場所はかなりの精度で特定できる。このガスによって、米国と欧州連合で年に推定四万一〇〇〇人が死亡している。公衆衛生当局はこの危険について広報活動を常時実施しているが、ジャーナリストや環境保護活動家が大きな関心を示すことはほとんどなく、正直に言って、世間はこの物質が何であるかについてぼんやりとした認識しか持っていない。無関心の理由は明らかである。ラドンはある種の岩や土の中で自然に生み出される。ラドンがもたらす死は人気《ひとけ》のない場所でひっそりと起き、誰にも責任がかからない。だから「腹」はやり過ごす。ポール・スロヴィックの調査では、核廃棄物の廃棄場のような放射能源について考えると恐ろしさのあまり膝が震える人が、ラドン――間違いなく、核廃棄物によってこれまで亡くなった人より多くの人がラドンによって亡くなっている――を、非常にリスクが小さいと評価した。自然は人を殺すが、自然に罪はない。火山にこぶしを振り回して怒る人はいない。熱波を責め立てる人はいない。そして、激しい怒りが存在しないため、自然によるリスクは人工のリスクに比べて脅威がずっと小さく感じられるのである。

「良い・悪い規則」では言葉も重要な意味を帯びてくる。結局のところ、周りの世界に注釈はついていない。見たり体験したりするとき、それを理解するために、様々に表現し、意味を与えなくてはならない。そして、その表現は言葉を用いて行なわれる。調理済みの牛のひき肉の塊をイメージして欲しい。それはきわめて平凡な物であり、品質を判定する作業がひどく難しいはずはない。これを表現する言葉が判断に影響を与えるようなことは、あったとしても、稀なことのように思われる。しかし、心理学者のアーウィン・

レヴィンとゲーリー・ゲイスは、市場調査に見せかけた実験でまさにこれをやってのけた。調理済み牛肉のサンプルがあり、一つ目のグループには次のように言う。これは「赤身七五パーセント」です。よく調べて、判定してください。そのあと、味見して、もう一度判定してください。二つ目のグループには同じ牛肉を出すが、その肉を「脂身二五パーセント」と表現する。実験の結果は次の通りである。最初に調べたときは「赤身七五パーセント」と表現された牛肉が「脂身二五パーセント」と表現された牛肉よりずっと高い評価を得た。味見したあとでは「赤身」の牛肉を好むという偏りは小さくなったが、依然として明らかだった。

生と死は牛肉の赤身と脂身より感情に訴える事柄であるため、医者の選ぶ言葉がレヴィンとゲイスが実験で用いた言葉よりも、いっそう強い影響力があっても驚くに当たらない。このことは、エイモス・トヴェルスキーとバーバラ・マクニールによる一九八二年の実験で明らかとなった。そこでは、自分が肺癌の患者であり放射線治療か手術を選ばなくてはならない状況を思い描くように被験者に求めた。一つのグループは、六八パーセントの確率で手術後一年間生きていられると言われた。もう一つのグループは、三二パーセントの確率で死亡すると言われた。手術の結果が生きていられるという言葉で表現された場合、四四パーセントの人が放射線治療より手術を選ぶ結果となったが、その情報が死亡の可能性として表現されると、手術を選んだ人は一八パーセントまで下がった。トヴェルスキーとマクニールは、医者と共同でこの実験を繰り返して、同様の結果を得ている。別の実験で、トヴェルスキーとダニエル・カーネマンは、次のようなことも明らかにしている。インフルエンザの発生により六〇〇人の死亡が見込まれると言われた場合、インフルエンザの発生に対処するためにどの計画が実行されるべきかの判断は、計画の予想結果が、助かる命（二〇〇）か失われる命（四〇〇）のどちらの言葉で述べられているかによって大きく影響を受けた。

言葉の生々しさも重要である。ある実験で、キャス・サンスティーン（シカゴ大学の法学の教授で、法律や公共政策の問題に心理学上の洞察をよく応用している）は、あるリスクに保険を掛けるためにどのくらい支払うつもりがあるか学生に尋ねた。一つのグループに対しては、そのリスクが「癌による死」と表現された。もう一つのグループは、そのリスクが癌による死であるということだけでなく、その死は「非常につらく、激しい痛みを伴い、癌が体内組織を徐々に破壊する」と言われた。このように言葉を変えることは、学生が保険にどのくらい支払うつもりがあるかに大きな影響を及ぼした。しかも、その影響は、そういった恐ろしい結果が起きる確率を大幅に変えた場合よりも大きかった。感情が数字に勝ったのだ。たいていいつもそうなる。

もちろん、意思を伝えるための最も生々しい様式は写真のイメージであり、当然、人を怯えさせるような恐ろしい写真が関心をとらえ記憶に残るだけでなく——記憶はそういった写真を「実例規則」を通じて影響力の大きなものにする——「良い・悪い規則」を介してリスク認識に影響を与える感情を呼び起こすという証拠もたくさんある。喫煙により肺癌になる可能性があると忠告することはできるが、死亡した喫煙者の黒くて、こぶだらけの肺を目にするのとは効果がまったく違う。このため、カナダとオーストラリアを含む数ヶ国は、タバコの箱の文章だけの警告を病気になった肺や心臓、歯肉の気持ちの悪いイメージに換えている。そういったイメージは単に不快なだけではない。リスク認識を高めているのである。

微妙な言葉の変化でさえ、かなりの影響を与えることがある。ポール・スロヴィックのチームは、法精神科医（数学と科学の教育を受けた男女）に、入院させられている精神病患者に関する別の臨床医の評価だと言って書類を渡した。この評価に基づいた場合、この患者を退院させようと思うかと法精神科医は尋ねられた。評価の半数では、このジョーンズ氏のような患者は「二〇パーセントの確率で暴力行為を犯す」と推定していた。このバージョンの評価を読んだ法精神科医の場合、二一パーセントが患者を退院させることを断るつもりだと答えた。

二番目のバージョンの評価は、言葉遣いがごくわずかに変えられていた。その評価では、「ジョーンズ氏のような患者一〇〇人中二〇人」が退院後暴力的になると推定されると述べられていた。もちろん「二〇パーセント」と「一〇〇人中二〇人」は同じことを意味している。しかし、この二番目のバージョンを読んだ法精神科医の四一パーセントが患者を入院させたままにしておくつもりだと答えた。したがって、見かけ上ささいな言葉遣いの変化によって、退院を断る率がほぼ一〇〇パーセント上昇した。どうすればこんなことが可能なのか？　その答は「二〇パーセント」という語句が感情に訴えるかどうかにある。それは空疎で抽象的なただの統計値である。「パーセント」って何だ？　「パーセント」を見ることができるか？　それに触れられるか？　答はノーだ。しかし「患者一〇〇人中二〇人」というのは非常に具体的で現実的だ。人として見るように促す。この場合だと、その人は暴力行為を犯すことになっている。この言葉遣いによって、いやおうなしに暴力のイメージ――「気が変になって誰かを殺す男」と実験後のインタビューで言った人もいる――を生み出し、リスクを大きく感じさせ、患者を監禁する必要性が増すということである。

世論にかかわる仕事をしている人だけは、一見するとわずかなものに見える言葉の変化が及ぼしうる影響に十分過ぎるほど気づいている。政治の分野では、このようなきっかけとなる言葉を仕事にするコンサルタントの業界がまるごとひとつ出現している。たとえば、共和党は「税削減」と「遺産税」を「税軽減」と「死亡税」に変更し、この二つが共和党の成果としてより広く知られるようになった。

「良い・悪い規則」には、確率についての合理的な認識に大混乱をもたらす力もある。シカゴ大学経営大学院に所属していたユーヴァル・ロッテンストライヒとクリストファー・シーが実施した一連の実験で、学生は、現金五〇ドルとお気に入りの映画スターにキスできる機会のどちらかを選ぶことを想像するように求められた。七〇パーセントが現金を選ぶと答えた。もう一つのグループの学生は、一パーセントの確率で現金五〇ドルが手に入ることと、一パーセントの確率でお気に入りの映画スターにキスできることのどちらかを選ぶように求められた。結果はほぼ正反対になった。つまり、六五パーセントがキスを選んだ。ロッテンストライヒとシーはこの理由が「良い・悪い規則」にあると考えた。すなわち、五〇ドルの現金は感情に働きかける力を持っていないので五〇ドルが手に入る一パーセントの確率は実際の数字どおり小さく感じられたが、映画スターとのキスは想像上のものではあっても現金と違って感情を掻き立てるため、キスできる一パーセントの確率は大きく感じられるということである。

ロッテンストライヒとシーはこの実験を条件を変えてさらに実施したが、同様の結果となった。続いて、電気ショックに目を向けた。学生は二つのグループに分けられ、一つのグループは二〇ドルを失う可能性があると言われ、もう一方のグループは「短時間の痛みを伴うが危険なものではないショック」を受けるリスクがあると知らされた。ここでも、現金の損失は感情に働きかけないが、電気ショックは不快である。次に、この良くないことが起きる確率は九九パーセントか一パーセントのどちらかであると言われた。では、リスクを避けるためにいくら払うだろうか？

九九パーセントの確率で二〇ドルを失う場合、学生はこのほぼ確実な損失を避けるため一八ドル払うつもりだと答え、確率が一パーセントに下がると、リスクを避けるために一ドルだけ払うつもりだと答えた。経済学者なら誰しもこの結果を気に入るだろう。確率に対しての的確な計算された反応であり、まったく合理的なものである。しかし、電気ショックを想像するように求められた学生は、やや異なった反応を示した。ショックを受ける確率が九九パーセントの場合、ショックを受けないようにするために一〇ドル払うつもりだと答えた。しかし、そのリスクが確率一パーセントのとき、自分の身を守るため七ドル払うつもりだった。あきらかに、電気ショックを受ける確率はほとんど影響しなかった。問題になったのは電気ショックを受けるというリスクが不快なものであることであり、学生はそのことを感じたのである。

その他にも多くの研究が示すところでは、私たちは、落ち着いていて、冷静で、慎重に考えているときでさえ、確率に自然に目を向けるわけではない。新しい大型スクリーンのテレビに延長保証を掛けるべきか？　最初に問うべき最も重要な質問は、そのテレビがどのくらい壊れやすく、どのくらい修理が必要かである。だが、研究によると、そんなことを考えもしない可能性が大きい。そして、考えたとしても、完全に論理的であるとはかぎらない。たとえば、確実性が確率の判断に特大の影響を及ぼすことが示されている。つまり、一〇〇パーセントから九五パーセントへの変化は、六〇パーセントから五五パーセントへの低下よりずっと大きな重みを持っており、〇パーセントから五パーセントへの飛躍は二五パーセントから三〇パーセントへの増加を上回る巨人のように感じられる。このように確実性に焦点を当てることは、現実には安全の色合いはたいていいつも灰色であるのに、残念ながら白か黒か（安全か安全でないか）で安全を考える傾向が私たちにあることを説明するのに役立つ。

そして、これはすべて、恐れや怒り、希望が関与していないときにも当てはまる。強い感情に駆られると、人は簡単に「確率盲目」（キャス・サンスティーンの造語）になる。強い感情は簡単に確率の数字を取り去る。ある調査で、ポール・スロヴィックは、ある化学物質への暴露によって一生のあいだに癌になる確率一〇〇〇万分の一のリスクが小さすぎて心配するに及ばないということに同意するかどうかを調査対象者に尋ねた。これは信じられないほど小さなリスクであり、一生のあいだに雷で死亡するリスクやその他無数の完全に無視されているリスクに比べてもずっと小さなものである。それでもなお、三分の一が同意しなかった。彼らは心配するつもりだった。これが確率盲目である。皮肉なことに確率盲目自体が危険である。確率盲目によって人はリスクに対して簡単に過剰に振る舞い、愚かなことを仕出かす。たとえば、テロリストが四機ハイジャックしたからといって飛行機による移動を放棄したりする。

「良い・悪い規則」によって私たちの心から消される可能性があるのは確率だけではない。費用もそうである。「たとえ一人でも救われるならそれは価値がある」という語句は、リスクを減らすために考案された新しい計画や規制に関してよく耳にするものである。それは本当かもしれないし、そうでないかもしれない。たとえば、その計画が一億ドルかかり一人だけ救うなら、ほぼ間違いなく価値がない。なぜなら、一億ドル使って二人以上確実に救う方法はほかにたくさんあるからである。

この種の費用便益分析自体が、大きくて恐ろしく複雑な分野である。この分析から生まれた多くの重要な洞察の一つは、他の条件が等しければ「裕福である方が健康である」ということである。国とその国民は、多くの金を持っていればいるほど、健康で安全である傾向がある。大きな地震がある度に、災害救助の現場でこの原則が働いているのが見られる。人は地震で死ぬのではない。地震で倒壊した建物によって死ぬ。だから、建物が壊れやすければやすいほど人は死ぬことになりやすい。これが、同じマグニチュードの地震によって、カリフォルニア州では数十人だけ死ぬのに、イランやパキスタン、インドでは何十万も死ぬかもしれない理由である。この不均衡は同一都市内でさえ見られる。大地震が一九九五年に日本の神戸を襲い、六〇〇〇人以上の命を奪ったとき、犠牲者は都市部とその周辺でランダムに分布していたわけではなかった。

政府の規制によってリスクを減らし、命を救うことができる。カリフォルニア州の建物が現在のように頑丈なのは、部分的には、建築条例が頑丈であることを要求しているからである。しかし、規制は経済活動に負担を課すこともある。また「裕福である方が健康である」ため、経済的負担の金額が非常に大きいと、規制のために安全にするより命を危険に曝す可能性がある。どのくらいの大きさの規制費用が要求されれば、一人の人間から「命を奪う」ことになるかを推定しようとした研究もあったが、その結果は物議を醸すものとなっている。しかし、幅広く受け入れられているのは、規制は経済的負担を課し、経済的負担は健康と安全を低減させかねないという考えである。リスクに関して理性的でありたいのなら、この点を明らかにする必要がある。

もちろん、そんなことなどめったにない。政治学者のハワード・マーゴリスが著書『リスクに対処する』で述べているように、世間はリスクに対する行動を要求するがそれにかかる費用には少しも考慮していない。しかし、状況によってそういった費用に直面せざるをえなくなると、急に考えを変えることがある。マーゴリスはニューヨーク市の公立学校におけるアスベストの事例を引用している。一九九三年にニューヨーク市の公立学校は危機を迎えていた。アスベストの危険を評価する作業が長引き九月にずれ込んだため、年度の開始を数週間遅らさなければならなかったのである。親たちのあいだではこの作業を支持するという意見が圧倒的だった。専門家は次のように述べていた。アスベストによる実際のリスクはどの子供に対しても非常に小さく、特にニューヨークに住む貧しい子供が直面しているほかの無数の問題に比べればささいである。そして、作業にかかる費用は莫大なものになるだろう。しかし、このような専門家の意見はどれも問題にならなかった。アスベストが引き起こす可能性がある癌のように、アスベストは殺人者扱いされている。アスベストは「良い・悪い規則」の引金を引き、いったん「良い・悪い規則」が発動すると、ほかのあらゆることが取るに足りないものになる。「落ち着けなんて言うな！」と、一人の親が公開集会で叫んだ。「子供の健康がかかっているのだ」

しかし、学校が九月に始められなくなると、親たちにとって別の種類の危機となった。誰が子供の世話をすることになるのか？　いつもの時期に学校が始まることを当てにしていた貧しい親たちにとって、開始が遅れるのは深刻な負担だった。「三週間以内に、圧倒的多数の意見が逆転した」と、マーゴリスは書いている。

上記のような出来事や、判断における感情の役割に関する研究によって、スロヴィックやほかのリスク研究者はいくつかの結論を導き出した。一つは、単に「事実を明るみに出す」ことによってリスクにまつわる不安を和らげることができると専門家が考えるのは、間違っているということである。技術者が一般の人に対して、心配するべきでない、なぜなら原子炉が炉心溶融を起こし、巨大な放射能雲を噴出し、それがあなたの子供の体に充満し、あなたの子供が癌のリスクに曝される確率は……と言ったとしたらどうだろう。そう、その人は確率によって考えを変えないだろう。理性的な心――「頭」――だけが確率を気に掛けるが、これまで見てきたように、ほとんどの人は「頭」が介入して「腹」を修正するために必要な努力をすることに慣れていない。私たちは自然に直感的判断に従ってしまう。

さらに、「良い・悪い規則」は「典型的なものに関する規則」と一緒に働く場合に重大な影響を及ぼす。「良い・悪い規則」によって恐ろしいシナリオに影響されやすくなるのである。イラク侵攻を支持するものとして、ブッシュ政権によって伝えられた話を考えてみて欲しい。サダム・フセインが核兵器を作る材料を手に入れようとしている可能性があった。サダムが核兵器計画を開始する可能性があった。その計画が成功して核兵器が開発される可能性があった。サダムがその核兵器をテロリストに与える可能性があった。核兵器で武装したテロリストが米国の都市でその核兵器を爆発させようとしていた可能性があり、テロリストが成功する可能性があった。これらのことはすべて起きる可能性があったが、このシナリオを理性的に評価するとすれば、これらのうちどれか一つでも起きなければ最後の惨事は起きないということを理解した上で、それぞれの出来事が起きる確率を調べるだろう。しかし、それは、「腹」が「良い・悪い規則」を用いてこのシナリオを分析する場合のやり方ではない。「腹」は最後――放射能を帯びた瓦礫と化した米国の都市、何十万人もの死者、さらに何十万人もの火傷や病気の人たち――から出発するだろう。そして反応するだろう。これは

「恐ろしいこと」だ。そういう感情は、これが起こりそうかどうかという質問に影響を及ぼすだけでなく、そんな質問を圧倒してしまうだろう。特に、そのシナリオが生々しい言葉——ホワイトハウスでしばしば繰り返された文句「我々は、動かぬ証拠がきのこ雲ということにしたくない」のような言葉——で書かれていたらそうなるだろう。

核兵器で武装したテロリストと同じく、小惑星も都市を破壊する。しかし、小惑星はただの岩である。小惑星は、テロリストのように悪の仮面を被せられていないし、癌やアスベスト、原子力のように汚名を着せられてもいない。どのような特定の感情も掻き立てないため、「良い・悪い規則」は働かないし、被害を受けることがありそうもないという感覚が圧倒されることもない。また「実例規則」も働かない。近代における唯一の真に巨大な小惑星の衝突は、トゥングースカ大爆発で、一世紀前のことであり、非常に辺鄙《へんぴ》な場所で起きたため、ほんの一握りの人しか目撃していなかった。メディアが「ニアミス」と報道したことがあったし、天文学者の警告には相当な量の関心が払われてきたため、この問題についての意識は高まったかもしれないが、原始的な脳が反応するように作られている具体的な経験とは非常に異なっている。多くの人が小惑星によって恐竜が絶滅したという仮説のことも知っているが、それはトゥングースカ大爆発と同じように記憶の中で現実的で生々しいものではない。だから「実例規則」に導かれて「腹」は小惑星のリスクが実際のリスクより小さいと判断するだろう。

簡単に言えば、小惑星には「腹」に注意を払わせることができるようなものは何もないのである。私たちはリスクを感じない。そのため、ポール・スロヴィックはテネリフェの会議で天文学者たちに言った。「特定でき、確実で、差し迫っていて、恐ろしい脅威がなければ、小惑星に関する関心を起こさせるのは難しいだろう」。そして、当然のことながら、特定でき、確実で、差し迫っていて、恐ろしい脅威があるときには、おそらく何をやっても手遅れだろう。

それでもなお、この問題は重要だろうか？　ほぼ確実に、私たちが生きているあいだあるいは私たちの子供が生きているあいだに、地球は大きな小惑星に衝突されないだろう。天文学者の助言を取り入れず、惑星保険に入らなければ、全員が数ドルずつ節約することになり、ほぼ確実に後悔することはないだろう。しかし、なお、衝突は起こりうる。そして、四億ドルの保険費用は、ほかのリスクに対処するのに使っている額に比べれば非常に控えめなものである。このため、米国控訴裁判所の判事であり現実に即した経済分析で知られる著名な知識人であるリチャード・ポズナーは、天文学者は資金を獲得すべきだと考えている。「大惨事が起こりそうにもないという事実は、起きるリスクを無視することを合理的に正当化するものではない」

もっとも、ポズナーにこの言葉を書かせた大惨事は小惑星の衝突ではなかった。それは二〇〇四年のインド洋の津波だった。有史以来この地域でこのような出来事が起きたことはなく、実際に起きる前であれば、我々の生きているあいだあるいは我々の子供が生きているあいだに起きることはほぼ確実にないと専門家も言っていただろう。しかし、コストがたいして大きなものではないのだから、津波警報システムがこの地域に作られるべきだとも言っただろう（事実、いくつかの報告書で実際に述べられていた）。専門家は無視され、二三万人が亡くなった。

この災害が起きたのは、小惑星に関するカナリア諸島の会議が終わった三週間後だった。インドネシアからタイ、ソマリアまでの海岸線を波が洗い流した数時間後、この会議に出席していたロシアの津波の専門家ズラヴァ・グシアコフは、感情のこもった電子メールを同僚に送った。「我々は、低頻度大規模災害という言葉を繰り返し口にしていた。それがたった今起きた」

第5章　数に関する話

日本の娼婦がシリコンと豊胸を結びつけた最初の女性である。それは一九五〇年代のことで、在日米国軍人が母国でなじみのある胸を好んだため、娼婦がシリコンや流動パラフィンを胸に注射したのだった。

一九六〇年代初頭に、シリコン豊胸材が製造されるようになった。一九七六年に、米国食品医薬品局（FDA）に医療器具に関する権限が与えられた。これは、FDAが、販売の許可を得るために器具が安全である証拠を提出するように製造業者に要求できることを意味した。豊胸材は医療器具と見なされたが、これまで長年のあいだ苦情なしに販売され使われてきたため、FDAは何も調べずに、継続して販売することを認めた。それは合理的な行為だと思われた。

問題を最初に示唆したのは日本の医学雑誌だった。何人かの日本人女性が結合組織の病気（関節リウマチや繊維筋痛症、エリテマトーデスなど）と診断された。この女性たちは何年か前にシリコンを注射してもおり、医者は二つの事実のつながりを疑った。一九八二年のオーストラリアの報告では、シリコン豊胸材と結合組織の病気を併せ持つ三人の女性について述べられている。これが何を意味するのかは明らかでなかった。豊胸材が、漏れ出したり、破裂したりすることはよく知られているが、シリコンが体に染み込んで結合組織の病気が起きるだろうか？　起きていると確信しているという人もいた。オーストラリアの報告と同じ年、サンフランシスコの女性が豊胸材製造業者を告訴し、病気を引き起こしたことに対して何百万ドルも要求した。メディアはこの二つの話を広く報道し、これまで以上の数の女性と医者が関心をもつようになった。さらに多くの症例が医学文献に登場した。豊胸材と関係する病気の数が増えた。メディアで取り上げられる話の数も増えた。不安が広がった。

一九九〇年にCBSのコニー・チャンのインタビュー番組で、女性たちが涙ながらに痛みと苦しみ、喪失感の話を語った。女性たちはシリコン豊胸材を非難した。チャンは同意した。最初に豊胸材を経験し、次に病気になった。ほかに何を言う必要があるだろうか？　多くの人が見たその放送の語り口調は、怒りと非難に満ちたものであり、非難の大部分はFDAに集中していた。

この放送が堰を切った。豊胸材と病気を結びつける話が「毒入りの胸」や「秒読み中の時限爆弾」のような見出しとともに、メディアにあふれた。議会の公聴会が開かれた。ラルフ・ネーダーのパブリック・シチズンを含む擁護グループは豊胸材を第一標的にした。フェミニストは、豊胸をベストセラー作家ナオミ・ウルフの言葉の中にある「性的損傷」と見なし、現代社会の間違っているものすべての象徴として豊胸材を攻撃した。

強い圧力を受けて、ＦＤＡは、一九九二年初頭、豊胸材が安全である証拠を九〇日以内に提出するように製造業者に命じた。製造業者は提出可能な資料を寄せ集めて取り繕ったが、ＦＤＡは不十分だと感じていた。そうこうしているあいだに、サンフランシスコの陪審員が、ダウ・コーニングが製造した豊胸材によって混合性結合組織病になったと訴えていた女性に七三四万ドルの賠償金を認めた。

ＦＤＡは一九九二年四月にシリコン豊胸材の使用を禁止した。ただし、ＦＤＡは次のように強調した。豊胸材が禁止されたのは、安全性がまだ証明される必要があり、製造業者に証明を求めている最中であるからであって、安全でないと証明されたからではない。豊胸材を入れているおよそ一〇〇万人の米国女性は心配してはいけないと、ＦＤＡ長官は主張した。しかし、女性たちは心配した。前述の勝訴を収めた訴訟とともに、ＦＤＡの禁止は豊胸材が危険である証拠と見なされた。メディアは苦しみ、怒っている女性の話であふれ、「最初は少数だった訴訟が大量に出現した」と、マーシャ・エンジェルは書いた。彼女は、当時『ニューイングランド・ジャーナル・オブ・メディシン』誌の編集者であり、この危機的状況に関する最も優れた本『裁かれた豊胸材――全米を吹き荒れたＰＬ訴訟の実態』[1]の著者である。

一九九四年、製造業者は史上最高の金額で集団訴訟の和解に応じた。四二億五〇〇〇万ドルの基金が設けられ、そのうち一〇億ドルは弁護士の費用だった。豊胸材訴訟は一つの産業と言えるほどのものになっていた。取り決めの一部として、女性は豊胸材を入れていて、それによって引き起こされると言われている多数の病気の一つにかかっていることを示す医療記録を提出する必要があった。しかし、その病気が実際に豊胸材によって引き起こされたという証拠は、自分の症例についても女性一般についても示す必要はなかった。「原告側弁護士は、原告である依頼人を、診療の大部分が依頼人のような患者で成り立っている臨床医の所へ行かせることがあり、診療費は原告側弁護士によって支払われた」と、エンジェルは書いている。「豊胸材を入れている全女性の半分近くが和解の手続きをし、そのうちの半分が現在、豊胸材と関係がある病気を患っていると主張した」。巨大な和解基金でさえもこれは賄いきれなかった。ダウ・コーニングは破産を申請し、和解は破綻した。

シリコン豊胸材の変容は完了した。かつては、シリコン製のコンタクトレンズと同程度に無害な物と考えられていたのに、いまや豊胸材は致命的な脅威だった。この時期にポール・スロヴィックが実施した調査では、ほとんどの人が豊胸材を「大きなリスク」と評価した。豊胸材より危険だと考えられたのはタバコだけだった。

それでいて、この時点では、シリコン豊胸材が、結合組織の病気あるいはほかのどんな病気であれ、病気を実際に起こすという科学的証拠はまだなかった。一九九四年になっても、たった一回の疫学調査すら存在しなかった。「私たちが法廷とメディアの多くで目にしたものは、逸話と推測に基づいた判断だった」と、エンジェルは書いている。

この劇的な一連の出来事は、当然、多くの事柄によって推し進められたが、最も決定的だったのは、シリコンの化学や胸部の生物学、活動家の粘り強さ、弁護士の強欲さ、企業の無神経さ、メディアの無責任な扇情主義ではない。そうではなく、最も根本的な要因は、人間が話を扱うのは得意だが、数字を扱うのは不得意だという単純な事実だった。

ジャーナリストは全員、世間が数字と話に非常に異なる反応を示すことを知っている。何かの事件で多くの人が命を落としたと述べている記事は、少しのあいだ、読者の関心を得られるかもしれないが、関心を維持するにはさらに何か要る。「今日、ペルー・アンデスでバスが横転し三五人が死亡した」とか「バングラデシュの洪水続く——救援グループは何千人も死亡したと考えている」のような報道を想像して欲しい。こういった報道によって、飲もうとして口の所に持っていったコーヒーカップの動きが止まることはめったにない。こういった報道は中身がなく意味がない。たいてい遠く離れた場所の人たちのことであるという事実が関心の欠如に寄与しているのかもしれないが、もっと重要なのはその中身である。つまり、こういった報道は事実と数字からできている。映像的な表現（そのバスは山道を転がり落ちた）あるいは生々しいイメージ（洪水の中で、生存者は残骸にしがみつき、そばには死体が浮かんでいる）をつけ加えれば、読者や視聴者をずっと引きつけるだろう。

しかし、そうやってできたつながりも長くは続かないだろう。本当に世間の関心をつかむためには、世間を考えさせ感じさせるには、話を個人的なものにしなくてはならない。私はかつてメキシコのホテルの一室に座ってCNNのニュースをぼんやりと見ていた。インドネシアの首都における激しい洪水——多数の死者が出て何十万という人が家を失った——に関するものだった。テレビのチャンネルを変えると、スペイン語の番組をやっている画面の下の方に次の緊急速報が目に入った。「アンナ・ニコル・スミス　ムエレ」。ほんの数語のスペイン語を知っているだけだが、ムエレはその中の一つだった。私は驚いた。「アンナ・ニコル・スミスが死んだ」とバスルームの中の妻に叫んだ。言うまでもなく、インドネシアの洪水のことは知らせなかった。どのような理性的な尺度を用いたとしても、インドネシアの洪水の話は二流の名士の早すぎる死よりずっと重要である。しかし、アンナ・ニコル・スミスは顔を知っている人物であり、インドネシアの死者は統計だった。そして、顔を知っている人物の死は、統計上の抽象概念にはできないやり方で人の心を動かすことができる。それがまさしく人間の本性である。

ほぼ三〇〇〇人が二〇〇一年九月のよく晴れたあの朝に死亡した。しかし、その統計値によって何を感じるというのか？　その数が大きなことは確かだ。しかし、面白みのない空虚な数に過ぎない。数それ自体では、ほとんどあるいはまったく何も感じない。数にできるのは、せいぜい、あの日のイメージ——爆発、倒壊する高層ビル、紙切れと灰が舞い散る中を、足を引きずって歩く生存者——を思い出させることぐらいである。そうしたイメージは数字に欠落している感情に満ちている。なおいっそう強力なのは個人のイメージである。たとえば、死に向かって真っ逆さまに落ちていく男性の衝撃的な写真やブリーフケースを下げてうつろな目をして立ち去るビジネスマンなどである。

それから、個人にまつわる話がある。たとえば、ダイアナ・オコナーは三七歳。ブルックリンで一六人兄弟の上から一五番目として育ち、三つの仕事に就いて稼いだお金で大学を卒業し、成功への強い思いによって世界貿易センターの上層階にある重役室に納まった。ダイアナ・オコナーはあの日に亡くなった何千人のうちの一人に過ぎないかもしれないが、彼女の物語は一人の人間を想像させるように語られ、「ほぼ三〇〇〇人が死亡した」という語句が決してできないやり方で心を動かす。統計が示すのは「涙の乾いた人」だと言われてきたのには訳があるのである。(2)

個人にまつわる話の持つ力に注目すれば、新聞やテレビの特集報道の多くの標準的な形式が理解できる。感動的な話がある人物を紹介し、その話を手持ちのもっと大きな問題に結びつけ、その問題を統計と分析結果を用いて議論し、感動的な話がある人物に戻って終わる。これはいわば飲みやすくした糖衣錠であり、うまくいけばジャーナリズムとして最高の出来となる。感情に訴えて読者を繋ぎとめる一方で、問題を真に理解するのに必要な知的材料も提供する。しかし、誰かの感動的な話を伝え、中間の内容を飛ばす方がずっと簡単である。しかも、嬉しいことに――つまり、怠惰なジャーナリストにとって嬉しいことに――分析を省いた感動的な話は、優れた分析つきの感動的な話とまったく同じように読者や視聴者の関心をつかんで離さないだろう。

人は人に関する話が好きである。話すのが好きだし、聞くのも好きである。それは普遍的な人間の特質である。そして、このことが進化心理学者に示唆するのは、話をするという性質——話すと聞くの両方——が実際に人類に組み込まれているということである。

これが本当であるためには、話をすることに進化上有利な点がなければならない。そして、有利な点は存在する。一つには、話をすることは情報交換の優れた手段であり、お互いの経験から利益を得ることができる。そして、話をするということは強く社会と結びついている。リバプール大学のロビン・ダンバーが述べるところでは、チンパンジーは話をしないが、毎日一日の約二〇パーセントを費やしてお互いの毛からダニを摘み取っている。清潔さにこだわっているわけではない。社会性を保とうとしているのである。グルーミングは、チンパンジーやほかの社会性を持つ霊長類が個体同士のつながりを形成し維持するために行なうことである。チンパンジーと同様に、人間は社会性を持つ霊長類である。しかし、狩猟採集民である私たちの祖先は、チンパンジーより大きな集団で暮らしていたので、チンパンジーと同等のつながりを保とうとすれば生活時間の五〇パーセントも費やしてダニを摘み取らなくてはならなかっただろう。一方、話すことは同時に多くの人とできることである。別のことをしながらでさえ話すことができる。このためおしゃべりはダニ取りの代わりとして理想的である。ダンバーによれば、現代人の日常会話には知識を伝えるためのものがほとんどないことが明らかになっている。大部分は個人的な世間話である。人は人に関する話をしているのである。

話すことは有効なリハーサルでもある。「人生を生きていくということが、住むのに適さないことの多い自然環境に対処することであり、友好的な者もいればそうでない者もいる同じ人類の仲間とうまくやっていくことだとすれば、次に控えている困難な課題に備えるため想像上で心を働かせることによって幅広い利益が得られるだろう」と、哲学者のデニス・ダットンが書いている。「この考え方に基づけば、話をすることは、行動の行き着く先を想像するための、比較的コストのかからない様々な人生の実験を行なう手段である。話は自然界の困難な課題にも対処できるが、アリストテレスも知っていたように、たいていの話は人間関係の領域のものである」。シェイクスピアは、心理学について心理学者と同じくらいたくさん語れていたはずだ。それだからこそ私たちは彼の芝居に反応するのだろう。イアーゴーがオセロの耳元で囁き、オセロのデズデモーナへの愛が憎しみに変わり、憎しみが殺人に変わるとき、私たちは感じる。そうだ、こういうことは、起きる。嫉妬や不信で起きる。これは本当のことだ。

しかし、ときどき、話は真実でない、あるいは、少なくとも真実への不完全な案内役である。シリコン豊胸材の禁止をもたらした話は非常に個人的で痛ましいものだった。そして、非常に数が多かった。豊胸材が病気を引き起こすことは明らかに真実だと思われた。真実だと感じられた。「腹」がそう言った。「豊胸材を入れていてひどい痛みを訴える女性が何千人もいる」と、一九九五年にコキー・ロバーツがABCニュースの『ナイトライン』で報告している。「彼女たちが全員間違っていることなどありうるだろうか？」

その答は、そういうこともありうるである。豊胸材が禁止された時点で、米国にはおよそ一億人の成人女性がいた。そのうち、約一パーセントが豊胸材を入れていて、一パーセントが結合組織の病気にかかっていた。したがって、「偶然の一致だけでも一万人が両方にあてはまると予想できる」と、マーシャ・エンジェルは述べている。シリコン豊胸材を入れていて結合組織の病気を患っている女性の悲劇的な話は、豊胸材が病気を引き起こすことを証明しなかったし、できなかった。必要なのは疫学的研究だった。豊胸材を入れている女性が病気にかかっている率が、入れていない女性より高いかどうかを決める研究である。高くても、豊胸材が病気を引き起こすことを決定的に証明することにはならない。両者を結びつける第三の要因が存在する可能性があるからである。しかし、疑いを抱き、さらに調査を進めるための根拠にはなるだろう。ところが、疫学的研究はまったく行なわれなかった。科学者は、禁止がこの時点で行なわれることに繰り返し反対した。その点はFDAも同じだった。FDAは、疫学者の意見を待つあいだ豊胸材を禁止しているだけだと終始主張した。リスクは証明されていないとFDAは力説した。証拠がまったくないのだと。このことは活動家のグループを憤慨させ、彼らのスローガンは「我々が証拠だ！」になった。誰も彼らの誠実さを疑うことはできないが、情熱と痛みは理性の代わりにはならないし、理性は証拠がないと言っていた。

逸話はデータではない。これは科学者が好む表現である。逸話はシェイクスピア風の輝きを見せるかもしれない。また、科学的調査を必要とすることを気づかせてくれるかもしれない。広まり続けた、豊胸材が病気を引き起こすという話は、間違いなく関心や精力的な研究の根拠になった。しかし、逸話は何も証明しない。データ——適切な方法で集められ分析されたデータ——だけが証明できる。[3]

　このことはいつの時代にも当てはまってきたが、科学と技術の進展により、いっそう重要になっている。現在、私たちは、ミクロンや光年の単位で測定し、ｐｐｂの単位で検出する。情報と数字は増えつつある。この拡大を続ける情報を真に理解するためには、話をすることよりずっと多くのことをしなくてはならない。

　不幸なことに、向上していないのが「腹」の数を扱う能力である。焚き火と火打ち石製の槍の世界で形作られたため、私たちの直感は、話の扱いに長けているのと同じくらい数の扱いが生まれつきひどく下手である。コレージュ・ド・フランスの神経科学者であるスタニスラス・デハーネは、イルカからラットまでの多様な動物が、数について非常に基礎的な理解を示すと述べている。それらの動物は、二と四の違いを簡単に伝えることができるし「初歩的な足し算と引き算をする能力がある」。しかし、数が増えると、動物の能力は急速に落ちる。六や七くらいの小さな数でさえ、理解して用いるには一や二より多くの時間と努力を要する。

　人間が生まれつき持つ数の能力が、ラットやイルカのものと比べてそれほど優れているわけではないことが判明している。「たとえば、二十三より四十五の計算が遅いように、系統立って計算が遅くなる」と、デハーネは書いている。そして、動物が七と八のような近い大きさを識別するのに思考速度を落として考える必要があるのとちょうど同じように「九が八より大きいと判断するのに、九と二で同じ判断をするのに比べて長い時間がかかる」。もちろん、人間はこの段階を乗り越える能力も持っているが、学校で九九の表を覚えるのにどの子も苦闘することを考えると、私たちの持って生まれた数の理解に限界があるのだと思わされる。「かなり悲しいことだが、計算に弱いというのが人間の通常の状態らしく、計算に強くなるには相当な努力を必要とする」と、デハーネは書いている。

どのくらい多くの人がその努力をするのかは定かでない。カナダの世論調査会社が一〇億の中に一〇〇万はいくつあるかと調査対象者にかつて尋ねたことがある。五四パーセントがわからなかった。すると、この問題がわからない人は、飲料水中の砒素濃度が三ppb（一〇億分の三）だと言われたらどう反応するのだろう？　多少の知識のある素人でも、この砒素濃度の情報を理解するためにはもっと情報を集めてよく考えなくてはならないだろう。一〇億がどういうことかわからない人は、答を求めて「腹」に目をやることくらいしかできない。しかし、「腹」は一〇億がどういうことかの手がかりを持っていない。わかっているのは、砒素は「悪いもの」ということだ。だから、パニックボタンを押さなくてはならない。

しかし、祖先の環境から受けた影響は計算に弱いことだけに限らない。物理学者ハーバート・ヨークは、かつて、弾道ミサイルのアトラスの核弾頭を一メガトンになるように設計した理由が、一メガトンがとりわけ端数のない数であることだと説明した。「こうして、アトラスの最初の弾頭の実際の大きさと殺傷人数は、人間には一人につき二本の腕と五つの指があるため一〇刻みで数えるという事実によって決定された」

計算能力によって、数が人の心を動かす力を持つこともない。慈善団体がずっと前に気づいたことがある。それは、一人の顔の見える人物を助けるために訴える方が、困窮する多数の人に言及するよりずっと説得力があるということである。「大衆を見ても、決して私は行動を起こさないだろう」と、マザー・テレサは書いている。「一人を見れば、私は行動を起こすだろう」。数の無力さは、死に対する反応によって強調される。一人の死が悲惨なものであるならば、一〇〇〇人の死は一〇〇〇倍悲惨であるはずだが、感情はそういう具合には働かない。一九八〇年代初めの数年間、犠牲者の数は着実に増えていたにもかかわらず、エイズに関する報道はまばらだった。その状況は一九八五年の七月に変わった。このとき、米国で発表されるエイズに関する新聞記事の数は、五〇〇パーセントに急増した。すべてを変えた出来事は、エイズであることをロック・ハドソンが公表したことだった。馴染みのある彼の顔はどんな統計値もできないことをやってのけた。「一人の人間の死は悲劇だが、何百万人の死は統計値だ」と、死の専門家ヨシフ・スターリンは言った。

数は、一人の苦しんでいる人物がもたらした感情を妨げることさえするかもしれない。ポール・スロヴィックとデボラ・スモール、ジョージ・ローエンスタインは、アフリカ救済のための寄付を求める実験に着手した。一つ目の呼びかけでは、アフリカの危機を概観するため統計を用い、二つ目の呼びかけでは七歳の女の子のプロフィールを紹介し、三つ目の呼びかけではプロフィールと統計の両方を提供した。意外なことではないが、プロフィールは、統計だけよりずっと多くの寄付をもたらした。しかし、プロフィールと統計の組み合わせの寄付金額と比べても良い成績だった。まるで、小さな女の子のプロフィールがもたらした、共感を伴った助けたいという衝動を何らかの方法で数が妨害したかのようである。(4)

もちろん、大きな数は強い印象を与えることができる。そのため活動家や政治家は大きな数を用いることに非常に熱心である。しかし、大きな数は大きさだけで強い印象を与えるのであり、人間と結びついて強い印象を与えるのではない。三万人の人で埋まったスタジアムの中央に立っているところを想像して欲しい。印象的か？　確かに。すごい数の人だ。次に、九万人で同じ状況を想像して欲しい。やはり、印象的だが、三倍印象的ということはない。感情がその大きさに対応していないからである。最初の数は大きく、二番目の数も大きい。「腹」ができるのはせいぜいその程度である。

私たちが大きな数を感じられないことは多くの実験で確認されているが、このことは奇妙な副作用をもたらす。比率が、単なる数より思考に強い影響を与え得るということである。ポール・スロヴィックは空港の安全装備の購入をどの程度支持するかを〇から二〇までの段階で示すように学生のグループに尋ねる実験をした。すると、装備によって一五〇人の命の九八パーセントが助かると期待できると言われたときの方が、一五〇人の命が助かると言われたときよりずっと強い支持を得られた。「一五〇人の命の八五パーセント」が助かるでさえ、一五〇人の命が助かるより大きな支持を得た。その理由は、一五〇という数に対して感情が欠落していることにある。一五〇という数は、人の命を表わしているから漠然と良いものである。しかし、抽象概念である。私たちは一五〇人の命を思い描くことはできない。だから、一五〇人の命を感じない。しかし、比率を感じることができる。九八パーセントはほとんどすべてである。溢れる寸前まで水の入ったコップである。したがって、一五〇人の命の九八パーセントが助かる方が、一五〇人の命が助かるより説得力があると思う。

ダニエル・カーネマンとエイモス・トヴェルスキーは有名な「リンダ」実験の別バージョンで統計の無力さを強調した。最初に被験者は、ある男の性格や習慣を詳述してあるプロフィールを読むように求められた。次に、その男が七〇人の技術者と三〇人の弁護士で構成されるグループから選ばれたのだと伝えられた。そして、カーネマンとトヴェルスキーは、わかっていることから考えたとき、この男が弁護士か技術者のどちらである可能性が高いかと尋ねた。カーネマンとトヴェルスキーは多くの類似した実験を行なったが、どの実験においても、統計（七〇人の技術者と三〇人の弁護士）はプロフィールより重要視されなかった。

統計的概念は数よりさらに影響力が弱そうだ。カーネマンはかつて、イスラエルの飛行指導員が個人的体験に基づき、批判は成績を上げ、賞賛は成績を下げると結論を下していることを見出した。どのようにしてこのおかしな結論にたどり着いたのだろう？　訓練生が特に良い着地をしたとき、彼は賞賛した。すると、次の着地はたいてい前ほど良くなかった。しかし、訓練生が特に悪い着地をしたときに批判すると、次の着地は良くなった。そういう訳で、批判は役に立つが賞賛は役に立たないと結論を下したのだ。理解力に優れ、教育も受けているこの男性が考慮していなかったことは「平均への回帰」であると、カーネマンは述べている。つまり、通常でない結果が生じると、その次は統計上の平均により近い結果になりやすいということである。したがって、特に良い着地の次は前ほど良くない着地になりやすく、特に悪い着地は次には改善されることになりやすい。批判と賞賛はこの変化と無関係である。これはまさに数の問題である。しかし、私たちは平均への回帰に関する直感を持ち合わせていないので、この種の間違いに気づくには大変な精神的努力を要する。

同じことがサンプルの偏りという統計的概念についても当てはまる。たとえば、大統領がしている仕事について米国人がどう思っているかを知りたいとしよう。それは十分簡単なはずだ。誰か米国人に尋ねるだけでいい。しかし、どの米国人に尋ねるかが重要である。共和党の集会に行き、帰り際に尋ねるとしたら（大統領が共和党員であろうと民主党員であろうと）サンプルが偏ることになるのはかなり明白であり、「米国人」がどう思っているかについて誤解を招く結論が出るだろう。同じことは、テキサス州民や米国聖公会の会員、ヨガの指導員だけを調査した場合にも言えるだろう。それぞれの場合の偏りは異なるだろうし、偏りがどのように調査結果の数字を歪曲しているかがはっきりしないこともあるだろう。しかし、関心の対象となっている集団（今の場合、全米国人）から不適切な方法でサンプルが抽出されると、得られる結果は、歪曲されて、信頼できないものとなるだろう。世論調査員は、通常、この弊害を避けるため、意見を求める集団全体からランダムに電話番号を選ぶ。こうすることによって、理屈にかなったサンプルが得られ、意味のある結果が出る（調査に回答するのを断る人の割合が増えていることによってサンプルが偏るかどうかというのは別問題である)。

シリコン豊胸材がもたらした社会不安において、メディアが実際に行なったことは非常に偏ったサンプルを提示することだった。苦痛を豊胸材のせいにする病気の女性のプロフィールを紹介する記事が次々と現われた。最終的に、プロフィールを紹介された女性の数は何百人に上った。ジャーナリストは、何千人に及ぶさらに多くの女性を代表する団体の見解も報道した。これらの報道が合わさって、非常に強い印象を与えた。報道された数は大きなものであり、豊胸材を入れて病気になったという話はどれも怖いものだった。何か問題があると思わずにいられないだろう。しかし、このすべての報道活動は欠陥を抱えていた。と言うのも、豊胸材を入れている健康な女性は、圧力団体に参加したり、記者に電話したりするさしたる理由がなく、「病気になっていない女性」では良い見出しにならないため、記者はそういった女性を見つけて紹介する努力をほとんどしなかったからである。したがって、豊胸材に関する報道が膨大な量あるにもかかわらず、その報道は、共和党の集会で得られた世論調査結果が全米国人の意見を反映する程度にしか、豊胸材を入れているすべての女性を反映していなかった。

偏ったサンプルに気づかないという事態は、さらに基本的な欠落、すなわち、ランダムさという概念に対する直感を持ち合わせていないということによって生じる。

典型的なランダム配置になるように一枚の紙に五〇の点を書くように頼むと、五〇の点を均一に散りばめることになりがちである。つまり、縦や横の列をあまり作らないようにするが、紙面全体でバランスが取れているように見える程度には均一に散りばめるだろう。一、二、三、四、五、六と一〇、一三、一九、二五、三〇、三二という二つの数の集合を見せると、宝くじでは二番目の集合が出やすいと言われるだろう。コイントスをさせて、表が五回続けて出たとしたら、次のトスでは表より裏が出やすいと強く感じるだろう。

これらの判断はすべて間違っている。すべてランダムさの性質を理解しない直感に基づいているせいである。コイントスは、ルーレットの回転盤を回転させたり、スロットマシンのレバーを倒したりするのがランダムであるように、ランダムである。だから、どのコイントスでも表あるいは裏の出る確率は等しい。同じことが連続すると異なる結果がその次に出る確率が増えるという考えは、賭博者の錯誤と呼ばれる誤りである。宝くじの場合では、個々の数字はランダムに選ばれるため、一、二、三、四、五、六のように規則的に見える結果も、ほかのどんな結果とも同程度に出やすい。そして、紙の上にランダムに配置された五〇の点が均一に散らばっているというのは、途方もなくありそうにないことである。代わりに、点の密集した部分が何ヶ所かでき、紙のほかの部分には点がないということになるだろう。

ランダムさに関する誤解が執拗であることがある。エイモス・トヴェルスキーとトーマス・ギロヴィッチ、ロベルト・ヴァローネがバスケットボールの「ホット・ハンド」を分析したのは有名な話である。「ホット・ハンド」とは、二本か三本か四本シュートを決めたばかりの選手は「ホット・ハンド」になっているため、外したばかりのときに比べて、次のシュートを決めることになりやすいという考えである。彼らは、厳密な統計的分析を用いて「ホット・ハンド」が神話であることを証明した。しかし、骨を折ったにもかかわらず、米国中のバスケットボールのコーチとファンによって馬鹿にされた。

ランダムさについての直感に欠陥があるといっても、たいていは「ホット・ハンド」を信じたり、一七年間宝くじに賭けてきたのにまだ出ていないから、もういつ出てもおかしくないと言って、ベティーおばさんが来週もこの数字に賭けなくてはならないと言い張ったりするくらいである。しかし、ときどき、深刻な結果になることがある。

洪水に対して世間がしばしば非理性的な反応を示す理由(なぜ洪水で流されたばかりの場所に建物を建て直すのかということに対する理由)の一つは、ランダムさを理解していないことである。多くの洪水は、実質的にはランダムな出来事である。今年の洪水は、来年洪水が起きるかどうかについて何も語らない。しかし、それは「腹」が感じることではない。今年の洪水は、来年の洪水が起きにくいことを意味する。そして、専門家が今年の洪水は「世紀の洪水」つまり、一〇〇年に一回起きると予想されるほど大きかったと言うとき、「腹」は、同じ大きさの新たな洪水は何十年も起きないことを意味しているのだと受け取る。「世紀の洪水」が三年連続して起きうるという事実は、直感ではまるで意味を成さない。「頭」は少し努力すれば理解できるが、「腹」には理解できない。

殺人は明らかにランダムでない出来事だが、(いくつかの都市で気候の季節変化がもたらす影響がいくらかあることを考慮しなければ)何百万人も抱える都市においてはカレンダー上の殺人の分布は事実上ランダムになる。そして、ランダムであれば、集中箇所――平均よりずっと多くの殺人が起きる期間――が生じる。統計学者はこれをフランスの数学者シメオン・ドニ・ポアソンにちなんでポアソン・クランピングと呼ぶ。ポアソンは、純粋に偶然の結果として予想される集中と何か別のことによって引き起こされる集中を区別する計算法を編み出した。『運は数学にまかせなさい――確率・統計に学ぶ処世術(5)』という著書の中で、トロント大学の数学者ジェフリー・ローゼンタールは、トロントで一週間に五件の殺人が起きたことによって、犯罪が手に負えなくなりつつあるといっせいに多くの記事が書かれ、多くの会話が交わされた様を詳述している。トロントの警察署長は、犯罪を防ぐには司法制度が手ぬるすぎることをこの状況が証明しているとまで言った。しかし、ローゼンタールの計算によると、トロントでは週に平均一・五件の殺人があり、「まったくの偶然によって週に五件殺人がある確率は一・四パーセントである。したがって、七一週に一度、週に五件殺人があると予想するべきだ。つまり、ほぼ一年に一度である!」。同じ計算によると、まったくの偶然によって一週間殺人がない確率は二二パーセントとなり、実際トロントでは殺人のない週がよくあるとローゼンタールは述べている。「しかし、いまだに『今週は殺人なし!』と叫ぶ新聞の見出しを見たことはない」

癌の集中発生も、ランダムさを理解できないことによるところが大きい、人を不安にさせる現象である。毎年、先進国の公衆衛生当局は、自分の町で白血病が八件あるいは脳腫瘍が五件発症しているのは、単なる偶然の結果であるはずがないと確信している住民からの電話に対応している。そして、住民は必ず真の原因を知っている。農場の殺虫剤や地元の原子力発電所から漏れた放射能、近くにある廃棄物処分場から染み出た毒物である。ほとんどの場合、脅威と思い込んでいるものを癌に結びつける実際の証拠は何もない。ほとんどの人の心の中では、何か疑わしいものの近くで癌の発生率が高い疑いがあるという事実だけで、十分な証拠なのである。

こういったパニックの大多数において、当局は計算を行ない、病気の発生率がほぼ間違いなく偶然のみによる結果であるとわかる。説明がついて決着する。しかし、ときどき（たいていは役人の説明を信用しない住民が心配をメディアに持ち込み、政治家がかかわってくるとき）全面的な調査が開始される。たいていいつも、何も発見されない。住民と活動家は、こうした結果さえ拒絶することが知られているが、彼らの疑心は、癌についてよりも「腹」に基づく判断の影響力についてずっとよく表わしている。

「腹」の弱点を誇張したいとは思わない。人工衛星とマイクロチップの現代世界でさえ、直感はまだ多くのことを正しく把握する。科学と統計に限界があることを覚えておくことも重要である。たとえば、科学と統計は不確かさを完全に取り除くことはない。統計によって、見かけ上の癌の集中発生が、偶然の産物で*ありうる*ことはわかるかもしれないが、偶然の産物で*ある*ことはわからない。そして、最も綿密な疫学的研究でさえ、農家の殺虫剤が癌を引き起こしているかどうかを完全に*証明する*ことはできない。提示できるだけである。提示は、控えめなときもあれば、強い調子のときもあるが、常にある程度の不確かさを伴う。あらゆる種類の科学調査において、確実な事実と説得力のある説明はゆっくりと積み上げられ、多大な努力を伴って初めて可能である。ポール・スロヴィックは次のように述べている。「科学が把握する前であっても『腹』が正しく把握することもあれば、調査を必要としている問題に『腹』の直感が科学を振り向かせることもある。科学者の最良の解答はしばしば多くの不確かさを含んでいる。そのような場合、利益がさほど大きくなく、リスクが怖いものであれば、『腹』に従うのが最良かもしれない」。少なくとも科学によってより多くのことがわかるまではそう言えるだろう。

少しの努力で「腹」の弱点の影響をずっと受けにくくできるという証拠があることを知ると元気づけられる。スロヴィックのディシジョン・リサーチの同僚エレン・ピーターズが率いる心理学者のチームは一連の四つの研究を行ない、「腹」が犯しやすい誤りに計算能力が影響を及ぼすかどうかを調べた。計算能力は、大きく影響した。いくつかのよく知られた実験（この本で前に触れたものを含む）が再度実施されたが、今回は、数と数学にどのくらい熟達しているかを調べるためのテストも行なわれた。結果ははっきりしていた。計算能力が高ければ高いほど「腹」の誤りに引っかかることになりにくかった。計算能力の高い人の「頭」は介入して「腹」を修正することに優れているからなのか、あるいは、計算能力がゴルフのように意識によって習得され、練習を積み重ねることによって、無意識に移行する能力であるからなのかは明らかでない。しかし、いずれの場合でも、計算能力は役に立つ。

それに比べて、気が滅入るのは、ピーターズ女史が被験者の計算能力をテストしたときに見出したことである。わずか七四パーセントしか次の質問に正しく答えることができなかった。「人物Aが一〇年のあいだに病気になる確率が一〇〇分の一であり、人物Bの確率が人物Aの確率の倍だとすると、人物Bの確率はいくつになりますか？」。また次の質問の意味を正しく理解したのは六一パーセントだった。「細工の施されていない、六面のさいころを一〇〇〇回転がすところを想像してください。一〇〇〇回転がすと、何回偶数（二、四、六）が出ると思いますか？」。そして、たったの四六パーセントしか次の質問に正解できなかった。「アクメ出版抽選会で、車が当たる確率は一〇〇〇分の一です。アクメ出版抽選会のくじの何パーセントで車が当たりますか？」。ピーターズの被験者は大学生だった。大学教育を受けたエリートでさえ、リスクを定義する数をこのように貧弱にしか把握していないとき、その国は非常に誤った形でリスクを把握する危険に曝されている。

豊胸材パニックが最高潮に達した一九九四年六月に、ついに科学が期待に応えた。『ニューイングランド・ジャーナル・オブ・メディシン』誌に発表されたメイヨー・クリニックの疫学調査によると、シリコン豊胸材と結合組織の病気に関係はなかった。続いてほかの研究も発表されたが、すべて同様の結果だった。最終的に、議会は全米アカデミーズの医学部門である医学院（IOM）に増大しつつある研究を概観するように依頼し、一九九九年にIOMが報告を出した。「豊胸材を入れている女性の一部は現実に重い病気にかかっており、IOMの委員会はそうした方々の苦しみに大いに同情する」と、結論が述べられている。「しかしながら、そういった女性が豊胸材のせいで病気になっているという証拠を見つけることはできなかった」

二〇〇四年六月、ダウ・コーニングは九年間の破産状態から抜け出し、再建計画の一部として、三六万件以上の賠償請求を清算するため二〇億ドルを超える基金を創設した。証拠の状況を考えれば、豊胸材を入れている女性は不当に儲けたように見えるかもしれない。たしかに、ダウ・コーニングにとっては不当なことだが、決して女性が儲けたわけではない。無数の女性が何年間も自分の体は汚染され、いまにも病気になったり死んだりするのではないかとひどく苦しめられてきたからである。この悲劇で成功を収めたのは弁護士だけである。

二〇〇六年一一月、FDAはシリコン豊胸材を解禁した。この器具は破裂し、痛みと炎症を引き起こす可能性があるが、膨大な証拠から、この器具が病気のリスクをもたらすことは示されていないとFDAは述べた。反豊胸材活動家は怒り狂った。彼らは、シリコン豊胸材が致死性のものであることを依然として確信しており、納得させることはできそうにない。

第6章　群れは危険を察知する

あなたは聡明で将来有望な若い専門家であり、陽光あふれるバークレーにあるカリフォルニア大学の性格評価研究所で実施される三日間の研究計画に参加する。研究者は、パーソナリティーとリーダーシップに関心があり、そのため、一〇〇人の素晴らしいあなたたちのような模範的な人たちを集め、どのように考えどのように行動するのかをじっくりと観察しようとしているのだと言う。

多くの質問、テスト、実験が次々と行なわれる。その中の一つの実験で、電気仕掛けのパネルがある間仕切りで仕切られたスペースで席に着くように求められる。ほかの四人の参加者は隣にあるまったく同じようなスペースで席に着くが、お互いの姿を見ることはできない。問題を示すスライドがパネルに映し出され、パネルについているスイッチを使って答えることができると言われる。それぞれのパネルはほかのパネルとつながっているため全員が互いの答を見ることができる。ただし、答について話し合うことはできない。答える順番は変わることになる。

問題は始めのうちかなり簡単である。二つの幾何学図形が現われ、どちらが大きいかを判断するように求められる。最初は、一番手として答えるように指示される。次に二番手として答えるように求められ、自分の答を出す前に一番手の反応を見ることができる。その次に三番手になる。この時点では熟慮を要することは何もないので、速く進む。

最終的に、グループの中で最後に答えることになる。五本の線が描かれたスライドが映し出される。どの線が一番長いか？　一番長いのは四番であることは明白だが、答える前に待たなくてはならない。一番手の答が画面に浮かび上がる。五番。これは変だ。注意深く線を眺めるが、明らかに四番が五番より長い。次に、二番手の答が現われる。五番。そして、三番手の答。五番。さらに、四番手。五番。

さあ、あなたが答える番だ。どうなるか？

みんなが間違っていることははっきりわかっている。四番のスイッチを押すことを躊躇《ちゅうちょ》すべきではない。それでも、そうしない可能性は十分ある。この実験が一九五三年の春にリチャード・クラッチフィールドたちによって行なわれたとき、五〇人のうち一五人が自分の見たことを無視して共通意見に従った。

クラッチフィールドの仕事は、同じ時期にソロモン・アッシュによって行なわれた実験の変形だった。有名な心理学実験の一つで、アッシュは、被験者をいくつかのグループに分けて着席させ、視覚認識をテストする問題だと言って問題に答えさせた。しかし、実際の被験者は一人だけだった。残り全員は、あとの方で明らかに間違った答を出すように指示されており、合計で間違った答を一二回出した。被験者の四分の三が少なくとも一度は自らの判断を放棄し、残り全員の意見に従った。全体的に見て、被験者は三回に一度は、明らかに間違っている共通意見に従った。

私たちは社会性動物であり他人の考えることに大きく影響される。集団の意見がすべてではない。大勢に抗することもできる。しかし、かかわっている人が見知らぬ人であるときでさえ、自分の素性を明かしていないときでさえ、意見の相違によって何も損しないときでさえ、私たちは集団と同じ意見を持ちたいと思う。

そして、上記の例は、答がすぐに明らかとなり、答が正しいことに議論の余地がない場合である。クラッチフィールドの実験には、もう少し曖昧な問題も含まれていた。その中には次のようなものがあった。被験者は「人生の試練と困難によって成長できると思う」という意見に同意するかどうか尋ねられた。ほかの人の答を聞かされなかった対照グループの被験者は、全員が同意した。しかし、自分以外の全員がこの意見に反対していると思った実験グループの被験者は、三一パーセントが同意しないと答えた。「自分が優れたリーダーになれるかどうか疑わしい」という意見に同意するかどうか尋ねられると、対照グループの被験者は全員この意見を受け入れなかった。しかし、実験グループのほかのメンバーがこの意見に同意していた場合には、被験者の三七パーセントは共通意見に従い、疑わしいと思っていることに同意した。

クラッチフィールドは正しい答のない問題も三つ考案した。その中には数が並んでいるものがあり、被験者は欠けている箇所を埋めて完成させるように求められたが、それは不可能だった。ランダムに並べられていたからである。この事例では、参加者の七九パーセントが最初から答を出そうとしないか、苦労してまで自分の答を出そうとしなかった。彼らは単純にグループのほかのメンバーが言ったことに従った。

同調に関するこうした研究は、人を羊として表現するためによく引用される。たしかに、正しいとはっきりわかっていることを差し置いて、間違っていることがわかっていることが述べられているのを目撃すると不安にさせられる。アッシュとクラッチフィールドが古典的な実験を行なった一九五〇年代初頭の物の見方に立てば、なおのことそう言える。ファシズムの恐怖は記憶に新しく、共産主義は目下の脅威だった。社会科学者は国がなぜ大衆運動に屈するのか知りたいと思っていた。こういった状況では、自分の目で見たことを否定させることがいかにたやすいかを目撃することは恐ろしいことだった。

しかし、進化の視点に立てば、同調しやすいということはそれほど不思議ではない。個人の生存はいっしょに働く集団に依存しており、同意したいという欲求を共有している方が、協働ははるかに成立しやすい。疑いを抱く者や異議を唱える者、傲慢で大勢に従わない者の集まりだとアフリカの平原で狩猟や採集をあまりうまくやれなかっただろう。

同調は、蓄えられた情報から利益を得る優れた方法でもある。一人の人間は自分の知っているいることだけを知っているが、三〇人の集団は三〇人の知識と経験を用いることができる。

だから、自分以外の全員が背の高い草むらにライオンがいると確信しているなら、自分の疑いは脇に置いておいて、別のルートを選んで野営地に帰るのが妥当である。もちろん、みんなの言っていることは間違っているかもしれない。一人の人物の不合理な意見や、質の悪いあるいは無関係な情報によって不当に影響を受けているかもしれない。それでもなお、ほかの事情が同じなら、群れに従うのが最善であることが多い。

状況は変わったのだと考えるのは魅力的だ。過去五世紀にわたる科学知識の爆発的増大により、判断を下すための新たな基盤がもたらされ、それは個人および集団の経験より明らかに優れている。そして、過去数十年におけるメディアの急成長によって、科学知識が誰にでも利用できるようになった。いまや私たちはすべて完全に独立した思考者になれる。

と言うよりむしろ、以下の『ニューイングランド・ジャーナル・オブ・メディシン』誌の文章が理解できるなら、完全に独立した思考者になれる。「複数の医療機関にまたがる無作為割付を用い、評価者がどの処置を割りつけられたかわからないようにしたうえで、好中球減少が長引いている患者のための予防処置として、ポサコナゾールの有効性と安全性をフルコナゾールあるいはイトラコナゾールと比較した」。次は、物理学の雑誌から取ったものである。「我々は、フェルミ面上の濃密三次元電子ガスの自己エネルギーに対する二次交換の寄与の六重積分表示を検討した」。さらに、細胞生物学の雑誌に次のような魅惑的な洞察が載っている。「微小管による捕捉の前に、姉妹動原体は互いに分かれて、凝縮しつつある染色体の相対する表面に来て静止する」

あきらかに、現代の完全に独立した思考者は、生物学と物理学、医学、化学、地質学、統計学に通じていなくてはならないようだ。莫大な量の自由な時間も必要となるだろう。たとえば、浜辺で体を焼くことが、どれくらいリスクがあるかを自分だけで決めたいと思った人は、何千もの関連する研究報告があることに気づくだろう。このたった一つの単純なリスクについて結論を引き出すために、何ヶ月も文献を読んで考えることになるだろう。したがって、独立した思考者が完全に独立した判断を下したいと本気で願うなら、判断の対象が日常生活で直面するリスクであっても、ただ単にニュースで耳にするリスクに過ぎないとしても、多数の大学の学位を取得し、仕事を辞めて、ほかにまったく何もしないで、実際に死んでしまうまで、ありとあらゆる死に方について文献を読まなくてはならないだろう。

ほとんどの人はそんなことはかなり非現実的だと思うだろう。たいていの人にとって、膨大に蓄えられた科学知識を利用する唯一の方法は、専門家の助言に頼ることである。専門家は、少なくとも一つの分野から情報を取り出してまとめ上げ、素人である聞き手に理解できるようにすることができる。自分と同じくらい少ししか知らない人から聞いて自分の意見とするよりは当然望ましいが、限界もある。一つには、専門家同士で意見が食い違うということがある。広く意見の一致が見られているときでさえ、なお異議を唱える者がいるだろう。そして、強い印象を与える統計や当惑を覚えさせられる科学の専門用語を用いて、自らの言い分を述べ立てる。

もう一つの解決策は媒介者に頼ることである。自らは専門家ではないが、科学が理解できると主張する者のことである。妊娠中絶は女性の健康を危険に曝すか？　この問題についての調査は山のようにある。多くが矛盾を含んでおり、すべてが込み入っている。しかし、妊娠中絶の禁止を望んでいる保守系の圧力団体フォーカス・オン・ザ・ファミリーのウェブサイトを見てみると、妊娠中絶が実際に女性の健康を危険に曝すことが非常に明瞭に証明されている。研究が引用され、統計が示され、科学者が引き合いに出されている。ところがそのあと、妊娠中絶合法化を強く支持している圧力団体、全米中絶権行動連盟（NARAL）のウェブサイトを見ると、妊娠中絶が女性の健康を危険に曝さないことが明白に示されている。

ところで、NARALあるいはフォーカス・オン・ザ・ファミリーをたまたま私が信用していたとすれば、その意見は十分優れたものだと判断するかもしれない。しかし、多くの人は別の見方をするはずだ。NARALとフォーカス・オン・ザ・ファミリーは政治上の行動計画を達成しようとする圧力団体であり、この分野の科学の公平な評価の提供をどちらにも期待すべきではないと考えるだろう。アニメ『ザ・シンプソンズ』の中で、ホーマー・シンプソンは、キャスターのケント・ブロックマンに対して賢明にも次のように述べた。「統計をひねり出せばどんなことだって証明できるよ、ケント。世の中の四〇パーセントの人がそのことを知っている」

こういった見方を支持するために、言っておかなくてはならないことがある。重要な社会問題において、大量の数字と引用文献を含んだ、印象的な分析にたびたび出くわし、すべて、その分野の科学の現状を表わしていると主張しているにもかかわらず、それぞれ根本的に異なった結論に達している。そして、そういった分析は、まさに分析している人間が望ましいと思う結論に達しやすいという疑惑がある。どんな問題でもいいから一つ挙げてみればいい。どこかにロビイストや活動家、イデオロギーに駆り立てられた新聞評論家がいて、厳密で客観的な特定分野の科学の評価を喜んで提供してくれるだろう。そして、その評価は、偶然にも、自らが代弁している関心や行動計画、イデオロギーが完全に正しいことを証明している。そう、たしかに、懐疑主義は存在してしかるべきなのである。

しかし、ホーマー・シンプソンは単に懐疑的なだけではない。冷笑的だ。本当と嘘の違い、正確さに勝るものと劣るものの違いを見分ける可能性自体を否定している。しかし、それは間違っている。ホーマーが引き合いに出している統計が捏造されていることを証明するには多少の努力を要するかもしれないが、証明することはできる。一九九〇年代のもう一つの主要テレビ番組を引用するなら、「真実はそこにある」のである。

真実とともに、冷笑主義は信用を危うくする。そして、信用が危うくなると危険な事態に陥る可能性がある。リスクを扱う人や機関が信用されていると、世間の関心は低くなるという研究がある。つまり、心配しなくていいと言ってくれる人物がかかりつけの医師かタバコ会社のスポークスマンかが非常に重要だ。また、賢い人間はいつの時代も知っていたことだが、信用は築くのが難しく、容易に失われるという研究もある。だから、信用は肝心である。

しかし、信用は急速に失われつつある。現代のほとんどの国で様々な権威に対する世間の信用が長期にわたって低下していることを政治学者が見出している。こういった状況で危険なのは、懐疑主義と冷笑主義を隔てている一線を踏み越えてしまうことである。専門知識に対する然るべき尊敬が失われると、世間は科学知識をグーグルやインターネットのチャットルームに求めるはめになり、冷笑家の冷笑が、人を思考停止状態に陥れる根拠のない恐怖に変わるかもしれない。そんな末期的状態が、米国や英国、その他の場所で拡大している反ワクチン運動に見られる。反ワクチン活動家は、あらゆる権威への不信に煽られて、子供にワクチンを接種することの危険について強く抗議し（架空の危険もあれば、現実に存在するがめったにない危険もある）ワクチンの莫大な恩恵を無視している。その恩恵は、こういった運動が拡大し続ければ失われかねない。

同様の有害な不信が、ジョン・ワインガートの著書『廃棄物は人が嫌がる怖いもの』に示されている。この本は、低レベル放射性廃棄物処理施設の設置場所を見つける仕事を委託されたニュージャージー州の委員会の長としてのワインガートの苦悶に満ちた仕事の記録である。専門家は、処理施設が深刻な危険をもたらすものではないことで意見が一致していたが、誰もそんな意見を聞きたいと思わなかった。現在ラトガーズ大学の政治学者であるワインガートは次のように書いている。「設置委員会の公開会議で、参加者は、いくつかシナリオを作り上げ、委員会のメンバーとスタッフに設置は不可能だと言わせようと挑発したものだった。一人の人物が尋ねる。『放射性廃棄物がいっぱい入ったコンクリート製の保管施設に飛行機が衝突し、爆発したらどうなりますか？』。飛行機とその中身は爆発するかもしれないが、処理施設の中の物は何も爆発しないと私たちは説明する。すると、彼らは言う。『しかし、間違って爆発性のものが捨てられていて、施設の監視装置に不具合が生じ、見落とされたらどうなるのですか？』。そのようなことがまとめて起きる可能性は極めて低いと答えることになる。すると、彼らは言う。『わかりました。そういったことは起こりうるということですね』」

幸いにも、私たちは完全に信用することをやめてしまったわけではないし、専門家は、特に何とか合意を生み出せたときには、今なお世論への大きな影響力を持ちうる。ＨＩＶウィルスはエイズの原因か？　原因ではないと言う科学者が長いあいだ存在したが、圧倒的多数は原因だと言った。世間は多数派の見解に耳を傾け、受け入れた。同様のシナリオが気候変動に関して現在展開している。すべての西側諸国のほとんどの人が、人為的気候変動が現実のものであることに同意しているが、それはこの分野の科学を自分で調べたからではなく、ほとんどの科学者がそう考えていることを知っているからである。しかし、ハワード・マーゴリスが著書『リスクに対処する』の中で述べているように、科学者の見解が世間の強い感情に反すると、まったく無視されてしまうこともある。マーゴリスは次のことに触れている。米国物理学会は、常温核融合がうまくいかないことを世間にわかってもらうのは容易だったが、高レベル核廃棄物処理の安全性について肯定的な報告を出したときは世間に何の影響も及ぼさなかった。

したがって、科学に関する情報や科学者の意見は、世間がリスクをどのように判断するかに一定の役割を果たすことは間違いないが、専門家と素人の意見の不一致が続いていることから明らかなように、科学者や役人が望むほど強い影響力はない。私たちは無意識とそれが利用する手段――特に「実例規則」、「良い・悪い規則」、「典型的なものに関する規則」――に強い影響を受ける種のままである。他人が考えていることを気にする社会性動物のままでもある。そして、あれこれのリスクを心配すべきかどうか確信が持てない場合、他人が心配しているかどうかがきわめて大きく影響する。

「想像して欲しい。放棄された有害廃棄物処分場は危険だとアランが言う。あるいは、そのような処分場が近くにあることを理由にアランが反対運動を起こす」と、キャス・サンスティーンが著書『リスクと理性』に書いている。「いつもなら懐疑的あるいは中立の立場を取るベティーは、アランに賛成するかもしれない。本来不可知論者のカールは、アランとベティーがこの問題に関連した信念を共有しているなら、その信念は本物に違いないと確信するかもしれない。アランとベティー、カールが共有する判断に抵抗するには、独断的なデボラが必要となるだろう。こうした波紋が合わさり、社会的連鎖反応にまで発展することがあり、何百人か何千人あるいは何百万人の人が、他人が信じていると思うという理由で、特定の信念を受け入れることになる」

もちろん、取るに足りない質問へのグループの答に同意を示す人から、単に他人がみんなそう思っているから危険であると判断する「何百人か何千人あるいは何百万人の人」へは、大きな飛躍である。結局のところ、実験の被験者は自分たちの回答が実際には重要でないことを知っている。間違っても罰を受けないし、良い結果を出しても報いられないだろう。しかし、現実世界において、私たちの見解は重要である。一つには、私たちは民主主義国の市民であり、政府がリスクにどう対応するかあるいはしないかに世論が影響を及ぼすからである。もっと具体的な話として、リスクに関して考えていることが個人の生活で重要になることがある。地元での有害廃棄物処分場の建設を支持するか？　建設は雇用と経済発展を意味する。しかし、家族の健康への脅威も意味するかもしれない。小児性愛者や犯罪者の脅威を気にせずに自分の子供を近所の公園で監督なしに遊ばせるか？　トランス脂肪酸を使用している食品を食べるか？　こういった質問の一つ一つは、四番の線が五番より長いかどうかなどよりはるかに重要である。したがって、このような重要な問題について不用意に自分自身の判断を捨てて群れに従うことは信じがたい。

ところが、実際には、問題の重要性が集団の見解に従う割合を変えるという証拠が存在する。問題が重要だと、同調を増加させるのである。それもかなり大きく。

アイオワ大学の心理学者ロバート・バロン、ジョゼフ・ヴァンデロ、ベサニ・ブランズマンは、ある実験で、目撃者による検証の正確さをテストしているのだと被験者に話した。テストでは、短時間スライドが映し出され、それに基づいて質問が行なわれることになっていた。たとえば、その男は眼鏡を掛けていたか？　一列に並んだ容疑者の中にその男がいたか？　などである。毎回三人がテストを受けた。もちろん、これは見せかけだった。テストを受けている三人のうち二人は、実際には本物の実験の一部を担っていて、本物の実験では、彼らが出す誤った答に被験者が同意を示すかどうかを調べることになっていた。

この実験は、二つの新しい変数によって、同調に関する以前の研究とは異なっている。一部のテストでは、スライドは、繰り返し映し出されるか、スクリーンにたっぷり五秒間映っているかだった。以前に行なったテストによってこういった条件下で被験者はほとんど間違いを犯さないことがわかっていた。しかし、残りのテストでは、スライドはスクリーンにほんのつかのま映し出されるため、質問は答えるのがずっと難しくなった。また、異なる種類の、実験目的の背景となる情報を被験者に与えることも行なった。一部の被験者は次のように言われた。これは単に試験的研究に過ぎず、人がいかに物事を認識するかについてのおおまかな感じをつかむことを意図したものであり、「人が目撃者としてどれくらい正確かがわかるようなテストを開発するために」将来いつか使われるかもしれません。これが「低い重要性」バージョンだ。しかし、残りの被験者は次のように言われた。すでに「アイオワ目撃者識別テスト（IWIT）」が開発済みであり、このテストは「まもなく警察署や法廷によって採用され、目撃者証言などに用いられます。今後数週間にわたってあなたのような研究協力者に改良型IWITを試してもらい信頼に足る基準を作り上げようとしています。そういうわけで、正確な基準を作るのはきわめて大切なことなので、このテストに真剣に取り組んでもらいたいと思います。ほとんどの協力者はこのテストに一生懸命取り組んでくれます。自分の目撃者としての正確さがほかの人と比べてどれくらい優れているかを知ることに関心があるからです。しかし、このテストで良い成績を収めることにもっと関心を持ってもらえるように、この実験的テストの終了時に、正確さで最高点を出した協力者に二〇ドルの賞金を出そうと思います」。これが「高い重要性」バージョンだった。

最初の実験結果は、同調に関する初期の実験とほぼ同じだった。つまり、課題が易しく、「低い重要性」だと考えたとき、三分の一が自分自身の判断を放棄し集団に同調した。次に来たのが「易しい課題・高い重要性」バージョンだった。こういった条件だと同調する率が下がるだろうと予測され、その通りになった。しかし、同調がなくなったわけではない。一三パーセントから一六パーセントがなお集団に同調した。

興味をそそる結果になったのは、質問が答えにくいものになったときである。テストが「低い重要性」であると考えた人の中では、半分以下の人が集団に同調した。これは質問が答えやすいものだったときとまったく同じだった。しかし、テストが「高い重要性」である条件下で、被験者が、集団の影響を受けた自分の答の正確さをより強く確信するようになることも見られた。「我々のデータが示しているのは、判断が難しいかあいまいであり、影響を及ぼす代弁者が結束していて確信を持っている場合にかぎれば、正確さに対する重要性が増すことによって、同調する率だけでなく確信も高まるということである。これは危険な組み合わせである」

リスクに関する判断は難しく重要性の高いことが多い。この結論が正しいとすれば、そういった条件下で、人は集団の見解に最も従いやすく、そうすることが正しいと確信を抱く。

しかし、不十分な情報による他人の見解に過ぎないものに基づく意見はもろいはずだ。私たちは日々新しい情報に曝されている。集団の見解が愚かなものであれば、その見解に疑いを抱かせるような証拠にすぐに出くわすだろう。

残念ながら、心理学者はもう一つの認知バイアスを発見している。これは確証バイアスと呼ばれ、その働きは単純であるだけでなく強力だ。いったん見解を形成してしまうと、その見解を支持する情報を好意的に受け入れ、見解に疑問を投げかける情報を無視するか拒否するか辛辣に吟味する。どんな見解でも構わない。些細なことに関するものか重要なことに関するものかは関係ない。長期間に及ぶ注意深い考察の産物であるか、インターネットのチャットルームでみんながそう言っていたというだけの理由で信じていることかは重要でない。いったん見解が確立されると、脳はそれを裏づけようとする。

確証バイアスについての初期の研究の一つにおいて、心理学者のピーター・ワッソンは被験者に三つの数からなる数列——二、四、六——を示し、この数列が一定の規則に従っていると話し、その規則が何か見つけ出すように求めた。被験者は規則を見つけ出すために、別の数を三つ書いて、規則に従って並んでいるか尋ねることができた。規則を見つけ出したら、そう言って欲しい、そうすれば、正解かどうか調べますと、担当者が指示した。

規則が「二ずつ増える偶数」であることは非常に明白だと思えるだろう。あなたが被験者だとしたら、何を尋ねるだろうか？　最初はこう聞いてみよう。「八、一〇、一二はどうですか？　規則に従いますか？」。そして、「はい、従います」と言われる。

これを聞いて、疑わしく思えてくる。あまりに易しすぎる。そこで、もう一組の数を試してみることにする。「一四、一六、一八は規則に従いますか？」。「従います」

この時点で、規則は二ずつ増える偶数だと叫びたくなるが、どこかにひっかけがあるはずだ。そこで、さらに三つの数「二〇、二二、二四」について尋ねることにする。またまた、規則に従っている！

ほとんどの人が上記の通りのパターンに従う。こうじゃないかと思うたびに正しいと言われるため、正しい証拠が積み上がっていくように思われる。当然、最初の考えが正しいと完全に確信するようになる。すべての証拠を見るがいい！　そういうわけで答がわかったと告げる。答は「二ずつ増える偶数」だ。すると、間違っていると言われる。それが規則ではありません。実は、正解は「昇順に並んだあらゆる数」だったのだ。[1]

なぜ間違えたのか？　規則が「二ずつ増える偶数」でないことを見つけ出すのは非常に簡単だ。規則が二ずつ増える偶数であることを反証すればいいだけだ。たとえば、「五、七、九」が規則に従うかどうか尋ねることもできる。答が「はい、規則に従います」だとすると、即座に仮説の反証となるだろう。しかし、ほとんどの人は反証しようとせず、逆のことをする。つまり、規則に合う例を探すことによって規則を確認しようとする。それは役に立たない戦略である。どれだけ多くの例が積み上がったとしても、正しいことを証明することはできない。確認にならないのだ。

残念ながら、自分の考えを裏づけようとすることは自然な成り行きであり、自分の考えに矛盾する証拠を探すのは、奇異な、直感に反することのように感じられる。さらに良くないことに、私たちは、自らの見解に反する証拠をたまたま見つけたら、それを過小評価または無視する傾向が強い。米国で死刑が最も関心の高い問題となっていた一九七九年に、米国の研究者が被験者として死刑の支持者と反対者を同数ずつ集めた。まず、被験者の見解の強固さがテストで調べられた。次に、被験者は、死刑が犯罪を抑止するという証拠と抑止しないという証拠を示しながら慎重にバランスを取って書かれたエッセイを読むように求められた。そのあと、再度テストで調べると、もっぱら見解が前より強固になっていることが分かった。被験者は、自分の意見を裏づける証拠を取り入れ、残りの証拠は無視したのだ。自分が正しく、意見が異なる者は間違っていることを前よりいっそう強く確信して実験を終えた。

ピーター・ワッソンは確証バイアスという用語を作り出し、彼の発見は無数の研究によって支持されてきた。もっとも、それは発見と言うよりはむしろ、思慮深い観察者が昔から言及してきた傾向の証明である。ほぼ四〇〇〇年前、フランシス・ベーコン卿は次のように書いた。「人間の知性は(世間に受け入れられた見解であるからであれ、その見解自体に賛成しているからであれ)いったん一つの見解を受け入れてしまうと、その見解を支持しその見解に賛同するあらゆるものを引き寄せる。そして、より多くの、より重要性の高い事実が、その見解と逆の立場に見つかっても、なお、そういった事実を無視したり見下したりするか、さもなければ、何か違いを持ち出して、脇に追いやったり拒絶したりする。こうして、この度を越えた有害な決めつけによって、元からある結論の権威が無傷のままでいられるようにする……」。この金言は、毎日無数の評論家やブロガーによって正しいと証明されている。

確証バイアスの力は過小評価されるべきではない。二〇〇四年の米国大統領選挙のあいだ、エモリ大学のドルー・ウェステンが率いる研究者チームは三〇人の熱心な政党支持者（民主党員と共和党員が半分ずつ）を集め、MRIの装置に横たわってもらった。脳がスキャンされているあいだ、彼らはジョージ・W・ブッシュによるあるいは彼に関する一連の三つの発言を見せられた。二番目の発言は一番目の発言と矛盾していて、ブッシュを悪く見せるものだった。参加者はこの二つの発言が矛盾しているかどうか尋ねられ、次に、どの程度矛盾しているかを評価するように求められた。続いて、三番目の発言が示された。これは二つの発言の明らかな矛盾に対して釈明を与えるものだった。参加者は、二つの発言が最初に思ったほど矛盾していないかもしれないかどうかを尋ねられた。そして、最後に、最初の二つの発言がどの程度矛盾しているかを評価するように再度求められた。この実験はジョン・ケリーを対象としてもう一度行なわれ、三回目には中立的な人物を対象として行なわれた。

表面的な結果はそれほど驚くようなものではなかった。ブッシュの矛盾した二つの発言に直面したとき、ブッシュの支持者はケリーの支持者よりその二つの発言の矛盾を少なく評価した。そして、釈明が与えられたとき、ブッシュの支持者はケリーの支持者よりその釈明をずっと満足の行くものと見なした。対象がジョン・ケリーのとき、結果は逆になった。中立的な人物が対象となったときは、共和党員と民主党員のあいだで差はなかった。

これらはすべて予測できたことだった。しかし、はるかに大きな驚きだったのは、MRI

に映ったものだった。心に強く抱いている見解に反する情報——お気に入りの候補者を悪く見せる情報——を処理するとき、中立的あるいは肯定的情報を処理するときとは異なる脳の部分を使っていたのである。確証バイアスは私たちのそれぞれの脳に実際に組み込まれているようなのだ。このことは、見解がどのように生き残ったり、広まったりするかに、非常に大きな重要性を持っている。

周りの人がその見解を持っているということだけに基づいて見解を形成していたとしても、その人が見解を持っていることに変わりはない。その見解によって確証バイアスが働き始め、入ってくる情報がふるいにかけられる。見解を支持するものであれば、受け入れられやすい。見解に反するものであれば、無視されるか、慎重に吟味されるか、きっぱりと拒絶される。このようにして、新聞やテレビ、会話に登場する情報が賛否両論であると（リスクが関与すると賛否両論になることが非常に多い）もともと、お茶の時間にほかのみんなが言っていたことだというだけの理由で形成された見解でも、確証バイアスによって着実に強められるだろう。

これは個人レベルの話である。見解を共有する人が集まって話し合うとどうなるだろう？心理学者はその答を知っているが、心地よいものではない。それは集団極性化と呼ばれている。

同じ見解を持った人が集まって、設置が提案されている有害廃棄物処分場や病気にさせると信じられている豊胸材、その他のリスクについて話し合うとき、その見解は集団内の平均的な考えに落ち着きやすいと考えるのが合理的だと思われる。しかし、そうならない。何十年に及ぶ研究によって、たいてい、集団を構成している個人の平均的な見解より極端な結論に達すると証明されている。有害廃棄物処分場の反対者が集まってその処分場について話し合うと、最初に考えていたより処分場が危険なものだと確信するようになるだろう。豊胸材が脅威だと考えている女性が同じように感じている女性たちと会合を持つと、参加したすべての女性は、会合前は危険性を低く見積もっていたと考えてその場をあとにすることになりやすい。働く力はいつも同じである。議論されている問題が何かは関係ない。その見解がどんなものであるかも関係ない。同じ見解の人が集まって話し合うとき、その見解は極端な方向に進む傾向がある。

人間のこの奇妙な弱点は、部分的には、他人との比較によって自分自身を判断するという傾向から生じている。同じ見解を持った人たちと集まるとき、共有しているのは全員が正しいと考えている見解である。したがって「私の考えはどの程度正しいですか?」と尋ねることによって、集団のほかの人と自分自身を比較することになる。当然のことながら、集団内のほとんどの人が、自分は最も極端な見解を持っていないことに気づくだろう。これは、自分がほかの人より正しさで劣ることを示唆している。そのため、ほとんどの人の見解が極端さを増す。心理学者は、被験者にいくつかのグループに分かれてもらい、理由を明かさずに自分の見解を述べてもらい、この理論が成り立つことを確認している。やはり極性化は起きていたのである。

集団極性化の背後に働いている二番目の力は単なる数の力である。シリコン豊胸材が病気を引き起こすと考えている人の会合に参加する女性は、会合に行く前に、この問題に関する記事や研究論文をいくつか読んでいるかもしれない。しかし、会合の参加者は、彼女一人に比べると大いに数で勝るため、彼女が気づいていなかった情報を持っている可能性が高いだろう。聞いたことがない病気を豊胸材が引き起こすことを示す研究論文かもしれないし、豊胸材が引き起こした病気の影響が知っていたものよりひどいことを述べた記事かもしれない。その情報が何であれ、考えていたより事態は悪いと結論することになるだろう。こういった情報が持ち寄られ、同様の過程が会合のほかの参加者全員に起きると、考えていたよりこの問題は大きく、怖いものだと参加者は確信するようになる。もちろん、参加者の見解が、反対向きの新情報——たとえば、豊胸材が病気を引き起こすことを否定している科学者による論文——を聞くことによって和らげられることもありうる。しかし、確証バイアスを思い出さなくてはならない。会合に参加している人はみな自分の見解を支持する情報を受け入れ、そうでない情報を無視あるいは拒絶しがちである。その結果、会合に持ち寄られた情報は大きく偏っていて、見解を極端なものにするのに理想的になっている。心理学者は、この種の極性化が情報の共有のみに基づいているため、顔を合わせての会話のようなものは必要ないことも証明している。これは、毎日無数の政治関係のブログでたっぷり実証されている。

したがって、アランがベティーを確信させ、そのことでカールが納得し、さらにそのためデボラが反対するのをやめる。情報の偏ったふるい分けが始まり、見解は着実に強まる。組織が形成され、情報が交換され、見解はさらに極端なものになる。そして、キャス・サンスティーンが書いているように、いつのまにか新しい致命的な危険に脅かされていると確信している「何百人か何千人あるいは何百万人の人」が存在するようになる。その人たちが正しいこともある。みんながエイズは重要な新しい病気であると確信するのにほんの数年しかからなかった。しかし、ひどく間違っていることもある。すでに見たように、シリコン豊胸材の世間一般のイメージを、ありふれた物体から有毒の死をもたらすものに変えたのは科学ではなかった。

道理にかなっていようとなかろうと、不安の波が、地域社会や国に押し寄せることがある。しかし、いつまでも押し寄せているわけではない。不安の波は社会のネットワークに従って広がるため、そのネットワークが途絶えると静まる。このことは、シリコン豊胸材のパニックが米国とカナダ（カナダでも豊胸材が禁止された）全体を襲ったが、ヨーロッパにはほとんどさざ波すら起こさなかった理由を説明するのに役立つ。

メディアは不安の波を起こし、うねらせ続ける上で、あきらかに中心的な役割を果たしている。会話やEメールを使って見解を知らせる以上のことができるからである。なにかのグループがメディアを使って見解を述べることもある。明瞭に述べる場合だけでなく、暗黙的に述べる場合もある。どのニュース番組でもいいから見るといい。あるいは、どの新聞でもいいから読むといい。危険に関する重要な主張——ヘロインは死をもたらす薬物である、汚染物質が癌を引き起こす、最近不安が急速に高まっている——が、証拠なしにあっさり本当のこととして語られているだろう。なぜか？　本当だと「みんなわかっている」からである。言い換えれば、そういった主張が集団の見解だからである。そして、あらゆる集団の見解と同じように、判断を決めかねている人に強い影響を及ぼす。

さらに、メディアは、高まる不安に対して、それに関する報道（たいていいつも苦痛や死にまつわる感情に訴える話）を増やすことによって答える。そして、このことによって、読者や視聴者の「腹」が関心を払い始める。「実例規則」を覚えているだろうか？　実例を思い出すことが容易であればあるほど、その出来事が起きやすいと「腹」は信じている。シリコン豊胸材についての不安の増大に促されて、豊胸材を入れてひどい病気にかかっている女性に関する話がますます増える。そういった話はシリコン豊胸材がいかに危険であるかという世間の直感的判断を強める。不安は増大し続ける。そして、そのことがメディアを促し、豊胸材を入れて病気にかかっている女性に関する話がさらに多く生みだされる。報道が増えれば増えるだけ、不安が増す。スピーカーに近づけすぎたマイクのように、現代メディアと原始的な人間の脳がフィードバック・ループを作り出す。

キャス・サンスティーンは次のように書いている。「こういった背景を考えれば、文化的および経済的によく似た国が、同一のリスクに対して劇的に異なる反応を示すのも驚きではない。フランスで原子力が幅広く受け入れられているのに、米国ではかなりの恐怖を引き起こしている。食品の遺伝子組み換えがヨーロッパで非常に大きな不安をもたらしているのに、米国では少なくとも最近まで取るに足りない問題だった。あらゆるリスクに対する世間の評価が、関連する分野の科学の知見に重要な変化がない場合でさえ、突然劇的に変わることがあるのも驚きではない」

ここまで、理性的な予測は別にして、リスクに関する判断を形成する二つの原因を確認してきた。一つは、無意識つまり「腹」とそれが用いる道具、特に「実例規則」と「良い・悪い規則」である。もう一つは、周りにいる人々であり、私たちはその見解に従う傾向がある。しかし、登場するものがこれだけなら、どのリスクが不安をもたらしどのリスクがもたらさないかに関して、同じ共同体内のほぼ全員が同じ見解を持つことになるだろう。

しかし、そうならない。どんな共同体内であっても、見解はしばしばはっきりと分かれる。あきらかに何か別のものが働いている。その何かとは文化《カルチャー》である。

文化は扱いにくい領域である。一つには「文化」が異なる人にとって異なることを意味する言葉の一つだということがある。心理学から文化に移動することが、一つの学問分野から別の学問分野へ足を踏み入れることを意味するということもある。リスクは社会学の主題の一つであり、文化は社会学者がリスクをよく見るためのレンズである。しかし、リスクを研究している心理学者と社会学部にいるその同僚はお互いにめったに話をしない。社会学者が書いたリスクに関する無数の本の中で、過去数十年にわたって心理学者が提示してきた強い影響力を持った洞察は、なんとか見つかったとしても、たいていさっと触れる程度にしか触れられていない。社会学者にとっては、文化が重要である。メキシコの砂浜で寝そべることを誰かが口にしたとき、脳の中で何が起きるか――テキーラを思い浮かべるか、皮膚癌を思い浮かべるか？――は、それほど関心があることでも重要なことでもない。

実際のところ、心理学と文化は一線を画してきた。しかし、その区別は頭の中で進行していることを反映しているというより、大学の組織をはるかによく反映している。「良い・悪い規則」がリスクの判断においてどのように働いているか考えてみるといい。メキシコの砂浜で寝そべるという考えは、私の脳のひだのどこかに非常に良い感情を起こさせる。すでに見てきたように、その感情がココナッツの殻の色になるまで砂浜に寝そべることにかかわるリスクの判断を形成するだろう。皮膚癌になるリスクをかなり高めると医者が言うとしても、その楽しい感情はどんな議論にも付き従い、直感的にリスクを軽視することになるだろう。つまり「頭」は医者の言うことを聞くかもしれないが「腹」はサングラスを掛けているのである。

十分わかりやすい話だ。しかし、パズルのピースが一つ欠けている。なぜメキシコの砂浜で寝そべるという考えは私の心を肯定的な感情で満たすのか？　生物学上の理由でそうなっているのではない。私たちは日光の感触を楽しむようにできているのかもしれないが――日光は熱とビタミンDが得られる点で優れている――比較的最近の時代に人間だけが砂浜で体を焼くことを始めたのだから、そういう生まれつきの性向があるわけではない。それでは、どこでこれが「良いこと」だと教わったのだろう？　体験がある。たしかにその通りだ。体験してみると楽しかったというわけだ。しかし、私はやる前から楽しいだろうと思っていた。だからこそやってみたのだ。そこで、再び次の質問をしなくてはならない。どこでこの考えを得たのか？

一つには、やったことがあって楽しいと教えてくれた人から考えを得た。それに、やったことはないが楽しいということを誰かから聞いた人から得た。さらに、明瞭な形であれ、それとなくであれ、本や雑誌、テレビ、ラジオ、映画から得た。これらをすべて考え合わせると、メキシコの砂浜で体を焼くことが楽しいというメッセージを自分の周りの文化から受け取ったことが明らかである。私はカナダ人だ。どのカナダ人も冬は南の方へ行っているか、行くことを夢見ている。熱帯の砂浜は、ウールの帽子やアイスホッケーのパックと同じくらいカナダ文化の一部となっており、そのカナダ文化が、メキシコの砂浜で寝そべるのは楽しいと確信させるのである。メキシコの砂に足の指を触れさせたことが一度もないとしても、メキシコの砂浜で寝そべるという考えは私の脳に快感を引き起こし、その快感が関連するリスクの判断に影響を与えるのだ。

これは非常によくある話である。たしかに、死体や糞便に対する嫌悪のように起源が主に生物学的なものである感情的反応も存在するが、私たちの感情は経験や文化に影響されることの方が多い。私には豚肉を禁じるユダヤ教の食物規定を守っているユダヤ人の友人がいる。彼は常に守っている。実際のところ、彼はその規定を非常に深く内面化しているためハムやベーコンを見ただけで文字通り吐き気を感じる。しかし、私にとって、グレーズをかけたハムはクリスマスを意味し、いためたベーコンのにおいはよく晴れた土曜日の朝のイメージを呼び起こす。豚肉を食べることがそれほど危険でないのは明白だが、それでもなお食中毒（特に旋毛虫病）のリスクはある。友人と私がそのリスクを判断するように求められたら、豚肉に対する非常に異なった感情は「良い・悪い規則」を用いて、二人の無意識を非常に異なった結論へと導くだろう。

同様の力が、薬物の相対的危険についての認識において中心的な役割を果たす。一部の薬物は禁止されている。薬物所持ですら犯罪である。薬物所持は非常に不名誉なことであり、私たちはそのことを直感的に感じ取っている。薬物は恐ろしくて邪悪な物質である。裏通りに潜んでいる感覚を備えた生き物であるかのように薬物について話すこともある。そんなに強い感情が働いていることを考えれば、薬物をきわめて危険なものと考えて次のように言うことも理解できる。「そのコカインを吸ったら、そのヘロインを打ったら、あなたはたぶん中毒になるか死ぬことになるだろう」

薬物が実際にひどい害をもたらすことに疑問の余地はないが、ほとんどの人が感じているほど危険なものではないと考えるに足る理由がたくさんある。コカインを考えてみて欲しい。一九九五年に、世界保健機関（WHO）は「これまで行なわれた中でコカイン使用に関する最大の世界的研究」と自ら喧伝するものを完了した。その研究で明らかとなったのは、集中的あるいは強制的な消費ではない「時折のコカイン使用」が「最も典型的なコカイン使用のパターン」であり「時折のコカイン使用は、たいていの場合、深刻な肉体的問題や社会問題に発展することはないし、軽度の肉体的問題や社会問題に発展することさえない」ということである。

もちろん、違法薬物が一般に考えられているほど危険でないと示唆するのは非常に矛盾したことであるが、ほとんどの人が薬物に対して感じている根深い敵意を考えると、誇張されたリスク認識こそ予期されることなのである。政府はこのことを知っているだけでなく、利用している。薬物使用防止キャンペーンにはたいてい広告と教室での教育が含まれるが、その目標は認識されるリスクを高めることであり（WHOのコカイン報告書には、ほとんどの薬物教育が「表面的で、ぞっとするようなもので、過度に否定的なもの」と表現されている[2]）、薬物担当機関は世間の認識をモニタリングし、認識されたリスクが少しでも高まったら進展として公表する。認識されたリスクが実際のリスクと一致しているかどうかは重要なことではない。認識されるリスクが高まればいつだってその方が望ましい。

それから、合法薬物の問題がある。タバコは徐々に制限を設けられ、汚名を着せられてきているが、アルコールは西側諸国やほかの多くの国で愛される薬物のままである。アルコールは文化の織物の一部であり、社会行事の潤滑油、祝祭の象徴である。英国のテレビの二〇〇三年の調査でわかったのは、アルコールが「肯定的で愉快で滑稽なイメージ」で日常生活に登場することだった。私たちはアルコールが大好きであることを考えれば不思議ではないが、公衆衛生担当の役人は、世間がこの薬物の危険をほとんど理解していないと言ってよくこぼしている。その危険とは、中毒や、心臓血管の病気、胃腸障害、肝硬変、癌、胎児性アルコール症候群、飲み過ぎによる死をもたらすことであり、これは疑問の余地なく、違法薬物すべてを合わせた場合よりはるかに多くの人を死亡させてきた薬物なのである。(3) アルコールとほかの薬物に対して抱いている極端に異なる感情が結局どういう結果を招くかが、カナダ薬物濫用センターの二〇〇七年の報告書にうまくまとめられている。ほとんどの人は「違法薬物の使用に結びついた害について大げさな見解を抱いているが、社会に対するアルコールの深刻な悪影響は一貫して過小評価している」。これは「腹」の働きである。文化から影響を受けているのだ。

「実例規則」が、文化が「腹」に影響するもう一つの機会を提供する。実例を思い出しやすいほどそのことが起きる可能性が高いという「実例規則」が、形成された記憶の強度に依存しているからである。そして記憶の強度は関心に大きく依存している。強い関心を示し繰り返し思い出すとしたら、一瞥するだけで二度と考えない場合よりはるかによく覚えているだろう。そして、何に関心を示し、繰り返し思い出すことに最もなりやすいだろう？　現在の思考と感情を裏づけるものすべて。そして、何に関心を示し、繰り返し思い出すことに最もなりにくいだろう？　思考と感情に矛盾するものすべて。そして、関心と想起を導く思考と感情の一般的な供給源とは何か？　文化である。

身の回りにいる人は文化的影響のもう一つの供給源である。結局のところ、私たちの社会的ネットワークはランダムには形成されない。考えや価値を共有している人といる方が居心地がよい。そういった人とより多くの時間を仕事で費やし、そういった人を友達にし、そういった人と結婚する。ワシントン行きの飛行機に乗ろうと空港で待っている、ロナルド・レーガンのTシャツを着た共和党員の青年が、チェ・ゲバラと同じベレー帽を被りアムステルダム行きの片道切符を持った反グローバル化の活動家と会話することがあるかもしれないが、その共和党員の青年が活動家の名前をクリスマスカードを送る人のリストに加えることはありそうにない。iPodから流れるロナルド・レーガンの三度目の一般教書演説の卓越した雄弁に気をそらされて、チェックインの列でこの青年にぶつかった経営学修士取得中の学生とは違う。そういうわけで、社会的ネットワークを形成すると、異なるより似かよった人が集まる傾向があり、自分のネットワーク内の人々を信用することになる。ネットワーク内の人々の見解を尊重し、新聞の見出しに新しい脅威が登場すると彼らに話しかける。ネットワーク内の人々の一人一人は、個人としてまったく同じように文化の影響を受けており、文化に導かれて集団としての見解が形成されると、当然それに同調したいと思う。

ここまでに検討してきた文化の現われ方（メキシコでのバカンス、アルコールと違法薬物、ユダヤ教で決められた清浄食物）には、わかりやすい起源と意味、影響がある。しかし、最近の研究によると、文化的影響はずっと根深いもののようである。

二〇〇五年にイェール大学法科大学院のダン・カハンは、ポール・スロヴィックらと一緒に、全国からランダムに選ばれた一八〇〇人の米国人を対象とした調査を行なった。経歴に関して詳細な質問が行なわれたあとで、対象者は様々なリスクの深刻さを評価するように求められた。そのリスクの中には、気候変動と銃の個人所有、銃規制法、マリファナ、妊娠中絶の健康への影響が含まれていた。

一つの結果はまったく予想どおりだった。過去の多くの調査と同様に、非白人は白人よりリスクを大きく評価し、女性は男性よりリスクを深刻にとらえた。この二つを合わせて、しばしば白人男性効果と呼ばれている。白人男性は常日頃からその他の人々に比べて危険の深刻さを小さく感じているということである。社会学者と政治学者は驚くべきことではないと考えるかもしれない。女性と人種的少数派が持っている政治的な力、経済的な力、社会的な力は白人男性より小さい傾向があり、政府に対して抱いている信用も白人男性より小さい。だから白人男性より被害を受けやすいと感じるのは当然である。しかし、そういった感情を考慮して統計的処理を施したあとでさえ、白人男性とそれ以外の人々の違いは残ることがわかったのだ。白人男性効果は科学教育の水準の違いによって説明することもできない。たとえば、ポール・スロヴィックは、女性の物理学者が男性の物理学者より原子力のリスクを大きく評価し、英国毒性学会の女性会員は様々な活動や技術がもたらすリスクが中くらいか大きいと評価する傾向が男性会員よりずっと強いことを見出している。

これは謎である。答のヒントは、スロヴィックによって行なわれた以前の調査に見つかった。この調査でスロヴィックはすべての白人男性がそれ以外の人々より物事の危険性が低いと認識するわけではないことを発見した。低いと認識するのは白人男性の約三〇パーセントを占める部分的な集団に過ぎなかった。残りの七〇パーセントは女性や人種的少数派と同程度の認識を示した。そういった自信に満ちた少数派は、残りの白人男性より、良い教育を受け、裕福で、政治的に保守的であることもスロヴィックの調査で明らかとなった。

二〇〇五年の調査の一部は、白人男性の頭の中で何が起きているかを解明するために計画されていた。対象者の最も基本的な文化的世界観を見つけ出す一連の質問が、その重要な要素だ。質問では、人間社会はどのように組織されるべきかという非常に基本的な事柄に触れていた。人は自分だけに頼るべきか、幸運を他人と分かち合う必要があるかなどである。こういった質問から得られた結果を用いて、カハンは対象者を（人類学者メアリー・ダグラスと政治学者アーロン・ウィルダフスキーによって最初に進められた「リスクの文化論」から発展した）四つの世界観に区分けした。カハンの用語では、個人主義者と平等主義者、階層主義者、共産社会主義者である。

カハンが数値データを処理すると、リスクと、収入や教育のような別の要因のあいだに多くの相関が見つかった。しかし、最も強い相関はリスク認識と世界観のあいだにあった。たとえば、ある人物が階層主義者（人は社会における定まった地位を持つべきであり、権威を尊重すべきだと考える人）だとすると、その人が様々なリスクに関してどう感じるかを非常に正確に予測できるだろう。妊娠中絶は？　女性の健康にとっての深刻なリスクである。マリファナは？　危険な薬物である。気候変動は？　たいした脅威ではない。銃は？　法を遵守する市民が所有することに問題はない。

カハンは、白人男性に階層主義者あるいは個人主義者が不釣合いに数が多いことも見出した。このことを考慮して数字を調整すると、白人男性効果は消えた。したがって、重要なのは人種や性ではなかった。文化だった。カハンは次のことを見出してこのことを裏づけた。黒人男性は全般的に銃の個人所有のリスクを非常に大きく評価するが、個人主義者であることが判明した黒人男性は、個人主義者である白人男性とまさに同じように、銃のリスクを小さく評価していた。

階層主義者も銃がもたらすリスクを小さく評価した。しかし、共産社会主義者と平等主義者は銃が非常に危険だと感じている。なぜか？　その理由は銃を生み出す感情と文化にある。「比較的個人主義的な共同体で育った人あるいはある種の伝統的価値に曝されてきた人は、銃と肯定的な関係を持つだろう」と、カハンは言う。「そういった人たちは肯定的感情を抱く。独立独行のような個人主義的な徳、あるいは家族を守る父親のような、ある種の伝統的役割と銃を結びつけるからだ。そのあと、そういった肯定的感情に見合った認識を形成するだろう。銃は安全である。行き過ぎた銃規制は危険である。ところが、もっと共産社会主義的な共同体で育った人は、銃に対する否定的な感情を形成していくだろう。そういった人は、共同体内の人たちがお互いに信用していない証拠として銃を見るだろう。保護という公の機能を個人が肩代わりして自力で遂行するという考えに憤慨するだろう。平等主義的な意識を持った人は、保護者や父親や狩猟者のような伝統的な役割を尊重するかわりに、それらを、女性を不公平に扱うものと考えている家父長制あるいは固定観念と結びつけるかもしれず、その場合、銃に対する否定的な感情傾向が形成されていくだろう」。そして、一度見解が形成されると、情報はその見解に合うようにふるいにかけられる。

この調査において、対象者は銃がもたらす危険を評価したあと、銃の安全性に関する自分たちの結論が間違っているという明白な証拠があると想像するように求められた。それでもなお銃に関して同じように感じただろうか？　圧倒的多数が同じように感じると答えた。このことは、銃がもたらすリスクに関して人々の感情を駆り立てているものが、銃がもたらす認識されたリスクに勝ることを示すかなり明白な証拠だ。感情を駆り立てているものとは、文化であり、文化における銃についての認識である。

その文化とは米国の文化であり、調査で得られた結果は米国だけに当てはまるとカハンは強調する。「非常に平等主義的な見解を持っている米国人がリスクについて考えていることは、フランスの平等主義者がリスクについて考えていることと同じではないかもしれない。たとえば、米国の平等主義者はフランスの平等主義者よりずっと強く原子力のことを心配している」。これは異なった文化を生み出す異なった歴史に由来する。「銃についての話をしたが、それは米国の話だ。なぜなら米国にはユニークな小火器の歴史があるからだ。米国の小火器は、西部の辺境に定住するための道具でもあったし、南部の奴隷経済において権威を維持するための道具でもあった。そういった小火器が余韻となり、その余韻は時を経て生き続け、銃を米国という文化集団の中に情緒を引き起こす象徴に仕立て上げ、リスク認識を生み出す。武器の用い方が異なる歴史を持つ別の場所では、何かまったく異なることが起き得るし、起きることはほぼ確実だろう」

二〇〇七年に、カハンのチームはもう一つの全国的な調査を実施した。このとき、質問はナノテクノロジーに関するものだった。二つの際立った結果が得られた。一つ目として、米国人の圧倒的多数がこのナノ何とかについてほとんどあるいはまったく知らないことを認めた。二つ目に、ナノテクノロジーのリスクと利益について見解を持っているかどうかを尋ねられると、米国人の圧倒的多数が、見解を持っている、そのリスクと利益を喜んで共有すると答えた。

見解を持っているかどうかを尋ねられる瞬間まで一度も聞いたことがなかったかもしれないことについて、どのようにして見解を持ったのか？　心理学者なら全くの情動であると言うだろう。「ナノテクノロジー」の感じが好きなら、対象者はそれが低リスクで高利益に違いないと感じる。少し嫌な感じがすれば、高リスクで低利益に違いないと感じる。予想されるとおり、カハンは、情報が与えられていない場合の結果を至るところで見出した。したがって、その結果は実際のところどんなこととも相関がなかった。

しかし、調査のこの段階で、回答者はナノテクノロジーに関する情報を少し聞くように求められた。その情報は、地味で、わかりやすく、事実に基づくものになるように意図的に作られていた。そして、完全にバランスを取ってあった。つまり、潜在的な利益に触れていれば、潜在的なリスクにも触れていた。調査員は再び尋ねた。ところで、ナノテクノロジーのリスクと利益について何か見解がありますか？

予想どおり、その情報は多くの見解を変えた。「全体的に見て、環境リスクに対する文化傾向によって偏らせながら、対象者がバランスの取られた情報を取り入れるだろうと予測した」と、カハンは言う。そして、そのとおりだった。階層主義者と個人主義者は利益に関する情報に飛びつき、ずっと楽観的な見解になった。つまり、利益の評価は上がり、認識されたリスクは低くなった。平等主義者と社会共産主義者は正反対のことをした。したがって、このように情報を少し注入した結果として、見解は、突然、文化的世界観と高い相関を持つようになった。カハンは、このことを、私たちがリスクに関する情報を無意識のうちにふるいにかけて、社会の組織についての自分の最も基本的な考えに合わせていることを示すこれまでで最も強力な証拠だと感じている。

こういった研究は始まって日が浅い。現時点で確かなことは、私たちは時代遅れの経済学の教科書に描かれているような完全に理性的な生き物ではなく、リスクに関する情報を冷静な公正さと客観性を持って検討していないということである。私たちは情報をふるいにかけ、すでに考えていることに同調させる。そして、その考えていることは、周囲の人の考えと自分を取り囲む文化に深く影響されている。

この意味において、この本の最初で用いた比喩は間違っている。直感的な人間の心は、ほとんど理解できない都市をさまよう孤独な石器時代の狩人ではない。何百万人という混乱した石器時代の狩人とともにほとんど理解できない都市をさまよう石器時代の狩人である。今日、部族は少し大きくなり、ライオンより多くのタクシーが走っているかもしれないが、何を心配し、どうやって生き残るかを決める古くからの方法は変わっていない。

第7章　恐怖株式会社

オーガスタ・ナショナル・ゴルフクラブのフェアウェイと同じくらい手入れの行き届いた青い芝生の端から端までサッカーボールを蹴って、小さな男の子が歯を見せて笑っている。上空には紺碧の空を妨げる一片の雲もない。そして、男の子の背後には、二メートルの電流フェンスがあり、この幸せな瞬間を可能にしている。フェンス内がどれくらいの電力なのかわからないが、低電圧で、ビリッとしてうろたえさせる種類のものでないといけない、さもなければ、このフェンスからその子を守るためもう一つフェンスがなければならないだろう。その子がフェンスの中にいるのか外にいるのかもわからない。本当は誰がフェンスの中にいるんだ？　それは、たいした問題じゃないのだろう。このイメージはフェンスメーカーが掲げる宣伝用横断幕に載っているもので、どう見ても疑問を抱かせるために考案されているわけではない。メッセージは明快である。世界は隠れた危険でいっぱいだが、手頃な値段の二メートルの電流フェンスを設置するなど、賢明な予防措置を取れば愛する人を守ることができるということである。会社の説明担当者なら、喜んでさらに詳しく話してくれるだろう。

ドイツのエッセンで開かれた展示会セキュリティー・エッセンへようこそ。ここでは、一〇〇〇を超える展示者が、七万五〇〇〇平方メートルの展示会場いっぱいに広がり、五五ヶ国から来た四万人の来訪者に製品を売り込み、資本主義が恐怖に曝されたとき起きることが世界最大規模で実演されている。軍用品はセキュリティー・エッセンには含まれていないが――もっとも、この規定はロシアの会社によってやや拡大解釈され、(「暴動その他用」として)擲弾筒《てきだんとう》や消音装置つき狙撃者用ライフルが展示されていた――邪悪な力から身を守るのにいつか必要になるかもしれない軍用品以外のものはほとんど何でもある。こん棒やペッパースプレー、制服、スプリンクラー設備、麻薬から炭疽菌までのあらゆるものを検出する携帯化学分析装置がある。家庭用警報機やハイテク仕様のIDバッジ、網膜と指紋のスキャナー、ハッカーを閉め出すソフトウェア、個人情報泥棒を寄せつけないためのシュレッダー、フェデックスの荷物のように子供の居場所を追跡できるトランスポンダーなどがずらりと並んでいる。

しかし、何よりも、カメラの存在が大きかった。どちらを向いても、自分の顔が捕捉されラップトップ・パソコンやフラットスクリーンのテレビに映し出される。安全を守るための監視機器の展示である。ドアののぞき穴に入るちっぽけなカメラもあれば、バズーカ砲ほどの大きさで三〇キロメートルまで見えるものもある。どこかの角を曲がると、私の写真が指名手配中の犯罪者のデータベースと照合される。別の角を曲がると、赤外線カメラが、皮膚の下で脈打っている静脈によって際立った私の顔のスペクトル画像を作り出す。こういったことはすべて少し気持ちを落ち着かなくさせる。幸いにも、びくびくしたパラノイア的な気分は、旅行に適した細身のブリーフケースに入った個人用の逆監視キットを購入することで和らげることができた。

目が肥えた客のために、ジャガーが優美な新モデルの車を展示している。特徴は、象牙色の内装や革製のハンドル、DVDプレーヤー、防弾仕様の窓、装甲ドア、「床下手榴弾防護機構」だ。車内搭載酸素設備はオプションになっている。この車に興味を持つほど安全に真剣な人は誰しも、隣のホールに展示されている鋼鉄製で重量のある道路封鎖壁（トラックを用いた自爆者を食い止めるためだけのもの）や化学兵器をビルのエアコン設備にこっそり入れられないように設計されている新しい空気浄化設備にも興味があるだろう。化学兵器をエアコン設備に入れるようなことが、これまでに起きたというわけではない。しかし、先のことはわからない。

「今年セキュリティー・エッセンに新しく加わったのがテロだけを扱うホールである。「米国内での開発はすでにかなり進んでいる」と、展示会の宣伝用パンフレットに書かれているが、大西洋の向こう側も好機を逸することにはなりそうにない。「対テロ行動に特に的を絞った新しい市場がヨーロッパでも出現してきている」とも書かれている。

セキュリティー・ビジネスが実際に新しい市場を必要としていたということではない。過去二五年にわたって、個人向けセキュリティーはドイツや米国、その他すべての西側諸国において大きく拡大してきた。米国の会社タイコ・ファイヤー・セキュリティーは従業員が九万人で、年間売り上げが一一五億ドルである。ロンドンに本部があるスウェーデンの会社セキュリタスABは従業員が二三万人以上で、三〇ヶ国以上で営業している。グループ4セキュリコーも英国に本部があり、一一〇ヶ国に四〇万人の従業員がいる。

ほとんどの人は、至るところで目にする家庭用警報機の宣伝を通して、セキュリティー産業のことを知っている。基本的なメッセージは、たいていの場合、前述したエッセンの宣伝用横断幕のメッセージとほとんど違わない。しかし、警報機の広告の中にはもっと腹の底に訴えるものもある。ある米国のテレビコマーシャルは、暖かい朝日を浴びる郊外の感じのいい家を描く。かわいらしい主婦がハンサムな夫に行ってらっしゃいのキスをし、家の前の歩道をジョギングする人が通り過ぎる。夫は車に乗り込み、出かける。妻は家に戻り、ドアを閉め、電子見張り番のスイッチをオンにする。コマーシャルがジョギングする人にカットバックすると、その男は立ち止まり、セーターのフードをめくり上げ、まっすぐに玄関のドアまで走って行き、ドアを蹴破って中に入る。警報機が耳障りな大きな音を立てる。男は立ちすくみ、回れ右をして、走り去る。最後に、妻は安全を取り戻し、笑顔で警報機の会社の人間にお礼の電話をしている。

こういった広告は、リスクの理性的な理解を呼び起こすように作られているわけではない。もしそのような意図があるなら、見知らぬ男が朝の八時に裕福な郊外地区にある家の玄関のドアを蹴破って押し入るというような、非常に起きそうにない犯罪を描いたりしないだろう

（統計や確率を扱っている警報機の広告も少数あるが、単に誤解を招くだけになることがある。私の地元のラジオ局で流れている広告は「押し込み強盗が増加している！」から家庭用警報機を買うべきだとリスナーに語りかけていたが、「増加している」という語句を「減少している」という意味にする場合のみこれは正しいと警察は言った）。

こういった広告がしているのは恐怖の売り込みだ。裕福な郊外地区は犯罪が起きる場所ではないかもしれないが、最も儲かる市場であるため、戸締りをせず警報機を買わなかったら暴力を受けるはめになると郊外の主婦を脅すことはまったく理にかなっている。

私の記述が少し極端に思われるなら、郊外の主婦の無意識がどのように広告の中の情報を処理するか考えてみて欲しい。「腹」はその広告を無意味なコマーシャルとして無視することはできない。なぜなら、広告と夜のニュースと表の窓の外に見えることを区別できないからである。「腹」は、怖いこと、ことによると、ものすごく怖いことを見たり聞いたりしていることがわかっているだけである。それは「腹」が個人的に共感できることである。そのため「腹」は、心理学者なら否定的情動と呼ぶものが押し寄せるのを感じる。「良い・悪い規則」を用いて「腹」は広告に描かれた犯罪の起こる可能性が高いと判断する。その情動が確率盲目を引き起こすほど強いことさえあるかもしれない。そうなると「腹」は、その犯罪が確実に起きることであるかのように怯んでしまう。そして、これが「腹」がその広告を処理できる唯一の方法である。「腹」は「実例規則」にアドバイスを求めることもある。生々しくて人を怖がらせるこの広告は、関心をつかみ、いつまでも続く記憶を形成しやすい。郊外の主婦があとになって、犯罪の犠牲者になる可能性はどの程度かと自問したとき、「腹」は、この広告の記憶をたやすく呼び起こし、非常に可能性が高いという不安をもたらす結論を形成することだろう。

もちろん、「腹」が単独で働いているわけではない。「頭」が常に介入し、「腹」が下した直感的判断を調整あるいは却下する。しかし、すでに見たように「頭」はときどき仕事中に居眠りするし、そうでなくても、その関与は熱意に欠け、不十分である。そして「頭」が介入し、「腹」に間違っていると言い、最終判断の主導権を握ったときでさえ、「腹」は先に危険が待ち受けていることを主張し続ける。しつこくつきまとう不安は感じている者をさいなむかもしれないが、安全を売る会社にとっては素晴らしいマーケティング・ツールである。

ほかにも多くの者が不安は使い勝手がいいことに気づいている。政治家は選挙に勝つために恐怖を助長する。警察と軍隊は予算を拡大し、新たな権限を得るために恐怖を助長する。公共サービス機関とＮＧＯはもっぱら公共の利益のために働いていると考えがちだが、彼らもほかのあらゆる組織とまったく同じように既得権益を持っており、その多くが、恐怖が自分たちの課題を推し進め、会員数と寄付を増やし、政治的影響力を高めるための優れた手段であることに気づいている。

私たちはこういった恐怖の商人のメッセージに日々至るところで遭遇する。世間の不安を高めることによって色々な形で利益を上げている組織や個人の完全なリストを作るのは不可能だろう。その数はあまりにも多すぎる。

恐怖を売り込むことが自社の利益を上げるのに役立っている会社をすべて挙げるのはなおさら不可能だろう。ソフトウェア会社が、インターネット上で子供を探していると言われている「五万人の捕食者」にどのようにしてマーケティングの機会を見つけたかを見た。照明器具メーカーは犯罪について誇張して述べたあと、暗がりに潜む危険をなくすのに照明が有効な手段であることを明かす。水のろ過装置を売る会社は、塩素消毒した飲料水によって癌になるリスクに言及するのを好む。恐怖を見つけ、その恐怖を助長し、助長された恐怖をてこにして売り上げを増やす機会を得るには想像力に頼るだけでいい。そして、会社のマーケティング担当者は非常に想像力が豊かだ。

病原菌は開発を待っている市場だった。汚く、危険で、目に見えない病原菌はどこにでもいる可能性がある。そして、ニュースは、エボラウイルスや西ナイルウイルス、SARS、鳥インフルエンザなどの恐ろしい新種の微生物に関する話で溢れている。そういう微生物と台所の流しやトイレに潜んでいるものの問題は無関係かもしれないが、だからといって世界は微生物がますますはびこるようになってきているという印象――非常に多くの会社が大喜びで強めようとする印象――が変わることはない。ピュレル――ファイザーが製造している手の消毒薬――のうたい文句は「触ることができる世界を想像してください」である。これが、現状の世界が触ることができないことを含意していることは明らかである。ピュレルのウェブサイトでも強調されているメッセージである。このウェブサイトの中には「病原菌が潜んでいやすい九九の場所――ピュレル・インスタント・ハンド・サニタイザーを使う九九の理由」という使いやすいリストがある。六番――地下鉄の座席と手すり。一八番――電卓のキー。五八番――温度自動調節器のつまみ。六七番――ショッピングカートのハンドル。八三番――図書館の本。教室や託児所のような環境で手の消毒剤を合理的に利用することが有益であるという確かな証拠がある一方で、ファイザーは、人が触るあらゆるものを潜在的脅威として描き、人が触るあらゆるものとのどんな接触もピュレルの一吹きが必要な危機として描いている。ハワード・ヒューズ（米国の実業家・飛行家・映画プロデューサー。不潔なものを恐れる強迫性障害にかかっていた）の世界へようこそという感じである。

ピュレルはもともと医療の専門家のために作られたが、一九七七年に大宣伝とともに消費者市場に持ち込まれた。続いて業者が殺到し、今や、手の消毒薬や消毒用ワイパーの銘柄が無数にある。通勤者は、携帯式地下鉄用つり革を使うか抗菌手袋をはめて地下鉄の手すりにつかまることができる。買い物客はショッピングカートのべとべととして気持ちの悪いハンドルに使い捨てカバーをはめることができるし、公共のトイレを使わざるを得ないという不幸な事態になった際にはドアの取っ手と便座に使い捨てカバーを被せることができる。飛行機の乗客は無菌のヘッドレスト・カバーにもたれてくつろぐことができ、真偽は別として汚染された空気が鼻腔に入るリスクを減らすという「個人用空気清浄器」を首の周りにつるすことができる。レストランやバーが、消毒薬のディスペンサーやドアの取っ手に数分おきに消毒薬を自動的に噴霧する箱型の装置で病原菌恐怖症の顧客を喜ばそうとするのに対応して、新たな卸売市場も開けている。子供という悪名高い病原菌の運び屋に希望を与えるものさえある。『ばい菌は周りの人にうつしてはいけないもの』は、就学前の子供のための本である。「小さすぎて目に見えないけど、私たちを病気にする力を持っているものは？　ばい菌！　ばい菌は、空気中や食べ物や水の中、体の表面、そして、私たちが触るあらゆるものの表面にいます。そして、ばい菌は絶対に周りの人にうつしてはいけないものです」。たびたび手を洗うことが大切です、と子供は言われる。そして、非常に大切なのは、いっしょに遊んでいるときどの子にも触らないことです。手を繋いだりハイタッチしたりもしないこと。楽しく遊びなさい。でも無事でいてください！

しかし、病原菌のリスクはどれほど喧伝されようとも、少なくとも本当のことである。いくつかの会社は、何もないところに脅威を出現させることまでやってしまう。ドイツの水のろ過装置のメーカーであるブリタのテレビ広告は、台所のテーブルの上にあるコップに入った水のクローズアップで始まる。トイレの水を流す音が聞こえる。女性がドアを開け、台所に入ってきて、テーブルに座り、コップの水を飲む。トイレの水と蛇口の水は「同じ水が使われている」と言ってこのコマーシャルは締めくくる。目のいい視聴者ならこの広告の最初に小さな白の文字で表示されていた次の断り書きも目に入るだろう。「家庭用水は飲料用に処理されています」。事実上、コップとトイレの水がもともと同じ水であっても大した問題ではないことを認めているのである。したがって、このコマーシャルは意味を成さない。少なくとも、合理的な観点に立てば意味を成さない。しかし「腹」に狙いを定めた広告としては、完全に理にかなっている。汚染された飲み水による危険は人類の歴史と同じくらい古くからあり、最悪の汚染物はいつも糞便だった。脳に組み込まれている汚染物に対する防御手段は、嫌悪感すなわち汚染物と距離を保つように駆り立てる感情である。トイレと飲んでいるコップを結びつけることによって、このコマーシャルは糞便を家の飲み水と結びつけ、古代の恐怖を呼び起こす。その恐怖は、この会社の良質の製品の一つを購入することで和らげることができる恐怖というわけだ。

もう一つの、もっと気づきにくい形の恐怖の売り込みが、ある日かかりつけの医者の待合室に出ていた。壁に貼ってある大きなポスターに載っている「一〇〇歳まで生きる一〇〇通りの方法」というのが、退屈した患者の気晴らしとなっていた。挙げられている一〇〇項目の大半は小さな、薄い色の文字で印刷されていて、母の日のカードと同じ程度に、洞察に満ち、挑発的だった。「一番――人生を楽しんでください」「七三番――風呂に入ってください」。しかし、七つの項目は大きな黒の文字で印刷されていて、ポスターの中で最も目につきやすいものとなっていた。その中の最初のものは「二二番――定期的に運動してください」。これには反論しづらい。しかし、次に来るのは「四四番――食事中のコレステロールの量を減らしてください」である。これは少し奇妙だ。コレステロールは本来危険なものではないから減らす必要はないかもしれない。長生きの基本となる項目の中でどうしてコレステロールが運動と一緒になっているのかも理解しがたい。コレステロールは、果物や野菜をたくさん食べることやタバコを吸わないこと、このポスターで触れられていないほかの多くのことと比べてまったく重要でない。したがって、どうしてコレステロールがそれらより上となるのか？

説明のヒントがそのあとの項目の中に出てきた。「五六番――処方どおり薬を飲んでください」。次に「六二番――心臓発作か脳卒中を起こし薬の服用をやめている場合は、かかりつけのお医者さんに相談してください」。そして「八八番――新しい薬についてかかりつけのお医者さんに尋ねてください」。最後にあるのが「一〇〇番――かかりつけのお医者さんの言うことを聞いてください」。

全体としてとらえると、このポスターの基本メッセージは、長生きには薬が絶対に欠かせないということである。公平無私な医療の専門家から聞くようなメッセージではなく、製薬会社から聞くことが予想されるようなものである。実際のところ、ブリストル・マイヤーズ・スクイブ製薬グループが、左下の隅に小さい活字で印刷されたポスターの制作者だった。ブリストル・マイヤーズ・スクイブは、コレステロール低減薬であるプラバコールのメーカーでもある。FDAによると、プラバコールの米国での販売によって、ブリストル・マイヤーズ・スクイブは二〇〇五年だけで一三億ドル稼いでおり、それもコレステロール薬の市場のほんの一部に過ぎない。世界全体では、ファイザーのリピトールが二〇〇五年に一二二億ドルの売り上げを達成した。

この種のカモフラージュした売り込みは製薬業界ではよくあることであり、売り込みは診療所だけにかぎらない。健康関係の圧力団体や専門職の協会、活動家が、製薬大手の資金提供を日常的に受けている。こういった売り込みの多くが物議を醸すことはないが、批評家が言うには、製薬大手は公平無私な助言と販売広告のあいだの境界線を故意にぼやかしている。「価値がないと思っていたら、製薬会社は年に何十億ドルも使っただろうか？　もちろん、使わなかっただろう」と、タフツ大学医学部の教授であり『ニューイングランド・ジャーナル・オブ・メディシン』誌の元編集長ジェローム・キャサイラー博士は言った。これはこれで十分不安にさせられるが、製薬大手の売り込み方法より不安にさせられるのは製薬大手の目的である。

健康であること、というよりは正確に言うと、自分が健康であると認識することは、不健康な人に薬を売る会社の経済的利益にならない。実際の健康状態は重要ではない。重要なのは、薬で治すことができる悪いところがあると考えるかどうかである。そう考えれば、会社には潜在的顧客がある。考えなければ、売り上げはない。製薬会社が市場を拡大し、売り上げを増やすために何が必要かを理解するのに経営学修士は要らない。

批評家は、その製薬会社に必要なことを「病気の売り歩き」と呼ぶ。オーストラリア人の、ジャーナリストのレイ・モイニハンと薬学者デイヴィッド・ヘンリーは、『パブリック・ライブラリー・オブ・サイエンス・メディシン』誌の二〇〇六年四月号に次のように書いた。「病気に関する最新知識を伝えるいわゆる病気認識キャンペーンは――伝えるのが一般市民、ジャーナリスト、大学関係者、政策立案者のいずれであれ――公衆衛生を主な関心事としている組織によってというよりも、大手の製薬会社のマーケティング部門によって費用が賄われている。そして、その製薬会社のマーケティング部門が『病気のブランド化』の専門知識を持った広告代理店と契約していることは秘密になっているわけではない。そういった広告代理店の手腕には新しい病気や機能不全の『創出を促進すること』が含まれている」

モイニハンとアラン・カッセルズが収集した著書『怖くて飲めない！――薬を売るために病気はつくられる』(1)に載せている証拠は広範囲に及ぶ。製薬大手が薬を売り込む一般的なパターンの良い実例となっているのが、過敏性腸症候群に関する認識を変えることによって、グラクソ・スミスクラインの薬であるロトロネクスをオーストラリアで売り出そうとする秘密計画である。「過敏性腸症候群が重要で具体的な症状として医者の頭の中に確立されなくてはならない」と、医療関係のマーケティング会社によって作成されたこの秘密計画に述べられている。患者には「過敏性腸症候群が世間に認知された、ありふれた病気であることを確信してもらう必要がある」。これは、複数の分野のことを同時に進めることによって達成されるだろう。たとえば、胃腸病学から見た見解と「そういった見解を形成する機会」について会社に助言する「鍵となるオピニオンリーダー」の委員会を作ること、過敏性腸症候群に対処するための「最適医療指針」の作成、この病気が「正真正銘の重要な病気」であることを「専門家市場」に確信させるために新しいニュースレターの発行を開始すること、一般開業医と薬剤師、看護師、患者をターゲットにした広告を出すこと。この計画のもうひとつの要素は、医療関係の財団を巻き込むことである。そういった財団が、計画の作成者と「密接な関係」を持つものとして記述されている。この計画は総合的なメディア戦略も必要とする。なぜなら「ＰＲとメディア活動は、多方面にわたるキャンペーンにとって決定的に重要だからである。特に消費者意識の分野においてそれが言える」。しかし、すべて無駄になった。ＦＤＡが、ロトロネクスが重大な、死に至ることさえある副作用を引き起こすという報告を受けたのだった。大規模な売り込み活動は取りやめとなり、この薬は現在重篤な症状の女性だけに処方されている。

こういったことは広告の域をはるかに超えている。消費者の認識と医療行為そのものの両方で、健康と病気の境界線を移動させることにほかならない。ダートマス大学医学部の研究者スティーヴン・ワロシンとリサ・シュワルツは、最初にこの過程を分析した。一九九九年に、高血圧や糖尿病、高コレステロール、肥満の診断の閾値《いきち》を変えようという、様々な専門職の団体による提案を調べた論文を発表している。どの場合も、新しい閾値によって、これらの病気であると診断されやすくなった。続いて、計算を行なってみると、新しい基準がすべて適用された場合、本来健康であるはずの八七五〇万人の米国人が、唐突に、少なくとも一つの慢性病があることになった。全米国人の四分の三が「病気である」と見なされるのである。

勃起不全、女性性機能障害、脱毛、骨粗しょう症、むずむず脚症候群、シャイネス。これらは、より大きな市場を求める製薬会社によって重大さや有病率が計画的に誇張されてきた病気のほんの数例である。言葉は問題を医療の対象にする最も基本的な手段の一つであり、医者に薬を求めるように仕向ける重要な第一段階である。だから、「性的不能」は「勃起不全」という医学的な印象を与える語句になり、ストレスや不安のような薬なしで治る性的不能の要因を検討することを押しのけてしまう。数字も鍵となる。ありふれたものだと思っていると、その病気だという結論を下しやすい。だから、製薬会社は「四〇歳以上の男性の半数以上が勃起したり、勃起を維持したりするのに困難を抱えている」というような統計を押しつける。ところが、この数字は専門家によって真剣に受けとられている研究から取られたものではないため、ひどい誤解を与える。

英国の医者であるイオナ・ヒースは『パブリック・ライブラリー・オブ・サイエンス・メディシン』誌に次のように書いている。「病気の売り歩きを取り囲む美辞麗句は、それによって健康が増進されることを示唆しているが、実際のところ、結果は逆である。多くの病気の売り歩きは、通常範囲の生物学的および社会的変異を異常と見なすこと、そして、病気の危険因子の存在を症状そのものとして示すことによって成り立っている。危険因子に対処するために薬が用いられると、悪循環が成立する。薬を服用する者は誰しも定義上患者になってしまうからである」

この例として、診療所の壁にあったコレステロールについての警告ほど良い例はない。高コレステロールは病気ではない。単に心臓血管疾患の危険因子である。そのような危険因子はたくさんある。運動不足や喫煙、偏った食事、高血圧、肥満、糖尿病などである。これらの多くは簡単な生活様式の変更によって改善することができる。しかし、コレステロールは薬によって低減できる。そのため、薬品会社はコレステロールを選び出し、それ自体で病気であるかのように喧伝した。二〇〇三年に、ファイザーは「世間の認識」大キャンペーンを実施した。表向きは、フランスとカナダにおける心臓病と心臓発作の認識を高めることを目的とするものだった。広告は衝撃を覚えるほど直截的だった。カナダのテレビで、二人の幼い子供と一緒に病院の待合室で女性が泣いている。医者が現われ、その女性の夫が死亡したと言う。続いて、時間が逆行する。病院の廊下を運ばれていく夫、救急車の中、よく晴れた日のピクニックの最中に倒れる場面が映し出される。これは高コレステロールのせいです。健康そうに見えても、高コレステロールで死ぬことがあるのです。検査を受けてくださいと、聞かされる。そのあと、夫と子供たちが笑顔で、声を出して笑っているところが映り、彼らの暗澹とした運命が回避されたことが示される。

ファイザーのキャンペーンのフランス版に応えて、ＷＨＯの必須医薬品政策局のジョナサン・クイックたちは、英国の医学雑誌『ランセット』に辛辣な手紙を書いた。「心臓血管疾患のリスクが認められている主な要因のうち、コレステロールだけが検討されている。つまり、キャンペーンで明言されている目的が追求されていない。実際の医薬品については言及されていないが、このキャンペーンは、アトルバスタチンの服用後に心臓血管疾患の発生が低減することを示す研究が『ランセット』に発表されるのと同時に行なわれている」。アトルバスタチンは、ファイザーが儲けている抗コレステロール薬リピトールの正式名称である。「キャンペーンによって、患者が不安を覚え、スタチン（血中コレステロール値を下げる薬の総称）の処方を依頼するように促された可能性があると考えている」。クイックたちは次のことをつけ加えている。

「用いられた情報の中には、誤解を招く文言と省略があり、医学的に理屈に合わない薬の使用を招いたり、過度のリスクがあるように受け取られたりしかねない」。このため、このキャンペーンは「WHOの倫理規準を尊重しなかった」という結論を下した。ブリティッシュ・コロンビア大学の保健学と疫学の教授であるバーバラ・ミンツェスは『パブリック・ライブラリー・オブ・サイエンス・メディシン』誌の記事の中でさらに辛辣に、ファイザーは販売促進のために「死の恐怖」を用いていると書いている。

世間に情報を知らせるためのキャンペーンというごまかしは、ほとんどの西側諸国で必要となっている。と言うのも、ニュージーランドと米国だけが、消費者向けに薬の広告を完全に許可しているからである。しかし、米国内でさえ、連邦規制によって広告が公共利益の指針に従うことが求められており、製薬業界は、自分たちの広告が単に確実な情報を提供しているだけで、それゆえ、公共の利益に即したものであると主張する。これをばかげたことと考えている人も多い。『アナルズ・オブ・ファミリー・メディシン』誌に書いた文章の中で、南カリフォルニア大学医学部のダグラス・レヴィーとFDAの元局長デイヴィッド・ケスラーは次のことに触れている。米国における製薬会社のテレビ広告費は、「二〇〇一年の六億五四〇〇万ドルから、二〇〇五年の一一億九〇〇〇万ドルという驚くべき額へと倍増した。二〇〇五年の広告費のほぼ三分の一はたった一つのカテゴリーの薬に使われた。睡眠薬である。しかし、睡眠障害は、いくら問題が多く、深刻なものであったとしても、米国における主な死因である心臓血管疾患や癌、事故による負傷などと比べればほとんど重要でないと言える。自分たちの広告が健康にかかわる公共の利益を与えるものだと製薬業界がどれほど主張したとしても、症状の重大さにばらつきのある病気の薬の販売促進に、これほどの金額が使われると考えると、この業界が本当に公共利益のために活動しているのかどうかという疑問が生じる」。

二〇〇七年に、カリフォルニア大学医学部のドミニク・フロッシュが率いるチームが、平均的な米国人が毎年テレビで見る三〇時間に及ぶ薬の広告の内容を初めて包括的に分析し、『アナルズ・オブ・ファミリー・メディシン』誌に発表した。「ほとんどの広告が事実に基づいた主張を行ない（八二パーセント）、製品使用に対する合理的な理由を示していた（八六パーセント）が、病因（二六パーセント）や危険因子（二六パーセント）、有病率（二五パーセント）を述べているものはわずかだった」。フロッシュたちはこれらを省略することが重要な結果をもたらすと考えている。「誰がその製品を必要とし、誰がその製品によって利益を得るのかを曖昧にしておくことによって、消費者向けの広告は、誰が治療によって本当に利益を得るのかを伝えることよりも、製品の使用によって改善されるかもしれない様々な症状に対してリスクがあるかもしれないと信じ込ませることに暗黙のうちに重点が置かれている」

ないがしろにされているもう一つの問題は生活様式の変更である。病気の治療法を検討するときどんな医者でも最初にすることは、生活様式の変更（禁煙や食生活の改善、運動）だけで良くならないかと問うことである。フロッシュの研究の中では、広告の一九パーセントが、薬の服用とともに生活様式の変更をしてはどうかと述べていた。しかし、生活様式の変更が、薬の服用に取って代わる可能性があると述べているものは一つもなかった。それどころか、広告のほぼ一九パーセントが、生活様式の変更だけでは十分でないと明言さえしていた。「コレステロール低減薬のいくつかの広告は、非薬理学的方法はほとんど効果がないことを示唆しているように見えた」と、フロッシュたちは書いている。

薬の広告が重きを置くのは感情である。フロッシュの研究によってわかったところでは、ほぼすべての広告（九五パーセント）が肯定的に感情に訴える内容を含んでおり、六九パーセントが否定的感情を強調していた。「ほとんどの広告に、病気の結果、思いどおりに生活できなくなり、再び思いどおりに生活できるように薬を服用する登場人物が現われる。思いどおりにならないのは病気だけの問題に止まらず、人づきあいや遊び、仕事もできなくなることが多かった。製品を服用したあと、人物は、たいてい再び思いどおりに生活できるようになり、その結果、友達や家族から共に暮らす仲間として認めてもらうことになる」。したがって、ここでの基本的なメッセージは、ホームセキュリティの広告や電流フェンスのそばでサッカーをしている小さな男の子のイメージとは少し異なり、あなたは危険な状態にあるが、わが社の製品を買えば、生活に笑顔や陽光、ピンク色のほほをして遊びに興じる子供があふれるようになるだろうというものだ。

「病気の売り歩きは、心の奥底にある原始的な苦痛や死の恐怖を食い物にする」と、イオナ・ヒースは書いている。それは、幸福と社会的に受け入れられることを望む気持ちをも食い物にする。結果として、きれいに対称的な感情が生まれる。我が社の製品を使わなければ、不安と病気、拒絶、死を味わい、使えば喜びと活力、受容、生が得られる。「腹」を目覚めさせ、客の財布を開かせるのにこれより良い手は想像しがたい。

誰しも疑問を抱くと思われるのが、製薬会社や警備会社、恐怖を利用して私たちの心のボタンを押せればいいと考えているその他のあらゆる会社が、自分たちのやっていることを十分に理解しているのかどうかである。試行錯誤によってたまたま見つけたのか？　あるいは、過去三〇年の科学の進歩を学び取り、実践に移したのか？　後者の方が真実に近いと考えられる理由がたくさんある。

一九七〇年代の昔から、マーケティングの研究者はブランドとそれを強力なものにする感情について検討していた。その時点で、少数の先駆的な心理学者が人間の思考のツー・システム（「頭」と「腹」）モデルを掘り下げ始めており、意思決定における感情の役割についての研究が始まっていた。しかし、これらが心理学の時の話題となったのは一〇年あるいはそれ以上たってからで、支配的な考え方となったのは少なくともさらに一〇年たってからだ。

ところが、少なくとも一つの業界はずっと前に、関心を払い、結論を出していた。

「二〇年か三〇年前、タバコ業界からマーケティング関係の書類の提供を受けたことがある」と、ポール・スロヴィックは言う。彼は、二〇〇一年に、米国政府がタバコ大手に対して起こした訴訟の鑑定人として雇われていた。「驚きであり、衝撃的だった。タバコ会社のコンサルタントの行なっていた研究、報告していた結果は、情動の重要性の認識において認知心理学者や社会心理学者の多くの二〇年先を行っていた。システム・ワン（「腹」）思考の概念と肯定的感情が結びついたイメージの重要性が基本的に良く理解されていた。そして、これが彼らの広告のすべての基礎となっていた」

エイモス・トヴェルスキーは、かつて、どのようにして判断を下すかを研究している自分たち科学者は「広告主や中古車のセールスマン」に追いつこうとしているだけだと冗談を言った。自分がいかに正しかったかがわかっていなかったのだ。

タバコ大手が何十年か前に見つけ出したことは、恐怖を利用して儲けているほかの主な業界も、今日、間違いなく理解している。最先端の心理学研究を企業のマーケティングと統合することと自体が、急成長中の産業となっているからである。マーケティング関係の雑誌や業界誌では、カーネマンとトヴェルスキーが有名な一九七四年の論文で明らかにした画期的成果（実例規則と典型的なものに関する規則、係留規則）は常識となっている。そして、意思決定において感情が果たす役割について進展中の研究は、ウォール街の動向をうかがう銀行家の熱い注目を浴びている。

認知心理学の訓練を受けた多くの経営大学院の教授が、民間のコンサルタント業を経営し、依頼主である企業から高額の手数料を取って、製品の発売や販売促進に最新の科学を応用している。そういった教授の中に、ハーバード大学経営大学院のマーケティング学の教授およびハーバード大学の「心・脳・行動イニシアティブ」プロジェクトのメンバーであるジェラルド・ザルトマンがいる。著書『心脳マーケティング――顧客の無意識を解き明かす[2]』で、企業は無意識をビジネスの未開拓領域として取り扱うべきであるとザルトマンは書いている。「客の行動に影響を与えるものの大部分は、この未開拓領域に存在する。気づかないうちに客は影響を与えるものに出くわして処理している。この未開拓領域の探索を最も効果的に活用する会社が、競争で決定的に有利な立場を得ることになるだろう」。大手企業がこうした「探索」に持ち込んでいる高度化は印象的である。「いくつかの企業、たとえば、コカコーラやユニリーバ、ホールマーク、シンジェンタ、バンク・オブ・アメリカ、グラクソ、アメリカン・センチュリー、ゼネラル・モーターズは、特定の感情の『探究』を開始し、その微妙なニュアンスや働きを理解しようとしている。たとえば、ある一流ブランドのために実施された『喜び』の意味の研究では、この基本的な感情の一五を超える要素が特定された。こういった洞察によって、ブランド・ストーリーを大幅に見直している」

神経科学までもが売り上げ追求のために駆り出され、「ニューロ・マーケティング」というものが出現している。従来のフォーカスグループ——無意識の判断を意識的に合理化した以上の解答が得られているかどうかがはっきりしないという理由で欠陥のある方法——を質問攻めにする代わりに、マーケティング担当者は被験者をMRIに固定する。製品や広告を見せられると、脳の活動が活発になる。電極も用いられ、感情のうねりを露呈させる心拍数と皮膚温度、顔面筋肉のかすかなうずきがモニターされる。結果の分析によって、感情の関与および感情が思考にどのように影響しているかについて、多くのことを明らかにすることができる。要するに、これはマーケティング担当者が「頭」だけでなく「腹」にもアクセスできることを意味している。うまく実施されれば、脳の中で生じ、その持ち主でさえうまく調和を図れないことを理解することができる。

そして、ここまで来れば、この本の最初に提起した問題に対するもう一つの答が出る。私たちはかつてないほど安全で健康であるにもかかわらず、けがや病気、死についてこれまで以上に心配している。なぜか？　部分的には、実際にはこれまでより安全で健康であると世間の人を納得させることによって金儲けができる機会はほとんどないが、恐怖を助長することによって作り出される巨大な利益が存在するからである。ルーズヴェルトが「いわれのない恐怖」と呼んだものは、感じている人や社会一般にとっては良くないことかもしれないが、株主にとっては素晴らしいものである。発展の機会は無限にある。必要なのは恐怖が増大し続けることだけであり、恐怖によって利益を得る人々は、恐怖の増大が確実に起きるようにするために、私たちの石器時代の心の中でどのボタンを押せばよいかを知っている。

H・L・メンケンはかつて次のように書いた。「実際的な政治の全目的は、すべて想像上の産物である、つぎつぎ現われる幽霊のようなもので大衆を脅すことによって、大衆を不安にさせておく（その結果、騒ぎ立てさせ、安全な状態に導かれるようにする）ことである」。メンケンはこの文章を一九二〇年に書いた。それは、最初の「赤狩り」が最高潮に達した時期だった。当時、米国の無政府主義者は驚くべき頻度で、爆弾を用いてビルを破壊し、人を殺した。司法長官のアレグザンダー・ミッチェル・パーマーは二度暗殺を逃れた。そのあと行なわれた弾圧（悪名高い「パーマー・レイド」）において、市民の自由が著しく虐げられたが、共産党員による陰謀は発見されなかった。恐ろしい暴力行為だったが、ごく少人数の過激派の仕業であることは明らかだった。結局のところ、自分の利益にかなうという理由で政治家が過度に脅威を煽り立てているとメンケンが考えたのは正しいが、どのベッドの下にも共産党員が潜んでいるように見えた政治家の正直さを否定したのはひどく間違っている。その考えは見当違いだったかもしれないが、正直なものだった。「赤狩り」が多くの政治家や役人――特に若かりし頃のJ・エドガー・フーバー――にとって素晴らしく便利なものでもあったという事実によっても、そのことに変わりはなかった。

メンケンと同じように、私たちは、政治家が恐ろしい話をして田舎者を怯えさせたあとで酒を飲みながらそのことを面白がるものだと考える間違いをよく犯す。実際には、脅威を助長することによって政治家に得るものがあるかもしれないという事実は、その政治家がその脅威を本物だと思っていないことを意味しない。このことは、製薬業界や警備会社、恐怖を助長して儲けるその他すべての者に当てはまる。実際、多くの場合で恐怖を助長する人たちは正直だろう。そう考えるのは、人間は正当化せずにはいられない生き物だという単純な理由からである。人は自分が基本的に善い存在だと考えたがる。したがって、自己の利益を増やすために他人の恐怖を助長していることを認めると、認識に不快な不調和が生じる。つまり、自分が基本的に好ましい人物であることはわかっているという考えと、自分がしていることはひどいことで、間違ったことだという考えの不調和である。同じ頭に居心地よく納まる二つの考えではないため、正当化して解決をはかる。つまり、我が社の家庭用警報機を買わなければ、郊外の主婦は現実にリスクに曝されたままであり、そのことを伝えることによって、役に立つことをしているのだという具合に。自己の利益と誠実な信念が袂を分かつことはめったにない。(3)

政治的利益を得るための恐怖の売り込みはどこでも見かけるので「恐怖の政治」という語句はほとんど常套句となっている。しかし、今なお投票者に影響を与える恐怖をもたらすメッセージの力を疑っている人も多い。「意図にかかわらず、選挙戦は急速に誰が最も効果的に投票者を怖がらせるかの戦いになる可能性がある」と、カンタベリー大主教ローアン・ウィリアムズ博士が、二〇〇五年の選挙の前に英国の党首たちに出した手紙の中で不平を述べた。こんなことが起きないようにして欲しいと大主教は求めた。非倫理的で破壊的だし、うまく行かないと述べた。「投票者は恐怖を主な根拠として決心しないし、選挙戦のこの側面は、新聞の大見出しには間違いなく載るだろうが、たいした決め手にならないと考えている。ほかの多くの人たちも同様だろう。この手段はやや見え透きすぎているし、まじめに受け取るにはたいてい度を越しすぎている」

この点についての学術研究は驚くほど限られている。選挙宣伝――政治に感情を効果的に用いるための最もわかりやすく、計量化が可能な手段――において感情が果たす役割さえほとんど研究されてこなかった。しかし、それでもなお、選挙のコンサルタントや政治ジャーナリストのあいだに「立候補者を売り込む方法についての広範な意見の一致」が認められると、ミシガン大学の政治学者テッド・ブレイダーが『心と頭に訴える選挙戦』に書いている。「これらの政治観察者は、教育レベルの低い無知な投票者を操る音楽と映像に包まれた選挙宣伝にとって、感情に訴える呼びかけが、影響力の大きい重要な要素であると考えている」。このことを心理学の言葉で述べると次のようになる。教育レベルが高く教養のある投票者が宣伝を見るとき、「腹」が反応するかもしれないが、「頭」が誤りを正して調整する。教育レベルが低く無知な投票者が同じ宣伝を見るとき「腹」が反応するが「頭」は介入せず、そのため感情に訴える宣伝に感化される。と言うより、そのように政治の専門家は想定している。

ブレイダーは、宣伝内容の大規模な分析を実施することによって、最初にこの想定を調べた。「ほとんどすべての選挙宣伝が感情に訴えていたが、七九パーセントという相当多数の宣伝が、証拠となる事実から結論を引き出すことを促すことによって、見る人の論理的に考える能力にも訴えていた」と、ブレイダーは書いている。「それでもなお、政治宣伝が主として感情に訴えるものだという意見は十分根拠のあるものだった。つまり、宣伝の七二パーセント近くで、感情への訴えかけが論理への訴えかけを凌いでいた」。宣伝の一〇パーセントだけが単一の感情に狙いを定めていた。四分の三が少なくとも一つの熱烈な訴え――輝く未来のためにフレッド・ジョンを！――を含んでおり「宣伝の半数近くが何らかの恐怖や怒り、誇りへの訴えかけを含んでいる」。ブレイダーが分析した宣伝は一九九九年から二〇〇

○年にかけての選挙から採用したもので、アル・ゴアとジョージ・W・ブッシュの著しく低調な大統領選挙戦が含まれていた。二〇〇四年の大統領選挙は、二〇〇〇年の大統領選挙よりずっと不快なものであり、選挙戦においてさらに広範囲に、効果的に恐怖が用いられたといって差し支えない。それはテレビの宣伝でも同じだった。「二〇〇四年に米国人は全体として一〇〇万件以上のテレビの選挙宣伝に曝された」と、ブレイダーは書いている。「立候補者と政党、政治団体は宣伝に一〇億ドル以上費やした」

感情に訴える内容を強調するために、政治宣伝がかなりの程度予測可能な音と映像を用いていることをブレイダーは見出した。熱烈な訴えは、鮮やかな色彩や陽光、笑顔の子供、崇高な、あるいは感傷的な音楽であふれている。恐怖をあおる宣伝は、白と黒あるいは非常に暗い色で作られることが多い。老人や不毛の地の風景のような「死や衰退、荒廃と結びついた視覚的暗示が豊富」である。音楽は張りつめた感じのものか暗いものあるいは単に不協和音である。

宣伝にはたいてい感情に訴える中心的主題があるが、三分の一は「肯定的感情と否定的感情の両方への訴えかけを含んでいる」。ブレイダーによると、これはラトガーズ大学の教授であるモンタギュー・カーンが政治宣伝について一九八〇年代に述べたことに合致するという。それは「『病気にさせて、元気にする』という宣伝の考え方であり、不安を生み出したあとに、解決策があると言って世間の人々を安心させようとする」というものである。馴染みがある考え方のように感じられるはずだ。前に出てきたコレステロールの広告やホームセキュリティの広告、電流フェンスの背後でサッカーをして遊んでいる小さな男の子を載せている横断幕で用いられたメッセージと同じである。つまり、あなたは何か有害なことあるいは怖いことによって脅威を受けているが「立候補者」という名の我が社の製品を買えば人生が大いに楽しいものとなるというメッセージである。

こうした感情への訴えによって誰が影響を受けるのかを正確に知るために、ブレイダーは一連の巧妙な実験を考案した。単純に、被験者に座ってもらい、偽の候補者の偽の宣伝を見てもらうのでは、うまくいかないと考えたのだ。被験者は宣伝に接する以前にいろいろ考え、感じている。そして、被験者は宣伝をそれだけで見るわけではなく、宣伝はニュースやマクドナルドのコマーシャルに混じって映し出される。宣伝に気づいて注意を払うこともあれば、そうしないときもある。この状況を作り出し、信頼できるデータを生み出すのは難問だったが、ブレイダーは答を見出した。一九九八年に、彼は、マサチューセッツ州の一一の自治体で、自治体の広報やビラを使って二八六人の実験志願者を集めた。このとき、予備選挙戦が進行中で、マサチューセッツ州知事の民主党の指名候補者となるために争っていたなかで二人の候補者が優勢だった。それは「見事なくらい面白みに欠ける」戦いであり、平和と繁栄の時代の中、大論争や激しい議論を呼ぶ問題はなかったと、ブレイダーは書いている。ブレイダーの目的にとっては最適だった。なぜなら、「熱意や恐怖、その他の感情を引き出す選挙宣伝の力を試すかなり要求の厳しいテストケース」となっていたからである。

実験会場の図書館や集会場、教会に到着すると、被験者は席に着いてニュース番組のビデオを見るように求められた。被験者は、実験の目的がニュースからどのような影響を受けるかを調べることだと告げられていた。コマーシャルが入ったニュース番組を半時間見たが、当然、コマーシャルの一つは、民主党の指名を目指す二人の主要な立候補者のうちの一人の宣伝だった。しかし、その宣伝は本物ではなかった。ブレイダーが、過去の政治宣伝から取ったビデオクリップと音楽を使い、自分で台本を書いて作ったものだった。宣伝は全部で四つあった。一つ目の宣伝は、画面に現われない「熱烈で」肯定的なナレーターの声が特徴となっているが、映像と音楽は精彩を欠いている。二つ目の宣伝は、一つ目と同じナレーターの声を用いていたが、その言葉は崇高な音楽と晴れた空や歯を見せて笑う子供の映像と調和していた。三つ目の宣伝は犯罪や薬物に関する恐ろしい台本を特徴としていたが、ここでも精彩に欠ける映像と音楽が使われていた。四つ目の宣伝は三つ目と同じ台本だったが、その台本は、不吉な音楽と拳銃や犯罪者、薬物の不快な映像と対になっていた。その意図するところは、肯定的および否定的な情報の影響を肯定的および否定的な感情の影響から切り離すことだった。と言うのも、どのバージョンとも情報が入っているが二番目と四番目のバージョンだけが感情で「活性化」されているからである。ビデオが終わると、被験者は、ニュース番組とコマーシャル、来《きた》るべき選挙についての一連の質問に答えた。その結果は驚くべきものだった。熱烈な宣伝の「活性化」バージョンを見た被験者は、同じ宣伝の精彩を欠くバージョンを見た人より、選挙戦のボランティアを務め、予備選挙で投票し、本選挙でも投票すると言う傾向が強かった。これが一つの短い宣伝を一回だけ何気なく見た結果だったということに注目してもらいたい。

しかし、恐怖は影響がずっと少ないようであり、恐怖に包まれた宣伝を見た人と同じ宣伝の感情への訴えを抑えたバージョンを見た人の答にはほとんど差がなかった。しかし、ブレイダーは、選挙に関する事実を被験者に尋ね、得られた情報を用いて被験者を政治についてよく知っている人とそうでない人に分けた。これによってすべてが一変した。感情に訴える「熱烈な」宣伝の効果は全般的で、被験者が政治について何を知っていようが知らなかろうが全員に影響を与えた。しかし、恐怖を基に作られた宣伝の効果は分かれた。この宣伝によって、政治についてよく知らない人が政治にかかわりたいと言う率は上がらなかった。しかし、政治についてよく知っている人ははっきりと影響を受け、選挙戦のボランティアを務めたり、投票したりすると言う傾向が強かった。

したがって、政治の専門家の想定は誤りである。恐怖を用いた宣伝によって影響されやすいのは政治についてよく知らない人ではなかった。よく知っている人だった。あきらかに、政治に対して意識が高く、かかわりが深いと、感情に訴えるメッセージはより心に響くようになる。だから、よく知っているからといって「頭」が介入し「腹」に落ち着けと言うという保証はない。

誰が恐怖によって影響されやすいのかについて誤っていたとしても、政治の専門家は政治的売り込みにおける感情の果たす中心的役割については的を射ていた。「視聴覚に訴える演出は宣伝の効果にとってほかのものより重要かもしれない」と、ブレイダーは書いている。

「かもしれない」を取り払って「である」に換えれば、どの政治コンサルタントも提示する標準的な助言になる。「視覚に訴える場面は言葉を支え、強めるため、効果を何倍にも高め、あなたのメッセージをさらに強調してくれます」と、共和党の指南役フランク・ランツが自著『役に立つ言葉』の中で助言している。しかし、ランツはこの助言を上回る次のようなことまで述べている。「視覚に訴える印象的な場面は、伝えようと意図した言葉によるメッセージを完全に圧倒することがある」。ランツは自分のこの主張が正しいことを示すために、レスリー・スタールが自伝『報道に生きる』に述べている話を取り上げている。一九八四年にスタールはあるニュースをCBSの『イブニング・ニュース』に送ったが、その報告がレーガン政権について非常に批判的なものだったので、政権内の彼女の情報源が「怒って自分を締め出してしまうのではないか」と恐れた。しかし、そのニュースが放映されたあと、大統領次席補佐官は、ホワイトハウスがそのニュースを気に入っていると彼女に話した。スタールは彼に尋ねた。「私がしゃべったことを聞きました?」。その政治屋は答えた。「君がしゃべったことなど誰も聞かなかった……テレビの国の人間はそんなことがまだわからないのか? 映像が強烈で感情に訴えるものなら、映像が勝り、完全に音を掻き消してしまいかねない。そういうことだ、レスリー。誰も聞いてない」

これは一九八四年でさえ言い古されたことだった。「政治宣伝における真の課題は、どうやって聴覚や視覚に訴える適切な刺激で投票者を包み込み、自分が得たいと思っている反応を引き起こすかだ」と、政治コンサルタントのトニー・シュワルツは一九七三年に書いた。

これより五年早く、リチャード・ニクソンの選挙戦では、テレビの宣伝が用いられ、その宣伝の中では、ベトナムにおける暴動や市街戦、破壊の映像が矢継ぎ早に現われる中に穏やかな表情の対立候補ハバート・ハンフリーの映像が挿入されていた。ナレーションは一言もなかった。それはもっぱら「腹」を狙った宣伝だった。このような宣伝が今日流されたら、心理学者は報道対策アドバイザーが自分たちの研究から学んでいる証拠だと考えるかもしれないが、本当のところは、報道対策アドバイザーが――エイモス・トヴェルスキーの「広告主や中古車のセールスマン」と同様に――最初にその研究のことを理解したのである。

言うまでもなく、ほとんどの人にとって、報道対策アドバイザーが恐怖を不正に取引していると考えるのは難しいことではない。それに、同様の手法で企業が売り上げを伸ばしていることを想像するのも無理なことではない。結局のところ、彼らは利己的であり、どんな方法を使ってでも利益を増やす。

活動家やNGO、慈善団体となると話は別だ。ほかの誰もと同様、利害関係を持っているし、恐怖を利用して、会員数を増やし、寄付を増やし、メディアにおける印象を良くし、政治的影響力を強めることもある。しかし、報道対策アドバイザーや企業と異なり、活動家たちが求めているのは、公益の増進である――それが存在する理由であるのだから。したがって、奉仕したいと思っている世間そのものを怖がらせようとするのは奇妙に思われる。それでいて、活動家やＮＧＯ、慈善団体が恐怖を売り込む理由になることが多いのが、まさにそういった高邁な動機である。

ある日の午後、近所の食料品店から出ようとしているとき、悲しい目をした少年のポスターが目に留まった。少年は「お腹がすいた」と書かれたＴシャツを着ていた。キャプションには「カナダの子供の五人に一人が飢えている」と書かれている。「グロッサリー・ファウンデーション」への寄付の呼びかけだった。貧しい子供のための学校朝食プログラムなどを支援するため、大手食料品店チェーンと食品会社によって設立された組織だった。大義は申し分ない。しかし、これまでそんな統計を一度も聞いたことがなかったし、状況がそれほどひどいとは信じられなかった。言葉遣いも腑に落ちなかった。子供が「飢えている」とはどういう意味か？　毎日飢えを感じていることを意味するのか？　週に一回か？　飢えはどのように定義されどのように評価されたのか？　私はもっと知りたくなったので、この財団の事務局長であるジョン・マクニールにＥメールを送った。

マクニールはＥメールの返事の中で、この分野に取り組んでいる別のＮＧＯに当たるように教えてくれた。しかし、そのＮＧＯもその数字の出所を知らなかった。そこで、再びマクニールに接触した。このとき、彼はシュー・コックスによって書かれた手紙の抜粋を送ってきた。コックスは、デイリー・ブレッド・フード・バンクの元代表であり、マクニールによると「飢えや貧困についての定評ある権威」だった。五人に一人という統計に対するコックスによる説明は次のようなものだった。まず「子供の飢えと子供の貧困は密接につながっている」。次に、カナダ統計局が「現在の子供の貧困率は六人に一人である」と述べている。三番目に、実際の数字は五人に一人に近いと思われる。なぜなら、六人に一人という数字を出すのに用いられた電話調査では、電話を持つ余裕もない非常に貧しい人たちをとらえていないと考えられるからである。

コックスが触れなかったのは、カナダ統計局が「子供の貧困」あるいはその他のどのような貧困であれ、なんのデータも持っていないことである。この機関が持っているのは最低所得水準（LICO）と呼ばれるものである。ここから六人に一人という数字が出ている。しかし、LICOはコックスが主張しているような「貧困」の数字ではない。カナダ統計局の局長アイヴァン・フェレジの言葉によると、それは、相対的な欠乏状況のみを示す尺度であり「平均に比べて非常に暮らし向きの悪い人々」を特定することを目的としている。カナダの上位一〇パーセントの所得が明日倍になるとしたら、LICOより下に落ちる人の数は急増するだろう。と言っても、突然LICOの基準より下に落ちたすべての人は、落ちる前とまったく同じ収入があるだろう。カナダ統計局は、何度も、自分たちがLICOを貧困の尺度と考えていないと述べている。「カナダ統計局は、カナダの『貧困』の水準を評価しているのではないし、評価することもできない」と、フェレジは書いている。

したがって「カナダの子供の五人に一人が飢えている」という主張の根拠は次のようになる。カナダ統計局が貧困の尺度ではないと言っている数字が、貧困の尺度として用いられた。「貧困」という言葉は「飢え」に変えられた。そして、数字は六人に一人から五人に一人に独断によって変えられた。

私はマクニールに再度Eメールを送り、あなたの数字は信用できないと伝えた。返事をくれる気があるだろうか？「それは私の見方と異なります」と、彼は書いてきた。「しかし、気にされている点について十分議論してきたと思います。その数字が四人に一人にせよ六人に一人にせよ、空腹を抱えてうろついているカナダの子供が大勢います。それに対して何かしてあげようとしているのです」

大義は立派なものだし、目的は尊敬に値する、立派な大義を推進するために用いられる情報の正確さなどどうして気にかけるのかとマクニールは言っているように思われる。

同じような出来事が一九九一年に米国で起きた。それは、フード・リサーチ・アンド・アクション・センター（FRAC）という名の米国の活動家グループが、「米国の子供の八人に一人」が前年のある時期飢えに陥ったと主張する内容の報告を発表したときのことだった。その報告は、報道機関に広く取り上げられたものの、調査サンプルが対象集団を代表していなかったり、質問が大雑把に作られすぎていて意味がなくなったりしている点で、致命的な欠陥を抱えていた。最も明確な質問——「食料品を買う十分なお金がないという理由で、あなたのお子様のうちの誰かがお腹をすかせたまま寝たことが今までにありますか？」——に対しても、「飢えている」と計上された人のうち三分の一しか「ある」と答えなかった。これだけでもこの報告の正当性に疑問を投げかけられて当然だったが、ほぼすべてのニュースがまるでその統計が反論の余地のない事実であるかのように報道した（CBS『イブニング

・ニュース』の誰かは、この調査を確かな事実と受けとめただけでなく、ほとんど笑ってしまうような形で誤解した。その結果、ダン・ラザーは番組を始める際に次のように伝えた。「驚くべき数の米国の子供が飢えの危険に曝されています。ダン・ラザーがお伝えします。今晩は。八人に一人の米国の子供が今晩飢えようとしています」。

二〇〇五年一月、カナダで「癌を抑制できなくなりつつ」あると宣言している新聞の全面広告が国中で掲載された。「我々の一〇人に四人が癌になるだろう。そして、一〇年後に、それは一〇人に五人になるだろう。今こそ癌にやり込められるかわりに癌の抑制を開始するときだ。そうしなければ、これまで以上に多くの人間が、癌にかかり、癌で死ぬことになるだろう」。広告を出したのは、「癌コントロールのためのキャンペーン」だった。国家癌戦略を実行するように連邦政府に迫るために結成された癌や健康にかかわる組織の共同事業体だ。この広告で述べられていることはすべて本当だった。現在の趨勢だと、これまでより多くの人が癌にかかり、これまでより多くの人が癌で亡くなるだろう。しかし、この広告が触れていないことがある。このような推測が成り立つのは、人口が増加しているからであり、国民が高齢化しているからだということである（人口が増えれば癌も増えるし、これまでのところ高齢化が癌の最大の危険因子であるため高齢化は癌の増加を意味する）。また、癌の死亡率が低下しており、今後さらに低下すると予想されていることにも触れていないし、国民の高齢化を考慮すれば、ほとんどの種類の癌の発生率が横ばいか低下していることにも触れていない。

『オタワ・シチズン』紙のイアン・マクラウドが、わかりやすく偏りのない話としてこういった事実を明記した記事を書くと、読者は憤慨した。マクラウドは怒りのEメールや電話によって非難を浴びせられた。ある男は彼を「癌支持者」だといって非難した。主筆宛のある手紙では次のように主張されていた。「寄せ集めの（癌対策）制度しか現在利用できないことに注意を向けるためなら、数ページの広告費用を出すだけの価値があるし、厳しい言葉によってショックを与えるだけの値打ちがある」

「癌コントロールのためのキャンペーン」の二人の医師サイモン・サトクリフとバーバラ・ワイリーも、書簡を送った。彼らはマクラウドが提示したどの事実にも反論しなかった。「『癌コントロールのためのキャンペーン』は、癌対策が進歩していることを否定しません」。しかし、癌の増加は医療制度に深刻な負担を課すことになるし、予防対策などの戦略を用いて、そういった負担を軽減するためにできることがまだまだある、と。それは本当だ。しかし、この医師たちが手紙の中で示しているバランス感覚と合理性は、所属している組織が出した広告には完全に欠落していた。

二〇〇七年の夏、米国癌協会は、一五の女性雑誌に、微笑んでいるブロンドの女性の写真を持った若い女性を載せた広告を出した。「私の姉は予期せず亡くなりました。皮膚癌で亡くなったのです」と、見出しに書いてある。「検査を受けずに放置すると皮膚癌は致命的なものになることがあります」。広告は若い女性に「日焼け止めを使い、服を着て、肌の変化に注意する」ように促していた。かなりもっともなことに聞こえる。しかし、それも、皮膚癌による死のほとんどすべてが、稀な種類の皮膚癌であるメラノーマによってもたらされるということ、そして、太陽光への暴露とメラノーマの関係あるいはその関係に対して何をすべきかは、十分に理解されていないということを知らなければの話である。「我々は、日焼け止めが致死性の低い種類の皮膚癌のリスクを低減するという、かなり信頼できる証拠を持っている」と、国立衛生研究所の疾病予防部門の副部長バリー・クレイマー博士は『ニューヨーク・タイムズ』紙に話している。しかし「日焼け止めがメラノーマから守ってくれるということを示す証拠はほとんどない。それでいて、それが一番よく聞くメッセージになっている」とも話している。米国癌協会の医務副局長レナード・リヒテンフェルト博士は『タイムズ』紙に対して次のことを認めた。「そういったメッセージを、これまで使ってきたような形でかなり自由に使ってきた。なぜなら、それが、ターゲットとしている人々にメッセージを届ける方法だからだ」。こういった広告にはもう一つ不安にさせられる点がある。広告に登場する唯一のロゴは高い評価を受けている米国癌協会のロゴだが、実際には、広告料は、消費者向けヘルスケア企業大手のジョンソン・エンド・ジョンソンが所有している会社であるニュートロジーナによって支払われていた。ニュートロジーナの主要製品の一つは日焼け止めである。

ここで述べてきたことはすべて善意によって行なわれている。現実に飢えた子供はいる。太陽光への暴露は実際に癌を引き起こす。こういった深刻な問題に関するメッセージに正確な情報を要求するのは、細かいことを気にしすぎているように見えるかもしれない。たしかに、大切なのは意識を高め、行動を起こさせることだ。

こういった態度はあまりにもよく見られ、その結果、半分だけ真実や四分の一だけ真実、やや真実が延々と現われる。[4] 郵便物の中に「車の衝突事故はカナダの子供の死因の第一位です！」と警告する政府からのパンフレットがあった。これはある程度まで真実である。しかし、このパンフレットは、死に至る車の衝突事故の発生率が着実に低下しており、一世代昔に比べると今はずっと低いことに言及していない（車に乗る人の数が増加しているにもかかわらず、一九八六年から二〇〇五年にかけて死者数は三七パーセント下がった）。それに、ほかの原因（感染症が顕著な例）による死者数が衝突事故の死者数よりずっと急速に減少したからこそ、車の衝突事故が子供の死因の第一位になったことも述べていない。なぜこういった良いニュースが省かれていたかは不思議ではない。パンフレットの狙いは子供のためにチャイルドシートを装備させることであり、車の衝突事故のリスクを相対的にとらえる情報はその狙いに役立たないだろう。「あなたの子供は危険に曝されている！」という単純で恐ろしいメッセージを伝えるには、誤解を招く擬似事実を用いる方がずっと効果的である。

恐怖の売り込みにおいて、省略の罪は積極的な欺瞞よりずっと一般的だが、ときどき真っ赤な嘘も明るみに出る。世界アンチ・ドーピング機構の会長ディック・パウンドが、ナショナル・ホッケー・リーグの選手の三分の一が違法な運動能力向上薬を使用していたと発言して騒ぎを引き起こした。マイケル・ソコラヴはその数字をどうやって見つけたのかとパウンドに尋ねた（この取材の様子は『ニューヨーク・タイムズ』紙の記事となった）。「彼は椅子にもたれて、くすくす笑った。まったく動じることなく捏造したことを認めた。『一つ数を選んだのだ』と、彼は言った。『だからそれは二〇パーセントでも、二五パーセントでもよかった。私を嘘つきと呼ぶといい』。嘘つきかもしれないが、ディック・パウンドはばかではない。ソコラヴが書いているように、パウンドはドーピングとの戦いに熱心であり「自分の最大の武器が、引用の使い手としての才能、つまり見出しを飾り、活動に注意を向けさせる手腕である」ことを知っている。パウンドは『影響力の大きい引用』という本さえ書いている。

パウンドの「影響力の大きい引用」は、何かの目標を掲げている活動家やＮＧＯ、慈善団体、コンサルタントのすべてが直面する問題への一つの解決方法である。成功するために世間の支援が必要だ。世間の支援を得るにはメッセージに耳を傾けてもらわなくてはならない。しかし、注意を引こうとする映像や言葉、音、嘆願が押し寄せているなかでは、そのほとんどが無視される。そんな情報の大混乱の中、どうやって、世間の人を立ち止まらせ、言わなければならないことについて耳を傾けさせ、考えさせるか？

何十億ドル規模の企業でさえこの問題と苦闘している。とは言え、莫大な量の現金と金で買えるかぎりのマーケティングの最高の専門知識を持っている者にとって、そのジレンマはかなり困難さが減る。このことは、ある程度、政府機関や規模の大きなＮＧＯにも当てはまる。それらはファイザーのような資金はないかもしれないが、広範囲に広告できるだけの大きな予算があり、企業が用いるのと同様の専門知識の共同利用サービスを利用できる。英国では、政府の広報キャンペーンをすべて実施する人員六〇〇人を有する機関である中央情報局が、国で三番目に大きな広告組織である。そのCEOは、世界有数の規模の広告代理店サーチ・アンド・サーチの元会長アラン・ビショップである。米国では、アド・カウンシルという民間資本による組織があり、広告代理店が政府機関その他の代わりに公共サービス・キャンペーンを企画するように手配し、そのあとそれを実施している。こういった組織で行なわれる仕事の多くは企業の世界のどんな仕事と比べても劣らないほど洗練されている。ソーシャル・マーケティングと呼ばれる分野である。

郊外にある家のドアを犯罪者が蹴っているところを家庭用警報機の会社が見せるのと同じ理由で、ソーシャル・マーケティングにも生々しく、恐ろしい映像がたくさんある。そういった映像は、関心を引きつけ、感情を掻き立て、いつまでも残る記憶を形成するため——「腹」が関心を払うようにする——「どうか、シートベルトを着用してください」と熱心に頼むよりずっと行動に影響を与えやすい。こういった考えが、若い女性に日焼け止めを使いなさい、さもないと死ぬ危険がありますと伝える米国癌協会の広告の背後にあった。レナード・リヒテンフェルト博士は『ニューヨーク・タイムズ』紙に次のように話した。米国癌協会の調査によって「若い女性は全体としてこのリスクに気づいておらず、皮膚癌が深刻な問題ではないと感じている」ことがわかった。女性たちは米国癌協会に対して「メッセージを届かせるためには、ショックを与えて、関心をつかんでもらう必要がある」と話している。だから米国癌協会はそうした。その他の無数のグループがこういった教えを身につけている。

その結果、誰かが「ショック広告」と名づけたものが着実に増加している。生々しい死や死体を使った職場安全キャンペーンを擁護して「伝えるには何か新しいことを試みる必要がある」と、ある広告会社の幹部は語った。「それは広告業界における終わりのない軍拡競争だ」

その軍拡競争の狡猾な新兵器が、PR会社によって撮影され配られるビデオ・ニュース・リリースである。これまでもテレビのニュース番組で放送に使えるように仕上げられたビデオ素材があったが、ビデオ・ニュース・リリースは完成した作品として視聴されるように意図されているため、テレビ局はそれを全部であれ一部であれニュース番組で流すことができる。そして、すでにそうしている。二〇〇六年の報告で、ワシントンにある非営利団体「メディアと民主主義のためのセンター」は、サンプルとして三六のビデオ・ニュース・リリースを追跡調査し、七七のテレビ局が、記者が作成したものでないことを視聴者に伝えずにそれらを流していたことを見つけた。そのうち三分の一では、ビデオがまるごと放送されていた。こうした放送は、何度か世間の物議を醸してきたが――特に大きく物議を醸したのは、二〇〇四年に、米国会計検査院が、いくつかの連邦政府機関が「ニュース」の出所が明らかでないビデオ・ニュース・リリースを配布していたことを暴露したときだった――いまだに続いている。テレビのプロデューサーにとってみれば、それはただである。マーケティング担当者にとってみれば、誰も知らないうちに、メッセージを国民に注入する理想的な方法である。

世間に聞いてもらいたいメッセージがある、ほとんどの活動家やNGO、慈善団体にとって、これまで述べたような洗練された手段を効果的に用いるというのは相変わらず夢に過ぎない。残された手段は、メッセージをメディアに持っていくことである。しかし、記者の数やニュースを扱っている紙面、利用可能な放送時間などには限りがあるし、世間に伝えたいメッセージがある個人と組織の数は膨大だ。メディアの注目を引くのはかなり大変である。

注目される一つの手段は、グリーンピースが開拓したような、カメラ向きの人目を引く行為のたぐいである。たとえば、橋から横断幕をつるしたり、原子力発電所の冷却塔に登ったりすることである。有名人も役に立つ。しかし、主要な施設に登る能力もなければショーン・ペンを短縮ダイアルで呼び出すこともできない人にとって、何か別のことに気を取られている編集者や記者の関心をつかむ唯一の方法が存在する。それは、熱心で、思慮深く、公平で、調査の行き届いた仕事はやらずに、メッセージを恐ろしげな大見出しに変えることである。

「学校の食堂にはどんな危険が潜んでいるか?」と、ワシントンの消費者運動団体の一つ公益科学センターが出した二〇〇七年一月のプレスリリースは問いかけている。「今日発表された最新の報告の中で食事サービスの順位づけを行なっている公益科学センターによると、米国の学校の食堂の環境は、悲惨な結果を招きかねない食中毒の発生をいつでも引き起こしかねない」。当然「悲惨な結果を招きかねない食中毒の発生」が「いつでも」起きる可能性があるというのは本当である。それは、いまこの瞬間にも小惑星によって学校が押しつぶされる可能性があるのが本当であるのと同じ意味で本当である。きわめて重要な質問は、どのくらいそれが起きやすいかである。その答は、プレスリリースの最後近くにほのめかされていた。そこには「一九九〇年から二〇〇四年のあいだに、学校関連の食事由来の病気を一万一〇〇〇件以上」記録してきたと述べられている。この数字は恐ろしく感じられるかもしれないが、疾病対策センターが推定した米国全体の一年間の食中毒の件数である七六〇〇万件と比べてみて欲しい。そして、学校における食中毒が一四年間に一万一〇〇〇件だと、年に七八六件になり、生徒人口が五〇〇〇万以上だとすると、生徒が学校で食中毒になる確率は約〇・〇〇一五七パーセントになる。このプレスリリースの正確な見出しは「学校の食堂はかなり安全」となるように思われる。しかし、こんな見出しでは、ニュース編集室で見向きもされないだろう。

正確であれという要求と聞いてもらえという要求の争いは、科学者の場合特に厳しいものになる。スタンフォード大学の気候学者スティーヴン・シュナイダーは、人間の活動が気候を変化させているという仮説を提案した一人だが、『ディスカバー』誌のインタビューの中で素晴らしく明快に話している。「一方で、我々は科学者として倫理的に科学的方法に縛られている。要するに、嘘偽りのない真実だけを話すと約束している。これは、疑問や警告、条件、追加事項、制限などをすべて含ませておかなくてはならないことを意味する。他方で、我々は科学者であるだけでなく人間でもある。そして、ほとんどの人たちのように、世界がもっと住み良い場所になればいいと思っている。我々の場合だと、そういう思いは、悲惨な気候変動のリスクを下げるために働くという仕事に変わる。この仕事をするためには、広範な支持を得て、世間の関心をつかむ必要がある。当然、それはメディアでたくさん取り上げられることを意味する。したがって、恐ろしいシナリオを提供し、簡略化された大げさな説明を行ない、どんな疑問を抱えていてもそれにはほとんど触れない。この『倫理的板ばさみ』にしょっちゅう陥っていることに気づくが、どんな方法であれ、お定まりの方法では、これを解決することはできない。一人一人が、効果的であることと正直であることのあいだの適正なバランスを決める必要がある。そうやって両者を成り立たせることが可能だと思う(5)」

残念なことに、科学の言葉は、メディアが求めているわかりやすくはっきりした発言とは正反対である。科学の世界では、あらゆる知識が一時的なものであり、あらゆる事実が異議申し立てに対して門戸を開いている。一〇〇パーセント確実だと伝えることは決してない。その代わりに、これこれの確信の度合いで事実がわかっていると述べられる。地球は温暖化しているのか、そして、人間の活動がその原因か？ 一九九五年に、「気候変動に関する政府間パネル」（IPCC）はこの質問に対して次のような声明を出して答えた。「証拠の比較検討結果は、地球の気候への認識可能な人間の影響を示唆している」。二〇〇一年に、IPCCは次のように発言した。「過去五〇年にわたって観測された温暖化の大部分が人間の活動によるものだという新しい、強力な証拠がある」。そして、二〇〇七年に、さらなる研究で同じ結論が得られたのちに、IPCCは次のように報告した。「観測されている二〇世紀半ばからの地球平均気温の増加の大部分は、観測されている人間による温室効果ガス濃度の増加のせいである可能性が非常に高い」。「可能性が非常に高い」という語句は、科学によって使われるものでは最も確固としている。二〇〇七年のＩＰＣＣの報告では、この語句は、事実である確率が九五パーセントであることを意味すると定義されている。これが一般的な科学の習わしである。つまり、正しいという確信が九五パーセントあれば、確立した事実と受け取られるのである。

一一の主要国の国立学術団体が二〇〇五年に集まり、気候変動に関する歴史的共同声明を発表したとき、その最初の文には次のように書いてあった。「地球の気候のように複雑なシステムの理解には常に不確実さがつきまとうだろう」。声明は続いて次のように述べている。「現在、深刻な地球温暖化が生じている有力な証拠が存在する。……最近の何十年かに起きた温暖化の大部分が人間の活動に起因する可能性がある。この温暖化はすでに地球の気候変動となって現われている」。科学の基準によればこの言葉は厳しいものであるが、それでいてなお「可能性がある」という語句に頼っている。不確実さは、科学の性質にとって非常に重要なものであるため、一科学者として話している科学者と政治活動を支持するために白衣の名声を利用している科学者を識別する便利な手段となる。つまり、言葉に注目すればいいということだ。政治家やジャーナリストが欲しがる、わかりやすく、条件が付かず、絶対に確実という声明を科学者が出していたら、その科学者は活動家として話しているのであって、科学者としてではない。

二〇〇七年の一月に、宇宙物理学者スティーヴン・ホーキングら一流科学者のグループは「世界終末時計」(『ブリティン・オブ・アトミック・サイエンティスツ』誌の理事会の創作物)の針が前に進むだろうと発表した。理事会の声明によると、この警告を出した主な理由は「地球温暖化は、人類文明に対して、核兵器につぐ深刻な脅威をもたらす」という事実である。関与していた科学者の名声のせいで、この声明は世界中の新聞の見出しを飾った。

しかし、これは政治であり、科学ではなかった。

IPCCによると、気候変動の帰結についてはまだ非常に大きな不確実さが残されていて、気候変動の帰結は、スティーヴン・ホーキングたちが主張した文明の危機のようなものにならない可能性もある。最も基本的な帰結——活動家の多くが起きると想定している出来事——でさえ不確かである。二〇〇七年のIPCCの報告では、旱魃《かんばつ》が増加する「可能性がある」と述べられており、「可能性がある」は、六六パーセント以上の確率の意味で使われている。旱魃の増加が起きたとしてその増加がどのくらいになるかはずっと不明瞭であり、その確度が向上する以前に、さらに多くの研究が行なわれる必要がある。この報告では海面が上昇する「可能性がある」ことも述べられているが、海面がどのくらい上昇するかについては議論されているところだ。しかし、活動家からはこういった不確かさについての話を聞かない。世界自然保護基金(WWF)の雑誌広告の中で、野球のユニフォームを着た少年がバットを構えて立ち、投球を待っているが、自分が肩まで水につかっているということはまるで気にかけていない。「地球温暖化を無視しても地球温暖化はなくなりません」と、その広告は語りかける。印象的なイメージである。しかし、様々なシナリオのもとで、気候変動によって海面はおおよそ一五から六〇センチ上昇するとIPCCは推定している。これは重大なことだが、一般向けのキャンペーンには適していない。なぜなら、むこうずねのところまで水につかった人の写真では、歯医者の待合室でぱらぱらページをめくって雑誌を眺めている退屈した女性の関心をとらえることはないからである。自分が溺れかけているという事実に気づいていない少年は誤解を招くかもしれないが、その広告は確かに務めを果たしている。(6)

確かに、いくつかの組織は正確さと有効性を両立させようと試みている。両立を達成する一般的な方法は、情報が詰まっていて信頼でき公平である報告を作成することであり、その次に、単純な内容で怖いプレスリリースを用いてそれを公表することである。「世界全体で癌を患っている人の数は、五〇パーセント増加し、二〇二〇年までに一五〇〇万人に達する」と、WHOの『世界癌報告』の発行を知らせるプレスリリースの見出しに書いてある。この見出しに続いて、恐ろしげな統計や見解――「癌の発生率は不安にさせるような速度で世界的に増加しそうである」――が次々と六パラグラフ続いたあと次のような短い文が現われる。「予測される新たな患者の急増は……主として、先進国と開発途上国の両方で国民が着実に高齢化していること、それに、喫煙の普及に関する現在の趨勢と不健康な生活様式を選択する人々の増加によるものだろう」。したがって、この恐ろしげな見出しの最大の根拠は国民の高齢化であり、国民の高齢化は、一つにはこれまで以上に長生きしている人がいる結果である。これは本当は良いニュースなのだと思う人がいてもおかしくない。喫煙に関しでは、先進国に住んでいる人は喫煙率が低下していて、その結果、喫煙が引き起こす癌も減少しているという事実によって元気づけられる。すべて合わせて考えると、この報告が実際に示していることの意味がわかる。つまり、癌に関する真実は、良いニュースと悪いニュース、恐ろしい見出しや一行にまとめられた衝撃的な要約には適さない不確実さが混じったものだということである。しかし、WHOの広報担当者は、恐ろしい見出しや「不安にさせる」事実がメディアに取り上げてもらうために不可欠であることを知っており、自分たちの報告を実態とは異なる恐ろしげな警告として表現するのである。

プレスリリースの誇大広告がプレスリリースにとどまっていれば、その広告は何も問題にならないだろう。しかし、とどまっていることはないため、問題になる。記者はより少ない時間でより多くのことをこなすように求められており、たいてい、記事の元になっている研究報告を読まない。読むのはプレスリリースである。プレスリリースが記事の根拠であり、研究報告ではない。抜け目のない組織はこのことを知っている。そのため、プレスリリースは標準的な記事を反映した書式（見出し、問題の概要を示した前書き、詳細事項、重要な数字、役人や専門家の発言の引用）で書かれる。時間に追われた記者は、プレスリリースの構成に従い、提示されている事実や引用を用いれば、表面的に満足のいく記事をあっという間に作成することができる。ときどき記者はこの手を使う。もっとよく使う手は、プレスリリースと同じように記事を作成するものの、別の専門家からのコメントをつけ加えるか、もしかすると、報告書にざっと目を通して得られたと思われる事実や数字をつけ加えることだろう。しかし、記者がまずやらないのは、研究報告を読んで、その問題について考え、何が重要でどのように記事が作成されるべきかを自分で決めることである。そういったことは、プレスリリース、特にプレスリリースの見出しと前書きが決めてくれる。そして、プレスリリースの見出しと前書きは扇情的になっていることが非常に多いので、記事もそのようになる。

読者はこの章の至る所に「メディア」への言及が顔をのぞかせていたことに気づいているだろう。これは、不安を売り込むあらゆる組織——企業から慈善団体まで——にとってメディアが欠かすことのできない役割を果たしているからである。というわけで、次に訪れるのはニュース編集室とテレビスタジオである。

第8章　活字にするのにふさわしい恐怖

よちよち歩きの幼児がにこにこ笑いながら、カメラの方に身を乗り出して、はだしの足を一歩前に出している。まるで今にも前に突進して、撮影者の膝に両腕を絡めようとしているかのようだ。まだずいぶん小さい子だ。手首のところに赤ちゃんにできる脂肪のふくらみがある。喜びに満ちたイメージだ。豪華で、生き生きとした、モノクロの肖像写真であり、母親だったら、ベッドの横のテーブルに飾るか、もしかすると、ドアから入ってきた人が誰でも目につくように玄関に飾るかもしれない。しかし、そうはならずに、新聞の第一面に載っている。このことが意味するのは悲劇だけだ。

この小さな女の子の名前はシェルビー・ガグニである。悲劇は見逃してしまいそうな細部にほのめかされている。彼女の髪の毛は、新生児のように、短くうっすらとしている。あるいは、放射線治療と化学療法を受けているよちよち歩きの幼児のように。

シェルビーが生後二二ヶ月のとき、説明のつかないこぶが肩にできた。「彼女は四期のユーイング肉腫にかかっていた。これは、骨組織と柔組織の癌であり、少女より少年がよくかかるのはたいていティーンエージャーである。シェルビーは一〇〇万人に一人の症例だった。そして、彼女の癌は猛烈な勢いで進行していた。CTスキャンの撮影の合間の三日間で、肺にある影は、コショウの粉ぐらいの斑点からはっきりわかる癌の塊まで大きくなった」と、エリン・アンダーセンは書いている。手術や放射線治療が次々と続いた。シェルビーの母親であるレベッカは「すぐに仕事を辞め、病院での二四時間交替の看病を母親のキャロル・マクヒューと分担した。レベッカの夫で車の販売員であるスティーヴは、車のオプションや保証をつけてもらうための売り込みを続けなければならなかった。誰かが住宅ローンを賄わなくてはならなかった」。

この小さな女の子は激しい苦痛の世界に入っていった。「高熱が出た。第三度の放射線熱傷を患っていた。口は腫れ物ができて赤むけがひどく、つばを飲み込むこともできなかった。一日五回から一〇回も戻した」。何をやっても無駄だった。シェルビーは緩和ケアを受けることになった。「麻薬を使われていてさえ、シェルビーは咳をし、吐き、震える。止まることはなかった。どんな人間であれ、我慢すべき限界を超えている。ましてや、小柄で茶色い目をした三つになったばかりの女の子は言うまでもない。世間の人は、今なお、奇跡を願っていると書いた手紙をレベッカに送ってくる。しかし、そう願っているような種類の奇跡の及ばないところにシェルビーがいることはわかっていた。シェルビーを抱きしめながら、病室にできたぼんやりとした影の中、レベッカ・ガグニは、娘が生き続けてくれるようにとは祈らない。母親としての無私の愛とともに、シェルビーが死んでくれるように祈るのだ」。

そして、シェルビーは死んだ。まもなくのことだ。

「癌――その人生の一日」という見出しのもと、シェルビーの写真は二〇〇六年一一月一八日の日曜日の『グローブ・アンド・メール』紙の第一面のほぼ全面に掲載された。同紙は癌に関する野心的な連載記事の掲載を始めており、シェルビーはそのスターだった。その記事は、何日も何週間も続き、小さな女の子の痛ましくも美しい写真は各記事の始めに登場した。シェルビーは癌を代表する顔に仕立て上げられたのだ。

それは奇妙なことだった。癌を代表する顔は、およそシェルビーの顔のようなものではないからである。「癌は主に高齢者の病気です」と、カナダ癌協会は癌の統計を編纂したものの中で述べている。同協会によると、二〇〇六年に癌で命を失った人の六〇パーセントが七〇歳以上だった。さらに、二一パーセントが六〇代だった。「対照的に、新たな患者と死亡者の一パーセント未満が二〇歳未満である」。正確な数字は国や年によって変わるが、どこでも基本的な話は同じである。つまり、癌のリスクは老人に重くのしかかっていて、シェルビーの場合のような話は、ないと言っていいぐらい稀である。

『グローブ・アンド・メール』紙に載ったシェルビーのプロフィール、特にあの魅力あふれる写真はジャーナリズムとして最高である。切迫感があり、感動的である。しかし、その小さな女の子を癌に関する連載の中心に据えるという判断は、ジャーナリズムとして最悪である。この「一〇〇万人に一人の症例」がばかばかしいくらい典型的なものでないことは明らかだ。だが、この新聞は、統計より物語を、正確さより感動を選び、そうすることによって、非常に重要な問題に関する非常に誤った印象を読者に与えるリスクを冒した。

悲劇的な話と客観的な数字のこういった種類のミスマッチはメディアでは日常茶飯事であり、特に癌にまつわる話でそう言える。二〇〇一年に、ワシントン大学のワイリー・バークが率いる研究者チームは、一九九三年から一九九七年のあいだに米国の主要雑誌に登場した乳癌についての記事の分析結果を発表した。これらの記事に登場した女性のうち八四パーセントは、初めて乳癌と診断された時点で五〇歳より若く、ほぼ半数が四〇歳未満だった。しかし、研究によると、実際の統計はまるで話が違っていた。乳癌と診断された時点で五〇歳より若い女性はわずか一六パーセントで、四〇歳未満は三・六パーセントだった。乳癌のリスクが最も高いもっと高齢の女性はどうかと言えば、記事にはほとんど見当たらなかった。プロフィールが紹介された女性のわずか二・三パーセントが六〇歳代で、女性のプロフィールを紹介した一七二の記事のうち、七〇歳代の人の記事は一つもなかった。乳癌と診断された女性の三分の二が六〇歳以上であるにもかかわらず、そうなのだ。要するに、メディアは、乳癌の現実をまったく違ったものとして世間が考えるように仕向けている。オーストラリアと英国における調査でも同じことが見出されている。

これらの事実は、乳癌のリスクに関する女性の認識に影響を与えると予想されるため気がかりである。患者のプロフィールは、個人的で、生々しく、感情に訴えるものであり、まさに強固な記憶を形成する性質を備えている。したがって、記事を見た女性があとで乳癌のリスクについて考えるとき、乳癌にかかった若い女性の例を素早く、容易に思い出すが、（個人的に見聞きしていないとすれば）乳癌にかかった高齢の女性の例を思い出すのは困難だと感じるだろう。その女性の「腹」は「実例規則」を用いて、乳癌のリスクが、高齢の女性に対してはわずかで、若い女性に対しては大きいと判断するだろう。実際の統計――年を取ればとるほどリスクが大きくなる――を見たとしても、その統計の数字は影響を及ぼさないかもしれない。なぜなら「腹」は統計に動かされないし、世間の判断に基づいて決定を下すことが多いからである。

そして、ここに述べたことは、まさに、数ヶ国での研究によって明らかとなっていることである。たとえば、オックスフォード大学の研究者による英国女性を対象にした二〇〇七年の調査では、何歳のとき女性が「最も乳癌にかかりやすい」かが尋ねられた。その結果、五六・二パーセントが「年齢は関係ない」と答え、九・三パーセントが四〇歳代のときリスクが最も大きいと答え、二一・三パーセントが五〇歳代、六・九パーセントが六〇歳代、一・三パーセントが七〇歳代と答えた。正しい答――「八〇歳以上」――を選んだのはわずか〇・七パーセントだった。

「乳癌のリスクについての誇張された不正確な認識は、患者に様々な悪影響を及ぼす可能性がある」と、ワイリー・バークは述べている。高齢の女性は、乳癌が若い人の病気だと思い込んでいると、苦労してまで検査を受けないかもしれないし、若い女性は正当な理由もなしに心配するかもしれず「そのこと自体が病的状態と考えられるかもしれない」。

このようなひずみは言葉だけによっても起きるが、テレビや印刷物で、言葉だけということはめったにない。ニュースでは言葉と映像がいっしょに提示されるが、私たちの記憶がこの二つを混合する傾向があることが報告されている。したがって「鳥が木のてっぺんに留まっていた」という文が、木に留まっているワシの写真といっしょになっているとすると「ワシが木のてっぺんに留まっていた」というように記憶されやすいだろう。テキサス工科大学のジャーナリズム学の教授であるロンダ・ギブソンとアラバマ大学のコミュニケーション学の教授であるドルフ・ジルマンは、この研究を一歩前進させて、リスク認識に応用した。

白紙の状態で始められるように、ギブソンとジルマンは架空の脅威を用いた。それは「ブローイング・ロック病」という新たに同定された病気で、米国南東部でマダニによって広がっているとされた。特に子供がこの新しい脅威に弱いということになった。

ギブソンとジルマンは、大学生を中心とした一三五人の参加者に二つの記事を読むように求めた。一つは湿地帯に関する記事で、もう一つはブローイング・ロック病に関する記事だった。二つとも全国向けのニュース雑誌から取られたものとされ、それぞれの記事のあとには、記事で述べられている事実と見解についての質問が付いていた。一つ目の記事は実際にニュース雑誌から取ったものだった。二つ目は架空のものだったが『ＵＳニューズ＆ワールド・レポート』誌の典型的な記事に見えるよう作られており「マダニ進行中――南東部地域、致死性の新しい病気による被害最大」と述べた見出しが付いていた。参加者はこの記事のいくつかあるバージョンの一つを見せられた。一つ目は本文だけだった。二つ目は、気持ちの悪いマダニのクローズアップ写真も付いていた。三つ目はマダニに加えて感染したと言われている子供の写真も付いていた。どの場合も記事の本文は同じだった。子供が大人よりリスクが大きいことを読み手に伝えており、この病気にかかった子供のプロフィールを載せていた。

事実に基づいた情報と論理が、リスク認識に関係することのすべてであるなら、記事のどのバージョンを参加者が読もうと「ブローイング・ロック病」がもたらす危険の評価は同じだっただろう。しかし、写真が付いていないバージョンを読んだ人は、それ以外の人よりリスクを小さく評価した。マダニの写真が付いた二つ目のバージョンの記事を受け取った人は、記事だけの人より明らかにリスクを大きく評価し、マダニと子供の写真を見た人は、マダニの写真だけの人よりさらにリスクを大きく評価した。これは「良い・悪い規則」が働いていることを表わしている。写真がなければ、感情は高まらないし、リスクに関する「腹」の直感が高まることもない。病原体を持ったマダニのクローズアップ写真は不安を生じさせ、「腹」はその不安を用いてリスクが大きいと判断する。マダニと哀れな子供のイメージはさらに深刻であるため、「腹」は再度評価を上げる。その結果、事実に基づいた情報とは何の関係もなく、イメージによってどのように感じるかだけに関係するリスク評価となる。

メディアが死因を取り上げる際の偏りを考えると、ポール・スロヴィックが示してきたように、リスク認識を促進するイメージの力は特に重要である。メディアは、劇的で暴力的で破滅的な死因——まさに、生々しく、不安を生じさせるイメージにふさわしい種類のリスク

——を実情に不釣合いに取り上げ、糖尿病のようなゆっくりと進行する、目立たない致死性の病気にははるかに少ない関心しか払っていない。『アメリカン・ジャーナル・オブ・パブリック・ヘルス』誌での一九九七年の研究では、米国の主要雑誌が種々の死因をどのように取り上げているかが調べられ、「顕著に不釣合いな」関心が殺人や車の衝突、違法薬物に払われ、タバコや脳卒中、心臓病は、その死亡者数におよそ不釣合いな取り上げられ方をしていることがわかった。カリフォルニア大学のディヴィッド・マッカーサーたちによる二〇〇一年の研究では、ロサンジェルス郡の地元のテレビニュースにおける衝撃的な死因による怪我や死の件数が、実際の件数と比較され、ほぼ同じ結果が得られた。すなわち、火事や殺人、車の衝突、警察による発砲による死は大きく報道されたが、転落や中毒あるいはその他の事故による死はほとんど関心が払われなかった。怪我も報道されることがずっと少ない傾向にあったが、火事や暴行による怪我は、実のところ事故死より多く述べられていた。全体的に見て、ニュースが提示する衝撃的な怪我や死の映像は「甚だしく」ゆがめられており「視覚的に強く引きつけられる出来事」には過度の関心が払われ、目立つ映像を提供しない出来事にはほとんど関心が払われていないと結論が下されている。そのほかに一貫して認められる要素は犯罪だったとも述べられている。非難すべき人物がいない怪我や死をなおざりにして、一人の人物がもう一人を傷つけることによって起きる怪我や死のニュースに大きく偏っていた。

情報の爆発的増加は、情報やイメージが瞬時に世界中で利用できるようになったことによって、メディアの偏りを悪化させただけだ。ヘリコプターが洪水の上空をホバリングしながら男性を家の屋根か木から吊り上げているビデオ映像は、夜のニュース番組の主要な構成要素である。洪水はニュージーランドで起きていて、放送はミズーリ州で行なわれているかもしれないし、あるいはその逆かもしれない。しかし、出来事が見ている人にどう関係しているかなど、キャスターにはほとんど関心がない。刺激的であればそれで十分だ。このあいだ夜のニュースを見ていたら、アテネの暴動のビデオ映像が映っていた。学生は「大学の統治方法」の変更に抗議しているようだった。言っていることは何もわからないが、それは問題ではない。なぜなら言葉が重要ではないからだ。イメージが重要なのだ。催涙ガスが雲のようにもうもうと立ち上り、マスクをした男たちが火炎瓶を投げつけ、警察機動隊が突撃する。それはまったくのドラマである。だからこそ、まったく意味がわからない人に対しても放送されているのだ。

こういった放送が日常的なものでなければ、たいして問題ではないだろう。しかし、日常的なものとなっている。なぜなら、常に、新たな洪水や暴動、車の衝突事故、家の火事、殺人が待ち受けているからである。私たちの暮らしている社会が災害で溢れているからではない。私たちが暮らしている社会に人がたくさんいるからである。米国の人口は三億人であり、ヨーロッパ連合は四億五〇〇〇万人、日本は一億二七〇〇万人である。これだけの人数がいるだけで、稀な出来事が（一〇〇万人に一人にしか起きない出来事であったとしても）毎日何度も起きるのは確実であり、きわめて起こりそうにないことがまったく日常的なことになってしまう。このことは、カナダ（三二〇〇万人）やオーストラリア（二〇〇〇万人）、オランダ（一六〇〇万人）、ニュージーランド（四〇〇万人）のような比較的人口の少ない国にさえ当てはまる。それは、ニューヨーク（八〇〇万人）や、ロンドン（七五〇万人）、トロント（四六〇万人）、シカゴ（二八〇万人）のような市の境界内にすら当てはまる。こういった現実の結果として、ニュースを集める編集者やプロデューサーは、稀だが劇的な死の事例をいくらでも手に入れることができ、手に入れたものから選ぶことができる。そして、これは、地域あるいは国内で手に入るものだけに頼る場合でもそうである。さらに海外に目を向ければ、どの国の新聞や放送にも、起こりそうにない悲劇を次々と見つけることができるだろう。職業人としての節度——つまり、あるがままに現実を描きたいという欲求——をすべて取り除いてしまえば、ほとんどのメディアは異様な出来事で埋め尽くされてしまうだろう。「手足をきつく縛られ、セックスの最中に何度かナイフで刺され、相手の女性が自分の血を飲むのを見守っていた。そんな男性がABC15だけに話します！」と、アリゾナ州フェニックスでKNXV局の総合司会者が紹介した。「皆さんはこんなことがセックスの最中に起きるとは思わないでしょう」と、被害者の男はかなり控えめなことを言った。

メディアが提示する歪んだ死のイメージには二つの影響がある。前に見たように、それは、私たちの記憶を劇的な死因で満たし、平凡な死因の例となるものをほとんど提供しない。そのため「実例規則」を用いるときに「腹」は、劇的な死因のリスクを過大評価し、それ以外の死因を過小評価することになりやすいだろう。また、メディアは受け手に感情に訴えるイメージも豊富に与え、そのイメージが「良い・悪い規則」を通じてリスク認識を促進するので、「腹」はリスクを過大評価する方向へとさらに押しやられる。結果として、殺人や火事、車の衝突事故のような劇的な死のリスクを過大評価し、喘息や糖尿病、心臓病のような劇的でない死因を過小評価することになりやすくなることは、まったく想像に難くない。そして、あいついで研究で報告されていることである。

しかし、死因を歪めて取り上げることが、メディアによるリスクの扱いの唯一の失敗というわけではまったくない。もう一つの失敗は、どんなリスクの理解にも不可欠な質問をしていないことである。その質問とは、それはどのくらい起きやすいか、である。

「コレステロールを低減するスタチンであるクレストールは、危険性の高い筋損傷を引き起こす可能性がある」と、新聞の朝刊の記事で述べられていた。それは、処方薬の健康リスクに関する二〇〇五年の新事実を集めた記事だった。「デポ・プロベラを用いた避妊法は骨の減少に関係している。注意欠陥・多動障害治療薬ストラテラによって子供が自分自身を傷つけたいと思うようになる可能性がある。あなたの薬棚を空にさせるにはこれでもう十分だろう」。この記事の筆者は、ここにあげた薬が重大なリスクをもたらすと考えており、その判断に賛成させようとしている。しかし、これが、薬に関して彼女が書いたことのすべてであって、何かが起きる可能性があると伝えながらも、実際にはほとんど何も伝えていない。机の前に座ってこの文章を書いているとき、ジェット旅客機の四つのエンジンがすべて停止し、その旅客機が突然猛スピードで空から落ちてきて、派手な有様で執筆を妨害することだってありうる。起きる可能性はある。だが、起きるかどうかよりずっと重要なのは、起きる可能性が顕微鏡を必要とするほど小さいということである。私はそのことを知っている。だからこそ、そのリスクを無視し、このパラグラフを書き終えることに集中しても安全だという結論を下すことができるのである。しかし、ニュースは、日常的に何か悪いことが起きる可能性があると伝えるが、その悪いことがどのくらい起きやすいかがわかるように伝えていない。

ボストン・カレッジの生物学者であるジョン・ロッシュとマーク・マスカヴィッチは、二〇〇〇年に北米の主要新聞に載った西ナイルウイルスに関する記事を調査した。この年は重要だった。この外来の新しい脅威は一九九九年の夏にニューヨーク市で初めて表面化し、東部諸州全域に急速に広がり、そのあと国境を越えてカナダに広がり、世間の関心は極限まで高まった。ワシントンのピュー・リサーチ・センターの二〇〇二年の調査でわかったところによると、これが米国の大部分でまだ発見されていないウイルスであったにもかかわらず、米国人の七〇パーセントが西ナイルウイルスのニュースを「非常に」あるいは「かなり」注意深く見守っていた(イラク侵攻の準備を注意深く見守っていると答えたのが米国人の七七パーセントだったのに比べて、ほんの少しだけ少ない数字だった)。

この西ナイルウイルスへの関心をいっそう注目すべきものにしているのは、西ナイルウイルスは特に致死性が高くないという事実である。疾病対策センターによると、ウイルスに感染した人の八〇パーセントは最も軽い症状さえ現われず、残りのほぼ全員も発熱や吐き気、嘔吐以上に悪化することはなく、その症状も数日から数週間続くだけである。ウイルスに感染した人の一五〇人に一人は、高熱や失見当識、麻痺などの深刻な症状が現われる。こういった非常に運の悪い人の大部分も数週間で完全に回復し、三パーセントから一五パーセント程度だけが死亡する。しかし、こういった基本的な事実が西ナイルウイルスのニュースで中心的に扱われることはめったにない。その代わりに、最愛の母親の死を乗り越えようと苦闘する家族や森の中の楽しい散歩を車椅子でするはめになった犠牲者に焦点が当てられる。

もちろん、こういった悲しい話には統計がある。ロッシュとマスカヴィッチが見出したところによると、記事のほぼ六〇パーセントがこのウイルスで病気になった人の数を載せており、八一パーセントが死亡に関するデータを載せていた。しかし、この種の数字は、実際のところ、リスクに関する何を私たちに伝えているのだろう？　このウイルスによって一八人死亡した（実際に、二〇〇一年までに一八人死亡していた）という記事を読んだら、心配するべきだろうか？　それは状況による。一〇〇人の村で一八人死んでいるなら、間違いなく心配すべきだ。しかし、それが一〇〇万人の都市における一八人なら、リスクは小さい。そして、それが三億人（米国の人口）の国における一八人なら、リスクはほとんどないに等しい。結局のところ、二〇〇三年に八七五人の米国人が食べている最中に食物を喉に詰まらせて死んでいるが、人は毎回の食事の前に冷や汗をかいたりしないのである。しかし、ロッシュとマスカヴィッチが見出したところによると、西ナイルウイルスに関する記事の八九パーセントが、統計の基になっている人口に関していかなる情報も載せていなかった。したがって、読者は西ナイルウイルスによって何人かが死んだということを教えられ、多くの記事で、病気にかかってひどい状態になった犠牲者や亡くなった人の家族にも出会うが、ほかには何もない。そういった情報だけだと、リスクがどれくらい大きいかや心配するに値するかどうかを「頭」は導き出せない。しかし「腹」は違う。「腹」は、その情報だけでリスクが大きいと結論を下すのに十分なのである。

驚くような結果ではないが、ハーバード大学公衆衛生学部によって二〇〇二年に実施された世論調査によって判明したところでは、米国人はこのウィルスの危険性を極端に過大評価していた。「西ナイルウィルスによって病気になった人のうち、どれくらいの人が死亡すると思いますか？」この回答として次の五つが用意されていた。ほぼゼロ、一〇人に一人程度、四人に一人程度、半数以上、わからない。一四パーセントが「ほぼゼロ」と答えた。同じく一四パーセントが半数以上、一八パーセントが四人に一人、四五パーセントが一〇人に一人と答えた。

以上に述べたような状況を「分母盲目」と呼ぼう。メディアは日常的に「X人が死亡した」と世間に伝えるが、めったに「Y人のうちの」とは言わない。「X」が分子であり、「Y」が分母である。リスクの基本的な感覚をつかむには、分子を分母で割らなくてはならない。したがって、分母が見えないということは真のリスクが見えないことを意味する。ロンドンの『タイムズ』紙のある社説が好例となる。そこでは、見ず知らずの人間によって殺される英国人の数が「八年間で三分の一増えた」ことを見出していた。これは、被害者の総数が九九人から一三〇人に増えたということであると社説の第四パラグラフで触れられている。ほとんどの人はこの数字を少なくともちょっと恐ろしいと思うだろう。この社説の筆者はそう思ったはずだ。しかし、社説で述べられていないのは、およそ六〇〇〇万人の英国人がいるため、見ず知らずの人間に殺される確率が六〇〇〇万分の九九から六〇〇〇万分の一三〇に上がったことである。計算すれば、リスクは、ほとんど目に見えないほど小さな〇・〇〇〇一パーセントから、ほとんど目に見えないほど小さな〇・〇〇〇一五パーセントに確率が上がったと明らかとなる。

リスクを相対的にとらえるさらに簡単な方法は、前に西ナイルウイルスの死亡者数と食物による窒息死の数を並べて比較したように、リスクをほかのリスクと比較することである。ところが、ロッシュとマスカヴィッチが見出したところによると、西ナイルウイルスの死亡者数を載せている新聞記事のわずか三パーセントしか、ほかのリスクの数字を載せていなかった。これは、あらゆる種類のリスクに関する報道で典型的に見られることである。『パブリック・アンダスタンディング・オブ・サイエンス』誌に発表された英国とスウェーデンの新聞の合同調査によると、ごく少数のスウェーデンの記事がリスクを比較していたが「英国では、この種の比較はほとんど見られなかった」。そして、この調査は、チェルノブイリの事故から一〇年目にあたる日とBSE（「狂牛病」）をめぐるパニックのピーク期を含む二ヶ月間にまたがるものであったにもかかわらず、上記のような結果だった。読者は相対的な理解を求めていたが、ジャーナリストはそれを提供しなかった。

もう一つのよくある失敗は、米国食品医薬品局（FDA）による二〇〇六年九月の発表を報道した記事に例示されていた。オーソ・エブラ避妊パッチの製品情報資料に新たな警告を追加して改訂することをFDAが求めているという内容だった。その警告は、ある新聞記事の言葉を用いれば「このパッチを使用している女性は、経口避妊薬を使用している女性に比べて、脚あるいは肺に血栓が倍できやすい」という研究結果を含むことになっていた。北米中の新聞から、『ニューヨーク・タイムズ』紙からでさえも、これが読者が得た唯一の情報だった。「リスクが倍」というのは大きい感じがするが、実際には何を意味しているのだろう？　何か恐ろしいことが起きる確率が八分の一だとすると、リスクが倍になれば確率は四分の一になる。非常事態警報だ！　しかし、机に墜落するジェット機のリスクが倍になったとしても、私は依然として心配しないだろう。ほぼゼロの倍はやはりほぼゼロだからだ。AP通信社の記事には、読者がこの話を理解するのに必要な情報が含まれていた。「パッチあるいはピルのどちらを使っている女性でも血栓のリスクは小さい。パッチを使っている人のリスクが倍になったとしても、一年あたりおそらく一万人に六人の女性に血栓ができるだけだろうとFDAの医薬品評価研究センターのダニエル・シェイムスは述べている」。APの記事は北米全域にわたって広く伝えられたが、多くの新聞は、『ニューヨーク・タイムズ』紙を含めて、この非常に重要な文を省いてしまったのである。

リスクは二つの様式のどちらかで表わすことができる。一つは「相対リスク」で、ほかのものと比較してリスクがどれくらい大きいかあるいは小さいかである。避妊パッチの記事では「リスクが倍」――パッチを使用している女性は使用していない女性に比べてリスクが倍ある——が相対リスクである。それから「絶対リスク」というものがあり、これは、起きる確率である。避妊パッチの記事では、一万人に六人が絶対リスクである。両方のリスクについての考え方とも使い道があるが、メディアは日常的に相対リスクだけを読者に与える。そして、このことが極端な誤解を招くことがある。

医学雑誌『ランセット』が大麻と精神病に関する研究を調査した論文を発表したとき、(この問題がほかの国よりずっと大きな関心を集めていた) 英国の新聞は、不安を抱かせる見出しを載せた。たとえば『デイリーメール』紙の見出しは「たった一本の大麻タバコを吸うだけで精神病になる危険率が四〇パーセント上がる」だった。「たった一本の大麻タバコ」という語句を用いてあまりにも大げさに表現されているが、これは実際に研究者が発見したことである。大麻の軽度の服用者は大麻を吸ったことがない者に比べて精神病になる危険率が四〇パーセント大きくなり、常用者は五〇から二〇〇パーセント大きくなることがわかっている。しかし、こういった見出しには二つの問題があった。一つ目は、『デイリーメール』やその他の新聞が記事の奥まった箇所に埋もれた数センテンスで触れていたのだが、大麻の服用が精神病を引き起こすことは研究では示されていなかったということである。つまり、大麻の服用と精神病が統計的に関連づけられているだけであり、大麻が精神病を引き起こすかもしれないが、その関連性は完全に何か別のことの結果であるかもしれない。二つ目は「四〇パーセント」という数字が相対リスクであるということである。危険性を真に理解するためには絶対リスクを知る必要があったが、それを提供した新聞はなかった。フランス通信社の報道は、絶対リスクに関する重大情報と言っていいものを提供していた。「統合失調症などの慢性的精神病になるリスクは、大麻を常用している者でさえ、統計的に見て小さく、一生のあいだに発症する確率が三三分の一より低いことがこの報告で強調されている」。これだと、十分、基本的な数字を算出できる。すなわち、大麻を一度も服用していない人は、一生のあいだの危険率が約一パーセントである。軽度の服用者の危険率は約一・四パーセントである。そして、常用者の危険率は一・五パーセントから三パーセントである。これらは無視できない大きさの数字であるが、メディアに登場する数字よりずっと恐ろしくない。

なぜジャーナリストは、リスクに関して誤解を招き、過度に不安を抱かせる情報をこんなに頻繁に提供してくるのだろうか？　メディアの誇大報道に対するよくある理由は、平凡であるが、自己の利益である。企業や政治家、活動家と同じように、メディアは恐怖で儲ける。恐怖は、新聞の売り上げが伸び、視聴率が上がることを意味する。だから、劇的なことやぞっとさせること、感情に訴えること、最悪の状況が、前面に押し出される。そして、真実がそれほど人を興奮させ、不安にさせるものではないと示唆することは、どんなことであれ、軽視されるか完全に無視される。[1]

実態は時と場所、メディア、組織によって変わるが、たいていあきらかにこういった非難の対象になることが存在する。そして、情報源の急増によってメディアの受け手が分断され、数が少なくなっていく中、こういった扇情主義を心配する理由が存在する。米国の夜のニュース番組の視聴者は、一九八〇年から二〇〇五年にかけて五〇〇〇万人から二七〇〇万人に減った。これは、視聴者が最初ケーブルテレビへ、続いてインターネットへと離れていったことによる。ケーブルテレビのニュース番組の視聴者も減り始めている。新聞は最も困難な状況にある。特に米国は大変な状況であり、一九七二年から二〇〇六年にかけて、読者数が、米国人の七〇パーセントから三分の一に減少した。ほかの国では事態はそれほど厳しくないが、どの国でも新聞の読者とテレビの視聴者が減っている傾向は同じである。ニュース関係のビジネスは業績がひどく悪化しており、どのように回復するかあるいは回復するかどうかさえ明らかではない。船は沈みつつあり、良心の呵責が船外へ放り出されてもおかしくないのである。

しかし、読者の獲得や視聴率の向上を目指した努力が、ニュースで非常によく見られる誇張やヒステリーの唯一の原因であると言うのは、多くの人が言っていたとしてもやはり間違っている。

一つには、メディアが抱えている仕事上の困難がもたらす、気づかれにくい影響が見落とされている。この影響も、特に米国で顕著である。「いくつかの都市では、その数字だけで状況が伝わる」と、ジャーナリズム研究機関「卓越したジャーナリズム計画」によって出版された『メディアの状況・二〇〇六』で書かれている。「たとえば、フィラデルフィア都市部を担当する記者は一九八〇年の約半分しかいない……最近の一九九〇年でも『フィラデルフィア・インクワイアラー』紙にはフィラデルフィアを担当する記者が四六人いた。現在は二四人である」。記者の数が減少するのと同時に、情報伝達経路が大幅に増加しており、メディアによって生み出される情報は急速に増大している。どうしてこういったことが可能なのか？　見方によっては、少ない数の人間が多くのことをしているからである。午前一一時にウェブサイトに記事を載せる記者は、午後三時にスポット・ニュース用のビデオ撮影も行ない、午後六時に翌日の新聞のための記事を送る。しかし、記者は、以前よりずっと仕事を減らしてもいる。会社の外にいる時間を減らし、調査を減らし、数字の確認を減らし、報告を読む時間を減らしている。このような環境では、恐ろしい内容のプレスリリースを安易に額面どおりに受け取って、書き換えて終わりにし、次の仕事に移りたいという欲求が高まる。無数の企業のマーケティング担当者や政治家、役人、活動家が、メディアを利用して恐怖を売り込もうとしていることを考えると、こういった状況は深刻な影響を及ぼす可能性がある。記者は世間と世間を操ろうとする人々のあいだにあるフィルターであり、そのフィルターは磨り減って薄くなりつつあるのだ。

二〇〇三年に、製薬会社グラクソ・スミスクラインは、むずむず脚症候群のための「世間の認識」キャンペーンを始めた。脚を動かしたいという不快な衝動が生じる症候群で、その衝動は脚を休めているとき、特に夜に悪化するという。最初に登場したのは、グラクソ・スミスクラインの既存薬の一つが、むずむず脚にも効くことを明らかにした研究だった。そのあとすぐに、プレスリリースが出された。これは「ありふれているにもかかわらずまだ認識が不足している病気――むずむず脚症候群――が、米国人の眠りを妨げている」ことを明らかにしたという調査を公表するものだった。その次に来たのが、大量の広告だった。二〇〇六年に、ダートマス大学医学部のスティーヴン・ワロシンとリサ・シュワルツは、二〇〇三年から二〇〇五年にかけて米国の主要新聞に載ったこの症候群に関する三三件の記事を調べた。その結果は「不安にさせられる」ものだったという。

むずむず脚症候群の標準的な診断基準は四つあるが、この研究によると、ほぼすべての記事が、一つの症候だけについて回答するように求めた調査を引用し、米国人の一〇人に一人がこの症候群に苦しめられているという驚くべき結論を出していた。この症候群のより実態に近い有病率は三パーセント未満だった。さらにひどいことに、ほぼ半分の記事が、一つか二つの例だけでこの症候群を説明しており、そういった記事のほぼすべてに、自殺念慮などの例外的に重い症状の人が含まれていた。この症候群にかかったがそれほどひどく悩まされているわけではないという人の話——実際によくある話——を載せている記事は一つもなかった。記事の半数が、名前（ロピニロール）を出してグラクソ・スミスクラインの薬に触れており、その中の約半数がこの薬を飲んで良くなった人の話を伝えることによって薬の治癒力を説明していた。わずかに一つの記事だけが薬の効果を実際に定量的に示しており、ワロシンとシュワルツはその効果を「ほどほど」と的確に表現している（臨床試験において、この薬を飲んだ人の七三パーセントが少なくともいくらか症状が軽減した。ただし、偽薬を与えられた人の五七パーセントにも同様の効果があった）。ロピニロールを取り上げた記事の三分の二がこの薬の潜在的副作用に触れておらず、一つの記事だけがそのリスクを定量的に示していた。記事の五分の一が「非営利の」むずむず脚財団を紹介していたが、この財団の飛び抜けて多額の寄付者がグラクソ・スミスクラインであることを伝えている記事はなかった。「メディアが取り込まれているように思われた」と、ワロシンとシュワルツは締めくくっている。

しかし、血が流れていればそれがトップニュースになる的な考え方が完全に利益追求のせいだとするには、もう一つのさらに根本的な問題がある。この章の始めに出てきたシェルビー・ガグニの話でその問題を感じ取れたはずだ。痛ましい話だが、家族の苦闘や小さな女の子の苦痛の描写は興味をそそられ、心を動かされるものだった。愛情と良心があるなら誰でも心を動かされるだろう。そして、記者もその例外ではないのである。

記者や編集者、プロデューサーは、リスクを誤って伝えたり誇張したりすることが収入を増やし、雇い主を喜ばせる最善策であると考えたとしても、たいていの場合、そんなことをしない。そうするのは、読者の関心をつかんで放さない情報が記者の関心もつかんで放さないからである。そうするのは彼らが人間だからだ。

「人間は、劇的な話を聞いたり話したりしたいという生まれつきの欲求を持っている」と、米国のナショナル・パブリック・ラジオのニュースを担当しているシニア・プロデューサーであるショーン・コリンズが『ウエスタン・ジャーナル・オブ・メディシン』誌への手紙の中で書いている。コリンズは、デイヴィッド・マッカーサーらによる厳しい批判を含む、ロサンジェルス郡のテレビニュースの調査結果に答えていた。「私は冠状動脈の病気を扱ったオペラ作品の名前を一つ挙げるのにも窮するが、殺人や近親相姦、暗殺が話の主要な役割を果たすものならいくつか名前を挙げることができる。次のように自分に問いかけて、話をすることに対して自分が生まれつき持っている傾向を確かめてみるといい。仕事から家に車で帰る途中、燃えている建物のそばを通り過ぎたとしたら、連れ合いにそのことを話す前に、腫瘍の一種でその日に亡くなった人の数を先に説明するだろうか？」

エリザベス朝英国の街頭で売り歩かれていた小冊子は、最も衝撃的な種類の、殺人や魔術、性的不品行でいっぱいだった。ロンドンでは一九世紀初頭には現代の形の新聞と呼べるものが盛んに売られており、一八二〇年には過熱報道の最初の実例が登場した。この大騒動を引き起こしたのは、戦争や革命、科学の勝利ではなかった。人気のないジョージ四世が王妃を姦淫の罪で裁判にかけ、離婚しようとしたことだった。このことによって、王妃の性生活は、公的記録に記載される事柄となり、読むことができるあるいは読むことができる知り合いがいるあらゆる英国人男性にとって尽きることのない魅惑の源泉となった。今日、ジャーナリズム学を教えている学校では、ニュース価値のある話には一連の性質があると教えられる。その内容は教師によって変わるが、新奇性と争い、衝撃、人間的興味という魅惑的で形の定まらないものは必ず含まれている。王室のセックス・スキャンダルは、当時も今も、すべての項目で得点を上げている。「ジャーナリズムは科学の公式によって動かされているのではない」と、コリンズは書いている。「ある話にニュース価値があるかどうかの判断は頭と心、腹から生じる」

こういった観点に立つと、乳癌にかかっている女性のほとんどが高齢であるにもかかわらず、乳癌の記事が若い女性を取り上げることが完全に理解できる。私たちの感情の単なる反映に過ぎないのだ。八五歳の女性が癌で命を落としても悲しいだろうが、同じことが若い女性に起きたら悲劇的である。このように対比させて評価することが哲学的見地から弁護できるかどうかは問題にならない。これが私たち全員の感じ方なのである。全員の中には記者も含まれる。記者は、幼い子供がいるのに乳癌で死にかけている母親や西ナイルウイルスのせいで車椅子に追いやられた男性によって心を動かされたことに気づき、そう感じることによってこれは記事の中心となる重要な話だと確信する。統計はそのような事例が代表的な事例からかけ離れたものであることを示しているかもしれないが、説得力のある個人にまつわる話か図表に載っている数字かの選択を迫られれば、個人にまつわる話を取るだろう。記者にも人情があるだけの話である。

したがって、メディアに登場するもの――それに、登場しないもの――の多くが、話をすることに対して生まれつき持っている傾向によって説明できる。争いは記者を引きつける。優れた話に欠かせないものだからである。たとえば、イアーゴーが悪意のあるうわさを広めなければ『オセロ』は優れた戯曲にはならなかっただろう。新奇性も要求される。「ニュースの四分の三は『新しい』」と、かつてある編集者が教えてくれた。この二つの特徴に引きつけられること――そして、この二つを欠いた話には関心がもたれないこと――は、英国のシンクタンクであるキングス・ファンドによる健康問題の報道に関する二〇〇三年の調査の結果にはっきりと表われていた。「調査したすべてのメディアの中で、二つのカテゴリーのニュースが優勢を占めていた。一つは国民健康保険制度である。大部分が、国レベルまたは地方レベルでこの制度が陥っている危機に関するニュースであり、たとえば、待ち時間の増加や十分な治療が受けにくくなっていることなどである。もう一つは健康『不安』つまり、広く報道されているが、病気や早死にに与える実証可能な影響をほとんど伴わないことが多い公衆衛生に対するリスクである」。二つ目のカテゴリーには、いわゆる狂牛病やSARS、鳥インフルエンザが含まれていて、そのすべてがたっぷりと新奇性を提供していた。無視されたものは何か？　喫煙やアルコール、肥満がもたらす緩慢で日常的な大量の犠牲である。ある死因のニュースの数をそれがもたらした死者数と比較することによって、「ニュース一件当たりの死者数」を算出し、「ニュースになるためには、何人の人が特定の病気によって死ななければならないかが調べられた。その結果、たとえば、調査対象となったBBCのニュース番組の喫煙に関するニュース一件に対して、八五七一人が喫煙によって死亡していることがわかった。これと対照的に、新変異型クロイツフェルト・ヤコブ病（狂牛病）による死者は、BBCのニュースになるために、わずか〇・三三人しか必要なかった」。

継続中の物語も重要視されている。なぜなら、既存の筋書きに適合している話は同じ筋書きのより大きな話によって強められるからである。最も極端な例を挙げれば、有名人のニュースは物語そのものである。アンナ・ニコル・スミス物語がいったん確立すると、彼女に関する風変わりな新しい話の一つ一つが、アンナ・ニコル・スミスの風変わりな人生というより大きな筋書きによって、いっそう注目せずにはいられないものとなり、亡くなってもはや新鮮な材料を提供しなくなったあとでさえ、彼女の話をますます知らされることとなった。些細な話が報道されることさえあったが――現に、死体の埋葬を一時的に中止する命令を裁判官が出したとき、CNNのニュース配信サービスからEメールを受け取った――それは、そのニュース自体の力に頼らなくてよかったからである。より大きな物語の一部だったのである。そして、その大きな物語が重要であるあるいは注目せずにはいられないと考えられているなら、ニュースにするのに小さすぎる話はない。逆に、ある話がより大きな物語の一部になっていないと――あるいは、さらに悪いことに、物語と矛盾していると――日の目を見ることはまずないだろう。このことは、有名人のニュースよりずっと重要な問題にも当てはまる。

一九九〇年代初頭、先進国におけるエイズの流行は、恐れられていたより対処しやすいものだという徴候を初めて示しつつあった。しかし、エイズがもたらした筋書き――新奇のウイルスがアフリカの悪臭を放つジャングルに出現して世界に脅威を与える――は、なくならなかった。主に一九九四年のリチャード・プレストンの『ホット・ゾーン』の出版のせいだ。[2]「ぞっとするような真実の話」と宣伝された『ホット・ゾーン』は、バージニア州に送られたサルがエボラウイルスに感染していたことが発覚した話だ。バージニア州でエボラ出血熱が発生することはなかったし、仮にあったとしてもたいしたことにならなかっただろう。そのサルに感染していた系統のウイルスは人間に対して致死的なものではなかったからである。

しかし、こんな実状が『ホット・ゾーン』が国際的ベストセラーになるのを阻止することはなかった。メディアは「出現しつつあるウイルスの恐怖」に関する話をぞくぞくと量産し始め、出版の翌年、この本に触発されてできたハリウッド映画『アウトブレイク』が公開された。さらに多くの本の執筆が依頼され、ドキュメンタリー映画が撮影された。そして、実際にエボラ出血熱がコンゴ（当時はザイール）で発生したとき、記者たちは通常無視されていたこの地域に殺到した。大量の報道が行なわれたが、一九九五年のエボラ出血熱の発生は大混乱と大惨事に至らなかった。それはよくある悲しい経過をたどっただけにとどまり、全部で二五五人が死亡した。

しかし、コンゴと中央アフリカには、大混乱と大惨事が近づいてきていた。一九九八年に、クーデターが内戦に発展し、この地域全域に戦闘が勃発し、政権が崩壊した。銃弾あるいは爆弾、病気のいずれに対しても、どれだけの命が失われたかを正確に知るのは難しいが、多くの専門家が三〇〇万人以上の人間が最初の数年間で死亡したと示唆している。先進国はほとんど気づきもしなかった。この戦争は既存の物語のいずれにも適合しないし、豊かな国は明白なかかわりが何もないため物語を語り始めることもできない。だからメディアは、一九九五年のエボラ出血熱に有り余るほど関心を示したのに比べ、ごくわずかの関心しかこの戦争に示さなかった。エボラ出血熱で死亡した人一人に対して、およそ一万一七〇〇人が死亡したにもかかわらず。

物語に適合した注目せずにはいられない話でさえ、話が生じたとき物語が機能しなくなっていれば消えてしまうことがある。二〇〇六年に、テネシー州のある学区は、近くの原子力発電所で放射能を含んだ冷却液が漏れているという報告を受けて、一八〇〇人の生徒を帰宅させた。それは、一九七九年のスリーマイル島の事故以来初めての米国における原子力関連の避難騒動だった。「原子力事故」物語が機能しているときに――スリーマイル後の数年間機能しており、チェルノブイリ後に再び機能していた――起きていれば、大きなニュースになっただろう。しかし、二〇〇六年にその物語はほこりを被っていて、この事件は地元の小さなニュースとして扱われただけで無視された。

今日テロはあきらかに主要な物語であり、しばらくのあいだ主要な物語であり続けてきたが、一〇年前テロはまったく異なるものだった。一九九五年のオクラホマ・シティの爆破事件によって、テロは白人で偏執病的な反政府急進主義者である爆弾犯ティモシー・マクベイのような男が関与する話となった。その筋書きに従って、ジャーナリストは、もったいぶって「民兵」と自称する風変わりなガンマニアのちっぽけな集団に関して無数の記事を書いた。そういった集団が公共の安全にとって深刻な脅威であるという証拠がたくさんあるわけではないが、マクベイが少しのあいだそういった集団の一つに所属していたため、記者たちは彼らのあらゆる言動を取材しようと群がった。九月一一日のテロ攻撃によってこうした筋書きは捨て去られ、テロはイスラム原理主義者によるものに置き換わり、その物語は今日なお勢いを保っている。だからこそ、二〇〇五年一〇月一日にオクラホマ大学の満員のスタジアムの外で自爆者が死んだとき、メディアはほとんど報道しなかった。自爆者ジョエル・ヘンリー・ヒンリチス三世はイスラム教徒ではなかった。爆発物が大好きな神経症の白人男性であり、最初はティモシー・マクベイが使った爆弾と同一の爆弾を爆発させる計画だったらしい。一九九〇年代後半にオクラホマ大学で自爆を実行していたら、世界中で大きなニュースとなっていただろう。しかし、二〇〇五年ではテロに関する物語に適合しなかったため、やはり、地元の小さなニュースとして扱われただけで無視された。

同様のことが二〇〇七年四月に再び起きた。このときは「アラバマ自由民兵団」に所属する六人の白人男性がアラバマ州コリンズヴィルで逮捕された。警察は、機関銃一丁とライフル銃一丁、先端を切り詰めた散弾銃一丁、消音器二器、弾薬二五〇〇発、一三〇個の手榴弾やイラクの反乱軍兵士が使ったものと似た即席爆発装置（IED）七〇個を含む種々の手製の爆発物を押収した。このグループのリーダーは、指名手配中の逃亡者で偽名を使って暮らしており、政府と不法移民に対する強い憎しみを表明していた。保釈聴聞会で、このグループが、近くにある小さな町で暮らすヒスパニックを機関銃で攻撃する計画を立てていたと連邦捜査官は証言した。メディアは関心を示さず、この話は基本的に無視された。しかし、一週間後、六人のイスラム教徒のグループがフォートディックス基地の攻撃を共謀していたかどで逮捕されたときは、大きな国際ニュースになった。しかし、これらの男たちは「アラバマ自由民兵団」と比べて洗練されていたわけではなく、テロリストのネットワークとのつながりも薄く、民兵たちの武器の蓄えのようなものは何も持っていなかった。

話をうまく伝えることにとって欠かせないもう一つの要素は、言葉やイメージにおける生々しさであり、優れたジャーナリストは常にこれを自分の仕事に注入しようとしている。このことはリスク認識に重大な結果をもたらす。

「狂牛病」は新聞が好みそうな種類の短くて、生々しく、パンチの効いた言葉であり、この用語が新聞記者によって作られたのもうなずける。『デイリー・テレグラフ』紙のデイヴィッド・ブラウンは、牛海綿状脳症（ＢＳＥ）という学名が無味乾燥で抽象的だと気づいた。そして、のちにインタビューで回想しているように、世間の人に対して、関心を持ってもらい、対策を要求してもらいたいと思っていた。「その名前は病気を一言で表わしていた。本当に役に立った。私には、狂牛病と呼ぶことに罪の意識はまったくない」。その言葉は実に強力だった。ＢＳＥ危機がフランスでどのように起きたかを調べた二〇〇五年の論文によると、フランスのメディアがＢＳＥのかわりに「狂牛」という言葉を使ったときに牛肉の消費が急激に落ちたことがわかった。この結果をより確かなものにするために、スタンフォード大学の教授マーワン・シネイサーとチップ・ヒース、カリフォルニア大学ロサンジェルス校のスティーヴ・コールは、実験を実施した。被験者は、牛肉を食べたばかりのところでこの病気に関するニュースを聞いたと想像するように求められた。その結果、狂牛病という表現で病気を聞いた人は、牛海綿状脳症という表現で聞いた人より、心配する度合いが大きく、牛肉を食べるのを控えようとする傾向が強かった。これは「良い・悪い規則」が働いていることを表わしている。「被験者は、狂牛という言葉が用いられると、学名が用いられたときより強く感情的な反応に依存するようになった。この結果はデュアル・システム理論に一致したものであり、学名によって感情の影響は排除されなかったが、より慎重に考えるようになったと考えられる」。言い方を変えれば、「腹」は「狂牛病」という言葉に飛びつき、「牛海綿状脳症」は「頭」に注意を払わせたのだ。

感情に訴える言葉以上に、メディアは悪いニュースがいっそう好きである。そのため、ジャーナリストはよく悪いニュースを強調し、良いニュースを除外する。二〇〇七年一〇月、英国の『インディペンデント』紙は、国連環境計画の最近の報告に関する気の滅入るような記事の上に全段抜き大見出し——「単なる環境不安の話ではない」——を出した。国連の報告には環境にかかわる情勢が悪化していることを示す資料が含まれていたから、この記事の論調は正当なものである。しかし、国連自身によるこの報告の要約の最初のパラグラフで、さらに「きわめて差し迫った世界の環境問題のいくつかへの取り組みにおける実質的な進展を賞賛する」とあった。『インディペンデント』の記事には進展に関する言葉は一言もなかった。

ドラッグスコープという慈善団体が実施した英国における違法薬物価格の二〇〇六年の調査について報道したとき、『インディペンデント』はいっそう偏向的だった。ドラッグスコープ自身の報告は次の文で始まっている。「コカインが子供の遊び場にあふれている、クラックやヘロインを買うのはピザのテイクアウトより簡単だ、大麻の違法薬物の等級が変更になったことで大麻喫煙が爆発的に増加したといったメディアによる疑わしい報道がたくさんあるにもかかわらず、七月と八月に調査を行なった二〇の町や市における違法薬物の平均価格の概要から判断して、昨年は価格が比較的安定していたことが明らかである」。『インディペンデント』の記事の前書きはいくらか異なった。「英国の多くの地域における薬物の価格が昨年急落したと、景気の良い違法薬物業界に関する信頼できる研究によって明らかとなった」。ドラッグスコープは次のことも報告している。「予測された結晶メタンフェタミンの流行は起きず、二〇の薬物市場のどの市場においても大きな割合を占めるとは考えられなかった」。予想できるように、このことは『インディペンデント』の記事では触れられていなかった。

全体的に見た癌の発生率がニューヨーク市および米国全土で低下していることを示す二〇〇六年の統計を米国癌協会が発表したとき『ニューヨーク・ポスト』紙は、この良いニュースをなんとか悪いものにしようとして「癌の不安」という見出しの記事を出した。「約八万八二三〇人のニューヨーク市の住民が今年癌と診断され、三万五六〇〇人が死亡した。中でも、予防可能な肺癌や前立腺癌による死亡者が多かったと最近の研究で明らかになった」と、最初の文に書いてあった。実際に重要な癌の発生率が低下したことを『ニューヨーク・ポスト』がしぶしぶ認めていたのは、第三パラグラフの一文だけだった。同様の創造性を発揮して『トロント・スター』紙は、平均的なカナダ人男性の寿命が八〇歳に達したというカナダ統計局の発表の中に悪いニュースを見つけた。この歴史的に重要な進展に一文だけ費やしたあと、記事の残りの部分の要点へと突進している。「悪いニュースは、この急増する高齢のカナダ人たちが保険制度を崩壊させる可能性があるということである」

科学者、特に医学研究者は、何らかの脅威を見出している研究をそうでないものよりメディアが好むことに長いあいだ不平を漏らしてきた。この所見を実証したかったトロント小児病院の医師たちは、一九九一年三月二〇日版の『ジャーナル・オブ・ザ・アメリカン・メディカル・アソシエーション』誌に、放射線によって引き起こされる小児癌の問題についての研究が続けて載っていることに気づいた。最初の研究は肯定的だった。すなわち、小児癌の危険が存在することを示していた。二つ目の研究は否定的だった。すなわち、小児癌の危険を見出していなかった。メディアは日常的にこの雑誌に載っている研究について報道しているから、これは偏りを調べるのにもってこいだった。医師たちが調べると、この二つの研究に関係した記事が全部で一九件新聞に載っていた。九件は、危険の存在を見出した研究だけに言及していた。危険を見出さなかった研究だけを報道した記事はなかった。一〇件の記事は両方を報道していた。しかし、その一〇件の記事では、危険がないと述べた研究に比べて、危険があると述べている研究により多くの関心が払われていた。

このような偏りは不幸なことかもしれないが、感情に訴える話を正確なデータより好む傾向とちょうど同じくらい理解できることである。「私たちは悪いニュースが好きでない。しかし、私たちには必要だ。自分の身に降りかかる場合に備えて知る必要がある。草地にいるシカの群れが頭を下げて、平和そうに草を食べている。そのとき、ウーウーという声。野犬が森にいる。頭を上げろ、耳を前に。逃げる準備をしろ！」と、マーガレット・アトウッドの短篇小説の登場人物は述べている。原始的な本能だ。私たちの祖先は、この辺りにはライオンはいないと誰かが言えば、跳び上がったり、地平線を眺め回したりしなかった。しかし、「ライオン！」という叫びは全員の注意を引いた。私たちはそのようにできていて、それは記者も読者も同じである。心理学者マイケル・シーグリストとジョージ・クヴェコヴィッチの研究によると、チューリッヒ大学の学生は健康リスク（食品の着色料や電磁場）に関する最近の研究を示されたとき、何の危険も見出していない場合より、危険があることを指摘している場合の方が、研究を信用できると考えた。「リスクがないことを明らかにしている研究より、否定的な結果を出している研究の方をより強く信用する」と、結論が下されている。

記者にとって、悪いニュースへの生まれつきの偏りは、個人にまつわる良いニュースを伝えることの困難さによってさらにひどいものとなっている。乳癌にかかっていない女性の話をどのようにあなたは伝えるだろう？　法律を遵守する前科者はどうだろう？　スケジュールどおりスムースに着地する飛行機はどうだろう？　第一面に載りそうな「郵便局員が八人を殺害」と違って「郵便局員は生活に満足している」では良い見出しにならない。

悪いニュースの統計的代表例をニュースにすることでさえ、難しいことがある。連続殺人犯の話は魅力的かもしれないが、平均的な犯罪者は一七歳の万引き犯であり、一七歳の万引き犯の話が連続殺人犯の話と同じくらい面白いことは決してないだろう。西ナイルウイルスの統計的に見て代表的な犠牲者（何の症状も出ず、何の悪い結果も生じない）に関しては、統計学者以外の誰かにこの話を面白いと思わせることができる書き手はまだこの世に生まれていない。

そして、以上のようなことは、ニュース・メディアについて話しているに過ぎない。扇情的に話をすることを好むという偏りは、エンターテインメント・メディアにいっそうよく当てはまる。ショー・ビジネスにおいては、正常な状態に押し戻す正確さを求める倫理が存在しないからである。小説やテレビ、映画はリスクが関係した話で溢れており、それらの話は、ホメロスからクエンティン・タランティーノまでのすべての物語作家が知っている大衆が喜ぶ要素――物語、争い、驚き、劇的な事件、悲劇――が効果的に使われていて、私たちの生活における真の危険にまったく似ていない。夜のテレビは特に変わった空間だ。ある回の『CSI 科学捜査班』は、冷酷な大金持ちのカジノ・オーナーの殺人事件を取り上げていたが、死体に残されたおむつかぶれを手がかりに、寝かされておむつを脱がしてもらい赤ん坊のように扱われることを含む性的欲求を犠牲者が持っていたことを捜査官が発見して事件を解決する。一方、医療ドラマ『グレイズ・アナトミー』では、いつもの健康診断を受けに来ている若くて美しい女性が、子宮頸癌が進行していると告げられ、番組の終わりまでに死亡する。これは病院のありふれた一日に過ぎない。この病院では、ラスムッセン脳炎のような稀な病気が驚くべき頻度で登場し、番組に登場する稀な病気を全部合わせたより多くの人が死亡している糖尿病のような面白みのない病気には、誰も一度もかからない。

こういった番組はジャンク・フードに等しい情報であり、ジャンク・フードのように大量に消費すると良くない結果を招く可能性がある。こういった番組を見るとき「頭」はそれが番組に過ぎないことを知っている。つまり、警官は時間をかけてまでおむつを付けた大金持ちの殺人事件を調査したりしないし、病院は癌で死んでいく若くて美しい女性で溢れているわけではない。しかし「腹」はそんなことを何も知らない。「腹」にわかっているのは、自分が生々しい出来事を見ていることと強い感情を抱いていることだけで、この二つのことは「実例規則」と「良い・悪い規則」が働く条件を満たしている。したがって、ニュース・メディアが世間の人がよくリスクを誤ってとらえる原因の一つとなっていることが疑問の余地のない事実である一方で、エンターテインメント・メディアもその責めをいくらか負わなくてはならないようだ。

メディアがどれほど大きな影響力を及ぼしうるかを示す事例が、最もありえなさそうな場所から出ている。ブルキナファソは西アフリカの小国である。かつてフランスの植民地だったため、フランス語が公用語である。フランスのメディアは広範囲で利用可能であり、現地のメディアはフランスのメディアで言っていることをそのまま繰り返している。しかし、ブルキナファソは世界で最も貧しい国々の一つであり、この国で生命や肉体に対して脅威となるものは、フランスとは非常に異なる。したがって、研究者のダブラ・コヌとエティエンヌ・ムレが、九〇の活動と技術のもたらすリスクを首都の五一人の住民に（ゼロから一〇〇の尺度で）評価してもらったとき、その結果がフランスでの同様の調査と非常に異なるだろうと予想するのは理にかなっているだろう。しかし、それほど異なっていなかった。「現実のリスク構造においてブルキナファソとフランスで極端な違いがあるにもかかわらず、今回サンプルとなったブルキナファソの住民の質問に対する回答は、フランス人回答者とほぼ同じ先入観を示し、先入観の強さも同程度だった」

以上のような事例があるとは言うものの、世間は、メディアが社会に及ぼす影響を大げさに言うことが多い。理由の一つは、メディアを社会から大きく隔たった存在と世間が見ているからである。まるで地下の要塞施設から情報を大量に聞き出そうとしている外国の占領軍であるかのように見ているのである。しかし「メディア」である記者や編集者、プロデューサーは、ほかのすべての人とまったく同じように、郊外に家があり、学校に通っている子供がいて、オフィスビルにパーティションで囲まれた仕事スペースがある。そして、彼らも、新聞を読み、テレビを見て、インターネット・サーフィンをする。

メディアが劇的な死因に「印象に残るほど不釣合いな」関心を払っていることを見出した一九九七年の研究論文において、引き起こす死の割合に比べて大きく報じられている死因の一つに癌があった。著者はこの発見に関心を払っていなかったが、実際には重大なことである。癌は、家の火事あるいは殺人のように人目を引くものではなく、死をもたらす可能性のある病気——ほんのわずかしかメディアの関心を集めていない死をもたらす病気がたくさんある——がどれも劇的であるという意味において劇的であるに過ぎない。しかし、癌が実際に備えているのは、大衆文化における強烈な存在感である。その言葉自体が不吉で怖い。心理学者が否定的情動と呼ぶ暗い感情を起こさせる。記者たちはそういった感情を抱き、それによって認識が形成される。だから、メディアが不釣合いに大きく癌を取り上げるとき、社会の考えることを反映しているのであって、管理しているのでないことは明らかである。しかし、同時に、メディアにおける癌に対する不釣合いに大きな関心によって、世間が癌のリスクを誇張する場合がある。すると、癌はいっそう怖いものとなる。

　行き来しているのだ。メディアは社会の不安を反映するが、そうするうちにより多くの不安を生み出し、その不安が再びメディアに反映される。この過程はずっと続いていくが、ときどき──特に、別の文化的懸念がかかわるとき──勢いがつき、社会学者がモラル・パニックと呼ぶ奇妙な突発的出来事を生み出す。

　一九八八年に『タイム』誌は次のように表明した。「この国の市街道路と幹線道路は危機的状況にある。これは、路上の無謀さ、車の無政府状態、運転手としての理不尽な態度の流行である」。ロード・レージ。一九九四年の時点で、この言葉は存在しないも同然で、この問題はどこにも見当たらなかった。一九九五年にこの言葉はメディア内で増殖し始め、一九九六年には世間の重大な心配事となった。米国人はハンドルの前で無礼で意地悪く、暴力的になっているとか、人を傷つけたり、死なせたりする凶暴なドライバーの数が増加しているとか、ロード・レージは一種の「流行病」だなどとうわさされた。誰もがそういったうわさを知っており、一九九七年には誰もがロード・レージのことを話していた。それから、ロード・レージは終息した。何の前触れもなしに。ロード・レージという言葉は、まだときどきメディアに登場するが──この言葉は耳に付きすぎて捨て去ることができない──モニカ・ルインスキーが歴史上最も有名なホワイトハウスの実習生になった頃この問題は姿を消し、今では、モニカ・ルインスキーに触れるのと同じくらい時代遅れとなっている。

パニックは通り過ぎると簡単に忘れられ、どこから生じたのかとなぜ消えたのかが、それを派手に取り上げたメディアで検討されることはめったにない。ロード・レージのパニックがそういった検討を受けるとすれば、パニックの盛衰が米国の路上の現実をそのまま反映していることが納得のいく形で示されるかもしれない。しかし、そのような証拠はない。「新聞などの見出しにかかわらず、我が国の路上で以前より攻撃的な運転が行なわれているという統計的証拠あるいはその他の科学的証拠は少しもなかったし、今もない」と、ジャーナリストのマイケル・フューメントは、一九九八年八月の『アトランティック・マンスリー』誌に発表された、ロード・レージの流行と言われているものの詳細調査の中で結論を下している。「事実、事故や死亡、負傷の発生率はわずかに下がっている。『ロード・レージ』あるいは攻撃的な運転の『流行』が、主に、ロード・レージという言葉が頭韻を踏んで響きがいいというのと同じくらい単純なことから着想を得たメディアの作り事以外のものであるという証拠はない」

もちろん、マーケティング担当者が自社製品に新たな流行を生み出したいと望んでいるような意味で、メディアがロード・レージのパニックを作り出したのではない。基本計画も、共謀もなかった。作り事もなかった。事件はすべて本当だった。「バージニア州のジョージ・ワシントン・パークウェイで、車線変更をめぐる口論がスピード競争で決着が付けられることになり、その結果、両方のドライバーは車を制御しきれなくなり、センターラインを横切り、罪のない二人のドライバーを死亡させた」と、一九九七年に『USニューズ&ワールド・レポート』誌で報じられた。この事件は実際に起きた。劇的で、悲劇的で、ぞっとするものだったため、広く報道された。そして、ほかにも、同程度の重大さの事件が報道されていた。新しい危険の物語が確立した。ドライバーの路上での振る舞いが悪化しており、ドライバー自身や他人を危険に曝しているという物語である。物語が確立したことは、個々の事件がそれ自身でニュースとして成立するほど興味深かったり重要であったりする必要がないことを意味した。個々の事件はより大きな物語の一部であることができた。そのため、以前なら報道されなかったであろう事件が記事になった。同じ記事で次のことも報じられている。「ソルトレークシティーの事件では、七五歳のJ・C・キングが、四一歳のラリー・レム・ジュニアが通行を妨害しているといってキングに警笛を鳴らしたことに苛立ち、レムが車を道路脇に寄せたときついて行って処方薬の瓶をレムの膝にぶつけた。そのあと、老人の決意の表われとして、九二年型のマーキュリーをレムの膝にぶつけた。上品な町メリーランド州ポトマックでは弁護士で元州議会議員のロビン・フリッカーが、妊娠中の女性になぜあなたの車を私のジープにぶつけたのかとずうずうしい態度で尋ねられ、彼女の眼鏡を叩き落とした」。今日、このような小さな事件は全国ニュースには決してならないだろうが、当時は、確立された物語に適合したため、報道された。

報道が多くなれば、より多くの実例とより多くの感情が、より多くの人の脳にインプットされる。世間の不安が大きくなれば、記者はさらに多く報道する。報道が多くなれば、恐怖が大きくなる。大きくなった恐怖は、より多くの報道を生み出す。フィードバック・ループが確立し、恐怖が着実に大きくなる。

しかし、このループを生み出すにはメディアと世間だけを必要とするのではない。恐怖を大量に生み出すことに関与する人と組織も必要である。そして、ロード・レージ危機の製造に関与した、そういった人と組織がたくさん存在し、フューメントも十分すぎるくらい記録している。ロード・レージという言葉とロード・レージの流行と言われているものは「圧力団体と政治家、好機を狙っているセラピスト、世間に注目してもらいたいと思っている安全関係の機関、米国運輸省によって急速に世間に広められた」。良いものを見たと思って、無断で利用しようとした者もいて「エア・レージ」「オフィス・レージ」「ブラック・レージ」という言葉が生まれた。英国では、セラピストが「トロリー・レージ」という言葉まで広めた。これは、車のハンドルの前で平静さを失うドライバーとちょうど同じようにショッピングカートのハンドルの前で突然激怒する消費者を表現する言葉で、そういった消費者の数が増えていると言われていた。

ロード・レージが「誰もが知っている」本当のこととして確立されると、メディアは、利己的な当事者がまくし立てる恐ろしい数字を、ほとんどあるいはまったく吟味しなかった。「年間二万八〇〇〇件の交通事故死の原因としてかんしゃくが引き合いに出されている」と『ニューヨーク・タイムズ』紙の見出しに出たが、それは、幹線道路交通安全局（NHTSA）の局長（ロード・レージの問題が顕著になるのと歩調を合わせて世間からの注目度が増した政治任用者）が、事故死の三分の二が「攻撃的な運転と結びついた行動に起因すると考えることができる」と主張したことを受けてのことだった。この主張は恐ろしい擬似事実となり、あらゆる怖い逸話に統計による承認を与えることになった。しかし、フューメントがNHTSAの広報担当者にその数字の説明を求めると、広報担当者の女性は次のように答えた。「私たちは確かな数字は把握していませんが、攻撃的な運転はほぼすべてのことを意味します。車の流れを縫って走ること、十分な車間距離を取らないこと、パッシングすることなどあらゆるものを含みます。要するに、飲酒運転やスピード違反など思いつくほぼすべてのことが、攻撃的な運転行動になりえます」

このように現実と薄弱なつながりしかないのでは、ロード・レージ恐怖が新たな大きなニュースの出現に耐えて生き残る見込みはなかった。クリントン大統領のセックス・スキャンダルと弾劾がまさにそのニュースとなった。記者も世間も関心をそらされたため、フィードバック・ループは崩壊し、ロード・レージ危機は消滅した。二〇〇四年に、NHTSAが作成を委託した報告書では、遅まきながら次のような結論が述べられていた。「攻撃的な運転とロード・レージが劇的に増加しているという主張を疑うのが理にかなっている……衝突事故のデータは、ニュースで報道された量やこの問題に関する世間の関心の高さにもかかわらず、ロード・レージが比較的小さな交通安全問題であることを示唆している。この問題を客観的に検討することが重要である。なぜなら、ロード・レージの発生を減少させるために計画され実施された取り組みによって、客観的に見てもっと重大なその他の交通安全問題から関心がそらされ、そういった問題に使われるべき資金が転用される可能性があるからである」。賢明な用心深さが感じられるが、七年遅かった。

二〇〇一年に、ロード・レージと同様の力学が働き、北米のメディアが「サメの夏」と名づけたことで有名な事件が生まれた。二〇〇一年の七月六日に、フロリダ州ペンサコラの海岸で、ジェシー・アーボガストという名前の八歳の少年が浅瀬で水遊びをしていて、オオメジロザメに襲われた。その少年は片腕を失ったが、かろうじて生き延び、ハッピー・エンドで終わる珍しく、痛ましいこの話は、北米大陸中で大見出しのニュースとなった。このことによって新しい物語が確立し「突然、サメの襲撃――あるいはサメの襲撃だと思われるもの――の報告が米国中から届いた」と、二〇〇一年七月三〇日版の『タイム』誌のカバー・ストーリーで触れられている。「七月一五日に、サーファーが、ジェシーが襲撃された地点から数マイル離れた所で脚を嚙まれたらしい。翌日には、別のサーファーがサンディエゴ沖で襲われた。そのあと、ニューヨーク州ロングアイランドの救助員が、オナガザメだと考えられた何かに嚙まれた。先週の水曜日、ハワイで、一二フィートのイタチザメがやすで魚をとっていた漁師を追いかけた」。もちろん、こういった報告はちょうどそのとき「届いた」のではない。こういった事件は常時起きているが、全国ニュースになるほど重要だと誰も思っていない。物語がそういった状況を変化させ、取るに足りない事件をニュースに昇格させたのだ。

この『タイム』の記事は慎重にも次のことに言及していた。「引き起こした恐怖にもかかわらず、その発生件数は非常に少ない。こちらから何も仕掛けていないのに襲撃された例は、一九九九年に五八件、その前年に五四件あったのに対して、昨年は七九件あった。……雷で死ぬ可能性のほうが三〇倍高い。オーストラリアの研究者によれば、配線が適切に施されていないクリスマスツリーはサメより多くの犠牲者を出している」。しかし、この理性への配慮は、サメの襲撃の生々しい記述と生肉を引き裂くサメのカラー写真を載せている記事の中に出てくる。それに、世界で最も重要なニュース雑誌の一つのカバー・ストーリーである。「腹」にとっては、この記事に関するあらゆることが「気をつけろ！」と叫んでいた。記事に出てくる数字は、不安を感じる理由はないと語っていたかもしれないが、

九月初旬バージニア州で一〇歳の少年がサメに殺された。その翌日、別のサメがノースカロライナ州の海で泳いでいた男性の命を奪った。三つの全国ネットワークすべてが夜のニュース番組でサメの襲撃をその週のトップニュースに挙げていた。サメの襲撃が、二〇〇一年九月の初めの米国の話題だった。

九月一一日火曜日の朝、別の種類の捕食者が四機の飛行機に乗り、ほぼ三〇〇〇人を殺害した。またたくまに、サメの襲撃のフィードバック・ループは崩壊した。漁師を追いかけるサメの報道はニュースから消え、サメの襲撃のリスクは以前の状態に戻った。つまり、そのリスクに見舞われるごく少数の人にとっての悲劇、そしてその他のすべての人にとって統計的に取るに足りない出来事に。今では、「サメの夏」は、現実的な重要性を持たないニュースによっていかにたやすく（メディアとその受け手が一緒になって）世間が気をそらされるかを警告する事例となっている。(3)

話をすることは自然なことかもしれない。啓発的なことでもあるかもしれない。しかし、私たちが暮らしている世界と私たちを実際に脅かしていることを理解するためには使いものにならない道具であることが多い。科学者が言うように、逸話はデータではない。どれほど感動的であろうと、どれほど数が多かろうとデータではないのである。

このような批判はジャーナリストを悩ませる。ニュースが「罹病率や死亡率の統計に対応していなければならない」というのはばかげていると、プロデューサーであるショーン・コリンズは公衆衛生の専門家によるメディア報道に対する批判に異議を唱えた。「ときどき、疫学者の表計算ソフト以外の所で反響があるニュースを伝える必要がある」

もちろん、彼は正しい。乳癌にかかった若い女性や西ナイルウイルスによって麻痺した男性、サメに殺された少年はすべて報道されるべきである。そして、にこにこ笑うよちよち歩きの幼児の新聞写真の中にシェルビー・ガグニの短い一生が思い出されたのは素晴らしいことだ。しかし、統計的に稀な原因で脅かされ、失われたこのような人生の話は、メディアが「ときどき」提供しているものではなく、いつも提供している標準的なものである。ときどきしか報道されないのは、疫学者の表計算ソフトに即した話である。そして、このことが主な理由となって「腹」は、ひどく不適切な助言を頻繁に私たちに与えるのである。

第9章　犯罪と認識

「小児性愛者が暗がりから子供たちを見つめている」と、米国司法長官アルベルト・ゴンザレスは警告した。「無垢な者たちを罠にかけ犯そうと、観察し計画を立てながら待ち伏せしている」。二〇〇七年二月のその日に司法長官の話を聞いていたのは、行方不明・被搾取児童のための全米センターが主催した児童安全トレーニング・プログラム・プロジェクトの訓練生だった。あなたたちには使命があるとゴンザレスは言った。「真っ先に捕食者を見つけること、餌食である子供を捕らえる前に裁きにかけることが、法の執行者として、大人としての我々の責任である。……この訓練プログラムで、あなたたちは、最もうまく彼らを追跡する方法と彼らのサディスト的な狩りを妨害する方法を学ぶことになる。協力しあうことで、この狩人たちに自分たちが狩られていると感じさせることができる。なぜなら、小児性愛者が子供に味わわせている、いやらしい視線や狡猾なストーカー行為、想像もできない残虐さにこの国の子供たちが出会う心配がない日が来るように、我々全員が祈り、努力しているからだ」

子供を追いかけ、性的に虐待し、殺しさえする男――いつも男である――ほど、現代西洋文化においてあしざまに非難される対象はおそらくいないだろう。タブロイド紙では、「モンスター」か「変態」か「ロリコン」である。『ランカシャー・イブニング・ポスト』紙の見出しは「性的けだもの檻に入る」と目立つものになっている。英国のタブロイド紙『デイリー・スター』は「変態が学校にはびこっている」と警告している。この問題に対する嫌悪感は非常に強く、普遍的なものだったので、偏見を抱かせる言葉に通常は細心の注意を払っている米国の高級紙でさえ、性犯罪者を「捕食者《プレデター》」と呼ぶようになった。政治家はこの変化を反映して、潜んでいる小児性愛者の弾圧を公約することを選挙戦の主眼の一つに据えた。

小児性愛者は麻薬の売人や殺人者よりも悪く、テロリストさえよりも悪い。邪悪の権化であり、悪夢の材料である。「すべての親の恐怖です。子供がさらわれることは」と、CNNの『アンダーソン・クーパー360°』の有名な司会者アンダーソン・クーパーは、二〇〇七年一月に放送されたその番組の一時間の特別版の冒頭で、よくあるジャーナリスト特有の表現を用いながら述べた。「もちろん、免れる子供はいません」

クーパーの番組の焦点は、ミズーリ州の二人の少年、ベン・オウンビーとショーン・ホーンベックの話だった。ホーンベックは、一一歳のとき、自転車に乗っている最中に誘拐された。その四年後、一三歳のオウンビーはスクールバスのバス停で誘拐された。警察は密告をもとに捜査し、誘拐されたあとすぐにオウンビーを発見した。驚いたことに、一五歳になっていたショーン・ホーンベックも発見できた。二人の少年とも誘拐したのはマイケル・デヴリンだった。デヴリンは一見すると普通の男性であり、「よく知っていると思っている仕事仲間や近所の人がモンスターかもしれないと思わされ、ぞっとする」と、クーパーは語った。

CNNはタブロイド紙的なテレビではないし、「誘拐――行方不明になり発見された子供たち」というタイトルが付いたこの番組は、恐ろしい問題を紹介するに当たって、比較的抑制を効かせていた。ホーンベックの両親やデヴリンの元雇い主、精神科医とのインタビューがあり、誘拐された子供はどうして最初に逃げられるときに逃げなかったのかが議論されていた。科学捜査の専門家は幼い子供の写真を「年を取らせる」方法を紹介した。しかし、ほとんどは、行方不明になった子供と気が動転した両親についての苦悶に満ちた話だった。

「四時でした。バスが来た音が聞こえました。なのに、あの子が家に帰ってくることはありませんでした」と、二〇年前に娘を失った母親が言った。「私たちは家にいました」と、別の母親が回想していた。「あの子は外で自転車に乗ることにしたのです。二時半頃だったと思います、どこか近所で。……私はドアのところに立って、あの子が自転車に乗り、通りを走っていくのを見ていました。そして、それが、息子を見た最後でした」

「親なら心配して夜も眠れなくなるような話です」と、クーパーは述べた。「次は、誘拐犯に直面したらやり返すことを子供に教えましょう。子供の命を救う専門家からのアドバイスです」

「家族の安全のための専門家ボブ・ステューバー」のアドバイスには、誰かが車に乗って後をつけていたら、反対方向に走って、相手が車の向きを変えているあいだに、時間を稼ぐように子供に教えるというのがあった。誰かが自転車から自分を引き離そうとしたら——「よくあるシナリオだ」——自転車にしがみついて「自分の体を大きく、かさばるようにして、車の中に入れられないようにする」ように子供に教えることもステューバーは提案していた。

「多くの親にとって、子供が車のトランクの中に投げ込まれるのを想像するのは悪夢です」と、クーパーは言った。「トランクの中に子供がいるとして、何かできることはありますか？」

「ご承知のように、車のトランクの中でできることはそれほど多くありません」と、ステューバーが答えた。「蹴ったり叫んだりはできますが、誰にも聞こえないし、誰も見つけてくれないでしょう。しかし、役に立つことがあります。ブレーキランプかテールランプの線を外すのです。それなら、三歳か四歳の子供にも教えられます。トランクの後部にある線をぎゅっと引っぱるのです。ブレーキランプかテールランプが使えなくなります。そうすれば、警察がその車を止めるかもしれません。実際に、五割の見込みで、警察がその車を道の脇に停止させるでしょう。あなたがトランクの中にいるからではなくて、ランプが壊れているからです。そのとき、警察はあなたの声を聞きつけて、助けに来ることができるでしょう」

クーパーはゲストに礼を言って、インタビューを締めくくった。「我々はみな、こういったアドバイスを子供たちが利用する必要がないことを望んでいます。しかし、備えはしておいた方がよいでしょう」

そして、この言葉とともに、親にとっての恐怖の一時間が終了した。確率についての発言は一言もなかった。

もちろん、クーパーが番組の冒頭で「免れる子供はいません」と言っていたのは正しい。しかし、何かが起きる可能性があると言うことはほぼ無意味だ。重要なのはどのくらい起きやすいかである。この点に関して「腹」ははっきりと強固な見解を持っているだろう。一連のぞっとするような実例を見たばかりだから、「実例規則」を用いてその犯罪が起きる可能性が高いと判断するのだ。さらに、それらの犯罪が非常に醜悪であるため、番組を見た人は誰しも強い悲しみと強い嫌悪を感じ、そのことによって「腹」は「良い・悪い規則」を用いて、この種の暴力行為の起きる可能性が高いと判断することにもなる。情動が非常に強いため、その情動が確率に関するどんな考えも駆逐してしまうことになる可能性もある（なりやすいと言ってもいいだろう）。非常に恐ろしい、子供を守らなくてはいけない、というわけだ。「頭」に関しては介入して「腹」の判断を調整する理由がない。なぜなら、そのリスクを理性的に評価できるだけの情報が与えられていないからである。

と言うよりはむしろ、わずかしか情報が与えられていない。この手のテレビ番組でよく行なわれていることだが、コマーシャルに変わりかけるとき、少しのあいだ画面上にいくつかの統計が現われていた。クーパーはその統計を読まなかったので、見過ごされやすかった。しかし、たまたまその統計を見た視聴者は、次のように書いてあるのを一度目にした。「年に推定一一五件ある子供の『ステレオタイプの誘拐』のうち……」四〇パーセントが殺され、六〇パーセントが戻り、四パーセントが見つかっていない。

どうしてこれらの数字を足し合わせると一〇〇パーセントを超えるのかは説明されていなかった。それに『ステレオタイプの誘拐』という変な用語も説明されていない。しかし、これらが説明されたとしても、視聴者がこの番組から受け取ることにほとんど影響しないだろう。これらの数字は不完全すぎて確率としての実感がない。そして、どんな統計が示されたとしても、それらは、長々と続く、誘拐されて殺された子供たちの生々しく、ぞっとするような話に対抗しなくてはならない。一握りの断片的な統計を感情の嵐の中に投げ込んでも、ほこりと同じように吹き飛ばされてしまうだろう。

それでは、現実の数字はどんなものだろう？　一九八〇年代に、子供の誘拐へのパニックの第一波と言えるものが米国中を襲ったが、そのときは正確なデータがなかった。役人や活動家、記者は、五万人あるいは七万五〇〇〇人の子供が毎年親元からさらわれたと繰り返し言ったが、誰もそれらの数字の出所を知らなかった。インターネット上を今日徘徊していると言われている五万人の小児性愛者と同様に、それらの数字は事実と信じられ、事実として繰り返し話され、最後には出所が見失われてしまった誰かの推測だったように思われる。子供の安全に対する恐怖が高まったため、最終的に議会が適切な調査を実施し、行方不明の子供の数に関する報告を出すように連邦政府機関に依頼した。その最初の報告――「行方不明の子供と誘拐された子供、家出した子供、捨てられた子供の発生に関する全国調査」、ＮＩＳＭＡＲＴの頭文字で知られている――は、一九八八年の事例を扱っていた。二番目の報告は一九九九年の事例を調べていた。

二番目の報告で、推定七九万七五〇〇人の一八歳未満の男女が何らかの理由で行方不明になっていることが明らかとなった。その数を区分ごとに示すと、飛び抜けて人数が多い区分は「家出」だった。もう一つの人数が多い区分として、二〇万件を超える「家族による誘拐」（通常、離婚した親が法的に許されている期間より長く子供を手元に置いていることである）があった。五万八二〇〇件の「家族でない者による誘拐」もあった。これは、見知らぬ者が子供を誘拐することのように聞こえるかもしれないが、そうではない。実際には、非常に広範囲にわたる区分であり、たとえば、元のボーイフレンドが駐車中の車から外に出させなかった一七歳の女の子も含まれている。

親たちを脅かしている暗がりに潜む小児性愛者による暴力行為のたぐいに該当する数字を把握するために、NISMARTはステレオタイプの誘拐と呼ばれる区分を作った。それは、見知らぬ者あるいは少ししか知らない者が、子供を一晩中連れまわすか引き留める、あるいは、八〇キロ以上離れたところへ連れて行く、身代金目当てあるいは手元に置いておきたいという意図から子供を拘束する、子供を殺すことを意味した。NISMARTは、一年間に米国内で起きたステレオタイプの誘拐の総数が一一五件であると推定した。誘拐されたとき一四歳以下の子供（ベン・オウンビーやショーン・ホーンベックのような子供）のみを含むように調整すると、九〇件になる。

これらの統計を理性的に検討するためには、およそ七〇〇〇万人の米国の子供がいることを思い出さなくてはならない。見知らぬ者に誘拐された一八歳未満の子供の数が一一五件だけだとすると、未成年の米国人に対する危険率は、約〇・〇〇〇一六パーセントあるいは六〇万八六六九六分の一になる。一四歳以下の子供だと数字はわずかに異なり、およそ五九〇〇万人の一四歳以下の米国人がいるので、危険率は〇・〇〇〇一五パーセントとなる。つまり、六五万五五五五分の一である。

この数字を相対的にとらえるために、プールのことを考えよう。二〇〇三年に、プールで溺れた一四歳以下の米国の子供の総数は二八五人だった。したがって、子供がプールで溺れる確率は二四万五六一四分の一で、見知らぬ者に誘拐される確率の二・五倍以上である。さらに、二〇〇三年に二四〇八人の一四歳以下の子供が車の衝突事故で死亡した。つまり車の衝突事故で死亡する確率は二万九〇七〇分の一となる。したがって、子供は、見知らぬ者によって誘拐されることに比べて、二六倍も車の衝突事故によって死亡しやすい。

数字は国ごとに変わるが、どこでも、子供が見知らぬ者に誘拐される確率は言語に絶するほど小さい。英国では、内務省が次のように報告している。「一人または複数の子供を誘拐することに成功した、見知らぬ者が関係する五九の事件があり、六八人の犠牲者が出た」。一六歳未満の子供が一一四〇万人だとすると、誘拐で殺される確率は一六万七六四七分の一になる（英国と米国の数字は、異なる定義と異なる計算方法に基づいていることに注意して欲しい。直接比較することはできないし、違いを重要視すべきでない）。

カナダでは、騎馬警察の行方不明児童局のマーリーン・ダリーが二〇〇〇年と二〇〇一年について警察のデータベースを綿密に調べ「見知らぬ者」（「近所の人」あるいは「父親の友人」を含めて「見知らぬ者」を定義した）に子供が誘拐された事件の総数が五件だったことを発見した。本当の見知らぬ者による誘拐に関しては、二年間にちょうど一件だった。およそ二九〇万人の一四歳以下の子供がカナダにいる。したがって、一四歳以下の子供にとって、年間の危険率は五八〇万分の一である。

見知らぬ者による誘拐という恐ろしい事件がどのような結果に終わるかに関して、CNNが少しのあいだ表示した統計はほぼ正確だった。NISMARTの端数を丸めた数字（このため足し合わせてもちょうど一〇〇にならない）によると、ステレオタイプの誘拐で見知らぬ者に誘拐された子供の五七パーセントが生きて戻り、四〇パーセントが殺された。四パーセントが所在を突き止められていない。だが、番組で触れられていなかった決定的に重要な事実が一つあった。それは、一〇件のうち九件の誘拐が二四時間以内に解決していることである。

子供を見知らぬ者に誘拐され、あとで連れ戻されることは非常に怖いことだが、究極の悪夢は、見知らぬ者に子供を誘拐され、殺されることである。あるいは、地上から姿を消してしまうことである。NISMARTによると、こういった悪夢のようなシナリオが米国で年に五〇人のティーンエージャーや子供に起きている。これは七〇〇〇万人の一八歳未満の米国人のうちの五〇人である。したがって、ティーンエージャーあるいは子供が見知らぬ者に誘拐され、殺されるか戻ってこない年間の危険率は〇・〇〇〇〇七パーセントあるいは一四〇万分の一である。

リスクの専門家は、ゼロであるかのように取り扱うことができる非常に小さいリスクを言い表わすのにデミニミスという用語を用いる。どんなものがデミニミス・リスクに値するかは、閾値（確率が一万分の一という大きな数になることもある）に応じて変化するが、一〇〇万分の一の確率のリスクは間違いなくデミニミスである。

これまで述べてきた数字は詰まるところ非常に単純なことになる。まず、未成年者の圧倒的多数は誘拐されていない。二番目に、誘拐された未成年者の圧倒的多数は見知らぬ者によって連れ去られていない。三番目に、見知らぬ者に誘拐された未成年者の圧倒的多数は親たちを非常に脅えさせているステレオタイプの誘拐と似た状況で連れ去られていない。四番目に、ステレオタイプの誘拐の件数は非常に少ないので、そういった誘拐が子供に起きる可能性は言語に絶するほど小さい。そして、最後に、潜んでいる小児性愛者に子供が誘拐されるという信じられないくらい起きにくい事件において、子供が生き延びて一日以内に家に戻る可能性は十分ある。

ここに述べたことはアンダーソン・クーパーが視聴者に伝えていたことではない。実際にはクーパーが伝えていたことの逆である。番組でこの重要な事実への言及はなかったが、最も恐ろしい状況下で見知らぬ者によって誘拐される子供の事件を次から次へと紹介した。そして、出てきたほとんどすべての事件で、子供は、何ヶ月もあるいは何年も拘束されるか、永遠に姿を消していた。

ここで問題にしているのはアンダーソン・クーパーではない。「誘拐――行方不明になり発見された子供たち」に現実が完全に反転して描き出されたものは、実のところ、ニュース・メディアが子供の誘拐を報道する典型的な方法である。誘拐されなかった子供はニュースにならない。それに、特に激しい暴力に行き着くような異様な展開がなければ、親による誘拐はたいてい無視される。しかし、小児性愛者による子供の誘拐はかならず大きなニュースになる。子供を性的に虐待した過去を持つ四二歳のドイツ人、ウーヴェ・コルビッヒが二〇〇七年二月に九歳の少年を誘拐し、性的暴行を加え、殺害したとき、そのニュースは世界中を駆け巡った。オーストラリアの新聞の見出しには「モンスターとその餌食」と書いてあった。この犯罪を特に扇情的なものにしていたのは、ライプツィヒの市電の防犯カメラによって撮影されたビデオテープであり、コルビッヒがその少年とおしゃべりし冗談を言い合っているところが映っていた。ビデオから取った静止画像がすべての新聞記事の隣に掲載され、コルビッヒの笑顔は、米国とカナダ、アイルランド、英国、ヨーロッパ大陸においてテレビの全国放送に映し出された。

コルビッヒのニュースを見た人がどのように影響を受けるかを理解するのに、心理学の高度な知識は必要ない。見た人は恐怖と怒り――「腹」がこれは重大な危険だと判断するのに用いる感情――を感じた。もちろん、理性的に考えれば、ドイツで起きたたった一つの犯罪は、ほかの国における子供の安全に関してまったく何も語っていない（このことはドイツにも言える）が、そういった理性的判断は、恐ろしいイメージにかきたてられた感情の嵐の中では吹き飛ばされやすい。

だから、見知らぬ者による誘拐が最近何年かにおけるメディアの狂乱のいくつかの原因となっていることも理解できる。二〇〇二年の八月にホリー・ウェルズとジェシカ・チャップマンが行方不明になったとき、英国のメディアは、少女たちを殺した殺人犯イアン・ハントリーが三週間後に逮捕されるまで、ほかの話題にほとんど触れなかった。短期間のうちに一〇の全国紙で五九八の記事が掲載された。さらに大きな嵐が吹き荒れたのは、二〇〇二年六月にエリザベス・スマートがユタ州にある比較的裕福な家庭から誘拐されたあとのことだった。何週にも、何ヶ月にもわたって、来る日も来る日も、CNNの『ラリー・キング・ライブ』のようなテレビ番組では考えられるあらゆる角度からこの事件について話された。誘拐に対する関心の高まりとともに、メディアはスマートの事件とかすかにしか似ていない報告すら大きく取り上げるようになり、必然的に、このような事件の見かけ上の増加をもたらし、典型的なフィードバック・ループが出来上がった。『フォックス・ニュース』で、ビル・オライリーは、二〇〇二年の夏を「米国の子供にとっての地獄の夏」と宣言した。ピュー・リサーチ・センターの調査によると、誘拐は、不気味に迫りつつあるイラク侵攻にわずかの差でまさり、二〇〇二年に四番目に多く注目を集めたニュースとなり、米国人の五人に四人が「非常に注意深く」（四九パーセント）あるいは「かなり注意深く」（三〇パーセント）動向を見守っていると回答した。[1] 二〇〇七年五月に、英国人の両親と休暇でポルトガルに来ていた三歳のマデレン・マッカンの失踪は、英国だけでなく西側諸国全体でメディアに大きく取り上げられた。この小さな女の子のスナップ写真は『ピープル』誌の五月二八日版の表紙を飾った。

当然のことながら、エンターテインメント・メディアは実際の事件に取材対象を限定されているわけではない。この自由があるため、本やテレビ、映画は、下品なスリラーから高級芸術までの作品の中で、見知らぬ者による誘拐をドラマの主要素として用いることができる。ベストセラー小説『ラブリー・ボーン』[2]は、一九七三年一二月六日に自分は殺されたと少女が読者に語りかける場面で始まる。「あらゆる人種の男の子と女の子が牛乳パックに登場する前……こんなことは起きないとみんなが信じていたとき」

政治家、新聞、夜のニュース、小説、映画。これらはすべて途方もなく稀なことを典型的なものであるかのように描いているが、本当に典型的なことにはほとんど触れられないままである。そして、このことが当てはまるのは子供の誘拐に関してだけではない。すべての犯罪に当てはまる。

誰も驚かないだろうが、犯罪はメディアが伝えるニュースの大きな部分を占め、その割合が増加していることを研究者が見出している。数字は国によって変わるが、ほとんどの調査が示すところでは、犯罪は新聞の中身のほぼ一〇パーセントから三〇パーセントを占めており、その割合は高級紙が最も低く、タブロイド紙が最も高い。全国放送のテレビニュースは新聞より多くの犯罪を伝える傾向があり、地方局のテレビニュースではさらに多かった。メディア・公共問題センターによる米国における地方局のテレビニュースの調査でわかったところでは、五件に一件のニュースが犯罪を含んでおり、犯罪が飛び抜けて人気のある主題になっていた。

もう一つこの調査で一貫して見出されたことは、メディアが個人の行動に重点を置いていて、幅広い背景や問題についてほとんど何も伝えていないことである。レポーターは銃口を突きつけられ金品を奪われた小柄な老婦人について伝える。だが、どれくらいの数の小柄な老婦人が銃口を突きつけられ金品を奪われているのか、昔に比べて金品を奪われる小柄な老婦人は増えているのか減っているのか、誰が小柄な老婦人から金品を奪うのかそしてなぜそんなことをするのか、どんな政策によって小柄な老婦人が守られるのかといったことは伝えない。メディアは実際には犯罪の全体状況に非常にわずかの関心しか払っていない。彼らがいくらあっても満足できないのは個々の犯罪だ。

このことは重大な影響をもたらす。その一つはメディアで通常見られるものよりいっそう根深い、悪いニュースが選ばれる偏りである。犯罪の増加は、以前より多くの犯罪が行なわれていることを意味する。このことを反映するのは容易である。つまり、単純に、暴行を受けたり殺害されたりする人のニュースを以前より多く流せばいい。しかし、犯罪の減少は、以前より少ない数の犯罪しか行なわれていないことを意味し、この傾向は個々の犯罪のニュースによって把握することはできない。なぜなら、行なわれなかった犯罪はニュースにならないからである。メディアが個々の犯罪に重点を置き犯罪の全体状況を無視しているというだけの理由で、犯罪の増加は、犯罪の減少よりずっと大きな注目を常に集めることになる。

こういった偏りがどれほど甚大なものかを検討するために、次のことを想像して欲しい。ある政府機関が配偶者などのパートナーに対する暴力に関する報告を出し、その報告によって明らかになったところでは、家庭内暴力が過去一〇年のあいだに三分の二近く急激に増加し、現在記録的に多い件数となっている。そして、今度は、メディアが完全にこの報告を無視したと想像してみて欲しい。ニュースがまったくない。怒りを表明したコラムもない。この恐ろしい傾向を検証する特集記事もない。もちろん、そんなことは決して起きないだろう。ところが、二〇〇六年一二月に、米国司法統計局が報告を出し、米国の家庭内暴力が過去一〇年のあいだに三分の二近く減少し、その時点で記録的に少ない件数となっていることを示している。このびっくりするくらい良いニュースは、まったくと言っていいほど報道されなかった。

さらに劇的な事例が二〇〇五年一二月にトロントで起きた。クリスマスの翌日、バーゲン目当ての買い物客で通りが混雑しているなか、ライバル関係にあるギャング同士が出くわした。銃がすぐさま現われ、銃弾が飛び、ジェーン・クレバという名の美しい一五歳の娘が亡くなった。この殺人事件はどんな状況であってもショッキングな事件だったかもしれないが、ギャングが関係した拳銃を用いた殺人事件は何ヶ月ものあいだ急増していたし、カナダは連邦選挙の真っ最中だった。必然的に——そして、不当なことではなく——銃、ギャング、殺人が世間の議論の中心を占めた。政治家は演壇を踏み鳴らし、新聞のコラムニストは怒りを表明した。しかし、ギャングによる殺人への関心の高まりは、実のところ、この恐ろしい犯罪の前にピークを迎えていて、選挙が終わり、発砲事件が下火になると、この問題は急速に、静かに影を潜めていった。ギャングによる暴力行為は、さらに減り続けた。二〇〇六年末までに、銃による殺人は四六パーセント減少した。しかし、このことはメディアでほとんど触れられなかった。もちろん、いくつかのニュースはあったが、この減少の話はついでに触れられるだけで、ほかの警察関係のニュースに埋もれてしまうこともあり、政策おたくだけが気にかけるたぐいの統計上の偶然であるかのようだった。そういうわけで、犯罪の急増という現象は、大量の感情に訴えるニュースと熱心な国民的議論を生み出したが、実質上気づかれぬまま、勢いを弱め、消失してしまった。(3)

メディアの犯罪に関する歪んだイメージは、どの犯罪が活字になり、放送されるかにも影響を及ぼしている。殺人は常にお気に入りとなっている。いくつかの研究によって見出されたところでは、報道されたすべての犯罪の半分程度を殺人が占めるメディアもある。メディア・公共問題センターによる米国における地方局のテレビニュースの調査によって見出されたところでは、犯罪関係のすべてのニュースの二九パーセントが殺人に関するものであり、「死亡に至らない発砲」が大差をつけられて第二位に入り、七パーセントを占めていた。この傾向は、何十年にもわたって、多くの国で、調査のたびに見出されてきた。殺人の発生率が目に見えないくらい小さかった一九五〇年代の英国でさえ、新聞の中で「殺人はずば抜けて最もよく報道される種類の犯罪だった」と、犯罪学者のロバート・ライナーは書いている。殺人ほど劇的でない暴力行為は、より低い関心しか得られない。窃盗犯罪にはさらに低い関心しか得られない。その結果、非常にはっきりした傾向が報道に生じる。すなわち、メディアは、犯罪がおぞましければおぞましいほど、より大きな関心を払う。もちろん、政治家が問題にしている場合、あるいは犠牲者が高齢者か子供かペットである場合は、どんな犯罪でもやはり報道されるかもしれない。同様に、王家あるいは有名人が（犠牲者あるいは犯人として）かかわっていれば、記者が関心を示すだろう。しかし、一般的に、非暴力的な犯罪は暴力犯罪に負け、流血の少ない犯罪は流血の多い犯罪に負ける。そのため、メディアでは、殺人が君臨している。

こういった傾向は、完全に理にかなった犯罪の報道のあり方のように思われる。なぜなら、重大であればあるほど、犯罪が報道されやすくなることを意味し、世間の人が知る必要があるのはより重大な犯罪であるからである。このことは議論の余地なく正しい。そして、メディアが重大犯罪のニュースを犯罪に関する多くの優れた分析に照らし合わせて検討し、全体像を提供していれば、こういった傾向はそれほど問題ではないだろう。しかし、メディアはそうしていない。そして、残虐行為のニュースを次から次へと報じ（男の子を誘拐し殺害する小児性愛者、五人を殺害する不機嫌な従業員）、やがてそれらのニュースが合わさって現実とまったく似ていない犯罪のイメージを作り出す。

二〇〇五年の米国で、FBIは一三九万六六九五件の暴力犯罪を記録した。同じ年、FBIは窃盗犯罪を一〇一六万六一五九件と算定した。したがって、窃盗犯罪は暴力犯罪の七倍多かった。別の言い方をすれば、暴力犯罪はすべての犯罪のわずか一二パーセントを占めるのみだった。

犯罪をエジプトのピラミッドと考えて欲しい。その大部分が暴力を含まない事件でできていて、頂上付近のほんの小さな部分が暴力犯罪である。その小さな部分の中に、四一万七一二二件の強盗が含まれており、すべての犯罪の三・六パーセントを占めていた。さらに、九万三九三四件の強姦があり、すべての犯罪の〇・八パーセントだった。そして、殺人は、一万六六九二件あり、米国で記録されたすべての犯罪のわずか〇・一四パーセントだった。犯罪のピラミッドの中で、殺人は頂上のとがった部分の先端に過ぎない。

そういうわけで、メディアが提供する犯罪のイメージは逆さまである。飛び抜けて最もありふれた犯罪が無視され、最も稀な犯罪が飛び抜けて最も大きな関心を獲得している。ギャラップ世論調査によって一貫して見出されているところでは、実際には毎年殺害される米国人はわずか〇・〇〇五六パーセントだけという事実にもかかわらず、米国人の約二〇パーセントが「頻繁に」あるいは「ときどき」殺害されることを心配している。平均的な米国人は殺人に比べて三倍車の衝突事故で死亡する可能性がある。そして、これが、殺人の発生率が西側諸国で飛び抜けて最も高い国の話だということを思い出して欲しい。

稀なことを日常的に、日常的なことを稀に報道するという慣習は、殺人として分類される犯罪の中にさえ見られる。メディアはすべての殺人を報道しないし（二〇〇四年から二〇〇五年にかけて二九四件の殺人しか起きていないオーストラリアのような国でさえそうである）、実際に報道している個々の殺人に同等の関心を払ってもいない。「殺人の新聞報道には逆さまの論理がまかり通っていて、ニュースの特徴は人が犬を噛んだのたぐいの話を報道するということだ」と、『ロサンジェルス・タイムズ』紙の犯罪担当記者ジル・レオヴィーはNPRニュースに話している。「その行き着く先は、統計的に見て取るに足りない殺人の報道だ。ロサンジェルス郡で実際に起きていることを映し出していない非常に起こりそうにない事件を報道することになる」。実際には、これは次のようなことを意味する。すなわち、若くて貧しい、黒人あるいはヒスパニックの男性が、若くて貧しい、黒人あるいはヒスパニックの男性を殺害するとしたら（ロサンジェルスでよくあるシナリオ）、新聞はそのことにほんのわずかしか触れないだろう。しかし、若くて貧しい、黒人あるいはヒスパニックの男性が、高齢の金持ちの白人男性を殺害するとしたら（非常に稀な出来事）、その話は報道されるだけでなく、第一面を飾ることになる可能性が高い。

犯罪の犠牲者を偽って伝えることは普遍的な現象である。「公式の犯罪統計や犠牲者の調査によると、暴力の最もありふれた犠牲者は若くて貧しい黒人男性だ」と、ロバート・ライナーが指摘している。「しかし、彼らはニュース報道に主に犯人として登場する」。メディアは、犠牲者が子供や女性、高齢者である事件に、そうでない事件に比べてずっと大きな関心を払う。これは、高齢者の場合に特に誤解を招きやすい傾向である。なぜなら、高齢者は、犯罪の犠牲者に圧倒的に最もなりにくいからである。カナダ統計局の調査によってわかったところでは、一五歳から二四歳のカナダ人は、六五歳以上の人に比べて二〇倍犠牲者になりやすい。五五歳から六四歳の人でさえどんな種類の犯罪に対しても六五歳以上の高齢者に比べて四倍犠牲者になりやすい。米国で司法統計局が明らかにしたところでは、六五歳以上の高齢者に比べて、五五歳から六四歳の米国人は、五倍暴力犯罪の犠牲者になりやすく、一六歳から一九歳のティーンエージャーは二二倍暴力を被りやすい。こういった数字は犯罪のリスクを理解するために必須のものであるが、どんな統計であれこういった数字をニュースの中で一度も見たことがない。

ニュース・メディアが犯罪の現実を逆さまにしているのだとすれば、エンターテインメント・メディアは、逆さまにした上に、ポケットからコインがこぼれ落ちるまで犯罪の現実を揺さぶっている。「ほとんどの年で、映画の約二〇パーセントが犯罪映画であり、映画の約半分がはっきりわかる形で犯罪に関する内容を含んでいる」と、ライナーは書いている。もちろんすべての犯罪がエンターテインメントの素材になるわけではない。さっそうとした泥棒が行なう大胆な宝石泥棒は別にして、窃盗犯罪はフィクションの世界にほとんど出てこない。殺人は作家の想像力の中心的要素であり、これまでも常にそうだった。『プライムタイム――テレビは米国文化をどのように描いているか』の著者は、一九五〇年代の米国のテレビの内容分析を行ない、登場人物一〇〇人につき七件の殺人が起きていることを発見した。これは、その当時の実際の殺人発生率のおよそ一四〇〇倍の発生率になった。そして、現実の殺人では、ほんのわずかの殺意も持たずに衝動的に別の若くて貧しい男に殴りかかる若くて貧しい男がよくかかわっているが、このテレビの殺人はそのような退屈なものではなかった。作家の天才的な創造力の産物だ。プライムタイムのテレビは、終わりのないダーウィニズム的生存競争であり、ほかの作品より少しでもエキゾチックで、露骨で、現実離れした殺人が用いられ、虐待を受け、破滅させられる人生の奇抜なシナリオが生み出される。一〇年前であれば、殺人犯が殺人犯を殺すというような番組を想像することは皮肉に過ぎなかったかもしれないが、テレビ向き殺人の容赦のない論理によって、実際に、そういった番組が出現することは避けられないこととなった。その番組は『デクスター 警察官は殺人鬼』と名づけられ、二〇〇六年に初回が放送され、批評家の絶賛を浴びた。

通常、私たちはニュースとエンターテインメントのことを、メディアを構成する二つの別々の区分として話している。しかし、犯罪の場合は、トゥルー・クライムという三つ目の区分が存在する。この区分は、含まれる事件は現実のものだが、質の高いジャーナリズムの気風に適合しない。トゥルー・クライムの中には恥ずかしげもなく視聴者を楽しませるものがある。たとえば『全米警察24時　コップス』がその例で、米国の長寿番組だが、この番組をまねた番組がほかの多くの国でもたくさん生まれている。名目上は、警察が巡回区域で何を見ているのかについて理解を深めることになっている。実際には、シャツを着ていない若者（常にシャツを着ていないが、誰もその理由を説明できない）が追跡され、取り押さえられ、手錠をかけられるというはらはらする場面を伝えるためにこの番組が存在している。剣闘士の試合の、荒っぽさの和らいだテレビ放送バージョンに過ぎない。

トゥルー・クライムが『コップス』などに比べてずっと真剣にとらえられているものもある。本屋では、連続殺人犯やギャングの伝記などだ。テレビでは、コートTVや『ザ・オライリー・ファクター』や『ナンシー・グレース』、『米国の凶悪犯罪指名手配者』のような番組の形を取っている。このジャンルを活気づける心的態度は『米国の凶悪犯罪指名手配者』の司会者であるジョン・ウォルシュの書いた三冊の本のタイトル(『憤怒の涙』、『無慈悲』、『民衆の敵』)に要約されている。ウォルシュは、『ナンシー・グレース』のグレースと同じように、恐ろしい犯罪(ウォルシュの場合、一九八一年に起きた六歳の息子アダムの誘拐および殺害)の犠牲者である。この事件のあと、ウォルシュは活動家となり、子供の誘拐が流行しているという概念の普及を推進し、一九八〇年代には広範囲に広めている。「毎年五万人の子供が行方不明になり、卑劣な目的のために見知らぬ者に誘拐されている」と、一九八〇年代にウォルシュは議会で証言している。「この国には、手足を切られ、首をはねられ、犯され、絞め殺された子供がたくさんいる」。ウォルシュは一九八二年と一九八四年に重要な連邦法を成立させるのに貢献した。二〇〇六年、ウォルシュの息子の失踪の二五年目の日に、ブッシュ大統領はアダム・ウォルシュ児童保護安全法にサインし、全国性犯罪者登録制度が立ち上がった。「トゥルー・クライム」の世界では、実質的に、すべての犯罪が誘拐と強姦、殺人であり、すべての犯罪者が社会病質人格のけだものであり、すべての子供が危険に曝されている。悲惨で恐ろしい話がその商売道具である。正確な統計は、めったに、あるいは、まったく触れられない。

メディアが犯罪の現実を執拗に誤って伝えるため、この問題に関しておかしな考えを持っている人を見つけても驚くに当たらない。オックスフォード大学の犯罪学者ジュリアン・ロバーツは、犯罪の認識についての研究を多数検討し、どの国でもほとんどの人が「暴力犯罪が警察によって記録されているすべての犯罪のおよそ半分を占める」と考えていることを見出した。オハイオ州における調査では、五人に一人だけがある程度正確な値で暴力犯罪発生率を推定することができ、「回答者の三分の一が、実際の発生率の少なくとも六倍高い値で暴力犯罪発生率を推定した」。

一貫して見出されたもう一つの点は悲観主義である。犯罪は悪化している。常に。「世論調査で犯罪発生率について尋ねられるたびに、ほとんどの人が犯罪発生率は急速に高まっていると答える」と、ロバーツは書いている。

犯罪調査報告書の作成者がこの点について書くとき、少し当惑しているように見受けられることがよくある。「英国犯罪調査によって推定された犯罪件数が最近数年間減少しているにもかかわらず、六三パーセントの人が英国における犯罪が全体として増加したと考えていた」と、二〇〇五―二〇〇六年版英国犯罪調査で指摘されている。このことは、現実と驚くべき相違を示している。英国犯罪調査の記録によると、一九九五年から二〇〇五年までに、犯罪が四四パーセント減少した。

米国は、さらに目覚しい犯罪の減少を一九九〇年代に経験した。非常に大幅な減少であり、まったく前例のないことだったので、メディアでさえこの減少に注目した。ところが、七年間連続で犯罪が急激に減少したあと二〇〇〇年に実施されたギャラップ世論調査によって、米国人の四七パーセントが犯罪が増加していると相変わらず言っていることがわかった。

そうは言ってもやはり、すべての調査において、事実を大まかに把握している少数派が存在する。それに、多くの人の見解は、犯罪の大幅な増加あるいは大幅な減少と連動して実際に変化する。たとえば、一九九〇年代に犯罪が大幅に減少しているあいだギャラップ世論調査によって見出されたところでは、犯罪が減少していると言う米国人のパーセンテージが一九九三年の四パーセントから二〇〇一年の四三パーセントに上がった。メディアの犯罪分析（少しはある）がおそらくこのことに力を貸しただろう。しかし、世間の人が自分自身の目で見たり、友人や近所の人から聞いたりしたことも力を貸した。個人的な体験は影響力が大きいし、自分の周りの人の見解に従いたいという生まれつき持っている欲求を忘れてはならない。人を眩惑させるメディアの力を論じるとき忘れてしまいがちだが、いつも言えることである。

メディアと自分が生活で認識することの相対的影響を、犯罪調査に関する奇妙な事実の中に見ることができる。調査対象者にこの国で犯罪が増加しているか減少しているかと尋ねると、ある答を得る。だが、あなたの住んでいる地域で犯罪が増加しているか減少しているかと尋ねると、非常に異なった答、それもほとんどいつも、より楽観的な答を得る。六三パーセントの人が犯罪は増加していると答えていた英国犯罪調査において、地元で犯罪が増加していると答えたのは四二パーセントだった。毎年行なわれる米国のギャラップ世論調査でも同様の開きが毎年見出されており、いつも、地元の犯罪の方が国の状況より楽観的だという見解が示されている。二〇〇〇年に、四七パーセントが米国で犯罪が増加していると答えたとき、地元で犯罪が増加していると答えたのは二六パーセントだけだった。一つにはこの開きは、地元の状況を判断するとき、頼ることのできる情報源をより多く持っているという事実の結果である。自分自身と家族の経験があるし、会話の中で聞く情報もある。しかし、国全体で起きていることを判断する場合には、メディアが伝えることに頼らなくてはならず、メディアが伝えるのは、殺人と傷害がはびこっているということである。

大きな問題となるのが、メディアのせいで非常に多くの人が抱いている過度に不快で恐ろしい犯罪のイメージが犯罪の恐怖に変わるかどうかである。社会学者はこの問題と何十年も格闘してきて、重要な相関が存在することをほぼ証明している——より多く読んだり見たりすれば、より恐ろしくなるということだ。これは心理学によって予測されそうなことである。お決まりの生々しく、暴力的なイメージによって、「腹」は（「実例規則」を用いて）危険性が高いと判断する。犯罪のニュースは強力で不快な感情に溢れており、そういった感情が（「良い・悪い規則」のせいで）これは重大な脅威だという「腹」の感じを強めるだろう。

しかし、社会科学は扱いにくい代物である。より多く読んだり見たりした人がより強く恐怖を感じるという単純な事実は、読んだり見たりすることが恐怖を引き起こすことの証明にならない。恐ろしいために、より多く読んだり見たりすることがありうる。これまでのところ、この点を解きほぐし、どちらがどちらを引き起こしているかを示すことは実際には誰にもできていない。ほとんどの専門家は両方起きているという賢明な結論に達している。すなわち、より多く読んだり見たりすれば、より恐ろしくなり、より恐ろしくなれば、より多く読んだり見たりするということである。カールトン大学の社会学者アーロン・ドイルの言葉を用いれば「互いを強め合う」のである。

こういった説明は、実際のところ、単にメディアが世間の人を震え上がらせているという説明より不安にさせられる。犯罪を恐れている人がメディアに助言を求めると、より多くのイメージを目にし、より多くの感情に駆られ、そのイメージや感情が恐怖を増幅させる。増幅された恐怖によって、今度はさらに読んだり見たりすることになる。不安がらせん状に増大する可能性があるのだ。そして、恐怖が溢れているメディアの影響は、犯罪に関する感情だけにかぎられていないかもしれない。心理学者エイモス・トヴェルスキーとエリック・ジョンソンが実施した実験を思い出して欲しい。スタンフォード大学の学生に白血病か火事か殺人によってもたらされた死に関する悲劇的な話を読んでもらい、そのあと、リストに載っている一二のリスクを評価するように求めた。この実験において、悲劇的な話を読むことは、その話の中の死因がもたらす危険の被験者による認識を高めるという当然の影響を及ぼしたが、話に描かれたリスクだけでなくすべてのリスクの評価を被験者が高めることも見出されている。火事の話は認識されたリスクを全体として一四パーセント高めた。白血病の話は七三パーセント高めた。そして、殺人の話は一四四パーセント高めた。

誘拐や強姦、殺人の話、残酷さと襲われる無垢の命の話、喪失と長引く悲しみの話などのメディアが提供する話が溢れている環境で私たちは暮らしている。「頭」は、これらの話（フィクションもあれば、遠く離れたところの話もあるが、自分が住み、働いている地域の話はほとんどない）が自分や家族が直面しているリスクについてほとんど何も伝えていないことを理解するかもしれない。しかし、それは、テレビを見ているときに「腹」が考えることではない。

人間は、ケインがアベルを殺害したときから犯罪の話をお互いに交わしてきたが、それにはちゃんとした理由があった。「我々は、他人のことを考えるように脳が高度に特殊化した社会的哺乳動物だ」と、ハーバード大学の心理学者ダニエル・ギルバートは『ロサンジェルス・タイムズ』紙に書いている。「他人がしていること――他人が知っていることや欲していること、行なっていることや計画していること――を理解することは人類の生存にとって決定的に重要だったため、我々の脳は人間に関するすべてのことに取りつかれた状態を作り上げた。我々は、他人と他人の意図について考え、他人について話し、他人を探し、記憶する」。世界で最も人気のある雑誌の一つが『人々《ピープル》』と名づけられているのは偶然の一致ではない。

『ピープル』の果てしなく続く有名人の話のあいだに犯罪の話が散りばめられているのも偶然の一致ではない。有名人と殺人が一緒になっているのは、映画スターが特に殺したり殺されたりしやすいからではなく、有名人のゴシップへの関心と残虐な犯罪への関心が、人を観察し、その人がどうしてそんな行動を取るのかを考えたいという同一の人間の本能の二つの現われであるからである。犯罪がとりわけ興味をそそるのは、生存の観点から犯罪が特別重要だからである。アフリカの平原で三〇人ほどの小さな集団として暮らしながら、私たちの祖先は生き続けるために協働に依存していた。協働には規則が必要だったため、人がどのように、そしてどうして規則を破るのかを理解することは、生存にとって決定的に重要だった。規則違反者が特定され、違反に対して責任を取らされるという考えを浸透させることも不可欠だった。このことは、犯罪の話が決まって視聴者を喜ばせる結末を迎える理由にもなっている。

犯罪の噂をするという本能は強力なものである。『ロサンジェルス・タイムズ』紙の犯罪担当記者ジル・レオヴィーは、きわめて異常な殺人を過度に報道することについて不満を述べたインタビューの中で、スラム地区殺人班に同行するプロジェクトに参加したときの模様も述べている。「彼らはその年およそ七〇件の殺人事件を抱えており、いつも殺人ばかり扱っていた」。当時、スコット・ピーターソン（カリフォルニア州出身の若くて裕福でハンサムな白人男性）が、妊娠中だった妻レイシーの殺人容疑で裁判にかけられていた。ピーターソンの裁判は狂乱状態を引き起こし、ケーブルテレビのニュースやトーク番組を席巻した。この裁判に関する本が出版され、新聞と雑誌には無数の記事が次々と掲載された。まさしくレオヴィーが大嫌いな、極端に異常な事件のお祭り騒ぎの報道のたぐいだった。「そして、（殺人）班では、朝、コーヒーを飲んで、レイシー・ピーターソン事件の新しい情報について話した。それから、何十とあるほかの殺人事件に移った。その状況は、やや現実離れしていた」と、レオヴィーは回想している。

犯罪ニュースへの関心に関して特に興味深いことは、ニュースの大部分が明らかに客観的重要性を欠いていること、そして、ニュースを追っている人にとってそのことがいかに重要でないかである。マデレン・マッカンがポルトガルで失踪したとき、無数のコメンテーターがその悲劇から何らかの意味を引き出そうとしたが、実際のところ、その悲劇は、西側諸国の至るところでこのニュースを見守っていた何千万人もの人々に関係があるかもしれない子供の世話や安全といったことに関して、ほとんどあるいはまったく何も語っていなかった。それは純粋なドラマだった。その犯罪の持つ衝撃的な性質によって、そのニュースは事件発生当時目立ったが、その後、次々と現われる比較的些細な情報や考察に支えられて確立した物語となった。何ヶ月も世間はそのニュースを見守り、関係者全員が連続メロドラマの登場人物と同じくらい馴染みとなった。本質的に連続メロドラマになっていたのである。

人の死に関するあらゆるニュースの場合と同じように、情動は犯罪ニュースに不可欠だが、犯罪が引き起こす情動は、より強力で質の異なるものであることが多い。犯罪が悲しみを引き起こすだけでなく、怒りも引き起こすからである。ドイツの都市で小さな男の子が市電の前で転び、ひかれて死ぬとしたら、それは悲劇であり、そのことを聞いて感じやすい人なら誰しも少し悲しいと思うだろう。その都市の新聞はその死に簡潔に触れるかもしれないが、その死に関心が払われるのはそれだけで、家族だけが悲しむことになるだろう。しかし、同じ小さな男の子が市電に乗り、小児性愛者に出会い、犯され、殺されるとしたら、単なる悲劇ではない。非道な行ないであり、世界中でニュースになるかもしれない。

犯罪に関する感情を特徴づけているのは怒りである。ほかの者を傷つけた者は処罰され、秩序が回復されなくてはならないという非常に強い感覚が、進化によって脳に組み込まれていることを思い出して欲しい。犯罪者が将来も危険な存在であるかどうかは重要でない。その男は処罰されなくてはならず、傾いた正義の秤は平衡を取り戻さなくてはならない。それは安全の問題ではない。正義の問題である。

正義と安全は二つの別の問題である。ドイツ人の小児性愛者が男の子を死に誘っているビデオを見ながら、この犯罪者を捕えて厳しく罰しなくてはならないと述べるのはまったく筋が通っている。ただし、この事件は、ドイツあるいはどこかほかの場所の平均的な子供の安全に関して何も伝えていないことも認めている。しかし、無意識はそんなに微妙に調整されていない。「腹」にわかっているのは、悲しみと怒りという強烈に否定的な感情を味わっていることだけであり、そういった感情に「良い・悪い規則」を適用し、その暴力行為のリスクが大きい、あるいは、この脅威は非常に恐ろしいものなので確率は関係ないと「腹」は判断する。どちらの場合も、「腹」は警報を鳴らす。こうして、正義と安全の境界線は消され、正義に関して抱いている感情が安全に関する判断を支配する。

この「腹」の影響は、オハイオ州立大学の研究者であるジョゼフ・アルヴァイとロビン・ウィルソンの思いもよらない実験において実証された。被験者は、州立公園の責任者になったとする。不測の問題に対処するために、一〇万ドルの資金がある。さて、ここで問題が生じた。この問題にお金を使うと、将来起きるかもしれない出来事のためにそのお金を使えないことを把握した上で、資金のうちいくら使われるべきか？

一番目のグループは、問題がシカの増えすぎだと言われた。シカは非常によく食べ、植生を破壊していた。さらに悪いことに、シカは路上の厄介者であり、観光客の車と衝突して車を傷つけ、ときどき車中の人間にも怪我を負わせていた。一点から一〇点の尺度で評価すると、シカがもたらす人の安全に対するリスクが四点、財産に対するリスクが五点、環境保全に対するリスクが四点だった。それでは、この問題に対処するために一〇万ドルのうちいくら使うだろうか？　二番目のグループは問題が犯罪だと言われた。具体的に言うと、車上荒らしと施設や植生に損害を与える破壊行為、被害者に軽い怪我を負わせることもときどきあるすりだった。この場合の評価は、人の安全に対してもたらされるリスクが三点、財産に対するリスクが四点、環境保全に対するリスクが四点だった。最後に、三番目のグループは両方の問題（シカの増えすぎと犯罪）が生じていると言われた。そして、前に述べた通りのリスク評価も告げられた。つまり、犯罪問題の方がシカ問題よりやや深刻度が小さいことが示されていた。

アルヴァイとウィルソンは、シカの増えすぎは被験者にとって感情に訴える意味を多く持った事柄ではないと予想した（そして、実験中質問しているときそのことを確信した）。しかし、犯罪は別物である。破壊行為や窃盗犯罪は、強姦や殺人とは違うかもしれないが、確かに感情のボタンを押す。このことは、感情と数字という利用可能な二種類の情報がこの実験に含まれていることを意味した。通常なら、私たちは感情が有利だと予想するかもしれないが、被験者（オレゴン州ユージーンの普通の人々）は、感情に従うことを促すような環境にいないと言ってよかった。彼らは、静かな部屋の中で椅子に座り、科学的研究に参加しており、自分が予算を管理する官僚だと想像していたのだ。被験者を数字に注目させることのできる環境があるとすれば、この環境がまさにそれだった。

被験者は一人ずつ答え、結果が平均された。シカの増えすぎに対処したグループは四万一八二八ドル使うと答えた。犯罪問題に対処したグループは四万三四六九ドル使うと答えた。この結果は理にかなっている。両方のグループとも自分たちの判断を比較するものがなかったため、かなりの金額を出すが、将来の問題のためにそれより多く残るような値にした。

驚いたのは、両方の問題に対処するように求められたグループの場合だった。このグループはシカの増えすぎに三万三八〇ドル、犯罪に四万三五六七ドル使うと答えた。リスクの値はシカ問題の方が犯罪問題よりやや深刻であることを示していたが、このグループはシカより犯罪の方にずっと多くのお金を使った。「腹」が楽勝したというわけだ。

実験のこのバージョンでは、二つの問題に対するリスクの値にまだそれほど差がなかった。犯罪問題に対するリスクの値が非常に小さく、シカ問題の値が非常に大きいとどうなるだろう？　犯罪が持つ感情の力の影響を乗り越えるだけの効果があるだろうか？　アルヴァイとウィルソンは別の被験者によって再度実験を行なった。今回はシカ問題に対する三つのリスク評価値が九点、一〇点、一〇点だった。しかし、犯罪は、三点、四点、四点という小さな値で評価されていた。これらの値が伝えようとしている意図は間違えようがない。シカの増えすぎは現実に危機を迎えているが、犯罪は迷惑だがそれほど深刻ではないということである。

二つの問題を別々に評価した二グループは、再び、ほぼ同じ金額を使うことに決めた。しかし、両方の問題に対処したグループは一回目と少し異なる反応を見せた。基本的に、シカ問題と犯罪問題に対して同じ金額を出したのである。これは非常に驚かされる結果である。シカ問題に対するリスクの値は犯罪問題に比べて二・五倍から三倍大きかったが、それでもなお、被験者は二つの問題に同額の資金を出したのである。

この結果は「頭」と「腹」が会話をして、ひどく理屈に合わない答を出すことの教科書的な実例である。その会話は「シカの増えすぎ」という語句から始まる。この語句を聞いても、何も感じない。「腹」はやり過ごす。「この問題はあなた次第だ」と「腹」は「頭」に言う。「頭」はリスクの値を目にし、検討し、合理的な結論に達する。しかし、そのとき、「犯罪」と「すり」と「破壊行為」という語句を耳にする。若いごろつきが駐車してある車に押し入るところ、あるいは、老婦人を地面に押し倒すところを想像する。何かを感じ、それは楽しいものではない。今度は、「腹」がやり過ごさない。「良い・悪い規則」を用いて、リスクが大きいと「腹」は判断する。バンビは忘れて、こちらに対処しろと「腹」は言う。しかし、「頭」が介入する。リスクの値はシカの増えすぎの方がずっと深刻な問題であることを示しているため、「頭」は「腹」の結論を受け取って、調整する。しかし、毎度のことながら、調整が十分に働かず、「腹」の結論は、厳密な論理がこうあるべきと言っていることに一致しないため、リスクの値の示すところでは非常に異なる問題に対して同じ金額が使われる。

この実験に含まれる犯罪はかなり些細なものだったため、それが引き起こす感情も弱いものだった。犯罪の階層構造を一段階上がるたびに、感情が強まっていく。若い男性のステレオが盗まれる、その男性がげんこつで殴られる、その男性が殴り殺される。一段階上がるたびに、感情は嵐の雲のように膨れ上がる。

メディアは、いつも新奇なものや突飛なものを追い求め「人が犬を噛む」的な報道をするといってよく非難されるが、そういった非難に対しては、もちろん、多くの原因が存在する。人間は異常なものに関心を払うようにできており、記者も人間である。大評判を取ることや売り上げも役割を果たしている。しかし、感情の大きさが、メディアによる犯罪の歪んだ描写のより決定的な原因である。最近夜のニュースで、一〇一歳の女性が殴られ財布を盗まれるところを映した監視カメラのビデオ映像を見た。私は嫌悪と怒りの感情が高まるのを感じた。誰でもそう感じるだろう。しかし、この番組が視聴者に嫌悪と怒りを感じさせるための計算された試みだったということはありそうにない。そうではなく、このニュースを作った人たちもみんなと同じ嫌悪と怒りを感じ、その感情によってこのニュースは重要だと確信したのである。被害者が若い男性だったら、レポーターも視聴者もこれほど強く反応していなかっただろう。若い男性が強盗に遭ってもめったにニュースにならないのに、一〇〇歳以上の人が襲われるとニュースになる理由である。

私たちは、暴力犯罪に反応するときの方が、窃盗犯罪に反応するときより強く感じる。殺人に反応するときの方が、顔面への殴打に反応するときより強く感じる。小さな女の子の殺人に反応するときの方が、若い男性の殺人に反応するときより強く感じる。そして、実を言うと、個人的に親近感を持てる人に対しての方が、人種や階級の境界線の向こう側にいる人に対してより強く感じる。メディアの犯罪のイメージは現実を逆さまにしているかもしれないが、そのイメージは私たちの感情を非常に正確に反映したものである。

したがって、犯罪にまつわる状況は二人で踊るタンゴのようなものだ。メディアが世間の思考と感情に影響を及ぼす。世間の思考と感情がメディアに影響を及ぼす。しかし、そこに政治が割り込んでくる。

今日想像するのは困難かもしれないが、犯罪はずっと国政レベルで民主主義政治の主要素であったわけではなく、米国にすらそのことは当てはまる。一九六四年、共和党員のバリー・ゴールドウォーターが犯罪と刑罰を大統領選挙戦に持ち込んだ最初の候補者だった。一九六八年には、リチャード・ニクソンが、犯罪と刑罰を最も重視して大統領に立候補して成功し、その後数十年間、あらゆるレベルの選挙戦において犯罪が目立つ度合いが着実に高まった。

一九八八年には、ジョージ・H・W・ブッシュが大統領に選ばれるとき犯罪が中心的役割を果たした。さらに言えば、一つの犯罪がその役割を果たした。一九八六年に、マサチューセッツ州で終身刑に服していたウィリー・ホートンは、一時仮出所中、一軒の家に押し入り、主《あるじ》の男性を紐で縛り上げ、その妻を強姦した。マサチューセッツ州知事マイケル・デュカキスは終身刑の囚人の一時仮出所の廃止を支持したが、一九八八年に大統領選挙の民主党候補だったとき、その支持は選挙の役に立たなかった。共和党の報道対策アドバイザーのロジャー・エイルズ（現在、フォックス・ニュースの社長）は、マサチューセッツ州の刑務所の入り口にある回転ドアを載せた広告を考案した。これは、ホートンの事件が典型的なものであることを示唆するものだった。ホートンが黒人であることも役に立った。にらみつけているホートンの顔写真を載せた広告が登場した。その広告は人種差別だと非難され、ブッシュ陣営はその広告が人種差別とは関係ないと主張することになったが、デュカキスにダメージを与えたあとだった。たった一つの犯罪が巧みに操作され、地球上で最も影響力のある職務に誰がつくかを決めるのに大きく貢献した。

ここまでの部分は悪名高い話としてよく知られている。これに比べてあまり知られていないのが、ウィリー・ホートンの犯罪の政治的価値を最初に見つけて、デュカキスに対して用いたのが共和党員でなかったことである。それをやったのは、民主党の指名をめぐって争うデュカキスのライバルであるアル・ゴアという名のテネシー州の上院議員だった。いかなる政党やイデオロギーも政治の武器として犯罪を独占的に利用しているわけではない。

ビル・クリントンの大統領職を目指す取り組みにおいて鍵となった瞬間は、選挙戦を中断してアーカンソー州に戻り知事としての役割を果たすことに決めたときだった。ある男の死刑執行を自らの裁量で取り仕切るためだった。その男は、知的障害がひどいため、これで最後の食事になると言われて出された食事を済ませたあと「あとで食べるために」ペカン・パイを一切れ取っておいて欲しいと守衛に頼んだというような男だった。死刑執行のあと、クリントンは「色々なことで私が傷つくことはありうるが、犯罪に甘いとは誰にも言わせない」と述べた。クリントンは正しかった。そして、大統領として強硬路線を貫き、多くの刑罰関係の法案に署名して法律として成立させ、自ら先頭に立って収監人口を目を見張るほど増大させたため、米国はロシアを追い抜き、世界で最も高い収監率の国となった。しかし、クリントンはこのことを後悔していたのかもしれない。最低収監期間を強制する刑罰は「非良心的」であり「我々は収監政策全体を検討する必要が大いにある」とクリントンは『ローリング・ストーン』誌の記者に話しているからだ。大統領職を離れる二週間前のことだった。

犯罪を利用する政治の基本的な手法は、家庭用警報機を売る警備会社あるいはコレステロール低減薬を売る製薬会社の基本的手法とほとんど変わらない。世間に恐怖を起こすか既存の恐怖を増幅し、次に、その恐怖から世間を守ろうと提案するというものだ。必然的に、この犯罪対策に関する政策は、犯罪に関する原始的な感情に適合していなくてはならない。問題を抱えた子供や家族の生活に介入することは、何年かのちに（子供がティーンエージャーになる頃）犯罪を減らす方法として証明済みかもしれないが、この方法では今すぐ結果が出ないし、懲罰を熱望する気持ちが満たされない。古くからの標準的な方法（警官を増やし、刑罰を厳しくする）に従う方が得策である。

おそらく驚くべきことではないのだろうが、シカゴ大学の経済学者スティーヴン・レヴィットは以下のことを発見した。米国の警察官は、市長選挙戦あるいは知事選挙戦がある年に不釣合いに多く雇われる傾向がある。そして、刑罰を厳しくすることが一九八〇年代と一九九〇年代の米国の政治活動の付き物となったため、収監人口は、一九八〇年から二〇〇〇年にかけて、四〇万人から二一〇万人に急増した。(4)

最近の米国の犯罪を利用した政治を特徴づけているものは、性犯罪者すなわち(アルベルト・ゴンザレスが言ったように)「無垢な者たちを罠にかけ犯そうと、観察し計画を立てながら待ち伏せしている」と言われている特殊な種類の犯罪者である。政治家は、暗がりに潜む邪悪な者を勇ましく非難しながら、自らが介入して善良で純粋なすべての者を守る、「我々の子供を守る」と約束する(政治家はこの言葉を必ず使う)。このジャンルの政治的売り込みは、ニューヨーク州の上院議員シーザー・トランゾのインターネット広告に簡潔に表現されている。それは、新聞の見出し――少女を性の奴隷にしているかどで告訴される、性倒錯者はどうしてもやめることができない。裁判官は……――が次から次へと現われたあと、太字の文字が現われ「誰があなたの子供を守っているのか?」と尋ねるというものである。すでに見てきたように、大多数の誘拐は、親や親戚によって行なわれているのであって、見知らぬ者によるのではない、そして、同じことはあらゆる種類の性的虐待にも当てはまる。司法省による子供に対する性犯罪で服役中の犯罪者の大規模な調査によって見出されたところでは「八八パーセントが犠牲者と以前から関係があった」。この数字はほかの国でも同様である。しかし、政治家は八八パーセントではなく、一二パーセントの方に焦点を合わせる。なぜなら、親の票を獲得するためには、政治家が防ぐことを約束できる「そこにある」脅威が必要とされるからである。

政治家の両側に悲しみに暮れる親たちがいる記者会見が、この種の政治的売り込みの標準的な特徴となっている。そして、例外的に恐ろしいだけでなく例外的に稀な状況（別の時代なら口に出せないくらい嫌なものと考えられたであろう状況）で死亡した子供の名前が法律につけられることが、日常的なものとなっている。最近話題になった法律の一つ「ジェシカ法」は、ジェシカ・ランズフォードという九歳の少女にちなんで名前がつけられた。性犯罪の前科があるジョン・クーイーが二〇〇五年に起こしたこの少女の誘拐と殺人は全国ニュースになった。最初の「ジェシカ法」は二〇〇五年にフロリダで可決されたが、当時米国で最も厳しいものだったので（初犯の性犯罪者に対して自動的に最低二五年の禁固刑を命ずるものだった）、この法律は、新しい基準となり、急速に広まった。ジェシカ法の背後にある考えは、あらゆる性犯罪者（暴力的な小児性愛者から性的同意年齢未満の一五歳のガールフレンドと合意の上でセックスする一八歳の男子までのすべてを対象とする用語）が矯正できず、刑務所に入れない限り、犯罪が子供の強姦や殺人にまで増長することは避けられないというものである。この考えは一般的だが間違っている。米国司法省のものも含む多くの研究によって、実際には、性犯罪者が釈放されたあとあらたに犯罪を起こす可能性が別の種類の犯罪者に比べて少ないことが示されている。ジョン・クーイーは典型的な性犯罪者とはとても言えない。

数字は政治的修辞法のもう一つの大切な要素である。すでに「インターネット上の五万人の捕食者」という統計値を見てきた。同様の値として、セックスに誘惑された子供は五人に一人というものがある。「もしあなたが親であり子供がインターネットを使っていたら、あなたの子供が性的な行為に誘惑されている可能性が非常に高い。これは親にとってどきりとするような情報だ」と、共和党の上院議員ジャッド・グレッグは言った。しかし、欠けていることに注意して欲しい、誰が誘惑しているのか？ そして「誘惑」とは何を意味するのか？ この統計値を日常的に繰り返し用いる人は、鍵となるこの情報を省略し、中年の小児性愛者とチャットルームにいる子供という怖いイメージで欠けた箇所を世間の人に埋めさせている。

この数字の出所は、ニューハンプシャー大学の研究者による調査であり、実際に見出されていることは、五人に一人という値よりかなり恐ろしくないものである。まず、実際にはその値は減少している。二〇〇〇年に調査が初めて行なわれたとき、結果は五人に一人という値だった。しかし、二〇〇六年に再度調査が行なわれたとき、七人に一人より若干少ない値まで減少していた。さらに重要なこととして、一〇歳から一七歳を対象としたこの調査で見出されたところによると、すべての誘惑の八一パーセントが一四歳以上のティーンエージャーにかかわるものだった。それどころか「一〇歳の子は誘惑されておらず、一一歳の子のわずか三パーセントだけが誘惑されていた」。誘惑をしている者たちの実際の年齢を知ることは不可能だが、この調査での誘惑の定義は、性的なことを主題とした大人からの意思表示であればどんなものでも含み（みだらな発言だけで十分だった）、また、同年輩のティーンエージャーからの望まれていない性的な意思表示も含んでいた。誘惑の一四パーセントは「大部分が同年輩である、インターネット上以外の知り合い」によるものでさえあった。誘惑されたティーンエージャーは、誘惑のあとどのように感じたかを評価することも求められており、三分の二が、誘惑が気にならなかったと答えた。

この研究者たちは、直接会いたいあるいは電話かメールで連絡したいという誘いを少なくとも一回含む「強引な誘惑」というカテゴリーを設けることによって深刻度の高い事件を分離しようと試みた。ティーンエージャーのわずか四パーセントだけがそういうことが自分に起きたと答えた。そして、思い出して欲しいのは、頭のはげた性倒錯者ではなく、ティーンエージャーもそういった事件の背後にいるかもしれないことである。親にとっての悪夢である実際の誘惑に関しては、これら二バージョンの調査によって、若年者がインターネット上で自分を誘惑する人物に出会って性的暴行を受けた事例が全体で二件あることが明らかになった。これは三〇〇一件のインタビューのうちの二件である。インターネット上の安全が深刻な問題であることはわかったが、「五人に一人」の子供が「誘惑」されていると政治家が話しているのを聞くのと比べてずっと恐ろしくない。

脅威について警告したなら、政治家は脅威に対処する新しい方法も提案しなければならない。二〇〇六年のある月に、ルイジアナ州議会は性犯罪を対象とした一四の法律を可決した

（ある州議会議員は「ニュースをつけるたびに、子供が誘拐され、強姦され、殺害されている」という理由でこれほどの数の法律を正当化した）。しかし、初犯の犯罪者に自動的に最低二五年の刑罰を与えた。服役している犯罪者が危険と見なされると無期懲役になるように考慮してある法律を可決した。釈放された犯罪者に、個人情報を登録するように命じ、名前と顔、住所、勤務地をインターネット上で見られるようにさせた。犯罪者に多くの種類の仕事に就くのを禁じた。犯罪者に学校や公園などの多くの場所から三〇〇メートル以内に住むことを禁じ、そのため犯罪者がしばしばホームレスとなったり町から追い出されたりしている。釈放された犯罪者に、残りの一生のあいだ人工衛星を用いた追跡装置を着用するように要求した。これらすべてのあとで、何が残されているというのか？　これは一種のジレンマである。最近の怒りはインターネット上の誘惑に向けられているが、そんな好機も長くは続かないだろうから、高官になることを熱望する人は誰しも、提供できる何か別のものを用意した方がよい。二〇〇六年のジョージア州の知事選において、一人の候補者（副知事）はインターネット上の誘惑の弾圧を公約に掲げた。このことによって、対立候補者（知事）は苦境に立たされた。この提案をあっさりと支持するわけにはいかない。そこで、知事はその翌日、再選を果たした場合、子供に性的暴行を加える者に死刑の判決を下す権限を陪審員団に与えると表明した。

こういった性犯罪に関する政策のうち犯罪学的研究の結果生まれたものはわずかしかないし、公共の安全に貢献しているものはさらに少ない。たとえば、性犯罪者登録制度は有名かもしれないが、この登録制度が機能していることを示す信頼できるデータはまったく存在しない。カナダの連邦政府が招集した特別調査団は、二〇〇〇年に利用可能なすべての証拠を検討し、登録制度によって公共の安全が「著しく向上することはなく」、登録制度に費やされるお金は何か別のことに使った方が有効だろうという結論を下した。それにもかかわらず、連邦政府は登録制度を作り、担当大臣は、登録制度のファイルを管理する役人に個人的に謝った。

「政治とはこんなものだ」(5)

犯罪の政治化とそれに伴う「強硬に行け」精神は米国で断然進んでいるが、英国の社会学者デイヴィッド・ガーランドたちが示しているところでは、西側諸国のほかの地域にも登場しつつある。米国の新しい犯罪政策（スリー・ストライク法（罪を三度犯すと自動的に終身刑などの重罰となる法律）、最低収監期間を強制する刑罰、最も厳重な警戒態勢の刑務所、性犯罪者登録制度）は、オーストラリアからオランダまでのあらゆる地域で導入されるか検討されている。二〇〇七年のフランス大統領選挙では、社会主義者の候補者がニコラ・サルコジの強硬な法と秩序論の魅力を減じようとして、若いならず者のための訓練キャンプの建設を約束した。カナダでは、犯罪に厳しい米国の政策や言葉（「どんな小さな違反も認めない」「刑罰に真実を」「大人の犯罪には大人の刑期を」）がメディアや政治綱領にますます高い頻度で出現しつつあり、現在の保守党政権の改革のための協議事項には、一九九〇年代の米国の選挙戦のパンフレットのようなことが書いてある。二〇〇五年の英国の選挙では、保守党党首マイケル・ハワードが犯罪の不安をあまりにも強烈に主張したため、警察長協会が、前例のないことだったが、犯罪の発生件数に関して世間に誤解を与えていると言ってハワードを非難した。トニー・ブレアの労働党政権は、米国の前例に倣って性犯罪者登録制度を創設し、二〇〇七年に米国のようにその情報を世間の人が利用できるように計画した。殺害された少女の名からそのための法律を「サラ法」と名づけることまで検討していた。

しかし、決して政治家が単独で犯罪を売り込んでいるわけではない。すでに見たように、セキュリティー産業の発展を見込むには不安感を欠かすことができない。警察も自らの予算がどのような感情によって決まるかを知っている。

「暴力犯罪は恐ろしいほどのペースで加速度的に増加している」と、警察幹部研究集会（PERF）の『迫りくる嵐』という二〇〇六年の報告書で結論が出されている。PERFはワシントンにあるシンクタンクの一つということになっているが、役員会が全員大都市の警察署長で構成されているので、実質上、警察署長による圧力団体である。「二〇〇五年には、二〇〇四年に比べて三万六〇七件多い暴力犯罪が起きている。これは、一年間の暴力犯罪の増加として、一四年間で最大である」。この記載は、恐ろしい感じがするかもしれないが、実際には、二〇〇四年の増加は（PERF自身の数字によれば）その前年をわずか二・三パーセント上回るだけである。この増加が一四年間で「最大の一年間の増加」である理由は、単純に暴力犯罪が一四年間減少または横ばい状態だったことである。「歯止めがかけられなければ、暴力犯罪はもう一度一九九〇年代初頭の高い水準に達するかもしれない。一九九一年に暴力犯罪の水準がピークを迎えたとき、二万四五〇〇人以上が死亡し、数千人が負傷した」。こうして、現代史上で最も長期にわたる、最も持続的な暴力犯罪の減少に続くわずかな増加が、絶対に今行動を起こさなくてはならず、さもないと何万人も死ぬということになる。そして、警察署長たちに言わせれば、警察の不十分な資金が犯罪の急増の主な理由の一つであるため、警察の予算を増やすことが極めて重要ということになる。ちなみに『迫りくる嵐』はモトローラが出資していた。モトローラは、予算が許せば警察が購入する無線機やその他多くの製品のメーカーである。

米国の警察だけが犯罪を利用しているのでないことは間違いない。二〇〇〇年から二〇〇五年までトロントの警察署長を務め、現在オンタリオ州警察本部長であるジュリアン・ファンティノは、刑罰期間をもっと長くし、刑務所での生活をもっと厳しくするという要求を支持してもらうために、レトリックという名の警棒を効果的に使うことで悪名が高い。「刑事司法制度は崩壊している。機能していないのだ。そのことは被害者が証明している」。トロントの警察署長として、ファンティノがあらゆる機会に呪文のように繰り返す主張だ。犯罪を取り締まれていないわけではない、実際には犯罪は減少していると批判されても、ファンティノは意に介さなかった。「犯罪が減っていると話すすべての人にとって、確かに、数字は減っているかもしれない。しかし、暴力犯罪はずっと上向きで、何年も増え続けている」と、二〇〇三年一一月に語っている。実際には、暴力犯罪は何年も減り続けていたが、その事実は、法律を変えたいと思っている警察署長には役に立たなかった。

各種の機関がもう一つの誇大宣伝の出所である。政府の内部であれ外部であれ、機関は、自らの特定の問題に対する世間の関心の高まりに直接的な利害関係を持っていることが非常に多い。このことは、利害関係の内容が、目的の推進に誠実に取り組むことであろうと単に予算を増やすための宣伝であろうといずれの場合にも当てはまる。たとえば、米国司法省は、前に触れた、未成年者のインターネット上の性的誘惑に関する統計をしばしば引用している。行方不明・被搾取児童のための全米センター（ジョン・ウォルシュが共同で設立した民間の非営利団体であり、米国議会で可決された法律に基づいて作られた）も引用している。しかし、この統計から世間が自然に考えること、つまり、インターネットを使う子供の五人に一人が小児性愛者から接触があったということを意味しているのではないとは言わない。(6) 二〇〇七年二月の新聞発表において、子供の福祉を扱う国連機関ユニセフが、新たな足跡を残した。「コンピューターのチャットルームを使う子供の五人に一人がインターネットを介して小児性愛者によるアプローチを受けている」

看守にとって、犯罪が増加し、法律が厳しくなれば仕事が保障される。あるいは、少なくとも、法律を厳しくするのに十分な、犯罪が増加しているという認識があればよい。カリフォルニア州において、看守の労働組合は伝説的な政治団体である。一九八〇年代に、被害者の権利に関する新しい組織を創設するための資金の大部分を提供し、この組織に刑罰長期化推進の中心的役割を担わせた。カリフォルニア州の非常に厳しいスリー・ストライク法（とるに足りない窃盗犯を終身刑に処する法律）が一九九四年に州全体の投票にかけられたときは、勝利を収めた「賛成」側に資金を提供し、一〇年後にこの法律の適用範囲を若干狭めるための投票があったときは、勝利を収めた「反対」側に資金を提供した。カリフォルニア州では新しい刑務所を大わらわで建設したにもかかわらず、刑務所は何年かのあいだに定員の倍を抱える状態になった。看守にとって、詰め込みすぎは残業手当を意味し、カリフォルニア州では残業手当は通常一時間当たり三七ドルである。この労働組合の活動を追跡している自由主義のNGO、サンフランシスコ少年司法および刑事司法センターのダニエル・マカレアーによると「カリフォルニア州の看守が残業手当を含めて年に一〇万ドル以上稼ぐことは珍しいことではない」。

カリフォルニアの看守は政治家に対しても気前がよい。受益者の一人は民主党員のカリフォルニア州知事グレイ・デーヴィスだった。二〇〇二年に、デーヴィスは深刻な財政危機に対応するために教育や医療など多くの分野の予算を削減した。同時に、看守に対して給料を三七・七パーセント増額し休暇を増やす新しい契約に同意した。デーヴィスは看守の労働組合から選挙戦への寄付として受け取った三〇〇万ドルの影響を受けたことをきっぱりと否定した。

恐怖を売り込む人々の中で独特の地位を占めているのが安全コンサルタントである。彼らは政治家のようにキャンペーンを行なわないし、警察署長のようにロビー活動をしないし、警備会社のように広告しない。その代わりにレポーターに話す。利害関係がないことなどありえないにもかかわらず、レポーターは利害関係のない専門家として紹介する。

アンダーソン・クーパーの番組でインタビューを受けた「家族の安全の専門家」ボブ・ス

テューバーは、元カリフォルニア州の警察官である。主な仕事は「セーフ・エスケープ」実演会とウェブサイトで名づけているものを開催することであり、これは「突然予期しない危険に遭遇したとき命を救う瞬時の判断を下す力を子供や親に与える、マルチメディアを用いた実習プログラム」である。ビデオディスク（『セーフ・エスケープ――誘拐を防ぐ五〇の方法』）も本体価格二五ドルと送料四・九九ドルで入手可能である。

ステューバーは色々なテレビ番組に顔を出している。『ザ・オライリー・ファクター』と『米国の凶悪犯罪指名手配者』、『トゥデイ』に出演した。『オプラ・ウィンフリー・ショー』にも出演した。そして、ABCネットワークのコンサルタントとして、子供の誘拐と強姦、学校における銃の乱射に関する『プライムタイム・ライブ』の連続特別番組の制作を助けた。

「学校で銃が乱射される可能性は米国中の学校の深刻な心配事となっています」と、レポーターのクリス・クオモが述べて、二〇〇五年一一月一〇日放送分の『プライムタイム』は始まる。「安全の問題は重大な問題です」と、オクラホマ州ショーニーにある高校の校長がクオモに話す。「つまり、我々の学校や私が知っているすべての学校の最重要課題の一つになっています」。この高校は武装した警察官に常時勤務してもらい、安全訓練を定期的に実施している。そこで、『プライムタイム』は、ボブ・ステューバーの助けを借りてその警備体制をテストした。

「学校のスタッフと生徒は、武装した侵入者が学校にいたらするとおりにふるまうように言われていました」と、クオモは視聴者に話す。その脇を、安全訓練中のティーンエージャーたちが廊下を勢いよく走っていく。訓練はすべてうまくいき、全員が満足している。それから、彼らは二度目の訓練を行なう準備をする。ただし今回は、ステューバーとそのアシスタントが廊下を忍び寄る殺人者の役をすることを生徒は聞かされていない。「君たちは死んでいる！」。ステューバーが当惑するティーンエージャーたちに叫ぶ。「死んでいる！」。クオモはこの結果が現実的なものだと考えた。「これが訓練に過ぎないとわかっていたにもかかわらず、パニックの感情が、最初の訓練で生じた笑顔に取って代わりました」

このあと、映像が切り替わり、ステューバーが武装した狂人から自分を守るためにティーンエージャーにできることを説明していた。窓のない部屋には決して入ってはならない。液体石鹸を床にまくといい。「このような状況で今までほかの誰もやろうとしなかったことをやるのです。そういったことをもう一度やってみよう」。そこで、子供たちは安全訓練をもう一度行ない、ステューバーのアドバイスに従う。みんなは米国の子供が以前より安全になると感じる。

実際にそうなるだろうか？　一九九七年から一九九八年にかけての年度に、米国で三四人の生徒が殺された。二〇〇四年から二〇〇五年にかけての年度（データが利用可能な最も近い年）には、二二件の殺人があった。個々の殺人は悲劇だが、これらの殺人はしっかりと相対的にとらえられるべきである。一つには、ずっと多くの若者が学校外で殺されている。一九九七年から一九九八年にかけての年度に、学校内で殺された若者一人に対して、五三人が学校以外の場所で殺された。六年後、学校内の殺人一件に対して学校外の殺人が七五件あった。米国の生徒人口の莫大な規模も考慮されなければならない。一九九七年から一九九八年にかけての年度に、約五二〇〇万人の子供が学校にいた。このように大きな数だと、途方もなく稀な危険すらどこかで起きることが避けられない。簡単に言うと、平均的な米国の生徒が、一九九七年から一九九八年にかけての年度に、学校で殺される確率は〇・〇〇〇〇六パーセントだった。これは、一五二万九四一二分の一に当たる。そして、その後リスクは小さくなっている。

上記の数字は『学校の犯罪と安全に関する指標』というタイトルの年次報告書に載っている。一九九八年の「ジョーンズボロの虐殺」によって学校における銃の乱射の問題が全国的に有名なものになったあとに議会が作成を要請したものである。この報告書の中で「重大な暴力犯罪」と呼んでいる犯罪（強姦と性的暴行、強盗、武器を用いた襲撃を意味する）も追跡している。一九九四年に、学校内での「重大な暴力犯罪」の発生率は生徒一〇〇〇人当たり一三件だった。もちろん、この値は少し誤解を招きやすい。なぜなら、この値は米国のすべての学校の平均値であり、貧しいスラム地区にある学校と、裕福な郊外または田舎にある学校のあいだには大きな差があるからである。そういったばらつきはあるにせよ、この発生率は長続きしなかった。一九九〇年代を通して着実に減少し、二〇〇四年までに生徒一〇〇〇人当たり四件になった。つまり、一〇年前の水準の三分の一未満になった。一九九三年には、子供たちの一二パーセントが、過去一ヶ月以内に学校の建物内に何らかの武器を持ち込んだことがあると答えたが、その一〇年後、その数は六パーセントまで下がった。

したがって、米国の学校の実態は『学校の犯罪と安全に関する指標』が一九九八年に初めて出版されたとき明白だったし、現在も相変わらず明白である。つまり、学校内の殺人は非常に稀であるためどの生徒にとってのリスクも実質的にゼロに等しく、重大な暴力行為の発生率は着実にかつ劇的に下がってきた。

もちろん、これは世間の現実感覚とは異なる。それは、主に、一九九九年四月二〇日に重武装した二人のティーンエージャーがコロラド州リトルトンのコロンバイン高校に足を踏み入れたという事実のせいである。二人は一人の教師と一二人の生徒を殺し、二四人を負傷させ、世界中の何億人もの人々を驚愕させた。コロンバインの虐殺はニュースで大々的に報道された。ピュー・リサーチ・センターの見出したところによると、米国人一〇人のうち七人がこの事件を「非常に注意深く」見守っており、一九九九年で飛び抜けて最大のニュースであり、過去一〇年間で三番目に大きなニュースだと答えた。その前年の最大のニュースはジョーンズボロの虐殺だった。

これらの連続して起きた恐怖によって、巨大なフィードバック・ループが生じた。メディアは学校の安全にかかわるささいな事件まで全国ニュースや国際ニュースにし、そういったニュースには、すべての学校で内戦が勃発したかのように話す「警備の専門家」のコメントがたいてい付いていた。「どんな小さな違反も認めない」方針（反暴力に関する規則をほんの少し違反しても生徒に停学あるいは退学を命じること）が重要性を増し、猛烈な勢いで実行に移された。武装した狂人が廊下にいると想定する訓練の実施が日常的となった。書籍や維持管理に用いられていた校費が、金属探知機や監視カメラ、警備員に回された。親にとって、恐ろしい時期だった。メディアとその周辺にいる人々はこの脅威が深刻なものだということでほぼ意見が一致しており、「実例規則」と「良い・悪い規則」に従って、「腹」は力強く同意した。事情が何であれ通常なら「頭」は必死になってそういった「腹」の感情を修正しただろうが、メディアがリスクを相対的にとらえるための統計を提供していないため「頭」には介入する正当な理由がほとんどなかった。

この一方的な心の議論の結果は世論調査に表われている。ジョーンズボロの虐殺の直後にNBCと『ウォールストリート・ジャーナル』紙が合同で行なった世論調査で、米国人の七一パーセントが、学校における銃の乱射が自分の住んでいる地域で起きる可能性が高い、あるいは、非常に高いと答え、コロンバインの虐殺のあとに実施された『USAトゥデー』紙の世論調査でもほぼ同じ結果が得られた。コロンバインの事件の一ヶ月後、ギャラップ世論調査によって見出されたところでは、親の五二パーセントが学校での子供の安全に不安を感じており、その五ヶ月後でも、その値はほとんど変化せず四七パーセントだった。

コロンバインの虐殺はおぞましいものだが、そのことによって、ほとんどの学校とその学校にいるほとんどの生徒が完全に安全であるという事実は変わらない。政治家は、この事実を、繰り返し強調して世間に理解させることもできたが、そうしなかった。その代わりに、若者を誤った方向に導くと言って、ひどい子育てや暴力映画、ゴシック・ロックを非難する演説が無数にある。その理由の一部はあらゆる政治顧問が、学校における銃の乱射事件のような危機に際して行なう計算である。こういった事件は悲劇だが、その事件によって我々が安全を保っているという事実は変わらないと政治家が発言すれば、状況がどれほど深刻であるかを理解していない、あるいは悪くすると、心配していないという非難をライバルに浴びせられるだろう。これは大きな政治的リスクであり、そのリスクを引き受けてもなんの見返りもない。したがって、政治家はルーズヴェルトが警告した「いわれのない恐怖」を鎮める努力をしない。「いわれのない恐怖」を喜んで受け入れ、増幅する。

コロンバインの事件後の興奮がようやく和らいだ二〇〇六年の秋、その恐ろしいシナリオはまるごと（悲劇からパニックまで）再現された。九月一三日、モントリオールのドーソン・カレッジに元学生がライフルを持って侵入した。一人の学生が殺され、一九人が負傷した。九月二七日、五三歳の男がコロラド州の高校に侵入し、六人の女子を人質に取り、一人を殺した。その二日後、ウィスコンシン州の九年生が校長を銃で撃って死なせた。そして、一〇月二日に三二歳の男がペンシルベニア州のアーミッシュの小学校に侵入し、五人の少女を銃で撃って死なせた。「今週アーミッシュの町の学校での銃乱射事件で、五人の子供が死亡したが、これは、米国の新聞の見出しを飾る、終わりがないかのように続く派手な大量殺人の最新の事件に過ぎない」と、固唾を呑んで状況を見守る特派員が英国の『インディペンデント』紙に報告した。

フィードバック・ループが稼動し始め、再度、米国の学校は敵に包囲されているように見えた。ブッシュ政権は一〇月一〇日に学校の安全について話し合う会議を開催し、世間の注目を集めた。これは政治的には効果的な措置だったかもしれないが、危機感を強めただけだった。米国中の学校が緊急対応計画を見直し、ドアにかんぬきをかけ、安全訓練を実施した。一二月四日、学校の犯罪と安全に関する政府の報告書の最新版が出版された。だが、これまでのどの報告書ともまったく変わらなかった。子供は学校の外より学校の中にいる方がずっと安全であることが示されていた。暴力行為は一〇年前より五〇パーセント少なくなっており、深刻な暴力犯罪の発生率は三分の二以上低下していた。学校内で殺される生徒のリスクがデミニミス（非常に小さくて実質的にゼロに等しい）であることも再度示されていた。この報告書は、以前のものと同じく、事実上報道されることはなかった。

犯罪について米国で毎年実施されるギャラップ世論調査の二〇〇六年版において、「学校における学齢児童の身体上の安全に対する不安」が犯罪に関する心配の第一位となった。米国人の五人に一人が、学齢期の自分の子供が学校で肉体的危害を受けることを「たびたび」心配していると答えた。さらに、五人に一人が「ときどき」心配していると答えた。

きわめて実現しそうにない恐怖に屈すると、よくない結果を招く。すべてのドアに鍵を掛け、すべての訪問者を殺人狂の可能性があるものとして取り扱うようになると、地域と学校のつながりが断たれる。これはあきらかに損失である。なぜなら、研究によって示されているように、学校は地域とのつながりが強いとき最もうまく機能するからである。金属探知機や警備員、銃を持った男からどうやって逃げるかを子供に教えるコンサルタントにお金を使えば、本や教師や子供たちが本当に必要としているほかのあらゆるものにお金を使うことができない。

もう少し明白でない損失もある。二〇〇六年八月（学校における銃の乱射が新聞の見出しに戻り、パニックが再び始動する一ヶ月前）、米国心理学会は「どんな小さな違反も認めない」という規律を修正するように学校に要求する決議を採択した。なぜなら、そういったやり方は「実際には非行を増加させ、中途退学の発生率も高める可能性がある」ことが報告されていたからである。二〇〇七年三月、米国自由人権協会は、ニューヨーク市の公立学校における警察の存在が「大きく、攻撃的に」なっていると述べる報告書を出版した。毎朝、生徒が列を作って、金属探知機による検査を受けるのを待っていると、この報告書は指摘している。「検査の列で待ったため一時間半余計に時間がかかっていた。だから、すごく朝早く家を出ないといけないし、そのあと、学校の外の歩道でいつまでも待たなくてはならなかった」と、一八歳の生徒が言っている。「検査されると自分が動物みたいに感じる。人間以下みたいに。自分を疑うようになり始めさえする。警官が犯罪者のように扱うからだ」

用心に越したことはないという態度は、いわれのない恐怖に駆り立てられて、そういった態度がほかの何よりも高い価値を置いているもの自体を削減することさえある。二〇〇六年一〇月二〇日、全国に広まった学校における銃の乱射のパニックの真っ最中に、ニュージャージー州アズベリー・パークの中等学校から一区画離れたところで、一人の一八歳が銃で撃たれ重傷を負った。銃撃が学校と関係ないことは最初から明らかだったが、市の役人は五つの公立学校を二日間休みにするように命じた。「我々の学校は金属探知機を装備していない」と、ある役人が『ニューヨーク・タイムズ』紙に話した。「学校を続けていたら、もう一つのコロンバイン事件が起きる危険を冒すことになる」。だが、一人の議員はこの考えの誤りに気づいた。「私は子供たちが学校にいた方が安全だと思う」。彼は議論の余地なく正しかった。

実体を伴わない恐怖が学校で銃を乱射する者によるものであれ茂みに潜む見知らぬ者によるものであれ、悪影響は本物である。子供の安全に携わるNGOのキッドスケープが一九九三年の調査で見出したところでは、英国の親の最大の恐怖は見知らぬ者による子供の誘拐だった。全国世論調査会社による二〇〇四年一〇月の調査によって見出されたところによると、英国の親の四分の三が外で遊ぶ子供のリスクが高まっていると考えており、三分の二が自分の子供が家を離れるときはいつも心配だと答えた。子供の三分の一は決して一人で外出しない。当然、以前より多くの子供が何もせずに過ごしている。この調査によると、英国の子供のほぼ半分が、三時間かそれ以上の時間座ってテレビかコンピューターを眺めて過ごしていた。子供たちは「ケージ飼育のニワトリ」のように育てられていると、ある児童福祉機関の局長は言っている。

こんな風に子供を育てることの結果については想像することしかできないが、多くの専門家は心配している。二〇〇七年に、英国と米国、カナダ、オーストラリアの児童心理学者と児童セラピスト二七〇人から成るグループが、英国の新聞『デイリー・テレグラフ』への公開状の中で次のように主張した。「戸外での自由な、あまり厳しく監督されない遊び」は子供の成長に不可欠であり、それが失われること（部分的には『見知らぬ人に注意』に対する親の心配」による）は「病気と診断されうる子供の精神衛生上の問題の爆発的増加」の原因となっているのかもしれない。

こういったことは大部分推測の域を出ないことは認めなくてはならないが、それでも、見知らぬ者による誘拐などのよく知られた恐怖より実体のある心配である。そして、少年や少女が見知らぬ人はすべて脅威だと教えられ続け、子供から老人までのすべての世代がどの街角を曲がっても危険が潜んでいると教えられるとしたら、これから大人の男女になる子供にとって、そして、彼らが作る社会にとって、そういった教育が、どういったことをしていることになるのかを示す証拠を手にするのも時間の問題である。

じわじわと害を及ぼす、暴力に対する恐怖が今この瞬間にも広まっていることは特に不幸なことである。なぜならそういう恐怖がきわめて重要な事実を見えにくくするからである。現代の先進国は人類史上最も平和な社会の一つとなった。もちろん、これはほとんどの人が考えていることの反対であり、それには理由がないわけではない。ほとんどの人が、犯罪が一九六〇年代に急速に増加し始め、一九七〇年代にさらに事態が悪化し、一九八〇年代にピークを迎えたことを知っている。一九九〇年代中頃、ほとんどの国の犯罪の趨勢は、横ばい状態かかなりの減少を示した（カナダと米国では劇的な減少すら示した）。だが、現在はまだ一九五〇年代より犯罪が多い。米国において、人口一〇万人当たりの殺人発生率は、二〇〇五年に五・六件であるが、一九五五年は四・一件だった。イングランドとウェールズにおいては、二〇〇五年に一・四件であり、一九五五年の〇・六三件の倍以上だった。

しかし、これは、人間の一生より短い五〇年にわたる記録に過ぎない。何十年でなく何百年単位で計られるような長期で考えれば、自分たちがどんなに平和な時代に生きているのかを理解できる。

一三世紀のロンドンに新聞があったら、こんな話が一二七八年に見出しを飾ったかもしれない。「シモネット・スピネリとその情婦アグネス、ジェフリー・ピアマンがジェフリーの家にいたとき、喧嘩が始まった。シモネットは家を出て、そのあと同じ日に召使のリチャード・ラッセルを連れてジェフリー・ル・ゴージャーの家に行き、そこでジェフリーに会った。喧嘩が始まり、リチャードとシモネットはジェフリーを殺した」。歴史家のジェームズ・ブキャナン・ギヴンは、ロンドンの「巡回裁判」の記録を詳しく調べているときにこの話を発見した。巡回裁判の記録は非常に詳細にわたっているため、ギヴンは一二七八年のロンドンの殺人発生率を計算することができた。その値は人口一〇万人当たり一五件だった。これは現在の発生率のほぼ一〇倍の大きさである。

ギヴンが研究を行なってから、多くの歴史家が英国やその他の西ヨーロッパ諸国で同様の研究を行ない、結果は常に同じだった。中世後期に「人口一〇万人当たり約二〇件の殺人があった可能性がある」と、ケンブリッジ大学の犯罪学者マニュエル・アイズナーは書いている。この数字は、英国の現在の殺人発生率の一四倍であり、米国の殺人発生率の四倍に近い。現代の米国の記録は、殺人を起こしがちな中世の人には利用できなかった大量の安価な銃器の助けによるところが大きいにもかかわらず、このような結果になっているのである。

こういった結果が中世後期の西ヨーロッパに関してだけ当てはまるのであれば、現代とそれほど関係ないだろう。しかし、歴史家と犯罪学者は西ヨーロッパ中の歴史的文書を調べており、驚くべきパターンを発見した。中世の極端に高い殺人発生率は、何十年、何百年とゆっくりとではあるが着実に低下し、二〇世紀初頭に底に達した。殺人発生率は一九六〇年代まで上がったり下がったり不安定な状態が続き、一九八〇年代あるいは一九九〇年代までわずかに上昇し、そのあと再びゆっくりと低下した。したがって、最近の数十年間の犯罪の増加にもかかわらず、今日の殺人発生率は八〇〇年間で最低水準の発生率である。(7)

今日の殺人発生率はこれまでで最低水準の発生率であるのかもしれない。ローレンス・キーリーが『文明化以前の戦い――平和な未開人という神話』の中で示しているように、考古学者と人類学者は、古代人類や現代世界の孤立した部族における暴力行為の発生水準が恐ろしいほど高かったし、今も高いという証拠を急速に積み上げている。何十年間も、カラハリ砂漠のクン族は訪問したヨーロッパ人によっておとなしいと思われていた。彼らに関する本は『害のない人々』という表題さえ付いていた。しかし、研究者がもっと詳しく調べて、殺人発生率が「一九五〇年代と一九六〇年代の主要工業国の殺人発生率の二〇倍から八〇倍」であることを発見したと、キーリーは書いている。コッパー・イヌイットの一五家族から成る孤立した集団が、二〇世紀初頭初めて外部と接触したとき「成人男性はすべて、すべて殺人に関与していた」。一九世紀後半、南米の南端に孤立して暮らしていたヤーガン族は、米国の一〇倍の殺人発生率だと推定された。

研究者の中には、暴力行為の一部は部族内の犯罪というより戦争に近いものであるため、この殺しを「殺人」と呼ぶのは誤解を招くと述べた者もいた。そういった議論を額面どおり受け止めながらも、キーリーはニューギニアのゲブシ族の例を挙げている。「軍隊内の殺人発生率に上乗せして、ゲブシ族の殺人発生率に合わせようとするなら、米国の軍隊はベトナム戦争に従事している九年のあいだに、南ベトナムのほぼ全人口を殺さなければならなかっただろう」

ここに示した証拠や多くの同様の証拠を合わせて考えてみると、今日、先進国の暴力行為の発生水準は、人間社会の通常水準よりずっと低いことが示唆される。ようするに、全人類史上最も低い水準である可能性が非常に高いのである。

そして、減少したのは組織的でない暴力行為だけではない。最近の数十年間に、戦争までもが減少してきた。「国家間の戦争は今までよりずっと起こりにくくなっているし、内戦は一九六〇年以降のどの時期よりもずっと起こりにくくなっている」と、ジョージ・メイソン大学のモンティー・マーシャルは、二〇〇五年に『ニューヨーク・タイムズ』紙に話している。同じ年に、ブリティッシュ・コロンビア大学の人間の安全保障センターによって発表された大規模な研究も、同様の結論に達している。「過去一二年間に、安全にかかわる世界情勢は劇的に良い方向へと変化したが、その変化は非常に思いがけないものだった。内戦と大量虐殺、国際危機はすべて急激に減少した。国家間の戦争は、現在、紛争の中で少数を占めるに過ぎず、長い期間着実に減少してきた。軍隊によるクーデターと、紛争一件当たりの平均死者数も着実に減少してきた」。この報告書によると、一九九〇年代初頭からだけでも、あらゆる形態の武力衝突が四〇パーセント減少した。ほとんどの人はこの反対が真実だと考えていると、人間の安全保障センターの部長アンドリュー・マックは私に話した。なぜなら「戦争が始まるか、ひどい政治的テロ行為か何かがあると、大量の流血がある限り、必ず多くのニュース報道がある。戦争が静かに終結に向かうと、報道はかなり減ってくる。かりに報道されたとしても『ニューヨーク・タイムズ』の一六ページ目に一つのパラグラフが載る程度だろう。だから、世間の人が抱く印象は戦争の数が常に増えているというもので、世間の人は、実際には、始まった戦争よりずっと多くの戦争が終結を迎えていることがわからない」。

犯罪は非常に少なくなった。戦争も減少している。そして、この状況は、良いニュースがなくなってしまったというのとはまるで異なる。「娯楽としての残虐行為、迷信を満足させるためのいけにえ、省力装置としての奴隷、政府の目的表明文書に掲げられる征服、不動産獲得の手段としての大量虐殺、日常的懲罰としての拷問や手足などの切断、軽罪や見解の相違に対する死刑、政治体制の継承の手段としての暗殺、戦利品としての強姦、欲求不満のはけ口としての組織的大量虐殺、紛争の主要な解決策としての殺人。これらはすべて、人間の歴史の大部分を通じて反論の余地なく人間の生の特徴だった」と、スティーヴン・ピンカーは書いている。「しかし、今日、これらは、西洋において、存在しないといっていいほど稀であり、ほかの地域でもかつてに比べてずっと目にすることが少なく、実際に起きていても隠され、明るみに出ると多くの人々から非難される」

一言で言えば、私たちは以前より開化されている。これは本当に実に良いニュースだ。ただ、このニュースをCNNで耳にすることは期待しないで欲しい。

第10章　恐怖の化学

「我々の体は多くの毒性化学物質の保管容器になっている」という言葉で、グリーンピースの報告書は始まる。「今や地球上のすべての人間が汚染されていると考えられており、我々の体は現在最大二〇〇種類の合成化学物質を含んでいる可能性がある」「毒性化学物質が我々の体に侵入しつつある」と、世界自然保護基金（WWF）のウェブサイトの見出しで警告が述べられている。WWFはヨーロッパの一三家族の血液を分析し、七三種類の人工化学物質を発見し、英国においては、検査を受けた人のほぼ全員に「何年も前に使用が禁止されている危険な二種類の化学物質であるDDTとPCBの痕跡が見つかった」。「有害化学物質は地球上のほぼ全員の体組織に見つかっており、有害化学物質への暴露は、いくつかの癌と先天性欠損を含む様々な生殖にかかわる問題と関連づけられてきた」と、WWFはウェブサイトの記事で述べている。この記事には「汚染されている」というスタンプが押された血液の容器のイラストが付いている。

こういった汚染と健康の趨勢の関係を調べた者もいる。二〇〇六年のカナダ放送協会（CBC）のドキュメンタリーで、ジャーナリストのウェンディー・メスリーは、乳癌と診断されたあと、今日生まれる赤ん坊が一生のうちに癌にかかる確率が二分の一であることを知っていかに驚いたかを語った。「私はいったい何がそのような状況を引き起こしているのかを解き明かそうとし始めました」。喫煙と太陽への暴露はあきらかに癌の原因になるし、高齢化も原因になると、彼女は報告した。しかし、これらの原因は、どうして「小児癌が過去三〇年間に二五パーセント以上増加した」のかを説明していない。メスリーは自分の血液を検査してもらい、その血液が、PCBを含む四四種類の化学物質と重金属で汚染されていることを見つけた。「私は発癌物質で満たされているのに、どうやらそれは正常なことらしい」。メスリーは、イリノイ大学の科学者サム・エプスタインにインタビューした。癌は「流行」していると、エプスタインは断言した。

このようなメッセージは、ポール・スロヴィックたちが米国とカナダ、フランスで実施した世論調査に反映されている。どの国も、結果は大体同じだった。調査対象者の四分の三が「日常生活において化学物質や化学製品との接触を避けるように努力している」と答えた。同じ割合の人が、「水道水にほんの微量でも発癌物質が見つかったら、飲もうと思わない」と答えた。一〇人に七人が「癌を引き起こすことができる化学物質に暴露されていたら、おそらくいつか癌になる」と考えていた。そして、一〇人に六人が「化学物質によるリスクを低減するのにコストが高すぎるということはありえない」ことに同意した。

私たちは本当に化学物質が嫌いだ。その言葉さえ嫌いだ。米国の一般大衆を対象とした調査において、スロヴィックは化学物質という言葉を聞いたときどんなことを思い浮かべるかと尋ねた。結果は「『死』や『毒性の』、『危険な』などの否定的なイメージが優勢的」だった。オタワ大学の疫学者ダニエル・クルースキによって実施されたカナダの調査において、調査対象者はリスクという言葉を聞いたときどんな考えが心に浮かびますかと尋ねられた。多かった答の一つは「化学物質」だった。

水は化学物質であり、母乳も化学物質である。しかし、これは今日世間の人がこの言葉を使うときの使い方ではない。化学物質は実験室で発明され、巨大な工場で製造される。そして、化学物質はもともと危険なものであり、可能な限り避けるべきものである。この「化学物質」の文化的再定義こそ、有機農産物を隙間産業から急成長中の、数十億ドル規模の産業へと変貌させたものであり、天然のという言葉が、何を売るかに関係なく、企業のマーケティング担当者が好む形容詞になった理由でもある。「ほとんどの紙巻タバコに使われているタバコは、タバコ製品に一般的に用いられている四〇九種類の化学物質の一覧表から選ばれた添加物を含んでいる」と、二〇〇六年に米国の雑誌に載った広告に書いてある。「ナチュラル・アメリカン・スピリットは、一〇〇パーセント無添加の天然のタバコを用いて作られた紙巻タバコだけでなく、一〇〇パーセント有機栽培のタバコで作られた紙巻タバコも扱っている唯一のブランドです」

このような状況は新しいものである。一九六〇年代以前、「化学物質」は科学の恩恵と結びついていた。化学物質は、進歩と繁栄を意味した。それらは、一九三五年に「より良い暮らしのためにより良い製品を……化学の力によって」という新しいスローガンの助けを借りてデュポンが利用しようとしたイメージでもあった。新製品は、ほとんどあるいはまったく検査を受けずに市場に出回り、安全に対する意識をほとんど持たれずに大量に使われた。当時は、農薬散布飛行機から出る農薬のミストを浴びてしまった子供をきれいにしてやるのに、母親が濡れタオル以上のものが必要かもしれないなどとまったく考えていないような時代だった。

そういった時代の終わりは一九六二年にやって来た。米国魚類野生生物局に所属する海洋生物学者レイチェル・カーソンが『沈黙の春』[1]と名づけられた本を出版したときのことだった。「世界史上初めて、今、すべての人間が、受胎の瞬間から死ぬときまで、危険な化学物質に接触する機会にさらされている」

『沈黙の春』でカーソンが主に心配していたことは、合成化学物質、特にDDTの見境のない使用による自然界の被害だった。殺虫剤のDDTは鳥の個体群を絶滅させ、鳥のさえずりがないため静かな春にしてしまう恐れがあると考えていた。しかし、ここで終わっていればこの本はおそらくそれほど重要なものにならなかっただろう。カーソンはさらに、自然界に重大な被害を与えている様々な種類の化学物質が人類にも深刻な被害を及ぼしていると主張した。「四人に一人」という題名の章で、一九世紀後半に始まった合成化学物質の急増が癌の増加と並行して起きていることを指摘している。米国において、癌は「死因として、一九〇〇年に全死亡数のわずか四パーセントを占めていたのに対して、一九五八年は一五パーセントだった」。一生のあいだに癌になる確率はやがて四人に一人という恐ろしい値になるだろう。そして「子供に関する状況はさらに強く不安にさせられるものである。二五年前、子供の癌は医学的に稀なものと考えられていた。今日、米国の学童は、ほかのどんな病気より癌で死亡する場合が多い……一歳から一四歳までの子供の全死亡数の一二パーセントが癌によるものである」（強調は原著のもの）。

『沈黙の春』の影響は、過大に評価するのが難しいくらい大きかった。この本はこの時代のすべての政策決定者や思慮深い市民に影響を与え、影響を受けた者の中には最高裁判所判事ウィリアム・Ｏ・ダグラスとジョン・Ｆ・ケネディー大統領も含まれていた。化学業界はカーソンに対する悪意のある攻撃活動――例の「ヒステリックな女」――を開始したが、本の名声を高め、化学業界のイメージを損ねただけだった。委員会が立ち上げられてカーソンの主張を調査し、市民団体ができてＤＤＴなどの化学物質の使用禁止を要求した。現代の環境運動の始まりだった。

一九七〇年に、最初の「地球の日」が祝われた。一九七二年に、米国でＤＤＴの使用が禁止された。一九八二年に、デュポンは有名なスローガンから「化学の力によって」の部分を削除した。二〇世紀の終わりになっても『沈黙の春』はこれまでで最も影響力のあった本の一覧表に決まって登場し、『タイム』誌はカーソンを「二〇世紀の一〇〇人」の一人に選んだ。

カーソンは自分の言葉が世界を変えるのを目にするまで生きていなかった。彼女は一九六四年に死亡した。乳癌に命を奪われたのだ。

癌は『沈黙の春』がなぜこのような爆発的影響を引き起こしたかを理解する鍵である。カーソンが警告したのはただのありふれた病気ではなかった。癌というその言葉自体が「汚らわしい」と、ある癌の生存者が一九五九年の回想録に書いている。「それはカニのような腐食生物で、肉体だけでなく魂の生命に貪欲に触手を伸ばす。それは肉をかじり取るように意志を破壊する」。癌は現代文化の中で独特のイメージを有している。単なる病気ではない。忍び寄る殺し屋であり、私たちの恐れ方はほかのどんなものとも異なる。ポール・スロヴィックの調査が示すところによると、癌は死亡者数を実際に過大評価してしまう唯一の主要な病気である。メディアの中でも実際の死亡者数よりずっと大きな存在となっている。

しかし、文化の中で巨大な存在であるからといって、癌は常に悪夢の材料だったわけではない。ジョアンナ・バークは著書『恐怖――その文化史』の中で次のように書いている。「一八九六年の『アメリカン・ジャーナル・オブ・サイコロジー』誌の報告では、調査対象者がどの病気を恐れるかと尋ねられると、わずか五パーセントが癌と答え、四分の一から三分の一は、天然痘と破傷風、肺結核、恐水病（狂犬病）の恐ろしさに関心を示した。恐怖の順位付けでは、列車事故や地震で押しつぶされること、溺れること、生きたまま焼かれること、雷に打たれること、ジフテリアかハンセン病か肺炎にかかることが、すべて癌より高い順位を占めた」

こういった状況は第二次世界大戦後に変化した。一九五七年までに、癌は非常に大きな恐怖となった。バークによると、ある腫瘍学者が、この病気は「悪魔」に変わってしまい、癌の恐怖(この腫瘍学者は「癌恐怖症」と呼んだ)自体がある種の疫病になってしまったと不平をこぼすほどだった。「今日、癌恐怖症が癌それ自体より大きな苦痛を引き起こすことが可能だ」。『沈黙の春』によって、カーソンは、この新しい不安の影が、ただ単に悪夢の中だけに存在するのではないと世間に知らしめた。身の回りの至る所、呼吸している空気や歩いている地面の土、食べている食物の中に存在するのである。血液の中にさえあった。世間が注目しても不思議はない。

カーソンの挙げた数字は、癌が急増していたという理由だけから癌の恐怖が急速に高まっていったのだと思わせるものだった。しかし、この数字は誤解を招くものだった。癌は「死因として、一九〇〇年に全死亡数のわずか四パーセントを占めていたのに対して、一九五八年は一五パーセントだった」というカーソンの記述は、全死因に占めるある病気の割合の増加が発生率の上昇の結果だと考えてしまうという、よくある過ちを犯している。米国の国勢調査局のデータによると、癌は一九〇〇年から一九〇四年のあいだ第七位の死因だった。第一位は肺結核だった。第四位は下痢と腸炎だった。第一〇位は腸チフスで、次が第一一位のジフテリアだった。猩紅熱《しょうこうねつ》と百日咳、はしかの順位はもっと低かったが、なお相当な数の死者を出していた。カーソンが一九五〇年代後半に執筆していた頃までに、ワクチンと抗生物質、公衆衛生によって、これらの死因はどれも劇的に低減し、なくなりさえしていた（一九五八年に、肺結核は第一位から第一五位に落ちていた。腸炎は第一九位だった。ジフテリアと猩紅熱、残りのほかの病気による死はほぼなくなっていた）。ほかの死因による死亡者数が急速に減少していたため、癌による死亡率がまったく変化していなかったとしても、癌による死亡が占める割合は大きく増加していただろう。

同じ事実が、カーソンが非常に重要だと考えた「今日、米国の学童は、ほかのどんな病気より癌で死亡する場合が多い」という記述の痛烈さを和らげる。一九六二年までに、ジフテリアのような子供に多くの死をもたらしていた病気は一掃されていた。ほかのどんな病気より癌で死亡している子供が多くなったのは、莫大な数の子供が癌で死亡していたからではなく、莫大な数の子供がほかの病気で死亡しなくなったからだった。

「四人に一人」について言うなら、米国癌協会による一九五五年の報告書に由来するものであり、その時点で癌になる推定値五人に一人が、四人に一人に増えると予測していた。とは言え、癌は年齢が主な危険因子なのだから、以前よりずっと多くの人が子供時代を生き延びて高齢まで生きていくなら、必然的に、より多くの人が（主に高齢で）癌になり、「一生のあいだに癌になる確率」が上がるだろう。ところが、米国癌協会は、これで話が終わるわけではないと指摘していた。当時癌に関するデータはまだ大雑把なものだったが、過去二〇年のあいだに、癌の発生率が女性で二〇〇パーセントの明白な上昇、男性で六〇〇パーセントの上昇を示しており、これは主にただ一種類の癌が増加した結果だった。肺癌が「そういったはっきりとした傾向を示すただ一種類の癌である」と指摘されている。

肺癌は一九二〇年代に急増し始めた。それは、喫煙習慣が米国やその他の西側諸国で男性に急速に普及してから二〇年後のことだった。女性で喫煙を始める人は一九二〇年代から一九三〇年代になるまで多くなかったが、それから二〇年後には、女性の癌も男性と同様に急増し始めた。喫煙率が一九六〇年代から一九七〇年代にかけて低下し始めると（またもや、男性が先だった）、多くの癌がその二〇年後に減少し始めた。この傾向は主に肺癌に関するものだが、ほかの種類の癌も喫煙によって発症が促される。喉頭癌や膵臓《すいぞう》癌、腎臓癌、子宮頸癌、膀胱《ぼうこう》癌、口腔癌、食道癌などがその例である。

しかし、カーソンは『沈黙の春』の中に喫煙に関することを一言も書かなかった。さらに言うなら、唯一タバコに触れているのは、タバコに噴霧される砒素を含む殺虫剤に言及している箇所（再び、強調されている）だった。「米国産のタバコから作られた紙巻タバコの砒素含有量は、一九三二年から一九五二年のあいだに三〇〇パーセント以上増加した」。カーソンは当時一般的だった仮説に同意していた。死を招くのはタバコの煙を吸うことではない。タバコは自然界に存在するもので安全である。死を招くのはタバコに添加されている化学物質である。この仮説は国立癌研究所のウィルヘルム・ヒューパーによって唱えられた。彼は、カーソンの見解に重大な影響を与えた人物であり、『沈黙の春』に繰り返し引用されている。

当時、この仮説は不合理なものではなかった。[2] 喫煙と癌を結びつける研究はかなり新しく、合成化学物質と人の健康に関してほんのわずかのことしか知られていなかった。癌の増加は、カーソンが述べたほど巨大なものではなかったかもしれないが、本当だったし、よくわかっていない新しい驚異の化学物質がすべて癌の原因になるかもしれないというのは実に恐ろしいことだった。

心配の種を追加することになったのは、ジョン・ヒギンソンという名の科学者（WHOの癌研究機関をのちに設立した）が実施した、アフリカ人の癌性腫瘍とアフリカ系米国人の癌性腫瘍を比較する研究だった。ヒギンソンは後者の方に癌がずっと多いことを発見した。このことは、遺伝が癌の発症を促す大きな要因でないことを示した。このような研究に基づいて、ヒギンソンはすべての癌のうち約三分の二に、環境要因と呼ぶものが存在すると推定した。しかし、ヒギンソンは、環境という言葉を『沈黙の春』のあとに使われるようになったように用いたわけではない。ヒギンソンにとって、環境は単純に遺伝に関係しないものなら何でも意味した。喫煙さえ含まれた。「環境は人を取り囲み、影響を与えるものだ」と、彼は一九七九年に『サイエンス』誌のインタビューで述べた。「吸っている空気や暮らしている文化、住んでいる地域の農業の習慣、社会的文化的習慣、社会的圧力、接触する化学物質、食事などだ」。この分野の科学が進歩するにつれて、ヒギンソンの仮説は正しいことが裏づけられ、癌の専門家がほとんどの癌に環境因子が存在すると述べるのが普通になった。だが、このことは誤解を深めただけだった。「あとになって多くの混乱が生じた。ほとんどの人が初期の文献を確認せずに『環境』という言葉を化学物質という意味で使っていたからだ」と、ヒギンソンは述べた。

この誤った考えは、いまだに環境活動家のあいだに広く普及している。「癌は環境の病気と認められてきた。つまり、癌は、空気や水、食物に由来する毒性化学物質を吸収することによって細胞内に引き起こされる」と、グリーンピースの共同設立者ボブ・ハンターは二〇〇二年に書いた（彼はこのとき前立腺癌と闘っており、三年後に死亡することになる）。

ヒギンソンは自分の仮説が誤解された理由をいくつか挙げた。一つは『沈黙の春』以前の時代における化学業界の安全に対するまったくの無関心である。このことによって化学業界は癌のドラマの悪役と見なされやすくなった。そして「レイチェル・カーソンの本は歴史上の分岐点だった。我々は突然膨大な量の新しい化学物質や汚染物質、殺虫剤、繊維などが環境中にあることに気づくようになった」。さらにヒギンソンは次のように述べた。環境保護主義者が「癌の恐怖のせいで極端な見解が都合のよいものであることに気づいた。汚染によって癌になるとなんとかして世間に信じさせることができれば、水や空気やなんだって、浄化がやりやすくなる。たしかに、私は、空気をきれいにするのに大賛成、マスのいる川をきれいにするのに大賛成、ラブカナルのような土壌汚染が起きないようにするのにも大賛成だ。しかし、そうするために間違った議論を用いるべきでないと思う。あらゆる環境上の害悪の代わりに癌を引き合いに出すことは、タバコの場合のように、癌が実際に問題になったとき、効果的な行動を取る妨げになるかもしれない」。

ヒギンソンは、故意に人を欺いていることで環境保護主義者を非難しないように気をつけていた。ヒギンソンの仮説が誤解されたのは、欺いた結果というより、行き過ぎた熱意のせいだった。「世間は、癌が汚染あるいは通常の環境によるものであることを証明できればいいと強く思っている。『あらゆるものを暴露ゼロのレベルまで規制させて欲しい。そうすれば我々はもう癌にならない』と言うのは非常に簡単だろう。この考えは非常に魅力的であるため、この考えに反する大量の事実を圧倒することになる」。この「大量の事実」の中には「汚染された都市ときれいな都市のあいだの癌の発症パターンにほとんど違いがない」という知見もあったと、ヒギンソンは述べた。「非工業都市であるジュネーブの方がイングランド中央部の汚染された谷にあるバーミンガムより癌が多い理由を誰も説明できない」

これは一九七九年のことだった。このあと「大量の事実」は着実に増え、今日、指導的立場にある癌研究者のあいだでは、環境中にある微量の合成化学物質（普通の人の血液検査で見つかるもの）が癌の主な原因ではないということで意見が一致している。「職場や地域社会、その他の環境における汚染物質への暴露は、癌による死亡の原因として比較的小さなパーセンテージを占めると考えられる」と、米国癌協会は『二〇〇六年の癌の事実と数値』の中で述べている。この中で、職業関係の暴露（アルミニウム製錬所の労働者や過去の危険な労働環境下でアスベストを採掘した坑夫が該当する）は飛び抜けて最大の区分であり、すべての癌のおよそ四パーセントの原因となっている。米国癌協会の推定によると、すべての癌のうちの二パーセントだけが「人工の、および自然界に存在する」環境汚染物質（自然界に存在するラドンガスから工場の排気ガス、車の排ガスまでのあらゆるものを含む大きな区分）への暴露の結果である。

環境中の発癌性化学物質のすべてが人工のものでないと理解することが、決定的に重要である。すべて人工などと言うには程遠い。一つだけ例を挙げるなら、無数の植物が、昆虫やその他の捕食者に対する防御手段として発癌性化学物質を生産している。そのため、食物は言うまでもなく天然の発癌物質に満ちている。発癌物質はコーヒー豆やニンジン、セロリ、ナッツに含まれ、その他にも非常に多くの農産物に含まれている。カリフォルニア大学バークレー校の癌研究の第一人者ブルース・エイムズは「一般人が口にする食事由来の殺虫剤のうち、九九・九九パーセントは天然のものである」と推定しており、テストした全化学物質（合成したものと天然のもの）の半数が、実験室における動物実験で多量投与した場合癌を引き起こした。したがって、環境中の汚染物質によって引き起こされると考えられている二パーセントの癌のうち、合成化学物質が原因となっているのはわずかな部分だけである可能性が非常に高い。エイムズは、一パーセントよりずっと小さいと考えている。

主要な保健機関は、環境中の微量の化学物質が大きな危険因子でないことに同意している。きわめて重要なのは生活様式である。喫煙、飲酒、食事、肥満、運動。これらはきわめて大きな影響を及ぼす。ほとんどの推定で、すべての癌のおよそ六五パーセントの原因とされている。早くも一九三〇年代に、研究者は、貧しい地域より裕福な地域で癌の発生率が高いことを発見した。これは、生活様式の違いから生じる今日まで続いている区分けである。[3]「総計すると癌は裕福な国で最も多い。これは、主に、喫煙や西洋の生活様式と結びついた腫瘍の発生率が高いことによる」と、ＷＨＯは『世界癌報告』の中で指摘した。ここには明らかな逆説が存在する。裕福な社会に暮らしている者はものすごく幸運だが、癌の発症をいろいろな形で促す生活様式を支えているのがまさにその裕福さである。

これまで述べた事実はどれも、癌の主な原因の一つだと考える（唯一の主な原因と言う者もいるだろう）化学物質の使用反対運動をしている大勢の環境保護主義者や活動家、関心の高い市民を説得することはなかった。それがなぜかというのは興味深い問題である。このように広く科学的同意が得られているときに、なぜ反対のことを信じ続けるのか？　いくつかの答が存在するが、最も深みのある答は、前述の一九七九年のインタビューの中でジョン・ヒギンソンによって示唆された。「汚染が癌を引き起こして当然だという直感が多くの人に働いたのだと思う」

ポール・スロヴィックの調査によってこのことがいかに本当であるかが明らかとなった。米国とカナダ、フランスの大多数の人は、できるだけ化学物質を避け、癌を引き起こす物質がほんの微量でも入っていればその水道水を飲まないと答え、癌を引き起こす物質に暴露された人は「おそらくいつか癌になる」と考えていた。こういった人たちにとって、体の中に発癌性の化学物質が漂っているのが大きな脅威であることは明白であるようだ。

しかし、それは毒性学者の見方ではない。「すべての物質は毒である。毒でないものは存在しない」と、一六世紀の医師で錬金術師のパラケルススは書いた。「毒を治療と区別するのは正しい投与量である」。これは毒性学の第一原則である。十分大量の水を飲めば、体内のナトリウムとカリウムの濃度のバランスが崩れ、発作や昏睡を引き起こし、死ぬことさえある。非常に致死性の高い物質でさえ、十分わずかな量摂取するだけなら、まったく害が出ないだろう。自然界に存在するウランを土壌から吸収した植物を食べたり、そういったウランを含む水を飲んだりした結果として、私たちの体内に存在する何兆個もの放射性のウラン原子が、害がないのと同じことである。重要なのは体内にあるかどうかではない。どれくらい体内にあるかである。「最初に暴露されている量を考えるべきだと世間の人が知ることが重要だ」と、米国エネルギー省のバークレー研究所の上席研究員でありカリフォルニア大学バークレー校の発癌性プロジェクトの責任者のロイス・スワースキー・ゴールドは言っている。

毒性学の見方に立てばすべてが変わる。ポール・スロヴィックによる米国と英国、カナダの毒性学者の調査で、その大多数が、日常生活で化学物質を避けようとしていないし、微量の汚染物質の存在に悩まされていないし、発癌物質に暴露すると必ず癌になりやすくなるという考えに同意しなかった。血液検査で見つかる合成化学物質の量はほとんどいつも信じられないくらいわずかである。その量は一〇億分の一の単位で測定され、一兆分の一の単位で測定されることさえある。ほとんどの毒性学者にとって、その量は心配するにはあまりにもわずかすぎる。

しかし、こういった見方は直感にはならない。人は問題となっている汚染量などまったく考慮せずに本能的に汚染から身を退ける。ポール・スロヴィックはこれを「直感的毒性学」と呼んだ。古代の祖先までその起源をたどることができるものだ。古代の祖先は、飲み水を見つけるたびに、その水が安全かどうか決めなければならなかった。灌木から果実を取るたびに、あるいは、動物の死骸から肉を切り分けるたびに、手にしたものを食べられるかどうか判断しなければならなかった。誰かが熱を出すたびに、自分自身が病気にならずに助けてやるにはどうすればいいか考えなくてはならなかった。そして、死が訪れると、死体とその人の持ち物を安全に捨てなくてはならなかった。私たちは非常に長い期間、危険な物質に対処してきたのだ。

祖先が直面した最も恐ろしい汚染物質の一つを考えてみよう。それは、排泄物である。病気は排泄物を好む。たとえば、コレラ菌の生活環は完全に糞便に依存している。コレラ菌に汚染された水を飲んだ人は大量の水っぽい下痢便を排泄し、その下痢便は水源に接触すると病気を蔓延させる可能性がある。したがって、全歴史を通じて、糞便あるいは何であれ糞便と接触のあったものとあらゆる接触を避けることが生存にとって絶対に欠かせなかった。例外はありえなかった。量の大小にかかわらずいかなる接触も危険であり、避けなければならなかった。この掟に従った者は従わなかった者よりうまく生き延びることになりやすかったため、この掟は脳に組み込まれた本能となった。

私たちは「毒は投与量によって決まる」という毒性学の原則を理性的に理解することはできる。しかし、「腹」は理解せず、この原則は直感にならない。そのため、非常におかしな判断をもたらすことがある。天文学者故カール・セーガンは、一九一〇年にハレー彗星の長い尾の中を地球が通過すると思われていたとき「日本とロシア、米国の南部と中西部の大部分で全国民的なパニックがあった」様子を話している（セーガンの講義録『様々な科学的体

ることを発見していた。一人の天文学者が、彗星の尾が様々な成分に加えてシアン化物を含んでいる彗星の尾の中を通過することになれば、誰もが毒の害を被ると断定された。そのため、世間では、地球が彗星の尾の中を通過することになれば、誰もが毒の害を被ると断定された。「天文学者は世間を安心させようとした」と、セーガンは話した。「彼らは、地球が尾の中を通過するかどうかはっきりしないし、尾の中を通過したとしても、(シアン化物の)分子の濃度は非常に低いためまったく問題ないだろうと言った。しかし、誰も天文学者を信じなかった。……一〇万人の人間が、コンスタンティノープルで建物の屋根にパジャマ姿で現われた。ローマ法王は、ローマで酸素ボンベを買いだめすることをとがめる声明を発表した。そして、世界中に自殺する人がいた」

私たちの祖先は、身の回りの世界を自分の目と鼻、舌、指で調べることができるだけであり、直感的毒性学はそういった手段しかない人にとって意味がある。しかし、彗星の尾に何が含まれているかを明らかにしたのは科学だ。科学は、五感で感知できるより少ない量の土壌や水、空気の汚染も発見している。今日、飲料水の成分を一〇億分の一のレベル(オリンピックサイズのプールの中の一個の砂糖粒子に相当する)まで分析できる技術があり、さらに精密な検査だと一兆分の一のレベルまで分析できる。「腹」はこういった数が何を意味しているかを知る手がかりを持っていない。十分計算に強い「頭」でさえ理解するには無理がある。そのため、理解し始めるだけでも、プールの中の砂糖粒子のようなイメージを用いなければならない。

人を不安にさせる体内の合成化学物質は、通常、こういったほとんど信じられないくらいわずかな量でのみ見つかる。それは、微量であり、単なるささやきに過ぎず、めでたくも害のない存在であることすら知らずに一生摂取している放射性のウラニウムと同様のものである。合成化学物質の多くに、癌のようなおぞましい影響を引き起こす力があるのは本当だが、そういった結論の根拠となっている科学が、ここで述べているような微量なものを対象としていることはまずない。まったくその反対である。

発癌性を調べる試験の第一段階は、疑っている物質をラットやマウスに死んでしまうだけの量与えることである。こうすることによって、この量がいわゆる「最大耐量」（MTD）を超えていることがわかる。そこで、その量が少し減らされ、さらに何匹かの動物に注射される。生きていれば、その時点でMTDがわかる。次の段階で、五〇匹のマウスがその化学物質のMTDを注射される。別の五〇匹の群れはMTDの一〇分の一あるいは二分の一を注射される。最後に、運のいい五〇匹のマウスは三番目のグループに入れられ何も注射されない。この作業が毎日マウスの寿命のあいだ（通常約二年間）続けられる。そのあと、すべてのマウスが解剖され、癌性腫瘍あるいはその他の損傷が探される。この試験と並行して、全手順がほかのグループのマウスと少なくとも一種類の別の種（たいていはラット）で行なわれる。

この試験で多くの癌が見つかる。何も注射されていなくても、ほぼ三分の一のネズミに腫瘍ができる。したがって、発癌物質として特定されるには、注射された動物がさらに高い発生率で癌にならなければならない。そして、非常によくそうなる。「試験したものの半数は大量投与試験において発癌物質である」と、ロイス・スワースキー・ゴールドは言っている。しかし、この知見と微量の汚染物質では問題にしている量が目を見張るほど異なるため、両者の関連性は疑わしい。「残留殺虫剤の場合、（体内に見つかる）量は発癌性試験でネズミに投与した量より一〇万倍か一〇〇万倍あるいはそれ以上少ない」。ラットとマウスの体が人間の体と同じように反応するかどうかという問題もある。たとえば、ガソリンが雄のラットに癌を引き起こすことが実験室の試験でわかったが、どのようにしてガソリンが癌を引き起こしているのかを正確に理解するためさらに研究を行なったところ、鍵となるメカニズムは、ガソリン中のある化学物質と雄のラットの腎臓にある蛋白質との結合を含んでいることが発見された。そして、この蛋白質は人には存在しない。残念なことに、化学物質が実験動物においてどのように癌を引き起こしているかを正確に決定するための厳密な分析は、発癌物質と見なされているほとんどの化学物質に対して実施されていない。したがって、マウスとラットで癌を引き起こすことが示された化学物質が載った非常に長い一覧表は存在するが、一覧表にある化学物質のうちどのくらいの数が実際に人間で癌を引き起こしているかは明らかではない。

ある化学物質に発癌性があるかどうか決める際に科学者が用いる二番目の手段は、その化学物質に暴露された人がそうでない人より癌になりやすいかどうかを知るために多くの人々を調べる研究である。これは疫学の分野である。疫学は過去一世紀半のあいだ人の健康に多大な貢献を果たしてきた。残念なことに、疫学によって一つのことがもう一つのことと関係しているとわかったとき、前者が後者の原因でないことが多い。たとえば、犯罪者と刺青は高い相関があるが、刺青は犯罪の原因ではない。したがって、アスベストを扱う造船所の労働者に癌の発生率が高いことを疫学者が示したとき、アスベストが癌を引き起こすことを示す強力な手がかりになるが、証明にはならない。証明はそのあとの研究によってもたらされる。

「疫学は途方もなく難しい」と、ブルース・エイムズは言う。「人間を扱う研究だし、混乱させられることがものすごく多い。ある研究でこうだと言っていれば、別の研究ではその反対を言っているだろう」。あることがもう一つのことと「結びついている」（相関があるということだが、それ以上のものではない）ことを示す研究が着実に急増すると、その結びついているという知見が悪用されがちだ。「そういった知見をあおり立てることは簡単だ。地元の新聞は二週間に一度は恐ろしい記事を載せている。みんなそういった恐ろしい記事が好きだ。でも、私はどれも信じない」。エイムズはカリフォルニア州コントラコスタ郡の論争の例を挙げている。「たくさんの精油所があり、肺癌が多発している。そうか、精油所が肺癌を引き起こしているのだ。しかし、精油所の周辺には誰が住んでいるのか？　貧しい人たち。そして、タバコをよく吸うのはだれか？　貧しい人たち。そこで、喫煙を考慮して補正を施せば、この郡に特別のリスクはなくなる」

動物実験と疫学などの証拠に限界があるため、監督機関は発癌物質の分類方式を用いている。用語は様々だが、通常、「発癌物質である可能性がある」「発癌物質である可能性が高い」「発癌物質であることが知られている」という具合に分類している。これらの基準は、個々の証拠を総合したとき証拠がどのようにとらえられるかに基づいた確度を表わしている。今日、個々のどの証拠にも以前に比べてはるかに重きが置かれておらず、実験動物を用いた大量投与試験は特に尊重されなくなった。今も正当な証拠として扱われているが、素人が考えるほどの重要性はない。

「腹」が大昔から持っている汚染に対する嫌悪感以外に、文化も微量の合成化学物質への暴露が危険だという認識を促す。企業のマーケティング担当者は製品に「天然」と名づけるのが大好きだ。なぜなら、「天然」が健康によく、滋養があり、しかも、安全であるとみなされることを知っているからだ。「天然のものであれば有害であるはずがないという印象があるが、それはちょっと無邪気すぎる」と、ブルース・エイムズは言う。「バークレーである晩、袋入りの練炭が売られているのを見た。『人工添加物なし、一〇〇パーセント天然』と書いてあった。練炭は純然たる発癌物質なのに!」

ダニエル・クルースキの二〇〇四年の調査において「天然健康食品」は提示された三〇項目のうちずば抜けて安全なものと見なされ、X線や水道水より安全と見なされさえした。処方薬は「天然健康食品」より危険と見なされ、殺虫剤は街頭犯罪や原子力発電所より危険と判断された。こういった結果の背後にある考えを推測すること、あるいは、そういった考えが「腹」によって支配されている様子を見て取ることは難しいことではない。「天然」や「健康」は非常に良いことだから、天然健康食品は安全に違いない。処方薬は「天然健康食品」と同じようには安全でないかもしれないが（誰でも処方薬が副作用をもたらす可能性があることを知っている）命を救うのでやはり良いものであり、したがって比較的安全である。「殺虫剤」は「人工」で「化学物質」だから、危険である。皮肉なことに、非常に多くの人が喜んで口に放り込み、飲み込む「天然健康食品」のほとんどは、期待通りの効果があるかどうかを知るための厳密な検査を受けておらず、「天然健康食品」が満たさなくてはならない安全基準は概して非常に甘い。処方薬や殺虫剤を取り締まる法律や規則とは異なって。

多くの企業が――有機食品の場合は、業界全体が――化学物質が危険だという考えの普及を積極的に促進する。「塩素についてあなたの知らない事実によって健康を害する可能性があります」と、フロリダ州の会社のウェブサイトで警告している。癌になるリスクをごくわずかだけ高める可能性のあるという、塩素処理の際に生じる不純物を除去する水の浄化装置を販売している会社である。ときおり、政治家も化学物質による汚染のリスクをあおり立てることが役に立つことに気づく。「砒素は死をもたらす」と、米国下院議員ヘンリー・ワックスマンは断言した。「飲料水に砒素が入っていて欲しくないことには誰もが同意するだろう」。砒素は自然環境中に豊富に存在することがあり、非常に微量の砒素が飲料水中に見つかることもよくある。しかし、二〇〇一年の春、ワックスマンは突然この事実が耐えられないことだと思った。ブッシュ政権が水に含まれる砒素の許容量に関する既存の規制を一時的に取り下げ、さらなる調査を命じたあとのことだった。これは、どの程度の砒素含有量が安全かについての議論であり、砒素が存在すべきかどうかのものではなかった。しかし、民主党のワックスマンたちは、ブッシュが飲料水に毒を入れたがっているととれるように仕立て上げれば、自分たちの利益になることは明らかだと考えた。

劇的なニュースを追い求めるメディアもまた、化学物質への不安を生み出すのに貢献している。ロバート・リクターとスタンリー・ロスマンは一九七二年から一九九二年のあいだに米国のメディアに登場した癌に関するニュースを精査し、タバコが二番目に多く触れられている癌の原因に過ぎないことを見出した。しかも、第一位の人工化学物質に大差をつけられていた。第三位は食品添加物だった。第六位が公害で、第七位が放射能、第九位が殺虫剤、第一二位が食事の選択だった。天然の化学物質は第一六位だった。最下位の第二五位（九件のニュースのみで触れられていた）が最も重要な要因である老化だった。リクターとロスマンは、米国が癌の流行に直面しているかどうかに関する見解を表明しているニュースの中で、八五パーセントが直面していると述べていることも見出した。

この調査結果は予想可能な影響を世論に及ぼしている。二〇〇七年一一月、米国癌研究財団（AICR）は米国人に癌の原因について尋ねた調査の結果を発表した。残念なことに米国人の四九パーセントのみが癌の原因として果物と野菜が少ない食事と回答し、同様に、四六パーセントが肥満、三七パーセントがアルコール、三六パーセントが赤身肉の多い食事と回答した。しかし、七一パーセントが食物に付いている残留殺虫剤と回答した。「世間の不安と科学的事実のあいだに乖離《かいり》が存在する」と、AICRのスポークスマンは述べている。

リクターとロスマンは、メディアの癌についての記述は、癌の研究者にあまりにも少ししか関心を払わず、環境保護主義者にあまりにも多く関心を払っている結果だと主張している。ジョン・ヒギンソンがほぼ三〇年前に指摘したように、合成化学物質が癌を引き起こすという考えは、化学汚染に反対する活動家にとって「都合がよい」。DDTが鳥だけを脅かしていたのであれば、レイチェル・カーソンは『沈黙の春』でのような騒動をおそらく引き起こさなかっただろう。環境を個人的関心事にするのは汚染と人の健康の結びつきである。そして、合成化学物質を健康に結びつけるのは容易である。なぜなら、化学物質はいたるところにあるし、量がいかにわずかであっても合成化学物質は危険に違いないと「腹」が告げるからである。さらに癌という不穏な言葉が加われば、環境保護活動への支持を生み出す非常に効果的な手段が手に入る。

究極の目的がいかに賞賛に値しても、多くの専門家は環境保護主義者が話している化学物質と健康のことを快く思っていない。「無責任でヒステリックで、デマを飛ばして世間を脅えさせる行為だ」と、ロンドン大学インペリアル・カレッジ医学部の毒性学者アラン・ブービスが二〇〇五年に言った。ブービスのような一流の英国の科学者たちは、いくつかの環境保護団体、特にWWFが、血液中や食品中の、さらには赤ん坊のへその緒の中までもの「有害化学物質」の存在について大量の情報を世間に伝えていることに憤慨していた。「ほとんどの化学物質は一〇億分の一の単位で見つかっている。その程度の濃度が健康に脅威となる証拠はない」と、ブービスは『ガーディアン』紙に話した。「彼らが世間に受け入れさせようとしているメッセージは誤解を招くものであり、故意にそうされている」と、サウサンプトン大学で癌とその他の病気の職業上および環境上の原因を研究する専門家デイヴィッド・コゴンはBBCに話した。さらに「一般的に言って、世間の人は心配すべきではないと思う。ほとんどの化学物質はこういった非常に低い濃度でたいした害を及ぼさない」と、エジンバラにある医学研究会議・人間生殖部門の内分泌攪乱の専門家リチャード・シャープが述べている。「こういったことは相対的にとらえなくてはならない」

WWFのような活動は多くの国でよく見られる。「汚染物質が連邦政府の政治家の血液を汚染している」と、カナダの環境保護団体、環境保護カナダによる二〇〇七年のプレスリリースの見出しに書いてあった。このプレスリリースは、カナダの指導的立場にある政治家数名の血液と尿に、多くの「有害汚染物質」が検査によって見つかっていたことを公表するものだった。このあと、メディアによる膨大な量の報道があったが、そのほとんどが、見つかった化学物質の恐ろしい性質を重視しており、問題となっている化学物質の量には、触れていたとしても、ほんのわずかしか触れていなかった。これは環境保護カナダが「有毒の国」と呼んでいる活動の成功例であり、そのスローガンは「汚染。それはあなたの中にある」である。「有毒の国」のウェブサイトは、体内に合成化学物質が豊富に存在することに関する広範な情報が載っているが、「危険な」化学物質がわずかな量体内に存在しても本当は危険ではないかもしれないことにほとんど触れていない。唯一、専門用語の解説の中の「有毒」を定義している箇所に、化学物質は害をもたらす可能性があるが、「有害な影響をもたらすために必要な量や暴露状況は物質によって大きく変わる」という文を忍び込ませている。

こういった省略の罪はありふれたものである。「実験動物に癌を引き起こすことが証明されている多くの殺虫剤がいまだに使用されている」と、米国の有力な団体である天然資源保護協議会のウェブサイトで述べられている。もちろん、天然の化学物質の半数も実験動物に癌を引き起こすと証明されていることに対する懸念は表明されていない。同様に、ワシントンにある団体、環境ワーキング・グループ（EWG）はウェブサイトで次のように述べている。「暴露によって長期間にわたる影響を受ける可能性のある特に胎児期と児童期において、殺虫剤などの化学物質の少量摂取が悪影響を及ぼす可能性があると、科学界において意見が一致してきている」。殺虫剤などの化学物質が害をもたらしうることに科学者が同意していることは事実であり、この発言の中には「少量」の定義が含まれていない。したがって、この発言は、非常に狭い意味において、間違っていない。しかし、EWGは（常に警告するような態度で）微量の化学物質が体内に存在するという事実を広く世間に伝えてきているので、体内に存在する微量の化学物質が「悪影響を及ぼす可能性がある」ということで「科学界において意見が一致してきている」という具合に判断しやすくなっている。そして、その判断は間違っている。

読者に次のように警告する文章がワールドウォッチ研究所のウェブサイトに載っている。「米国の農家が毎年使用する四億五〇〇〇万キログラムの殺虫剤が、癌や先天性欠損を引き起こす化学物質によって、米国のほぼすべての川およびそこに住む魚を汚染してきた」。触れられていないのは、ほとんどの場所の汚染濃度が、実際に癌や先天性欠損を人に引き起こすにはあまりにも低すぎると大部分の科学者が考えているという事実である。だからこそ、米国は、大量の汚染にもかかわらず癌や先天性欠損の大量の増加を経験していないのだろう。一方、「癌の流行」の存在は、環境保護主義者によって、あまりにも明白な事実であるためその存在を実証する必要すらほとんどないものとして受け入れられている。二〇〇五年の新聞のコラムで、カナダの生物学者で著名な環境保護主義者デイヴィッド・スズキは、化学汚染が「我々を苦しめている癌の流行」の原因だと述べた。彼の示した証拠は、癌性腫瘍のできたカレイを捕まえた話と「今年、はじめて、癌が心臓病を数で上回り、第一位の死因となった」という事実から成り立っていた。しかし、癌が第一位の死因になったことは癌で死亡する人が増えていることを意味するとスズキは考えているようだが、そうとはかぎらない。心臓病で死亡する人が減っていることも考えられる。そして、これが正しいのだ。カナダ統計局の報告によると、心臓血管の病気と癌の両方で死亡率が低下しているが「心臓血管の病気の方がずっと大きく低下している」。

サム・エプスタインが主宰する活動家グループである癌予防連合は、二〇〇七年のプレスリリースにおいて、さらに断固として主張した。「癌の発生率は流行といってよい大きさまで上昇し、米国のほとんどの家族に衝撃を与えている。現在、癌は毎年約一三〇万人の米国人を襲い、五五万人が死亡している。男性の四四パーセントと女性の三九パーセントが一生のあいだに癌になっている。喫煙と関係のある癌は男性で減少してきたが、小児癌に加えて、喫煙と関係しない癌が成人で大幅に増加してきた」。別の箇所で、同じことをもう少し生々しく述べている。「癌は、ほぼ男性の二人に一人を襲い、女性の三人に一人以上を襲う」

ここで除外されているのは、癌が主に老化の病気であるという単純な事実である。この事実は癌の統計に甚大な影響をもたらす。たとえば、フロリダ州の癌による死亡の発生率はアラスカ州のほぼ三倍である。この結果は、フロリダ州の住民がアラスカ州の住民よりずっと高齢であることを要因として考慮するまでは、きわめて重要なことのように見える。「フロリダ州とアラスカ州の癌による死亡の発生率は、年齢を考慮して修正すると、ほぼ一致する」と、米国癌協会の報告で指摘されている。

「男性の二人に一人」あるいはレイチェル・カーソンの有名な「四人に一人」のような一生のあいだに癌になる確率は、老化の役割を無視し、私たちの寿命が着実に伸びていることを考慮に入れていない。こういった確率がいかに人を惑わすものであるかを理解するために考えてみて欲しいのは、すべての人が一〇〇歳まで生きるとしたら、一生のあいだに癌になる確率はおそらくほぼ一〇〇パーセントまで上がるだろうということである。ショックを受けた口ぶりで「癌がほぼすべての人を襲う」と言うだろうか？　たぶん言わないだろう。そのことを祝福すべきと考えるのではないかと思う。逆に、新しい伝染病によって私たちがすべて三五歳で死ぬことに決まったとしたら、一生のあいだに癌になる確率は目を見張るほど下がるだろうが、誰も小躍りして喜ばないだろう。

一九九〇年代に、乳癌に関する不安が高まり、活動家はよく「八人に一人」の米国人女性が一生のあいだに乳癌になると言った。それは、ある意味では正しかった。しかし、触れられていなかったことは、確率がちょうど八人に一人となるリスクに直面するためには、九五歳まで生きる必要があるということだった。確率の値は、もっと若い年齢だと非常に異なった様相を呈してくる。乳癌になる確率は、七〇歳までが一四人に一人（あるいは七パーセント）、五〇歳までが五〇人に一人（二パーセント）、四〇歳までが二一七人に一人（〇・四パーセント）、三〇歳までが二五二五人に一人（〇・〇三パーセント）である。「最も大きなリスクだけを強調するのは、情報を伝えようというより怖がらせようとする戦術だ」と、ノースカロライナ大学の癌研究者ラッセル・ハリスは『USニューズ＆ワールド・レポート』に話している。

一方、老化は小児癌のデータに影響しないはずであるが、化学汚染が深刻な脅威だと主張する人たちは小児癌が急増していると言っている。小児癌は「過去三〇年間に二五パーセント」増えていると、ジャーナリストのウェンディー・メスリーは自らが出演しているCBCのドキュメンタリーで言った。その統計はある程度正しいが、提示されたリスクに関する情報がいかにひどい誤解を招きうるかを示す典型的な例でもある。

カナダの子供の癌の発生率が、現在、三〇年前よりおよそ二五パーセント高いという点でメスリーは正しい。しかし、彼女が言わなかったことがある。それは、増加が一九七〇年から一九八五年のあいだに起き、そのあと止まったことである。「全体的に見て小児癌の発生率は一九八五年以降比較的安定した状態を保っている」と、カナダ公衆衛生局の二〇〇四年の『癌抑制の経過報告』で述べられている。

リスクの相対的な増加（二五パーセント）を指摘し、リスクの実際の大きさを指摘しないことも誤解を招く。一九七〇年に、一〇万人の子供に対して一三件を少し上回る癌の症例があった。その後この値は増加し、ピークの年に子供一〇万人当たり一六・八症例となった。子供が一年間に癌になる確率が〇・〇一六八パーセントということだ。ここで、これらの情報を全部合わせると、次のようになる。一九七〇年に、小児癌になるリスクは非常に小さかった。リスクは一九八五年まで増大したが、その後ずっと安定している。増大したにもかかわらず、そのリスクは非常に小さい状態が続いている。「子供の癌は稀であり、癌の症例の約一パーセントを占めるに過ぎない」と、『癌抑制の経過報告』で指摘されている。これは流行という表現には程遠い。さらには、小児癌による死亡率は過去三〇年間にわたって着実に低下してきた。一九七〇年に、子供一〇万人当たり約七人の子供が癌によって死亡していたが、三〇年後、その数は三人まで下がった。

米国の数値もほぼ同じである。米国の国立癌研究所の一九九九年の出版物によると、小児癌は一九七五年から一九九一年まで増加し、その後わずかに減少した。一九七五年に、子供一〇万人当たり約一三症例だった。一九九〇年に、その値は一六症例まで増加していた。死亡率は、一九七五年の子供一〇万人当たり五人から、二〇年後の二・六人まで着実に減少した。

英国の統計も同様の傾向を示している。一九六二年から一九七一年にかけて、小児癌の症例の発生率は横ばい状態だった。その後その値は一九九五年まで着実に上昇したが、そこで安定したようである。一九七一年には、子供一〇万人当たり一〇・一症例だった。一九九五年には、一三・六症例だった。死亡率は、この間に着実に減少し、子供一〇万人当たり七・八人から三・二人になった。医学は子供につかみかかる癌の手を着実に振りほどいてきたのだ。

それでも、子供が癌になるリスクの増大は止まったかもしれないが、増大したことは間違いない。化学汚染でないとしたら何が増大をもたらしたのだろう？　ここで、非常に重要なのは、数値はその数値の算出に用いられた方法と同程度に優れたものに過ぎないと思い出すことである。あらゆる統計は強みと弱みを備えている。癌のデータは、この普遍的な真実の非常に良い証明になっている。

社会に癌がどの程度存在するかを計る二つの方法がある。一つは単に癌による死亡数を数えることである。癌による死亡のほとんどは見間違えようがないし、細心の注意を払って記録されているので、死亡統計は癌の有病率を追跡するための信頼の置ける方法となっている。と言うか、少なくとも過去はそうだった。治療が最近の数十年で劇的に進歩したため、昔なら亡くなっていたような癌患者が生き延びる機会が増えている。その結果、実際の癌の発生率が低下していなくても、癌の死亡率が低下しているかもしれず、死亡統計は現実を過小評価する傾向がある。

癌を追跡するもう一つの方法は、いわゆる発生率を用いることである。発生率は単純に癌と診断された患者数に基づいており、社会に癌が実際にどの程度存在するかをより正確に反映しているように思われるだろう。しかし、発生率も解釈が難しいことがある。医者が癌を診断するのがうまくなれば、実際の癌の有病率が増えていなくても、癌と診断される症例数は増えるだろう。官僚が書類を整理して数値を収集する方法が変わることによってさえ、発生率の値が不自然に上がる可能性がある。しかし、発生率の値を現実的に解釈の難しいものにしているのは、検診プログラムである。多くの種類の癌（乳癌や前立腺癌、甲状腺癌、皮膚癌など）はただそこにあるだけの癌ができることが知られている。そういった癌は何も害を及ぼさないし、進行せず、何の症状も引き起こさない。そういった癌を抱えている人は、その存在をずっと知らずに天寿を全うするかもしれない。しかし、検診プログラム（たとえば、前立腺癌のための血液検査や乳癌のためのマンモグラフィ）によって猛威を振るう癌だけでなく病気と無関係な癌も検出可能であり、検診プログラムが導入されると、あるいは、検診プログラムが改良されると、発生率は急増する。こういった状況が生じた場合、より多くの人が癌になっているのではなく、より多くの癌が発見されていることを意味するだけである。

そういうわけで、実際に何が起きているかを理解するために、専門家は死亡統計と発生率の統計の両方に注意を払う。両方共上昇していれば、癌はおそらく増加している。両方共低下している場合も、信頼の置ける指標となる。しかし、この二つの統計はよく向きが逆になる。たとえば、一九七〇年代と一九八〇年代の小児癌の場合がそうだった。向きが逆になったとき、状況を整理するためには、あらゆる角度から調査を行ない、色々な形で統計値に影響を与えている多数の要因の相対的重要度を考慮する必要がある。そして、そうしてさえいくつかの不確かさが残りがちである。なぜなら、それが科学にできる最善のことだからである。

そして、今述べた不確かさが残りがちだという結論が、一九八〇年代半ばに終結した小児癌の増加に対する答であるように思われる。「癌の診断と登録のための制度の効率性が改善されたことが、登録率の増加に貢献したのかもしれない」と、慈善団体のキャンサー・リサーチUKは指摘した。「治療が以前より集中管理化されるようになったため、新たな患者の診断を追跡し記録することもおそらく以前より容易になっただろう。発生率の原因となっている実際の変化は、仮にあったとしても、その大きさが明らかでない」

性や人口、国のばらつきがあるため、成人の癌について概括するのは難しい。さらに重要なこととして、癌は実際には一つの病気ではなく、多くの病気である。しかし、それでも、大まかな概要は明らかである。

年齢を考慮して修正された、ほとんどの種類の癌による死亡率は、先進国において長年にわたって低下し続けてきた（重要な例外は、喫煙率をまだ下げる必要がある集団の喫煙に関係する癌である）。発生率はどうかと言えば、発生率は一九七〇年代に上昇し、一九八〇年代にさらに急速に上昇したが、その後、過去一〇年あるいは一五年のあいだ横ばい状態だった。急速な上昇があった時期（一九八〇年代）に主要な検診プログラムの導入もあったことは偶然の一致ではない。過去三〇年にわたる発生率の大幅な上昇が、検診と診断、統計値の収集が改善された結果であるということで研究者のあいだで意見が一致している。

そして、いずれにしても、全体的に見て発生率の上昇は止まった。米国において、過去数年間の数値（発生率と死亡率の両方）は非常に希望の持てるものとなっている。癌による総死亡数さえ減少している。これは、米国の人口が増加し国民の高齢化が進んでいることを考慮すれば相当驚くべきことである。こういった趨勢を要約して、ブルース・エイムズは「喫煙による癌と我々が以前より長生きすることによって増えた癌を差し引けば、癌の増加は存在しない」と言った。

化学物質が我々を殺しているという主張の唱道者たちは最後の反撃に出ている。我々にはわかっていないのだと。「不安なことだが、これらの化学物質がどんな影響を人間に及ぼすかを実際には誰も知らないというのが実情である」と、グリーンピースの報告に書いてある。「我々はみな知らないうちに、規制されていない地球規模の実験に参加している。それは止めなくてはならない」と、WWFは言っている。

過去半世紀のあいだに莫大な量の化学物質の科学的研究が行なわれてきたが、個々の化学物質も、ほかの化学物質との複合作用においても、非常に多くの合成化学物質がまだ厳密に調べられていないのは事実だ。実際のところ、わかっていないことがたくさんある。内分泌攪乱物質仮説に関する激しい論争の場合に特にそう言える。この仮説は、ビスフェノールAのような微量の合成化学物質が体内のホルモンのバランスを崩し、精子数を減らし、癌を引き起こし、さらにずっと多くのことを引き起こすかもしれないという考えである。この仮説は最初一九九〇年代中頃に広範な注目を集め、非常に多くの科学者がこの問題を一〇年以上のあいだ研究してきたが、この分野の科学はいまだに矛盾を抱えており、見解の一致が見られていない。ヨーロッパと米国、日本の監督機関は、ビスフェノールAに関する証拠を詳しく検討し、この化学物質の使用を禁止する理由はないと判断したが、調査は続行している。ゆっくりとしていて、複雑。それが実際に行なわれている科学である。

多くの人は言うだろう。わかった。しかし、もっと多くのことがわかるまで、疑いのある化学物質を使用禁止にしたり規制したりすることによって、十分すぎるくらい用心することが賢明だろう。結局のところ「用心はして悔やめ」である。

こういった態度は、様々な法律や規則で予防原則として尊重されてきた。この原則の定義はたくさんあるが、最も影響力のあるものの一つは、環境と開発に関するリオ宣言の原則一五から来ている。「重大あるいは復元不能な損害の恐れがある場合、十分な科学的確かさが得られていないからといって、そのことを、環境の悪化を防ぐための費用対効果の大きい手段を講じるのを延期する理由として用いてはならない」。多くの国際決議と同じく、この原則も曖昧さに満ちている。どんなことが「重大な損害」に適合するのか？「費用対効果の大きい手段」とは何か？　そして、「十分な科学的確かさ」を必要としていないことは明らかかもしれないが、行動を起こす前にどのくらい多くの証拠を持っているべきか？　そして、この原則は、規則や法律に見られる二〇以上ある予防原則の一つに過ぎない。多くの予防原則は互いに非常に異なっており、一部の予防原則はいくつかの点で互いに矛盾している。その結果「予防」とは正確に何を意味するのか、そして、予防はどのように実施されるべきかに取り組んでいる学術文献が膨大な数あり、現在も増えている。政治家と活動家は、予防原則について話すのが好きである。あたかも、十分すぎるくらい用心することがわかりやすく賢明な方向性であるかのようである。しかし、予防原則にわかりやすいところなどない。予防原則はそれほど賢明なものでもない。法律学の教授であるキャス・サンスティーンが著書『恐怖の法律』の中で主張しているように、予防原則は、リスクの規制に関する実際的な助言を与えてくれる原則というより、人を心地よい気持ちにさせる考え方にすぎない。リスクは至る所に存在するので、現在影響を及ぼしているリスクと現在影響を及ぼしていないリスクの両方に直面することがよくあると、彼は指摘する。そして、こういった状況だと、予防原則は役に立たない。

塩素を考えてみよう。飲料水を塩素で処理すれば、副産物ができる。その副産物は、大量投与によって実験動物に癌を引き起こすことが示されており、塩素で処理した水を飲む人が癌になるリスクを高める可能性がある。こういったリスクが仮説以上のものであることを示唆する疫学的証拠すら存在する。したがって、予防原則は、飲料水に塩素を入れるのをやめるように提案するだろう。しかし、飲料水に塩素を入れるのをやめると、何が起きるだろう？　「南米で実施されたように、飲料水から塩素を取り除くと、二〇〇〇症例のコレラが蔓延するだろう」と、ダニエル・クルースキは言っている。そして、コレラが唯一の脅威というわけではない。水が媒介する多くの病気があり、その中の一つである腸チフスは、飲料水への塩素添加によって二〇世紀初頭に先進国でほぼ一掃されるまで、ありふれた死因だった。したがって、おそらく、予防原則は、飲料水を塩素で処理しなければならないと言うだろう。「リスクはすべての側面に存在するから『予防原則』は、行動を取ることと取らないこと、その中間のすべてのことを禁じる」と、サンスティーンは書いている。予防原則は「身動きの取れない状態にする。つまり、予防原則は必要としている措置そのものを禁じる」[4]。

そうすると、合成化学物質の影響を完全に理解するまで、その使用を禁止あるいは制限すべきだろうか？　この魅力的なほどわかりやすい考えは、見かけ以上にずっと複雑なものである。殺虫剤の使用が禁止されると、農業の生産量は減少するだろう。果物と野菜は値段が高くなって、買って食べる量が少なくなるだろう。しかし、癌の研究者は、果物と野菜を十分に食べれば癌のリスクを低減できると考えており、ほとんどの人が今でさえ十分に食べていない。したがって、発癌物質への暴露を低減するために殺虫剤の使用を禁止すると、より多くの人が癌になる可能性がある。

科学者が、種々の人工の化学物質について無知であるのと少なくとも同程度に、天然の化学物質についても無知であることも考えて欲しい。天然が安全で人工が危険と決めてかかる理由は（私たちの文化が語りかけることとは逆に）存在しないのだから、天然の化学物質についても人工の化学物質と同程度に心配するべきということである。あるいは、ひょっとすると、人工の化学物質以上に心配するべきかもしれない。なぜなら、天然の化学物質は、類似した人工の化学物質よりはるかに数が多いからである。「食物供給過程で登場する――すなわち、栽培と収穫、貯蔵、調理の過程で生じる――天然に存在する化学物質の数は莫大であり、おそらく、一〇〇万を上回る異なる化学物質があるだろう」と、米国科学アカデミーの一九九六年の報告で触れられている。すべて天然の、有機栽培の農産物で作られたおいしい食事をがつがつと食べる人はすべて、多数の化学物質を飲み込んでいるが、その化学物質は、人間の体への影響が十分にわかっていないし、ほかの化学物質との相互作用が謎に包まれている。そして、思い出して欲しいのは、調べられている天然の化学物質の中で、半数が実験動物に癌を引き起こすと示されていることである。安全性が証明されるまで使用を禁止するという取り組みを化学物質に対して厳密に適用するとしたら、食べるものはほとんど残らないだろう。[5]

合成化学物質の熱烈な反対者（環境保護主義者と産業界の両方）は、このようなジレンマで悩むより無視する方を好み、問題をずっとわかりやすい言葉で投げかける。「歴史の教訓」という題の記事の中で、ＷＷＦは読者に次のように述べている。殺虫剤であるＤＤＴが「スイスの化学者パウル・ミュラーによって一九三九年に発見されたとき、奇跡と称讃された。ＤＤＴは様々な種類の害虫を殺す作用があったが、哺乳類には害がないようだった。作物の生産量が増加し、蚊を殺すことによってマラリアを抑制するためにも使用された。ミュラーは一九四八年にノーベル賞を受賞した。しかし、一九六二年に、科学者レイチェル・カーソンが、昆虫と虫を食べる鳥がＤＤＴを散布した地域で死んでいることに気づいた。彼女は著作『沈黙の春』の中で、殺虫剤に関する重大な警告を発し、『化学物質の雨』がやまないかぎり地球生態系の大規模破壊が起きると予言した」。この記述は、まったくジレンマのように見えない。一方で、DDTは作物の生産量を増やし、マラリアを抑制するために使われた。これは喜ばしい話だが、印象深い話ではない。もう一方で、DDTは「大規模破壊」を引き起こす恐れがあった。これを読んだ人がどういう反応をするかを知るのは難しいことではない。

残念なことに、WWFの話にはかなりの数の誤りがある（そのうち最も些細なものは、DDTが一九三九年に発見されたと述べていることである。実際には、一八七四年に初めて合成され、殺虫剤としての価値は一九三五年に明らかとなった）。たとえば、DDTが一九四三年一〇月に初めて大規模に使用されたことに触れていない。それは、発疹チフス（感染したダニやノミ、シラミによって蔓延する病気）が占領から開放されたばかりのナポリで発生したときのことだった。従来の保健対策が役に立たなかったため、一三〇万人の人々がこの殺虫剤を噴霧された。一撃の下に、病気の流行は一掃された。これは、発疹チフスの発生が冬期に食い止められた史上初めての例だった。第二次世界大戦が終結すると、DDTは、発疹チフスの流行を防ぐため、憔悴した捕虜や難民、強制収容所の収容者に広く用いられた。無数のホロコーストの生存者が今日あしざまに言われている殺虫剤のおかげで生きていることを考えるとかなり厳粛な気持ちにさせられる。

マラリアに関して言えば、DDTはマラリアの「抑制」以上のことを成し遂げた。「WHOが支援した世界的な取り組みによって、一九五〇年代と一九六〇年代にマラリアが撲滅されたが、DDTは、そのとき用いられた主要な手段だった」と、二〇〇五年のWHOの報告で述べられている。「この活動は、世界の多くの地域においてマラリアの伝播を大幅に抑制し、おそらく、ヨーロッパと北米におけるこの病気の撲滅にも貢献した」。どのくらいの数の人命を救うのにDDTが役立ったかに関して推定値にばらつきがあるが、その数は、数百万は確実で、おそらく数千万だろう。

しかし、最近の数年のあいだに、反環境保護主義者が以下のようなこの化学物質をめぐる手の込んだ神話を構築した。DDTは完全に無害であり間違いなく効果がある。DDTのみの力によってヨーロッパと北米においてマラリアが一掃された。アフリカ人が自分たちの子供を救うためにDDTを用いるのを環境帝国主義者が許可しさえすれば、アフリカでもDDTによってマラリアを一掃することができる……。この手の神話は、人間以外の種に――特に鳥に――DDTが与える証明済みの害をたいてい不当に過小評価している。そして、DDTに対して蚊が急速に耐性を持つようになるという証拠は早くも一九五一年から登場し始め、現在豊富に存在するが、そういった証拠をたいてい無視している。つまり、一九五〇年代にところかまわず農地にDDTを散布したことが一因となって蚊の耐性が生じたため、DDTを農業に利用することを禁じたことが、実は、マラリアと戦う道具としてのDDTの価値を維持するのに役立ったのである。

DDTについての真実は、DDTをどのように取り扱うかの問題が複雑だったし、今も複雑であるということである。すると、予防原則は、最もあしざまに言われているこの化学物質について何を語るだろうか？　確かに、方程式から発疹チフスとマラリアという変数を取り除いてしまえば、予防原則はおそらく禁止を支持するだろう。しかし、昆虫の媒介する病気がまだ非常に多く存在するとき「予防」は何を意味するだろう？　WHOの推定によると、マラリアによって一年に一〇〇万人が死亡しており、マラリアが一因となってさらに二〇〇万人が死亡している。死者のほとんどが子供であり、そういった子供のほとんどがアフリカ人である。DDTをアフリカでマラリアと戦うために用いたら、リスクが生じる。そして、用いなかったことに対してもリスクが存在する。そうすると、私たちはどうやって選べばよいのだろう？　予防原則はまったく役に立たない。

「すると、なぜ『予防原則』が助言を与えると多くの人々が考えているのだろう？」と、キャス・サンスティーンは問いかける。答は簡単である。一部のリスクに細心の注意を払い、ほかのリスクを無視することによって、複数のリスクのあいだでどれを選択するかというジレンマがなくなってしまうことが非常に多いからだ。マラリアを無視すれば、DDTの使用禁止だけが賢明であるように思われる。天然の化学物質の潜在的リスクあるいは経済的負担を無視すれば、合成化学物質の使用禁止の要求がずっと容易になる。火事の脅威を無視すれば、私たちの血液を汚染している難燃性の化学物質をなくさなければならないことは明白であるように思われる。そして、発疹チフスあるいはコレラについて何も知らなければ、既知の発癌物質を生み出す化学物質で飲料水を処理するのをやめるべきだと結論を下すのは容易だろう。「リスクを冒すのが嫌いと言われている多くの人は、実際には、そうではない。特定のリスクを冒すのが嫌いなのであって、リスク全般を冒すのが嫌いなわけではない」と、サンスティーンは書いている。そして、盲点があるのは個人だけではない。サンスティーンによると「人間と文化、国家は、しばしば、一つあるいは数個の社会的リスクを『顕著な』ものとして選び、ほかのリスクを無視する」。

しかし、どのリスクを心配し、どのリスクを無視するかをどうやって選ぶのだろう? 友人や近所の人、同僚は、私たちに大きな影響を与える判断を絶えず提供している。メディアは様々な実例を提供する――あるいは提供しない――ので、「腹」は提供された実例に「実例規則」を適用し、悪いことが起きる可能性を推定する。体験と文化は情動を用いて危険を生々しいものにし、「腹」は生々しいものになった危険に「良い・悪い規則」を適用する。慣れとして知られている仕組みによって、慣れ親しんでいることに対するリスクを軽視し、新奇で未知のことを重視する。リスクに関する見解を共有している他人と親しくなると、集団極性化が起き、私たちの見解は以前よりずっと確固とした極端なものになる。

そして、もちろん、化学物質や汚染がかかわるリスクに対しては「直感的毒性学」が存在する。私たちは、問題となる量がいかに少量であるかにかかわらず、汚染を避けるようにできている。化学物質が人工の化学物質を意味し、人工の化学物質は危険であると決めつけている文化の場合、化学汚染に関する不安が、問題となっている実際のリスクに比べて不釣合いに大きなものになるのはほとんど避けられない。確証バイアスも働く。化学汚染が深刻な脅威だと感じると、そういった直感を裏づける情報に飛びつきがちであり、直感を裏づけない情報はどんな情報であれ退けるか無視するだろう。ここで科学の複雑さがかかわってくる。物議を醸している化学物質に対しては、関連する研究が、何十か何百あるいは何千もあるかもしれず、それらは互いに矛盾しているだろう。企業のスポークスマンあるいは環境保護主義者、単に直感を抱いた素人のいずれであれ、偏見を持ったどんな人にも、その偏見を支持する証拠がたいてい存在するだろう。

直感の誤りを正す第一段階は、科学的過程に対してまっとうな敬意を示すことでなければならない。科学者も偏見を持っているが、科学の要点は、証拠の蓄積と並行して、断片的な証拠だけでなく、すべての証拠に基づいて科学者が議論することである。やがて、大部分の科学者が一時的に何らかの方向に決定する。科学的過程は、決して完璧な過程ではない。いらいらさせられるほどゆっくりとしているし、間違いを犯すこともある。しかし、人間が現実を理解するために用いてきたほかのどんな方法よりはるかに優れている。

リスクを理性的に取り扱う次の段階は、リスクが避けられないことを受け入れることである。ダニエル・クルースキが調査したところ、カナダ国民の約半数がリスクのない世界が実現可能だということに同意している。「カナダ国民の大部分は、政府あるいはその他の監督機関に、日常生活におけるあらゆるリスクから自分たちを完全に守ってくれることを期待している」と、クルースキはかなり驚いた調子で述べている。「リスク管理の分野で仕事をしている我々の多くが、リスク・ゼロを保証することはできないと言うように努めてきた。それは不可能な目標だ」。私たちはよく何かを「安全でない」と言い、「安全に」して欲しいと言う。ほとんどの場合、簡略化した表現としてそういう言葉を用いるのは問題ないが、十分には正確なものでないことを心に留めておいて欲しい。リスクがかかわる問題において、存在するのは安全の度合いだけである。何かを「より安全に」することが可能な場合は多いが「安全に」することはたいてい不可能である。

リスクの規制が複雑な問題だということも受け入れなくてはならない。リスクの規制にはたいていいつもトレードオフの関係が含まれる。たとえば、発疹チフスと飲料水中の微量の発癌物質を交換するようなことである。そして、リスクと費用を慎重に検討することも必要である。リスクと費用は、心配している具体的な事柄ほど明白ではないかもしれない。たとえば、果物と野菜の値段が高くなれば癌が増えることがその例である。証拠も必要である。予防原則の存在が示唆しているように、決定的な科学的証明が出るのを待ちたいと思わないかもしれない。しかし、憶測をはるかに上回るものを要求しなければならない。

理性的なリスクの規制は、特定の事例におけるリスクと費用をゆっくりと、慎重に、思慮深く調べることである。ある合成化学物質の使用禁止によって、たとえばタンポポの繁殖にわずかに影響する程度の損害でリスクが実質的に低減することを示すことができれば、おそらくその禁止は意味があるだろう。飲料水を有効に処理するのに要する塩素量を低減する安価な技術があれば、その技術への変更が求められるかもしれない。こういったことはわくわくするようなことではない。熱情やドラマがそれほどあるわけではない。そして、正当性や公平性の問題（誰がリスクへの対処を引き受けるのか？　誰がリスクを低減するための費用を負担するのか?)が常にかかわってくるが、イデオロギーや怒りをかきたてるレトリックの入り込む余地は多くない。

不幸なことに、世間を怖がらせることほどには、理性的なリスクの規制の追求に関心のない活動家や政治家、企業は多い。結局のところ、寄付と票、売り上げがなくてはならない。さらに不幸なことに、「腹」はしばしば、世間を怖がらせる人たちに味方しようとする。このことは、化学物質の場合に特によく当てはまる。「腹」の直感的毒性学と文化の中で化学物質に冠せられている悪評が組み合わさるからである。ロイス・スワースキー・ゴールドは次のように言っている。「その認識はほとんど変えられない。絶えずこう聞かされる。『はい、わかっています。調べられた天然の化学物質の五〇パーセントが陽性であり、(発癌性プロジェクトの)データベースに存在する化学物質の半分が陽性であり、コーヒーに天然に存在する化学物質の七〇パーセントがネズミを用いた試験で発癌性を示しています。ええ、すべて理解していますが、それでもなお、食べる必要がなければ食べるつもりはありません』」

こういったささいなリスクの話がすべて合わさって、肝心なことから注意がそらされることになると、ブルース・エイムズは言う。「心配すべき本当に重要なことがある。重要でないことに関する不安に絶えず曝されているうちに、そのことが見失われてしまう」。ほとんどの推定値が示すところでは、先進国における癌の半分以上が生活様式の変更だけで防ぐことができる。これには、運動から体重管理までの様々なものが含まれ、当然、禁煙も含まれる。環境中の合成化学物質がもたらす癌の正確なリスクがどんなものであろうと、そのリスクはゾウの隣にいるイエバエに過ぎない。

しかし、生活様式はほかのことに比べてずっと伝えにくいメッセージだと、スワースキー・ゴールドは言う。「生活様式を変更する必要がある、もっと運動する必要がある、もっと果物と野菜を食べ、カロリー摂取を減らす必要があると言っても、その人はあなたをちらっと見て、マクドナルドに入ってしまう」。問題は、生活様式や健康に関するメッセージを聞いて理解しているのが心のほんの一部分であることだ。「頭」は理解する。しかし「腹」は統計を理解しない。「腹」にわかるのは次のようなことだけだ。長椅子に寝そべってテレビを見る方がトレッドミルの上で汗をかくよりずっと楽しい。タバコは心地よい気分にさせ、これまでどんな害も与えていない。マクドナルドの看板の黄金のアーチは、子供時代の楽しい思い出と例の赤毛のピエロを呼び起こす。だから「腹」は判断する。「この中のどれにも心配することはない。くつろいでもう少しテレビを見るといい」

そして、テレビを見ていると、ニュースで、発癌性の化学物質が一般人の血液中に検出されたと報道される。我々は汚染されている、いる、いる。「さあ、恐ろしいことだ」と、「腹」は言う。「起き上がって、細心の注意を払え」

第11章　テロに脅えて

「昨日我が国に対して行なわれた計画的な、死をもたらす攻撃は、単なるテロ行為ではない。戦争行為だ。我が国は揺るぎない決意の下に団結する必要がある。自由と民主主義が攻撃に曝されている」

米国大統領ジョージ・W・ブッシュが二〇〇一年九月一二日の朝このように話したとき、瓦礫と化した世界貿易センターからまだ煙が渦を巻いて立ちのぼっており、人を麻痺させる衝撃は和らぎ始めたばかりだった。どの行方不明者の写真からも、どの死の物語からも、悲しみが氾濫する川のように押し寄せた。テロリストに関するあらゆる断片的情報は、純酸素となって、真っ赤に燃える怒りの石炭の表面でシューシュー音を立てた。そして、テレビが消され静かになると、この邪悪な新しい世界に驚いた私たちは、どんな恐怖が待ち受けているのか必死になって想像し、冷たい恐怖を感じた。

数年の年月を経た今、距離を置いて眺めると、米国とその他の西側諸国にその秋急速に広まったテロの恐怖が理解できる。

二〇〇一年九月一一日に起きたことは、私たちのほとんどにとって、夜空に二番目の月が出現するのと同じくらい驚嘆すべき理解不能な出来事だった。このビン・ラディンとは何者か？ どうやってこんなことをやったのか？ なぜ？ 私たちの無知はほぼすべての面に及んでいた。根本的に馴染みのないことだった。カナリア諸島の火山の斜面で村人を安らかに眠らせている日常とは正反対だった。わかっていた唯一のことは、崩壊するのを見ていたビルと同じくらいこの脅威が大きなものらしいということだ。信号値は、ある出来事が将来の危険をどの程度伝えているように見えるかを表わすためにリスクの研究者が用いる用語だが、九月一一日のテロ攻撃の信号値は測定限界を超えていた。

テレビで放送された映像を見たこと、そして、その映像があまりにも鮮明で、速報性に富み、生々しかったため、まるですべてを居間の窓を通して見ているようだったことも非常に大きな違いをもたらした。多くの人はこの大惨事を生で見さえした。そのためさらに大きな衝撃を受けた。起きている出来事が完全に予想外で、非常に恐ろしかったため私たちは理解するのをためらったが、同時に、そのイメージは酸でエッチングした鋼のように記憶に焼き付けられた。

「腹」にとって、この記憶は参照されるべき記憶として残る。テロという言葉に言及するだけで、この記憶がうなりを上げて意識に戻ってくる。「腹」は「実例規則」を用いて、緊急の判断を下す。こういった出来事はまた起きるにちがいない。

それに、悲しみや怒り、恐怖などの感情が存在する。九月一一日の出来事に個人的なかかわりを持たない人にとってさえ、あの日から数日間に感じたものは、最も強烈で恐ろしい情動の一つだった。無意識は感情に対して非常に敏感であり、言葉のわずかの変化によってさえ脅威に対する認識に影響を受ける。そういった無意識にとって、このときの情動は、空襲警報のサイレンの甲高い音に等しかった。

それでもまだ炭疽菌以前の話だ。テロ攻撃の一週間後、ニュージャージー州トレントンの消印のある五通の手紙（おそらくプリンストン大学のすぐ外のポストに投函された）が米国の郵便網に入った。四通はニューヨークに本拠を構えるメディア（ABCとNBC、CBS、『ニューヨーク・ポスト』紙）に届き、一通はフロリダ州ボカラトンにある『ナショナル・エンクワイアラー』誌のオフィスに届いた。手紙の中には顆粒状の茶色の粉末があり、土の中に天然に存在する死をもたらす生物である炭疽菌が含まれていた。三週間後、さらに二通の手紙が郵送され、このときは、二人の民主党の上院議員宛だった。全部で二二人が感染し、そのうち一一人の感染は深刻なものだった。五人が死亡した。「米国へ死を。イスラエルへ死を。アラーは偉大なり」と、手紙は宣言していた。

一つの青天の霹靂《へきれき》に別の青天の霹靂が続いた。テロは世界的な強迫観念となった。背の高い草むらからライオンが出てくるのを見張っている古代の狩人のように、私たちはテロ以外のことを何も見たり聞いたり感じたりできなかった。

一〇月中旬に実施されたギャラップ世論調査では、米国人の四〇パーセントが「今後数週間に」さらにテロがある「可能性が非常に高い」と答えた。別の四五パーセントは「可能性がいくらかある」と答えた。少数派である楽観主義者だけが「可能性はそれほどない」（一〇パーセント）あるいは「可能性はまったくない」（三パーセント）と考えた。

テロの危険性は身近なものでもあった。ギャラップ世論調査では「あなたやあなたの家族がテロの犠牲になることをどれくらい心配していますか？」と尋ねていた。一〇月に、米国人の四分の一が「非常に心配している」と答えた。さらに三五パーセントが「いくらか心配している」と答えた。

これらは驚くべき結果である。私たちが持っている多くの心理学的バイアスの一つが、いわゆる楽観主義バイアスまたは「平均よりは良い」効果であり、これは、集団内で自分を楽観視する傾向である。このバイアスはリスク認識にも見られる。ただし、このバイアスによってリスクの認識が低くなる。若い女性に、若い女性にとって夜中に公園を散歩するのがどのくらい危険かを尋ね、次にその女性にとってどのくらい危険かを尋ねると、異なる評価をし、後の問いに低い評価を出すだろう。したがって、ギャラップ世論調査で、米国人に「あなたやあなたの家族」に対するリスクについて尋ねたとき、楽観主義バイアスによって低い方に歪曲されていたはずである。それにもかかわらず、米国人の半数以上が、自分や自分の家族がテロリストによって怪我をするか殺される現実的な可能性があると感じた。テロの目的が脅えさせることであれば、テロリストは目的を達成していた。

しかし、人は適応する。米国に対する新たな攻撃なしに一一月になり、一二月になり、時が過ぎていった。次の春には、生の恐怖の感覚は薄れてしまった。二〇〇二年四月の世論調査では、米国人の三分の一を少しだけ上回る人が、テロリストが自分あるいは自分の家族を襲うことを心配していると答えた。三月の世論調査では、五二パーセントが、今後数週間に、米国内でテロリストによる攻撃がある可能性が「非常に高い」あるいは「いくらかある」と答えた。五ヶ月前の八五パーセントから急激に減っていた。

心理学の観点から見て、この心配の減少は、心配の高まりと同程度に理解できる。テロ攻撃の八ヶ月後、恐れられた無秩序状態が実現しなかっただけでなく、オサマ・ビン・ラディンについて多くのことを知ったし、テロはもはや当惑させられるような目新しいものではなかった。「実例規則」の働きを促す記憶はあったし、テロのことを考えるともうもうたる黒煙が思い出されたので「腹」はリスクが大きいとまだ感じていた。しかし、そのリスクは、もはやあの恐ろしい秋に感じたリスクではなかった。

そして、世論調査によって、意外な結果が示された。心配の減少が止まったのである。二〇〇六年九月一一日にテロ攻撃の五周年記念式典が行なわれたときまでに、テロリストによる新たな攻撃は米国で起こらなかった。五年前なら、ほとんど誰もこのことを予測しなかっただろう。驚嘆すべき素晴らしい展開だった。それなのに、ギャラップ世論調査で、米国でテロ行為が「今後数週間に」ある可能性を米国人に尋ねると、九パーセントが「可能性が非常に高い」と答え、別の四一パーセントが「可能性がいくらかある」と答えた。この合計五〇パーセントは、四年半前の二〇〇二年三月に同じ回答をした五二パーセントと本質的に同一である。

ギャラップ世論調査の個人的な危険に関する質問はいっそうはっきりとした結果を示していた。二〇〇六年八月、米国人の四四パーセントが、自分または自分の家族がテロの犠牲になることを、非常にあるいはいくらか心配していると答えた。実に、その数字は、二〇〇二年の春の三五パーセントから上昇していたのである。

こういった心配を示す数字の変化は、数年間、滑らかな線を描いてきたわけではない。二〇〇二年と二〇〇六年のあいだにかなりの上下の変動があった。しかし、基本的な傾向は見間違えようがない。すなわち、時間が経過し、脅かされていた攻撃は実現しなかったが、テロの心配は減少せず、むしろゆっくりと増大した。

結果を奇妙なものにしているのは、この傾向だけではない。非常に多くの人が、テロリストに殺される実質的な可能性――心配させられるほど高い可能性――があると考えていることである。

九月一一日のテロ攻撃でほぼ三〇〇〇人が死亡した。当時、米国の人口はおよそ二億八一〇〇万人だった。したがって、米国人があの日にテロ攻撃で死亡する確率は〇・〇〇一〇六パーセントあるいは九万三〇〇〇分の一である。この確率を、一年間に歩行者が車にはねられて死亡する危険率四万八五四八分の一、あるいは、一年間に溺死する危険率八万七九七六分の一と比較して欲しい。

もちろん、当時、二〇〇一年九月一一日がものすごく特別な日になることは誰にもわからなかった。九月一一日に続く数ヶ月のあいだに同じくらい破壊的な別の攻撃があったかもしれない。一年を通して毎月一回攻撃があり、個々の攻撃で九月一一日と同数の死亡者が出たと仮定すると、死者の総数は三万六〇〇〇になっただろう。これはぞっとするようなことだろうが、それでもなお、平均的な米国人にとって極端に大きな脅威というわけではない。この大虐殺で死亡する確率は約〇・〇一二七パーセントになる。これはおよそ七七五〇分の一である。この確率と比べて、一年間に自動車事故で死ぬ危険率は六四九八分の一である。政治上の目的の達成を促すために非国家主体が市民を大量に虐殺することは目新しいことではない。ニューヨーク市にとってすら目新しくはない。一九二〇年九月一六日に、無政府主義者が、四五キロのダイナマイトと二三〇キロの鋳鉄製の散弾を載せた荷馬車に乗ってウォール街を走った。昼時の群衆の真っ只中で、その爆弾は爆発した。三八人が死亡し、四〇〇人以上が負傷した。その恐ろしい日からほぼ九〇年が過ぎたが、この間、九月一一日のテロ攻撃を別にして最も多く死者を出したテロ攻撃は一九八五年のインド航空一八二便の爆破であり、三二九人が死亡した。

RAND‐MIPTテロリズム・データベース（利用可能なデータベースの中で最も包括的なもの）によると、一九六八年から二〇〇七年四月のあいだに、世界全体で、一万一一九件の国際テロリストによる事件があった。これらのテロ攻撃によって一万四七九〇人が死亡しており、世界全体の一年間の平均死亡者数は三七九人となる。あきらかに、あの九月の朝に世界が目にしたことは、それ以前あるいはそれ以後と完全に異なっていた。テロはおぞましいものであり、テロがもたらすあらゆる死は悲劇であり罪悪である。しかし、それでいてなお世界全体の一年間の死亡数三七九というのは、非常に小さな数である。二〇〇三年に、米国だけで、四九七人が事故によりベッドで窒息死し、三九六人が事故により感電死し、五一五人がプールで溺死し、三四七人が警察官に殺された。そして、一万六五〇三人の米国人が犯罪者によって殺されている。

そして、実際には、この三七九という数が、米国人と英国人、その他の西側諸国の住民の死亡者数を誇張したものになっている。なぜなら、国際テロによる死亡例のほとんどが、カシミールのような遠く離れた紛争地域で生じているからである。北米では、一九六八年から二〇〇七年のあいだに、国際テロリストによる事件をすべて合わせると、九月一一日のテロ攻撃を含めて三七六五人が死亡した。この数は、二〇〇三年の一年間にバイクに乗っていて死亡した米国人の数をほんの少し上回る。西ヨーロッパでは、一九六八年から二〇〇七年四月のあいだに、国際テロによる死亡者数は一二三三だった。これは、ほんのわずかの関心を払う人もほとんどいない天然に存在するラドンガスによって、ヨーロッパで毎年死亡すると考えられている人の数の六パーセントである。

二〇〇五年、ローレンス・リヴァーモア国立研究所のK・T・ボーゲンとE・D・ジョーンズは、RAND-MIPTデータベースのテロ関係の数字の包括的な統計学的分析を行なうように米国政府に依頼された。ボーゲンとジョーンズは、テロのリスクを理解するためには、世界を二つに分けるべきだという結論を下した。イスラエルとその他の地域の二つである。イスラエルにおいて、テロは深刻な脅威である。一生のあいだ（七〇年）に負傷するか殺される確率は一〇〇分の一から一〇〇〇分の一の範囲にある。この確率は、ほとんどの人が、テロリストによる攻撃の犠牲者となった人を少なくとも誰かは知っていることになるほど高い。しかし、世界の残りの地域では、一生のあいだにテロで負傷するか死ぬ危険率は、一万分の一から一〇〇万分の一のあいだの値まで下がる。

この値を、以下のような米国人にとっての一生のあいだの危険率と比較して欲しい。雷に打たれて死ぬ確率七万九七四六分の一、毒を分泌する植物あるいは動物によって死ぬ確率三万九八七三分の一、風呂で溺死する確率一万一二八九分の一、自殺する確率一一九分の一、車の衝突事故で死ぬ確率八四分の一。ボーゲンとジョーンズは、テロのもたらすリスクを公衆衛生の文脈で考えると、デミニミス（心配するには小さすぎること）と呼ばれる範囲に入ることは間違いないだろうと指摘している。

私たちの意識の中の九月一一日のテロ攻撃の巨大さは、ある重要な傾向も見えにくくしている。一九六〇年代から一九九〇年代初頭まで、国際テロリストによる事件の数は着実に増加したが、ソビエト連邦が崩壊すると、テロは激減した。テロが最も多かったのは一九九一年であり、RAND－MIPTテロリズム・データベースの記録で四五〇件の事件があった。二〇〇〇年には、この数は一〇〇件まで激減した。

二〇〇〇年に、この傾向は逆向きになって、二〇〇四年には年に四〇〇件まで急増していた。しかし、国際的暴力行為を追跡しているブリティッシュ・コロンビア大学の人間の安全保障センターの所長アンドリュー・マックは、次のように指摘している。この方程式から中東という変数を取り除けば、傾向は横ばい状態になる。南アジアも取り除けば、冷戦終結時から始まった国際テロの減少が実は続いていたことになる。「このことは、中東と南アジア以外の世界のすべての地域において一九九〇年代初頭からテロの正味の減少があったことを示している」と、マックは結論を下している。

もちろん、テロリストによる攻撃が彼らの脅威を判断する唯一の基準ではない。未然に防がれた陰謀も調べる必要がある。西側諸国の中で、英国は九月一一日のテロ攻撃以降、最も多くテロと闘ってきたが、その英国においてさえ、二〇〇五年七月七日の自爆テロ後の二年間でわずか五件の陰謀が暴かれただけだった。二〇〇六年一一月に、英国情報局保安部（MI5）の長官は、これまでに暴かれたもの以外に三〇件の進行中の陰謀を把握していると主張した。これらの数字がすべて当局が動かなければ実行に移された実際の攻撃を表わしていたと仮定しても（極端な仮定だ）、まだ、テロが平均的な英国人の安全に対する重大で増大しつつある脅威であるというには程遠いだろう。

こういった状況は米国においてさらに驚くべきものとなっている。つまり、米国では、熱に浮かされたように諜報活動が数年間行なわれたが、びっくりするほどわずかのことしか明らかになっていないのである。二〇〇五年三月に、ABCニュースは、三二ページのFBIの秘密の報告書を入手し、そこには、オサマ・ビン・ラディンの工作員の組織網が米国内で発見されていない単純な理由が存在することが示唆されていたと報道した。その単純な理由とは、発見すべきものが何もないかもしれないということだった。テロリストの「米国を攻撃しようという意図に疑問はない」と、ABCはこの報告書に述べられている文章を引用した。「しかし、攻撃できるかどうか、特に『目を見張るような』作戦を展開できるかどうかは定かでない。アルカイダが米国内で攻撃を開始できるかどうかは、米国に工作員を潜入させ、維持することができるかどうかにかかっていると考えている。……三月以降の限られた数の報告は、米国で攻撃を実行する人間をアルカイダが勧誘し、訓練しようとしていたことを示しているが、工作員を配置することに成功したかどうかに関してはっきりとした結論を下すものではない。……米国政府のこれまでの取り組みによっても、国内で待機要員として活動している秘密の組織あるいは組織網が存在する証拠は見つかっていない」

九月一一日のような形のテロを行なうのはもうおそらく不可能であるということを理解することも重要である。(1) 私たちはみんな、ハイジャック時の約束事（落ち着いてみんなで協力する）が時代遅れで、軽武装した少人数のテロリストがジェット旅客機を乗っ取ることはできないということを知っている。多くの専門家は、この規模の襲撃を何らかの方法でテロリストが準備できるかどうかすら疑問に思っている。テロ分析の権威ブライアン・マイケル・ジェンキンスは著書『征服できない国』の中で次のように書いている。「九月一一日と同じ規模のテロが実行される可能性を完全に排除することはできないが、米国へのそういった攻撃は実現しそうにないということで識者の意見が一致してきている」

こういった論点すべてに対する標準的な反応は、真の危険が見落とされているというものである。統計によってテロで多くの人が死んでいないと示されていることは関係ない。世界のほとんどの地域でテロリストによる攻撃が減少していることも関係ない。九月一一日のテロ攻撃は成功する見込みは小さかったし、もう一度試みられた場合ほぼ間違いなく成功しないという事実も関係ない。重要なのは、テロリストが大量破壊兵器を手にしたら、昔なら成し遂げるのに軍隊を必要としたような大規模な破壊をもたらせるということだけである。(2) これは新しいことであり、そのためテロはほかのあらゆるものよりはるかに大きなリスクになっている。「テロは、戦争自体と同様に、従来型のものを超えて、容赦なく大惨事をもたらすものへと移行している」と、マイケル・イグナティフは書いている。イグナティフは、この文を書いた当時ハーバード大学の教授で、現在カナダの自由党の副党首である。

だがこれを疑うにはイスラエルを見るだけでいい。現代の形態の国際テロは本質的に一九六〇年代後半に始まり、これまでにイスラエルが最も大きな被害を受けた。世界最悪のテロリスト(躊躇することなく子供に爆発物をくりつける人々)にとって、イスラエルは執拗な、激しい憎しみの対象である。この小さな国を地図上から消し去ることを強く願う彼らは、「シオニストの存在」を滅ぼす夢を共有しているが直接攻撃する勇気はない中東諸国の支援をしばしば享受してきた。それでいてなお、イスラエルは大量破壊兵器で武装したテロリストによる攻撃を受けたことがない。このことは、そういった武器を手に入れて用いるのは、誰かが思わせようとするほど容易ではないことを強く示している。

理屈の上では、テロリストはウイルスや核兵器などを闇市場から手に入れることができるだろうが、そういった話は、ジェームズ・ボンドの映画や噂や憶測を扱っている新聞記事だけに主に見られるもののようである。大量破壊兵器を保有していて、イスラエルあるいは米国が苦しむのを見たいと思っている少数の国の一つから手に入れる可能性もあるが、そういうことを考える国のリーダーは誰しも、その攻撃における役割が暴露されれば、自分の国があっという間に瓦礫と化すことを考慮しなければならない。このことは大きな抑止力になる。オサマ・ビン・ラディンとその追随者は殉教を願うかもしれないが、金正日やその他の独裁者はそうではないからである。それに与えた兵器をテロリストがいつ、どうやって使うかを制御できないことも考慮しなければならない。そして、「提供者に対して兵器を使用することさえあるほど、テロの代行者は信用できない」ことも心配すべきであると、米国連邦議会の諮問委員会であり、その委員長を務める、共和党員のバージニア州元知事ジム・ギルモアにちなんで名前が付けられたギルモア委員会の一九九九年の報告で指摘されている。これらの考え方が、何十年ものあいだ、国が、核兵器や化学兵器、生物兵器をテロリストに供給するのを防いできた。今後もそれらが説得力を持ち続けないと考える理由はまったくない。

兵器をどこかから手に入れるのは難しいとしても、自分で作るという手が残っている。多くの報道によって、まるでインターネットで得られる製法と何本かの試験管さえ手に入れば大量破壊兵器を自分で製造できるとでもいうような印象を与えられている。幸いなことに「大量の死傷者と大量破壊を実際にもたらす兵器を開発しようとするテロリストが直面する障害は、一般に想像されているより膨大である」と、ギルモア委員会が書いている。「この報告書では、比較的少人数を負傷させるか、実際に殺すことのできる生物兵器か化学兵器をテロリストが製造し、散布することができないと主張しているのではない。……ことによると、何百人というかなり多い数の死傷者をもたらすことさえあるかもしれない。大事な点は、何千人どころか何万人も殺せる大量の死傷者を出す兵器を実際に製造するには、目的に合った科学や技術の分野の高度な大学教育や、かなり大きな財源、入手可能だが非常に複雑な装置や設備、兵器に確実に効力を発揮させるための厳密な検証、効果的な散布手段の開発と運用を必要とするということである」。これらの要求は非常に大きなものであるため、「少なくとも今のところ、既存のテロリスト組織の大多数だけでなく、多くの既成の国家にとっても手が届かないように思われる」。同じ年に出版された議会図書館の報告も同様の結論を出している。「大量破壊兵器は、新聞や雑誌において一般に述べられているより製造または入手するのがかなり難しく、おそらく、今日依然としてほとんどのテロリスト集団の手の届かないところにあると思われる」

ビン・ラディンは豊富な資産とアフガニスタンの基地を持ち、一九九〇年代は比較的自由に行動でき、一九九六年に仰々しく「戦争の宣言」をしても米国はほとんど関心を払わなかった。それにもかかわらず彼は失敗した。このことを思い出すのも重要である。ハーバード大学のラドクリフ研究所所長でありテロの専門家の第一人者ルイーズ・リチャードソンは次のように書いている。「アルカイダのメンバーが化学兵器の入手に強い関心を示したことはほとんど疑いないが、入手に成功したという証拠は存在しない」。願望とできるということは別である。

ビン・ラディンがこの教訓を学んだ最初の人間ではなかった。世界の関心が凶悪なイスラム原理主義者に向いているため忘れられやすいが、テロの世界で大量破壊兵器を手に入れ、用いた最初の狂信者は、日本のカルトであるオウム真理教に属していた。オウム真理教は、麻原彰晃に導かれて、大量の死傷者を出すテロ攻撃を起こし、それをきっかけにハルマゲドンを引き起こしたいという考えに取りつかれていた。オウム真理教の資源は恐るべきものだった。最盛期にこのカルトは約六万人の信者を抱えていた。日本以外に、オーストラリアとドイツ、ロシア、さらにはニューヨークにさえ事務所があった。少なくとも現金で数億ドル持っており、ことによるとその額は一〇億ドルに達していたかもしれなかった。そして、このカルトは高度な技術を持った信者を抱えていた。オウム真理教は日本の最高レベルの大学で生物学と化学、物理学、工学の分野の大学院生を積極的に勧誘し、彼らにお金で買える最高級の装置と設備を提供した。一人の科学者は、単に、オウム真理教の実験室が自分の大学の実験室よりずっと優れていたというだけの理由で入会したのだとのちに告白した。一時期、オウム真理教は、生物兵器の研究をする科学者を二〇人抱えていた。ほかに八〇人が化学兵器を研究していた。

ギルモア委員会によると、オウム真理教は核兵器も手に入れようとしており、オーストラリアの辺境にある五〇万エーカーの羊の大牧場を購入することまでしていた。これは、ウランを採掘して日本に輸送し、「科学者がレーザー濃縮技術を用いて輸送したウランを核兵器製造に適した品位の核物質に変える」という計画に基づくものだった。既製の兵器も非常に熱心に購入しており、ロシアで大量の小火器を購入した。そして、「戦車やジェット戦闘機、地対地ロケット弾発射機、さらには戦術核兵器までもの先端兵器の購入に関心を示していたことが知られている」。

オウム真理教はどんな機会も見逃さなかった。エボラ出血熱が一九九二年一〇月に中央アフリカで発生したとき、麻原彰晃は四〇人の自分の弟子を率いて人道的使命という名目でこの地域を訪れた。現在、当局は、日本で量産するためにエボラウイルスのサンプルを集めようとしていたと考えている。だが失敗した。

これがオウム真理教の唯一の失敗というわけではまったくない。知られているかぎりこのカルトが最初に行なったバイオテロ攻撃は、きわめて致死性の高いボツリヌス毒素を三台のトラックから散布することで、その標的には、米国海軍基地や空港、国会、皇居が含まれていた。誰も病気にならなかった。攻撃があったことすら誰も知らなかった。真実が明らかにされたのは三年後だった。ボツリヌス菌によるもう一件の攻撃も一九九三年六月に失敗した。同じ月、炭疽菌による初めての攻撃が失敗した。最終的にオウム真理教は、最も恐れられているバイオテロ兵器の中の二つを用いて大量死をもたらす試みを合計九回行なった。そして一人も殺せなかった。オウム真理教でさえ、その資源をすべて使っても、致死性の病原菌を毒性の高い状態で単離し、広範囲に散布することに対する実用上の多くの障害を乗り越えられなかったのである。

そういうわけで、オウム真理教は化学兵器と神経ガスに重点を移し変えた。こちらの方では、かなりの成功を収め、マスタードガスと青酸ソーダ、VX、サリンを相当量生産した。このうち最後の二つは最も致死性の高い神経ガスの中に入る。一九九五年に最終的にオウム真理教の施設に警察が踏み込んだとき、このカルトは推定で四二〇万人を殺せるだけの量のサリンを持っていた。

上記の事実は恐ろしいことだが、妙に安心を抱かせることでもある。結局のところ、何百万人も人を殺そうとしているカルトが、多くの障害を取り除いて、少なくとも理論的にはまさに何百万人を殺せる兵器を手に入れた。それでいてなお、オウム真理教は大量死を引き起こすことに失敗したのである。

一九九四年六月二七日に、オウム真理教の信者たちが、改造冷凍トラックを運転して松本の住宅街に入った。トラック内で彼らはコンピューター制御の装置を作動させた。液体サリンを加熱して蒸気にし、送風機で空気中に吹き飛ばす装置だった。風の状態は完璧で、致死性の蒸気の雲は、暑い夜に開け放たれた窓へとゆっくりと運ばれていった。八人が死亡し、一四〇人以上が重症となった。

一九九五年三月二〇日、オウム真理教は別の方法を試みた。ビジネス・スーツを着て、傘を持った五人の信者が、混雑することで悪名の高い東京の地下鉄網の中心部で五台の別々の電車に乗り込んだ。彼らはサリンがいっぱい入ったプラスティック製の袋を全部で一一袋持っていた。袋を床に置き、傘を突き刺して袋に穴を開け、電車から逃走した。一一袋のうち三袋が破れなかった。残りの八袋からは四キログラムのサリンがこぼれた。サリンは周囲に広がり、蒸発した。一三人が死亡し、六〇〇〇人以上の被害者が出た。

当局は日本中のオウム真理教の施設の捜索を行ない、発見したものの多くに驚いた。この凶悪な作戦の規模にもかかわらず、大量虐殺手段を獲得するための多くの活動にもかかわらず、何度も繰り返された攻撃にもかかわらず、日本の警察はオウム真理教の施設で何が起きていたかをまったく知らなかった。これ以上ひどいシナリオを想像することは難しい。すなわち、大量虐殺への非常に強い願望を持った狂信的カルトが、大量の資金と、国際的コネクション、優れた装置と実験室、最高レベルの大学で教育を受けた科学者、作戦を追求するための数年間のほぼ完全な自由を有していたのである。それでいて、化学兵器あるいは生物兵器を用いたオウム真理教の一七件の攻撃によって、ティモシー・マクベイが肥料と自動車レース用の燃料で作ったたった一個の爆弾を爆発させたときにオクラホマ・シティで死亡した一六八人より、はるかに少ない数の人間しか死亡していないのである。

「オウム真理教の事件が示唆しているのは、いかに直感あるいは一般的な考えに反するとしても、化学兵器や生物兵器を効果的に兵器化し散布する試みにおいて、どの非国家主体も技術上の重大な困難に直面することである」と、ギルモア委員会は結論を下した。こういった試みの失敗を決定づけているのは、宗教的熱狂によって強められる陰謀組織内部の環境であると、ギルモア委員会は指摘している。「オウム真理教の科学者は、社会的、物理的に隔離され、被害妄想が進む指導者に支配されたため、現実から遊離し、健全な判断ができなくなった」

大規模な破壊を夢見るテロリストにとって、これは希望を失わせる結果である。アルカイダやほかのイスラム原理主義者のテロリストは、オウム真理教が持っていた有利な点をほとんど持っていない。資金と施設、装置を持っていないし、監視からの自由もないし、表立って旅行することもできない。そもそも科学者を抱えておらず（アルカイダは教育を受けた優秀な人間の勧誘に努めてきたが、一貫して失敗してきた）、このことが彼らがオウム真理教の技術的素養のほんの一部すら見せていない主な理由である。共有しているただ一つの要素は、オウム真理教の取り組みを駄目にした温室栽培的な環境である。オウム真理教の事件が示したように、化学兵器や生物兵器を用いて大量の死傷者を出すテロ攻撃を実行することは確かに可能であるが、実行を目指して歩み出したテロリストはすぐに多くの重大な障害を発見する。そのため、最も洗練された、最も冷酷なテロリストでさえ、もっぱら爆弾と弾丸に頼ってきたし、史上最悪のテロ攻撃では、カッターナイフと航空券が使われたのである。

もちろん、この予測は核兵器になると変わってくる。「テロリストが真の大量破壊を成し遂げる唯一の確実な方法は、おそらく核兵器を用いることだろう」と、ギルモア委員会は書いている。核攻撃は疑問の余地なくほとんど想像もできない恐怖だろう。その恐怖についてじっくり考えると、不可避的に強い情動が生じ、確率についてのどんな考えも頭から追い出してしまう。だが、それは間違っている。確率は、リスクを取り扱うとき常に重要である。

大惨事をもたらすリスクの場合でさえ重要である。というより、大惨事をもたらす場合に特に重要である。結局のところ、人類が直面している最大のリスクは核によるテロではない。小惑星を消滅させる規模の小惑星や彗星との衝突である。そういった出来事によって生じる可能性のある破壊の大きさだけを考慮し、起きる確率を無視するとしたら、小惑星や彗星が貫通できない、地球を取り囲む巨大な防御システムの建設に何兆ドルもつぎ込むことになるだろう。しかし、ほぼすべての人（小惑星を見つけるためにもう少し多くお金を使ってくれればいいと思っている天文学者も含む）がそれはばかげた資源の浪費だと言うだろう。なぜなら、衝突による大量絶滅の起きる確率は信じられないくらいわずかだし、地上でそのお金を使ってずっと多くの役に立つことができるからである。脅威を無視するべきではないが（大きめの小惑星を見つけたり、差し迫った衝突を予測したりするためにかかるそれほど高くない額のお金を払うことを拒否するのはばかげている）、脅威に取りつかれたようになるべきでもない。同様の冷静な考え方が核によるテロにも用いられなくてはならない。

米国の都市がきのこ雲に包まれて破壊される確率はどのくらいか？　適切に据えつけられたチャイルドシートに座っている子供が車の衝突事故で死亡する場合のように、確率を計算することは不可能である。なぜなら起きたことがないため、数値計算に用いる数字が存在しないからである。データが存在しないなか、できることはせいぜい核兵器の製造と利用可能性に関する複雑な事実を調べて、主観的判断を下すことくらいである。

ギルモア委員会がそうやって判断を下している。それは、一九九〇年代に広範囲に不安が広がったにもかかわらず、ソビエト連邦の崩壊によっても核兵器が闇市場に姿を見せなかったことを指摘することから始まっている。特に、ロシアの悪名高い「スーツケース型核爆弾」が紛失したという報道は長続きしなかったし、いずれにしても、この装置はまともに作動させるために定期的な整備を必要とする。不満を抱いているロシアの役人がこの爆弾を何とか売却したとしても、購入者にはまだ秘密裏に爆弾を国外に持ち出し爆発させるという困難な仕事が残っている。爆発させるのは特に難しい。核爆弾は、通常、このようなもくろみを防ぐために設計された不正操作防止用の装置やその他の安全対策が施されているからである。

自分で作ろうとしても、郊外の住宅にある普通のガレージで成しうるようなことではない。「大量破壊をもたらす核爆弾を作ることは、テロリストにとって非常に困難な課題である。さらに言えば、資金が十分にあってよく計画を練った国にとってさえ難しい」と、ギルモア委員会は書いている。一九八〇年代に、サダム・フセインは石油がもたらしたイラクの莫大な資源を核開発計画に注ぎ込んだが、一台の兵器すら作ることができず、その後、イラン・イラク戦争および戦後の制裁措置によって、彼の野望はついえた。アパルトヘイト下の南アフリカは小さな核兵器工場の建設に成功したが「大規模で高性能の基礎設備を与えられていた科学者と技術者が、最初の砲身型の装置（最も作りが粗雑な型の核爆弾）を作るのに四年かかった」。

しかし、テロリストが核兵器を使用することがいかに起きそうにないにしても、起きる可能性はある。「テロリスト集団にとって核兵器を手に入れることが不可能ではないとわかってきた」と、元CIA長官ジョージ・テネットが回想録に書いている。「そういった出来事が起きると、アルカイダが超大国と同等となり、経済を破壊し米国のすべての家庭に死をもたらすというビン・ラディンの脅迫が実行されてしまう」。元国連事務総長のコフィ・アナンは次のように言った。「テロリストによる核攻撃が起きたら、それは広範囲にわたって死と破壊をもたらすだけでなく、世界経済を動揺させ、何千万もの人を極度の貧困に突き落とすだろう」

たいていの説明によると、都市の中心で核爆弾の爆発が成功すると、約一〇万人が死亡する。死亡者数が一〇万人だとすると、この爆発で米国人が死亡する確率は〇・〇三三パーセントまたは三〇〇〇分の一となる。全体としてのリスクに関して言うなら、一〇万人という死亡者数は、毎年糖尿病で死亡する米国人の数（七万五〇〇〇人）よりずっと多いというわけではなく、毎年事故あるいは病院内でかかる感染症によって死亡する米国人の数にほぼ等しい。だから、死亡者数という観点だけから見れば、テロリストによる核攻撃は大惨事とまでは言えない。

しかし、そういった攻撃がパニックも引き起こし、そのパニックが破壊を倍増させ、市民の秩序を崩壊させることさえあるかもしれないとしばしば見なされている。こういった想定の困った点は、それが信用されなくなって久しい神話に基づいていることである。人が緊急事態においてどのようにふるまうかについての数十年間の広範な研究によって一貫して見出されてきたのは、パニックは非常に稀にしか起きないことだった。「最悪の事例だと考えている事態に立ち向かうときでさえ、人々は組織を作り、援助と救済を友人に提供する。まったく知らない人にさえそうする」と、ラトガーズ大学の社会学者リー・クラークが書いている。炎を上げて燃えている墜落した飛行機の残骸の中に閉じ込められた人でさえ、悲鳴を上げながら安全な所までかき分けて行くというよりは、他人が必要としていることに気を使う。私たちは、この教えを二〇〇一年九月一一日に学んだはずだ。このとき、ニューヨーク市民は、威厳と同情、協調性、寛大さを示して、当惑させられる災害に対応した。

テロリストによる核攻撃は確かに大きな経済的損失をもたらすだろう。しかし、それが米国の経済を「破壊する」というジョージ・テネットの主張は、ばかばかしいほど誇張されている。このことを最もよく証明しているのがまたしても九月一一日のテロ攻撃である。もちろん、これは核爆発の規模ではないが、このときテロリストは米国資本主義の二つの要となる歯車を破壊した。つまり、米国で最も重要な都市を麻痺させ、飛行機による移動をすべて停止させた。そして、米国の商業と社会にぞっとするような停止状態をもたらした。予想どおり、世界中の株式市場の株価は急落した。しかし、ダウ・ジョーンズ工業平均株価が二〇〇一年九月一〇日の終わり値まで回復するのにわずか四〇日しかかからなかった。ウィリアム・ドブソンは九月一一日のテロ攻撃の五周年を特集した『外交政策』誌に次のように書いている。「九月一一日のテロ攻撃以後の趨勢線を注意深く見ると、いかに世界がわずかしか変わっていないかに驚かされる」。米国の輸出額は着実に伸び続け、世界全体の貿易額は、二〇〇一年に八兆ドルから七・八兆ドルへとわずかに減少したが（九月一一日のテロ攻撃の前でさえ景気の悪い年だった）、「急速に回復し、二〇〇二年から毎年増加し二〇〇五年に一二兆ドルに達した」。米国経済は破壊されなかったし、グローバル化の進展も妨げられなかった。そのかわりに、米国は起き上がり、ほこりを払って、歩み続けた。ニューヨークさえ非常に回復が早かったため、すぐに新たな黄金時代を享受していたことが判明した。

米国社会の基礎の強さが二〇〇五年八月二九日にもう一度示された。ハリケーン・カトリーナがうなりを上げて上陸しニューオーリンズを守っている堤防を決壊させたときのことだ。一五〇〇人以上が死亡し、残りのほとんどの人が避難した。細かいところまで核攻撃と対比させることはとてもできないが、私たちはこの災害で米国の大都市が突然こなごなに壊され放棄されるのを目にした。その体験は痛ましいものであり、損害費用（直接的な損害だけでおよそ八〇〇億ドルと推定されている）は莫大だった。しかし、米国は深刻な被害を受けなかった。経済が一時的に落ち込むことはほとんどなかったし、この国で最も名高い都市の一つの損失は、米国の軍事力と政治力、文化力のいずれに対しても本質的にまったく損害を与えなかった。

それでは、これまで述べてきたことをまとめてみよう。まず、九月一一日のテロ攻撃は、通常のテロに伴って起きることから著しくかけ離れている。二番目に、九月一一日のテロ攻撃の死亡者数を含めても、米国やほかのどの西側諸国の住民に対しても、国際的なテロはきわめて小さなリスクしかもたらしていない。三番目に、たとえ米国で長期にわたって九月一一日規模のテロ攻撃が続いたとしても、どの米国人に対するリスクも、依然として人が通常無視するほかのリスクに比べてずっと小さいだろう。四番目に、中東と南アジア以外の地域において、国際テロリストによる攻撃の発生率は約一五年間減少し続けてきた。五番目に、テロリストが化学兵器あるいは生物兵器、そして、特に核兵器を配備するのは言うまでもなく、手に入れるのは非常に難しい。そして、多くの障害を克服して攻撃に成功したとしても、その死亡者数は私たちの悪夢のほんの一部である可能性が非常に高い。六番目に、核爆弾を爆発させることなどによって、九月一一日のテロ攻撃の何倍もの死亡者数をもたらす真に壊滅的な攻撃にテロリストが成功したとしても、リスクは依然として小さく、米国は史上で最も繁栄し、最も影響力を持った国であり続けるだろう。そして、最後に、七番目として次のことが挙げられる。米国人のほぼ半数が自分あるいは自分の家族がテロリストに殺されることを心配している。そして、実のところ、米国でテロ攻撃がなかったにもかかわらず、心配している人の数は四年前より多い。

これはおかしい。辻褄が合わない。人々が二〇〇一年一一月にきわめて非現実的な不安を抱えていたことは理解できる。心理学によってそのことは説明できる。規模は小さいが、同じことは一九九五年のオクラホマ・シティの爆破後にも起きた。時がたち、悪夢が実現しないなか、心配がゆっくりと減少したことも理解できる。この傾向も、オクラホマ・シティのあと生じた。しかし、なぜこの減少が止まったのか、あるいは、米国がテロのない年を何年も享受していながら、なぜ逆にじわじわと増加したのかは、心理学だけでは説明できない。

理解するためには二〇〇一年九月一二日に戻る必要がある。この日、ジョージ・W・ブッシュは、前日の出来事は「単なるテロ行為ではない。戦争行為だ。……自由と民主主義が攻撃に曝されている」と宣言した。この四日後に、英国の首相トニー・ブレアは、次のように警告して、独自の修辞的誇張を施した。「我々にはわかっている。可能なら、彼らはさらに過激になり、大量破壊のために、化学兵器か生物兵器、さらには、核兵器まで使用するだろう」。この考えは、九月一一日のテロ攻撃がもたらした破壊の意味を作り変えた。カッターナイフと幸運だけで武装した一九人の狂信者（ハイジャック犯のこと）のもたらした結果である代わりに、敵の桁外れの力と勢力範囲、高度さの決定的な証明になった。テロの標準から恐ろしいほどかけ離れたものと考えられる代わりに、新たな標準になった（つまり、同じ規模の攻撃がさらにあることが予期された）ばかりか、ずっとひどいことが起こるしるしになった。

メディアがブレアの言葉を取り上げ、「すべてが変わってしまった」と口にするのが日常的になった。「テロの時代」に突入したのだ。保守主義者の中には、これを「第三次世界大戦」と呼ぶ者がいた（ただし、冷戦を世界大戦に含めるべきだと考えている者にとっては、第四次世界大戦だ）。ブッシュ大統領自身もこの見解を認め、二〇〇六年五月六日に、九三便での乗客の抵抗のことを「第三次世界大戦に対する最初の反撃」と言っている。もう一つの有名な言葉は「存在を賭けた戦い」であり、米国の存在そのものが危険に曝されていることを示唆するものだった。さらに過激なものもあった。「この争いは文明世界を救う戦いである」と、ブッシュは二〇〇一年一〇月に宣言した。こういったレトリックの拡大が理論上の終点に達したのは、自由党員のカナダの法務大臣で人権問題の有名な活動家であるアーウィン・コトラーが「人類全体の存在を脅かす脅威」と言ったときだ。(3)

九月一一日とそのあとの出来事は、幾通りもの形で枠組みを与えることができたが、ブッシュ大統領はそれを「テロとの戦い」(勝利か破滅のどちらかでのみ終わる強大な力同士の世界的な激突)と呼ぶことを選び、その後ずっと彼の政権はその枠組みに固執してきた。「文明世界は前例のない危険に直面している」と、ブッシュ大統領は二〇〇二年一月の一般教書演説で宣言した。また、二〇〇二年の「国土安全保障のための国家戦略」において、「防止するために行動しなければ、テロの新たな急増が、米国の未来に待ち受けている。世界で最も破壊的な兵器が用いられる可能性もある」と警告した。「我が国がこれまで直面してきたどんなことにも劣らないほど手強い課題である。……今日のテロリストは、どんな場所でも、いつでも、実質上どんな兵器を用いても攻撃できる」

二〇〇三年の一般教書演説において、ブッシュ大統領は、テロとの戦いは連綿と続いてきた「ヒトラー主義や軍国主義、共産主義」との戦いの最新のものであり、「再び、この国とそのすべての友好国はみな、平和な世界と混沌と絶え間ない不安の世界の狭間に立っている」と語った。

二〇〇六年に、国土安全保障省長官マイケル・チャートフが九月一一日のテロ攻撃の五周年の演説で次のように述べた。米国は「冷戦と第二次世界大戦の苦闘を」潜り抜けてきたが、「これまでの何十年か直面してきた課題とまったく同じ大きさの危険を伴う新たな課題に直面することになってしまった」。

二〇〇七年に、ホワイトハウスのウェブサイトで、九月一一日のテロ攻撃は「米国、世界中の平和を望む人々、自由の原則と人間の尊厳そのものに対する戦争行為」と表現された。ブッシュ政権はこういった考えを毎月毎月、毎年毎年繰り返し力説した。何千万人の米国人が、テロは重大な個人的脅威だという、強力で、心理学的根拠のある感覚を抱いた。それは「腹」が告げていることだった。「頭」は介入することもできたが、しなかった。なぜか？　政府が「腹」が正しいと言ったからだ。この国が、そして、文明までもが、危険に曝されている。

政府はテロ攻撃のリスクをまったく相対的にとらえていなかった。大統領は、テロは深刻な問題だが、誰にも重大なリスクをもたらしていないと一度も言わなかった。「落ち着いてください」と一度も言わなかった。「雷に打たれて死ぬ確率の方が大きいのです」と一度も言わなかった。共和党員だろうと民主党員だろうと、ほかの主要な政治家も言わなかった。二〇〇七年六月に、ニューヨーク市長マイケル・ブルームバーグがいいところまでいった。「この世界にはたくさんの脅威がある」。『ニューヨーク・タイムズ』紙に彼がいくつかの脅威として話した中には、心臓発作と雷に打たれることが入っていた。「椅子に座ったまま、すべてのことを心配することなどできない。つまらないことはやめろ、と言いたい」。心情は気高いが、ブルームバーグは、心臓発作（ほとんどの人にとって重大なリスク）と、きわめて起こりそうにない、雷に打たれることとテロリストの攻撃による死亡をいっしょにすることによって、本質的に確率を無視していた。ジョン・マケインだけが確率に注意を払うように米国人に的確に教えていた。「呪われたエレベーターに乗ればいい！　呪われた飛行機に乗ればいい！　テロリストの被害にあう確率を計算してみるといい！　せいぜい高波にさらわれる確率と同じくらいだ」。残念ながら、マケインがこの勇気ある主張をしたのは二〇〇四年の本の中だけだった。公の場での発言は、これ以前もこれ以後も、我々は強大な敵と戦争中であるという米国政治の標準的な台本に固執していた。

米国は九月一一日のテロ攻撃から一年半たたないうちに本物の戦争をしていたが、その戦争の敵はサダム・フセインであり、オサマ・ビン・ラディンではなかった。このイラクの独裁者が九月一一日のテロ攻撃とどんなことであれ何か関係があるという信頼に足る証拠は存在しなかった。だが、ブッシュ政権の中枢にいる人物たちが二〇〇一年一月にホワイトハウスに入ったとき、このイラクの独裁者を退陣させる機会を探している徴候があったし、ブッシュ政権が、世界貿易センタービルの跡地の煙が治まる前に九月一一日のテロ攻撃をフセインのせいにする試みに着手したことは、（特に、ホワイトハウスのテロ対策のチーフであるリチャード・クラークによって）事実として確立している。フセインを退陣させ、テロ攻撃をフセインのせいにするという二つの目的を両方達成する鍵となるのが、大量破壊兵器を保有しているテロリストの脅威だった。

その筋書きは、二〇〇二年一月二九日にブッシュ大統領が最初の一般教書演説を行なったときにはすでに明らかだった。「我々がこうして集まっている今も、我が国は戦争中である。

経済は低迷しており、文明世界は前例のない危険に直面している」と、ブッシュは始めた。「イラクは依然として米国に対して敵意を示し続け、テロを支援し続けている。イラク政権は一〇年以上にわたり炭疽菌と神経ガスと核兵器を開発しようとたくらんできた」。ブッシュはイランと北朝鮮も取り上げた。「このような国々とテロリストであるその同盟者たちは、悪の枢軸を構成し、武装化を進め世界の平和を脅かしている。これらの国の政権は、大量破壊兵器を手に入れようとして重大な脅威をもたらしており、その脅威は増大している。兵器をテロリストに提供することによって、その憎悪に見合った手段を与える可能性がある。我々の同盟国を攻撃する、あるいは、米国を恐喝する可能性がある。いずれの場合にしろ、無関心でいることの代償は壊滅的なものとなるだろう」

同様の考えは悪名高い「ダウニング・ストリート・メモ」にも現われていた。これは、二〇〇二年七月に作成された英国の秘密文書で、イラク戦争後に漏出したものである。メモでは、国外情報を担当する英国情報局秘密情報部（MI6）の長官がワシントンでの議論について報告していた。「はっきりとわかる態度の変化が認められた。軍事行動はいまや避けることができないように思われた。ブッシュは軍事行動を用いてサダムを退陣させたいと考えており、テロと大量破壊兵器を結びつけることによってその軍事行動を正当化しようとしていた。しかし、用いられている情報と事実はこの政策に合わせてでっち上げられていた」

二〇〇三年一月に行なわれた次の一般教書演説のときまでに、ブッシュ政権はイラクに侵攻する準備をしており、ブッシュ大統領の語調はトム・クランシーの小説と同じくらい激しいものだった。「サダム・フセインはテロリストを支援し、擁護しており、その中にはアルカイダのメンバーも含まれている。フセインは、秘密裏に、証拠を残さずに、隠してある兵器の一つをテロリストに提供することもできれば、兵器を開発するのを手助けすることもできる。九月一一日以前、世界の多くの人がサダム・フセインを封じ込められると考えていた。しかし、化学兵器と致死性のウイルス、正体不明のテロリストのネットワークは簡単には封じ込められない。別の兵器を持ち別の計画がある例の一九人のハイジャック犯を想像して欲しい。しかも、今回はサダム・フセインに兵器を与えられている。ガラス瓶一本、缶一缶、木箱一箱がこの国に忍び込むだけで、これまでまったく知らないような恐怖の一日がもたらされるだろう。……我々の力でできることをすべて行なって、そんな日が決して来ないようにするつもりだ」

「腹」にとって、ホワイトハウスが描いたシナリオは二つの観点から恐ろしいものだった。まず、話の複雑さということがある。サダム・フセインは大量破壊兵器を開発する可能性がある。フセインはその兵器をテロリストに与える可能性がある。テロリストはその兵器を用いて米国を攻撃する可能性がある。前に見たように、最後の大惨事が起きるためには、一連の出来事という鎖の輪となっている個々の出来事がすべて起きる必要があり、そのため、シナリオが複雑になればなるほど、シナリオは実現しにくくなる。しかし「腹」は個々の話をそのように判断しない。地震がカリフォルニア州にとって典型的であるとかポーランドへの侵攻がソビエト連邦にとって典型的であるという意味において鎖の輪の一つである出来事を典型的だと思えば、その出来事が「典型的なものに関する規則」を発動させ、「腹」は論理が示す以上にシナリオ全体が起こりやすいと判断するだろう。ブッシュ政権の話の中の「典型的」な要素は明白である。「オサマ・ビン・ラディン率いるアルカイダが大量破壊兵器を保有していたとしたら、飛行機をハイジャックする代わりにそれらを九月一一日に使っていたことを誰が疑えるだろう？」と、アメリカ保守同盟の執行役員であるリチャード・レスナーは、保守系の雑誌『ウィークリー・スタンダード』に書いた。まさにそうだ、誰にも疑えないと「腹」は言うだろう。その結果、このシナリオはずっともっともらしく感じられる。

「腹」はよくできた話に弱い。

もう一つ当然考えられることとして「腹」は、このシナリオの確率を考える時間さえ見つけようとしないだろう。ブッシュ政権の警告は恐ろしく、生々しかった――「動かぬ証拠がきのこ雲ということにしたくない」。その言葉が呼び起こす情動は、確率を直感的にとらえようとするどんな試みも圧倒してしまうほどであったろう。レスナーが言うように、「少なくとも私はサダムに突きつけられる動かぬ証拠より、米国の都市で煙を出している瓦礫の山の方が気にかかる」。確率など糞食らえというわけだ。

「テロの脅威が差し迫るまで行動してはならないと言った者がいた」と、ブッシュは二〇〇三年の一般教書演説を続けた。「いつからテロリストと暴君が自らの意図を公表し、攻撃前に礼儀正しく通告してくれるようになったのか？　この脅威が完全な状態で突然出現するのを許してしまえば、あらゆる行動、あらゆる言葉、あらゆる非難が遅すぎるだろう」

この考え――このことが将来起きる可能性があるなら我々は今行動しなくてはならない――は、繰り返しホワイトハウスの声明に登場し、これが端緒となってイラク戦争に至った。ワシントンの秘密の会合場所への驚くべき接近手段を持ったジャーナリスト、ロン・サスカインドの著書『一パーセント主義』の中では、この考えを最初に表明したのが副大統領ディック・チェイニーであることが明らかとなっている。九月一一日のテロ攻撃の直後、チェイニーは「テロリストが大量破壊兵器を手に入れる確率が一パーセントでもあれば（そして、しばらくのあいだ、手に入れる見込みが少しあった）米国はそれを確実なこととらえ、今すぐ行動しなければならない」と指示したと、サスカインドは書いている。つまり、チェイニーは事実上予防原則を用いていたことになる。

これはリスクを扱う政治の核心をつく矛盾である。左派では、予防原則が尊重されている。予防原則は欧州連合法に正式に記載されている。環境保護主義者はいつも予防原則のことを話している。しかし、右派は予防原則をひどく嫌っている。実際のところ、ブッシュ政権は、健康や環境に関する規制に予防原則を適用しようとする欧州連合の試みに表立って強く反対している。米国が用心に越したことはないという理由でイラクに侵攻したすぐあとの二〇〇三年五月に、規制の審査を担当するホワイトハウスの当局者のトップを務めるジョン・グレアムは、ブッシュ政権は予防原則を「たとえば一角獣のような神話的概念だ」と考えていると『ニューヨーク・タイムズ』紙に話した。同じ時期に、左派（特にヨーロッパの左派）は、ジョージ・W・ブッシュが「脅威が完全に現実化するのを待っていたら、長く待ちすぎることになる」という理由でイラク侵攻を肯定する意見を述べたのを聞いて冷笑した。左派は、サダム・フセインが大量破壊兵器を持っていることを示すもっと強力な証拠を要求し、フセインがアルカイダとつながっているという主張を疑い、同じ目的を達成するにしてももっと過激でない手段があると主張し、侵攻しないことによるリスクを侵攻することによって生じるリスクと比較して注意深く検討する必要があると主張した。これらは、環境保護主義者あるいはヨーロッパ人が、たとえば、化学物質の使用を禁止するとか気候変動に対して行動を起こす理由として予防原則を引き合いに出すとき、ブッシュ政権やその他の保守主義者が浴びせるのと同じ種類の主張である。イラク戦争に至るまでの数ヶ月間ほど、「予防」にどれほど選択的になれるかが、はっきりと示されたことはなかった。

ブッシュ政権の訴えは勝利を収めた。戦車が動き出す前の数日間、支持率は七五パーセントに近づいた。サダム・フセインは大衆の心の中であまりにうまく九月一一日のテロ攻撃と結びつけられたため、フセインが九月一一日のテロ攻撃とまったく関係がないことをブッシュ政権が公式に認めたずっとあとの二〇〇六年九月に行なわれた『ニューヨーク・タイムズ』紙の世論調査でも、米国人の三分の一が依然としてこのイラクの独裁者が「個人的に関与」していたと考えていた。テロと「大量破壊兵器」の結びつきはさらに緊密だった。最も不安に思っているテロの種類を二つ挙げるように米国人に求めた二〇〇四年のハート＝ティーター世論調査において、四八パーセントがバイオテロ、三七パーセントが化学兵器、二三パーセントが核兵器を挙げた。わずか一三パーセントの回答者だけが、飛行機のハイジャックが最も不安に思っている二種類のテロの一つだと答えた。ハイジャックからすべての危機が始まったにもかかわらず、このような結果だったのである。二〇〇六年のギャラップ世論調査では、米国人のほぼ半数が、これからの五年間にテロリストが「核物質あるいは生物由来物質を含んだ爆弾を爆発させる」可能性があると答えた。(4)

より広い意味を持った「テロとの戦い」とイラクの結びつきはどうかと言えば、こちらも達成された。自分あるいは自分の家族がテロの犠牲になることを非常にあるいはいくらか心配しているとギャラップ世論調査に対して答えた米国人は、二〇〇二年四月から二〇〇三年二月までに、三五パーセントから四八パーセントへと急増した。ブッシュ大統領はイラクは「テロとの戦いにおける最も重要な前線である」と好んで言い、その前線にすぐに勝利がもたらされたとき、米国におけるテロの恐怖は小さくなった。二〇〇三年七月までに、世論調査の数字は最低値である三〇パーセントになった。しかし、イラクの情勢が、高揚から絶望へとゆっくりと変わっていくにつれて――そして、ふたたび夜のニュース番組が破壊と大虐殺の映像でいっぱいになるにつれて――テロの恐怖は逆にゆっくりと大きくなり、二〇〇六年八月に世論調査の数字は四五パーセントに達した。

一九三三年には、最大の危険が「恐怖それ自体」だと自国民に話すことがフランクリン・ルーズヴェルトにとって政治的によい結果をもたらした。その七〇年後には、その反対をすることが、ジョージ・W・ブッシュにとって政治的によい結果をもたらした。つまり、ホワイトハウスは、テロに関する世間の恐怖をかき立て、それをイラクと結びつけることによって、イラクに侵攻するために必要な支持を得た。

そして、ブッシュ政権が得た唯一の成果がイラクというわけではなかった。九月一一日まで、ジョージ・W・ブッシュは信任が薄く(結局のところ、ブッシュは一般投票で敗れていた)、並の支持率しかない影響力の弱い指導者だった。そのあと、彼は英雄になった。どんな大統領でも九月一一日のテロ攻撃の直後の時期であれば支持率が急上昇しただろうが、テロリストの脅威を継続期間が不確定の世界戦争として示すことによって、ブッシュ大統領は挑戦的なチャーチルに変貌し、そのイメージは、テロ攻撃のあった秋とともに薄れてしまう代わりに、世界戦争自体と同じくらい長く、つまり、半永久的に続いた。ブッシュは「この国は戦争中である」と好んで言った。そして、戦争中であることを最もはっきりと思い出させるのが、新しいテロ警報を定期的に発令することだった。驚くことではないのだろうが、コーネル大学の大学院生ロブ・ウィラーによる統計分析では、新しいテロ警報と大統領の支持率のあいだに「一貫した、正の相関」が見出された。二〇〇四年に出たもう一つの論文では、九人の心理学者のチームが、死あるいは九月一一日のテロ攻撃を思い出させるものが大統領の支持率を上げることを示す実験について報告している。

政治に携わる人間には、そのことを教えてくれる心理学者は必要なかった。イラク侵攻という危険を伴う企てがうまくいかなくなったずっとあとでさえ、ブッシュはテロを扱うことによって最高の支持率を獲得した。同じことは共和党員全般についても当てはまる。危険の影が迫ってくると、米国人は強い人物が責任ある地位につくことを求めるため、共和党員は危険の影が迫っていると確実に感じられるように努力した。二〇〇二年の議会選挙では、穏健派の共和党員でさえ、もっぱらテロや戦争、危険、安全を争点として選挙戦を戦ったが、民主党は経済の弱体化や国内問題に焦点を当てた。民主党は惨敗した。

共和党は二〇〇四年と二〇〇六年も同様の方式に従った。何か違いがあったとすれば、メッセージをいっそう直截的で恐ろしくしたことだけである。二〇〇六年の選挙戦において、副大統領のディック・チェイニーは繰り返し「米国内の大量死」について警告した。共和党のあるテレビ宣伝は、暗い森に集う飢えた狼の群れという原始的なイメージを用いた。共和党の別のテレビ宣伝が用いていたのは、アルカイダの首領の本物の言葉（「我々はスーツケース型爆弾を購入した」と九月一一日のテロ攻撃は「次に目にすることに比べればなかったも同然だ」）とともに流れる時計の時を刻むカチカチいう音と、そのあとの、核爆発の際の火球をクローズアップしたように見える映像だった。共和党支持団体「プログレス・フォー・アメリカ」のある宣伝では、大群衆が「米国へ死を！」と繰り返し唱える映像が映され、ナレーターが単調な調子で「この人々は私たちを殺したいと思っている」と述べていた。こういった宣伝の目的は票を集めることであってお金を集めることではないが、基本的な手法は、家庭用警報機あるいはコレステロール低減薬を売っている会社と変わらない。つまり、世間を怖がらせておいてから保護を提供するのである。

民主党員はジレンマに直面した。テロの脅威がそれほど深刻でないと言ったとすれば、テロの脅威を真剣に受けとめていない、そんなことでは、深刻な脅威のときに指導的立場にふさわしくないと共和党員に激しく批判されてしまう。テロが現に深刻であると認めれば、相手の土俵で選挙の勝ち負けが決まってしまうだろう。政治の戦術の観点から見れば、残された選択肢は一つしかない。すなわち、共和党員と同じようにテロの脅威についてうるさく意見を述べ、米国人を守るために十分な働きをしていないと言って共和党員を非難することである。

共和党員は、テロリストの脅威を利用して前の二回の選挙に勝ったが、二〇〇六年の選挙に勝つことはできなかった。理由の一部は、テロの脅威以外の事情（特に、ハリケーン・カトリーナに対する不手際な対応）である。また、悪化していくイラク（「テロとの戦いにおける最も重要な前線」）の混乱状態のせいで、共和党員が治安問題を本当にうまく取り扱っているのかに対して疑問を投げかけられた。しかし、もう一つの鍵となる点は、ホワイトハウスと議会をこれほど長いあいだ支配してきたあとで、恐怖に基づいて選挙戦を行なうのが単純に困難だということである。米国人がこんなに恐ろしい脅威に曝されているとすると、共和党が安全をもたらすのに失敗したことを意味しないか？　この対処に困る質問が、二〇〇六年の選挙で共和党が掲げたテーマ「より安全になったがまだ完全に安全ではない」を説明する。これは歩みづらい路線であり、共和党員はつまずいた。

責任から解放されて、元の台本に戻ることができた共和党員もいた。民主党は「テロリストが仕掛けてくる戦争の性質と規模を十分に理解していない」と、二〇〇七年四月にルーディ・ジュリアーニは明言した。九月一一日のテロ攻撃のとき称賛を浴びたニューヨークの市長として、ジュリアーニは嵐を潜り抜けることができる強い指導者としてのオーラを持っていた。したがって、二〇〇八年の大統領選挙の共和党候補になろうとしたとき、ジュリアーニが、実際に嵐の真っ只中にいることを米国人に確信させようとしたのは当然だった。テロとの戦いは「我々の時代を定義づける戦い」であると公言し、二〇〇八年に民主党員がホワイトハウスに入れば、米国は「さらなる損失」を被るだろうと脅すように警告した。(5) 民主党員は激怒した。「今の政権は、港を守ったり、大量輸送をより安全なものにしたり、都市を守ったりするためにほとんど何もしてこなかった」と、上院議員のヒラリー・クリントンが言った。「世界の中で我々を孤立させ、アルカイダの再結成を許してしまった」。ジュリアーニがラジオのインタビューでやり返した。「この世にテロリストという真に危険な人種がいて、ここに来て我々を殺したいと思っているということがわかっていないようだ。もっと言うなら、テロの危険に対して十分警戒しておらず守勢に回ったため、彼らが二度ここに来て我々を殺し、罰せられずに逃げたことがわかっていないのだ」

そういうわけで、四機のジェット機がハイジャックされてから五年以上、同じ基本メッセージ（同じ文句のものさえいくつかある）が米国の政界で何度も繰り返し伝えられた。テロリストが我々を殺したいと思っている、この脅威は重大だと片方が言う。もう片方が答えて、確かに、この脅威は重大だが、守るために十分なことをしてくれないから彼らに投票するなと言う。政界における非難と辛辣さにもかかわらず、政界の権威者たちは全員、テロリストが個々の米国人すべてにとって重大な脅威だという主張に基本的に同意している。

もちろん、政治家が唯一の犯人というわけではない。政府機関は、自分たちを守る最も効果的な方法が脅威を誇張しておくことであるのを常に理解してきた。あるリスクが実現しないとき、そのリスクが大きいと言っている当局を責める人はほとんどいないだろう。しかし、あるリスクを軽視していて、そのリスクが夜のニュースに出たら、取り調べて裁判にかけてもらいたいと思うこともあるだろう。そのリスクが政治的に微妙であればあるほど、脅威を誇張しておくことになりやすい。そして、米国で、テロほど政治的に微妙な問題はないのである。そういうわけで、以下に示すCIA長官ポーター・ゴスのもののような発言が生じる。「アルカイダあるいはほかのグループが化学兵器や生物兵器、放射性物質兵器、核兵器を用いようとするのは時間の問題に過ぎないかもしれない」。この発言は恐ろしいが無意味である。あらゆる種類の悪いことは起きるかもしれない。この発言は内容を伴っておらず、予防措置である。行なわれそうにない攻撃が行なわれたら、この発言はCIAが有能である証明として取り上げられ、行なわれなかったら忘れられてしまう。ゴスの発言によって、この恐ろしい出来事が起きそうだと考えるに足る具体的な理由をCIAが持っていると普通の米国人が思うこともあるだろう。

FBI長官ロバート・ミュラーの用心深さは、いっそうばかげたものだった。ミュラーは、二〇〇五年二月に議会のある委員会で証言したとき、テロリストによる攻撃がないことや米国内でアルカイダの組織を見つけられていないことを重要視しなかったし、ひょっとするとアルカイダは米国で重大な攻撃を成功させる力がないのかもしれないとFBIの用意していた報告書の中に示されていたことも重要視しなかった。その代わりに、心配していた。「依然として我々が目にしていないことが非常に心配だ」と述べた。政治学者ジョン・ミュラーは自著『誇張されて』の中で辛辣に指摘した。「FBIの長官にとって、証拠の不在は存在の証拠らしい」

その他の政府機関にもテロを煽り立てる様々な理由があった。一部は予算を守るためにテロを煽り立てた。麻薬取締局は、ブッシュ政権における自分たちの任務の優先順位が突然急落したことに気づき、違法薬物取引による利益がいかにテロの資金源となっているかを説明する巡回説明会を立ち上げた。また、麻薬取締政策局は、ティーンエージャーのマリファナ常用者をテロへの資金提供者として警察に密告することを推進する宣伝活動に大金を費やした。

新しい状勢に好機を見出す機関もあった。「九月一一日のテロ攻撃のあと、ロビイストと政治家は、支出案に対して議会の承認を得る最善策が、支出が国防とまったく関係なくても、『国土安全保障』対策とすることであることにすぐに気づいた」と、ワシントンのシンクタンク、ケイトー研究所のティモシー・リンチは書いている。リンチはこの新種の安全保障に関する支出の例をいくつか挙げている。ニュージャージー州ニューアークにおける空調付きごみ収集車のための二五万ドル、アラスカ州のノースポールという町の通信装置のための五五万七四〇〇ドル、マーサズヴィニヤードからのフェリーの運航のための九〇万ドル。マーサズヴィニヤードの港長は次のように白状している。「何をしたらいいかわからないが、補助金はありがたくもらう」。米国中の町や僻地で、連邦政府の金を目にした役人が、テロリストによる攻撃は本当に行なわれかねず、連邦政府の金を受け取らないのは無責任なことだと確信するようになった。

高所得者向けの警備は、常に規模の大きな商売だったが、九月一一日のテロ攻撃後、それは未来の産業になった。ワシントンの監視集団、センター・フォー・パブリック・インテグリティによると、国土安全保障省の役人に働きかける会社の数は、二〇〇一年の一五社から二〇〇四年の八六一社に増えた。警察装備のメーカーが犯罪が起きているという認識の高まり以外に興味がないのと同じ理屈で、これらの会社がテロの脅威が深刻でないと言うわけはなかった。そして、ジョン・アシュクロフト（ジョージ・W・ブッシュ政権の最初の司法長官で、公職を離れたあと、国土安全保障を専門にロビー活動を行なう会社を設立した）ほどの能力を持った代弁者を用いれば、こういった会社が自分たちの見解を知ってもらうのはまったく難しくはない。

野心のある検察官も、テロの誇張が注目を集める優れた方法であることを見出した。これは「想像しうる最も恐ろしい陰謀の一つ」だと、二〇〇七年六月の記者会見で米国連邦検事のロスリン・マウスコップは言い、ニューヨークのJFK空港を爆破しようとたくらんでいたかどで四人の男性を逮捕したことを公表した。「この陰謀が成功した場合に引き起こされた破壊は想像を絶する」。九月一一日のテロ攻撃を経験したニューヨークでは強烈な言葉だったが、それでいて、この発言を支持する事実は何も存在しなかった。報道によると、四人の男性はJFK空港のジェット燃料タンクを爆破するつもりだったと話しており、爆破によってJFK空港が破壊され、米国経済全体が機能しなくなるだろうと考えていたらしい。彼らには、コネも金も爆薬もなかった。そして、計画もなく、あるのは、無知と白昼夢を基に作られた漠然とした企みの骨組みだけだった。「彼らは愚かだった」と、JFK空港の燃料系統を管理している会社のスポークスマンは告発の直後に『タイム』誌に話した。タンクの爆破はきわめて難しいし、成功するとしても、想定していたように爆発が連結パイプを伝って別のタンクに移ることはないだろうから、陰謀がうまくいくとしても、間違いなくたいしたことにならなかっただろうと、彼は言った。しかし、そのような事情は問題にされず、「計り知れない損害と死と破壊」をもたらしたかもしれない攻撃についてのマウスコップの発言が世界中の新聞の見出しを飾った。

NGOも自分たちの見解の支持者を増やすのにテロが使えることに気づいた。グリーンピースなどの核エネルギーを昔から敵と見ていた者たちはテロを中心テーマにし、既存の原子炉はテロリストに攻撃される可能性があり、新しい原子力発電所の建設は核物質が邪悪な目的に転用されるリスクを高めると警告した。ワールドウォッチ研究所は同様のことを工業化された農業に反対する活動において行ない、集中管理化された食糧生産方式はテロリストの潜入を許し、大量死を広範囲に引き起こすために使われる可能性があると主張した（「あなたのハンバーガーの中のバイオテロ」と、あるプレスリリースで印象的に述べられた）。問題が何であるかは重要でないようだった。アフリカへの対外援助もあれば気候変動もあった。

何とかしてテロと結びつけられた。個別的には、その結びつきは、ほとんど変化をもたらさなかった。集合的には、その結びつきは、テロがあらゆる問題に影を投げかける巨大な危機であることを暗示していた。

それから、ジョン・ミューラーが言うところの「テロ産業」がある。九月一一日のテロ攻撃後、テロの専門家と安全保障問題の評論家の地位が急速に上がったのは予想できる結果だ。「九月一一日以降、テロ関係の書棚を埋めている多くの書籍には、激しい調子で論じ、恐怖を言い立てる攻撃的な内容のものもある」と、国際テロの専門家であるブライアン・マイケル・ジェンキンスが書いている。

ビル・クリントンとジョージ・W・ブッシュの下でテロ対策のトップを務めたリチャード・クラークは、ホワイトハウスを離れてから、テロリストの残虐さに関する恐ろしい話を次々と書いている。その中には、トム・クランシー風のスリラー小説もあれば、現実に即した分析と称しているものもある。ときおり、フィクションとノンフィクションを見分けるのが難しいことがある。「その女性はまったく躊躇しなかった。正面のドアから一五メートル離れたところにあるルーレット台まで歩き、起爆装置のボタンを押し、自爆した。この爆発によって、近くのテーブルで座ったり、立ったりしていた三八人が死亡した。女性のベストとベルトから飛び出した釘とボールベアリングの玉の多くはスロットマシンに当たったが、さらに一〇〇人以上を負傷させた。カジノにいた何百人かの高齢の賭博者のうち一八人が心臓発作を起こし、瓦礫に囲まれて迅速に治療を受けられなかったためその心臓発作が命取りになった」。これはクラークの小説の一つから取ったものではない。高級誌『アトランティック・マンスリー』にクラークが発表した二〇〇五年一月の評論から取ったものである。この評論では二〇〇五年に始まるアルカイダによる攻撃の「第二波」を想定していた。複雑につながった一連の出来事によって、何千人かが死亡し、イスラム教徒の米国人が政治犯収容所に送られ、サウジアラビアでクーデターが発生し、世界的な不況が起き、米国で戒厳令が敷かれる。(6)

このシナリオ（そして、同様のほかの多くのシナリオ）は一般読者向けに作られているが、政府の文書の中にも同様のものがたくさん含まれている。九月一一日のテロ攻撃の衝撃によって役人は想像できないものを想像しようとずっと積極的に心がけるようになり、このテロ攻撃前のブッシュ政権の主な失敗は「想像力の欠如」であると九・一一委員会が述べて、この傾向はさらに強まった。大学教師からスリラー作家、「未来学者」、ハリウッドのシナリオライターまでのあらゆる人間がワシントンに呼び出され、どういった形で事態がいちじるしく悪化するかを考え出すように求められた。こういった試みでは「郵便受けに爆弾――二人死亡」のような典型的なテロのシナリオになりにくい。想像の世界では、テロはこれまでになく壊滅的なものに大きく傾く。

「どうなるか」を想像することによって脆弱さを見つけ出し、対応を考えることができるので、その想像は役に立つ。しかしそこで終わらないかもしれない。「こういったシナリオは往々にして真の脅威へと姿を変える」と、ブライアン・マイケル・ジェンキンスは書いている。「仮説として実現可能ということで始まったものが、おそらく実現するシナリオへと変化じ、そのあとどういうわけか実現が避けられないものとなり、ページの終わりまでに、今にも実現するものになっている」。心理学者にとって、これは予想できることである。専門家と役人も確率盲目を免れない。ほかの一般の人と同様に、彼らの無意識は「典型的なものに関する規則」を用いて詳細なシナリオの実現しやすさを分析する。つまり、シナリオのある要素のもっともらしさによってシナリオ全体の実現しやすさを判断する。「この作用が一因となって、シナリオが魅力的に見え、そこにしばしば述べられている見せかけの洞察を受け入れることになる」と、三〇年以上前にダニエル・カーネマンとエイモス・トヴェルスキーは書いている。

「政治評論家はもっともらしい原因と典型的な結果を付け加えることによってシナリオを改善できる」と、カーネマンとトヴェルスキーは付け加えている。そして、安全保障問題の評論家も同様のことができる。「(九月一一日のテロ攻撃の)八年前、オサマ・ビン・ラディンの側近たちはスーダンの武官で元大臣のサラ・アブデル・アルモブラクに会い、核兵器製造に適した品位のウランを一五〇〇万ドルで売ることをもちかけられた」と、安全保障問題の専門家ピーター・ジンマーマンとジェフリー・ルイスによる『外交政策』誌の二〇〇六年の記事は始まる。「彼は長さ三フィートの円筒容器を差し出した。側近たちは購入に同意した。その一人がのちに語ったところでは、結局のところ『ウランを用いればさらに多くの人を簡単に殺せる』からだった。それは偽物だったことが判明した。しかし、実際に高濃縮ウランが入っていたとしたら、そして、ビン・ラディンの部下が何とかしてそれを用いて、核爆弾を組み立て、輸送し、爆発させていたとしたら、歴史は非常に異なった様相を示していただろう。九月一一日は何十万人もの人が殺された日として記憶されたはずだ」

この鎖にはたくさんの輪が存在する。まず、このシナリオには、スーダンの役人が何とかして実際に濃縮ウランを手に入れることが必要であるが、濃縮ウランを手に入れるのはそれほど容易でないため、かなり当然のこととしてそれができなかった。それから、アルカイダは、このウランを施設に輸送し、爆弾を組み立て、そのあと、標的地まで爆弾を輸送し、うまく作動するかどうかわからないこの手製の装置を爆発させる必要があった。そして、どの段階でも気づかれずに、この鎖全体を完成させる必要があった。これらの個々の段階が成功するより失敗しやすいなら（そして、いくつかの状況で、成功しない可能性がかなり高いなら）、最後の恐怖の瞬間はきわめて実現しにくい。

残念ながら、これはジンマーマンとルイスの話に対する「腹」の反応ではない。ビン・ラディンが核兵器を持っていたら、ニューヨークを核爆弾で攻撃しようとするだろうか？　そうするだろう。それが正しいように感じられる。ポーランドへのソ連の侵攻が二五年前の専門家にありそうだと思われたのとちょうど同じように、「典型的な」行動のように思われる。「腹」はこのような感情からシナリオ全体が実現しやすいと判断し、その結果、この恐ろしい脅威は論理が示すよりずっと実現しやすいという感覚（予感、直感）が生じるだろう。[7]

この理由だけでも、実現の可能性があるテロリストによる攻撃について頻繁に語られている恐ろしい話を疑うべきである。そういった攻撃はほぼ間違いなく実際より実現しやすいように感じられるからだ。しかし、心理学の話がなくても、専門家や評論家が話す話に疑問を呈すべきである。なぜなら、そういった話には、過去の出来事によって正しいことがまったく証明されていない要素が含まれていることが非常に多いからである。テロのシナリオの主要素の一つは、攻撃のあとに起きるイスラム教徒に対する大規模で暴力的な反発である。しかし、ごく少数のささいな事件は別にして、反イスラム教徒関係の暴力行為は、九月一一日のテロ攻撃のあと米国で起きず、バリ島のナイトクラブ爆破事件のあとオーストラリアで起きず、マドリードの列車爆破事件のあとスペインで起きず、ロンドンの地下鉄爆破事件のあと英国で起きなかった。同じように、テロのシナリオでは、九月一一日のテロ攻撃よりずっと小規模の攻撃のあとで、決まって、きわめて深刻な経済状況になる。しかし、九月一一日のテロ攻撃のあとでさえそのような状況になっていない。

さらに多くのほら話がメディアから出ている。九月一一日と炭疽菌によるテロ攻撃のあと、何ヶ月ものあいだテロが唯一のニュースになり、地球上でほかのことが何も起きていないかのようだった。主要な容疑者がすぐに密告され、報道対象になる攻撃が続いて起きることがなかったにもかかわらずそういった状況だった。もちろん、アフガニスタンで戦争があったが、戦争の準備はゆっくりとしていて、派手さに欠け、武力衝突自体が始まったときも、現地の米兵の数はわずかであり、衝突はすぐに終結した。それでは、四六時中テロばかり的な雰囲気のなかで、メディアは膨大な量の紙面と放送時間をどのようにして埋めたのだろう？

メディアは憶測に助けを求めた。「大規模工業国には、脆弱さが実質上無限に存在する」と、ブライアン・マイケル・ジェンキンスは書いた。このことは、実現の可能性があるテロ攻撃は、事実上、記者の想像力だけが憶測の範囲を決めていることを意味する。必然的に、メディアへの豊富な着想の供給源は、一九九〇年代に大流行したウィルスの悪夢についての話となった。この点で、ジャーナリストは、大量破壊兵器に関するブッシュ政権の警告がますます生々しくなることにも助けられた。その警告のなかに、撲滅されて久しい人類の敵である天然痘の大規模な予防接種を真剣に検討することも含まれていたからである。

カッターナイフを使ったテロリストによる攻撃のあとで天然痘が最も大きな心配になるというのは、未来の歴史家が困惑する現象である。天然痘ウィルスは一九八〇年に地球規模で撲滅されたと宣言されており、今日、米国とロシアの厳重に管理された政府の施設にのみ存在する。米国の最後の症例は一九四九年で、そのときでさえ、天然痘は別の時代の遺物だった。それでもなお、新聞やテレビは、天然痘ウィルスを食い止めることがほぼ不可能な伝染病として描く話で溢れていた。

果てしなく恐ろしい物語に曝され、事実を提供されずにいれば、米国人が天然痘の発生が近づきつつあると考えてもおかしくなかった。ハーバード大学公衆衛生学部によって二〇〇一年一一月に実施された調査では、全体の半数より若干多い数の米国人が、テロリストが天然痘ウィルスをばら撒くことを心配していた。「あなたあるいは肉親のうちの誰か」が天然痘にかかる可能性がどれくらいあるか（問題が個人的なものになるので「楽観主義バイアス」が働く質問）を尋ねられると、米国人の一〇人に一人が、地球規模で撲滅されたと二〇年以上前に宣言されたこの病気にかかる可能性が非常に高い、または、その可能性がいくらかあると答えた。もっともこの病気が撲滅されたことを知っていたわけではない。一〇人に三人が過去五年以内に米国で症例があったと考えており、六三パーセントが同じ期間に世界のどこかで感染があったと考えていた。

メディアの天然痘の扱いにおける、誇張とほぼ完全な懐疑主義の欠如は、九月一一日以降のテロに関する報道に典型的に認められるものだった。九月一一日のテロ攻撃とそのあとの状況に世界の運命を決する巨人同士の戦いという枠組みを与えるというブッシュ政権の決定は、メディアによって無分別に受け入れられ、そっくりそのまま真似された。枠組みと言葉とともに、メディアはブッシュ政権の「事実」も受け入れた。今ではよく知られていることだが、イラクへの侵攻の前、存在すると言われていたサダム・フセインの大量破壊兵器とアルカイダとの結びつきという決定的に重要な問題について、メディアは恥に値するほど騙されやすかった。ただし、多くの評論家は、あまりにもあからさまに、あまりにも効果的にホワイトハウスに利用されてきたことに対するきまり悪さが功を奏して、その後の数年間で状況が変化したと主張している。「多くの点で、メディアは間違いなく向上した」と、『スレート』誌にゲイリー・カミヤは書いた。

いくつかの点で向上したかもしれないが、テロの報道では向上しなかったようだ。二〇〇三年一月、警察は九人のアルジェリア人が暮らすロンドンのアパートの手入れを行なった。

手入れの最中に一人の警官が殺されたが、世界中で新聞の見出しを飾ったのは、リシン（ヒマの種子から作られる致死性の毒物）を製造するための間に合わせの実験室が発見されたことだった。トニー・ブレアと当時国務長官を務めていたコリン・パウエルは、この発見を、サダム・フセインとの戦いの支持理由を強化する追加の証拠として取り上げさえした。しかし、二年後、このアルジェリア人のうちの四人に対する告訴は取り下げられ、別の四人は裁判で無罪となった。警官を殺した一人だけが有罪となった。起訴に至らなかったのは、実際には警察がリシンもリシンを製造するための実験室も見つけていなかったからである。見つけたのは、インターネットからダウンロードしたリシンの製造法だけだった。このことが明るみに出たため、テロの脅威の性質と規模が劇的に変化し、政府が刑事事件を政治目的に適合するように操作しているのではないかという深刻な疑問が起こった。それにもかかわらず、この手入れの真相は、初期の誤解を招く報道に比べてごくわずかしか報道されなかった。(8)

ときおり、ジャーナリストは、政府の声明を額面どおり受け入れるだけでなく、誇張してもいる。二〇〇六年一一月、恐ろしい見出しがCNNドット・コムに出た。「英国情報局長官、核攻撃を恐れる」。同じ話についての『ニューヨーク・タイムズ』紙の報告はもっと詳しく、もっと不安を抱かせるものだった。「MI5長官、エリザ・マニンガム＝ブレアは『化学物質や細菌由来物質、放射性物質、さらには核技術の使用まで』含むかもしれない約三〇件の陰謀について語った」。カナダ放送協会の最も重要なテレビニュース番組では、次のように要約していた。「秘密主義であるはずの英国MI5長官からの恐ろしい警告です。

MI5は英国に対する進行中のテロリストの陰謀を把握していますが、その数は一件や二件ではなく、三〇件あり、いくつかは化学兵器や核爆弾の使用を伴うとのことです」

これらの報道は真実に近くすらない。エリザ・マニンガム＝ブレアは一般向けの講演で自分の目で見た英国の治安状況のあらましを述べていた。彼女は容疑のかかっている陰謀者の正確な数を示したあと、この脅威の性質について述べた。「今日、我々は手製の即席爆破装置の使用を目にしています。明日の脅威には、化学物質や細菌由来物質、放射性物質、さらには核技術の使用まで含まれるかもしれません」。この文で暗に述べられているのは、現在、MI5は「手製の即席爆破装置」を用いるテロリストの証拠をつかんでいるだけだという事実である。残りの部分は憶測である。しかし、メディアは内容のないこの発言を取り上げ、切迫した脅威に変えた。

メディアによるテロの報道において、批判的な論理的思考はほぼ完全に崩壊した。九月一一日のテロ攻撃に続く数年間、なぜ米国でアルカイダによる攻撃がなかったのかという基本的な質問を考えて欲しい。論理的には、少なくとも三つの可能な答がある。一つ、法の執行の強化と徹底的な治安面の予防措置によってアルカイダの企みが阻止された。二つ、オサマ・ビン・ラディンだけが知っている邪悪な理由でアルカイダが攻撃しないことにした。三つ、アルカイダは攻撃したいと考えているが、米国内で実行する能力がない。一つ目の答はメディアによく登場する。二つ目の答は、ずっと登場回数が少ない。三つ目の答はほとんど登場せず、小さな可能性としてすら触れられない。

「米国は過去六年間攻撃を免れてきたが、それは攻撃するのが以前より難しくなったためであって、爆破によってカリフの時代に引き戻そうとする若者が休息をとったからではない」と、『ニューヨーク・タイムズ』紙傘下の『インターナショナル・ヘラルド・トリビューン』紙のロジャー・コーエンは書いた。コーエンの頭の中に、三つ目の選択肢はまったく存在しない。(9)

ブッシュ政権に対して懐疑的な批判者がメディアにいたことは間違いないが、時間がたつにつれてそういった批判者でさえ、テロリストの脅威が大きなものであり、増大していると考えて納得できるようになった。結局のところ、ブッシュ大統領は共和党員であり、二〇〇六年後半まで議会は共和党員によって支配されていたし、共和党員は、テロ打倒への鍵だと主張したイラクでの戦争をした。したがって、テロが増大しつつある脅威だとすれば、共和党の責任だろう。「私たちはテロリストに対してこれまで以上に脆弱になっている」と、二〇〇七年七月に『ニューヨーク・タイムズ』のコラムニスト、モーリーン・ダウドが書いている。「生死にかかわらず」のようなブッシュ大統領のあらゆるこけおどしにもかかわらず、「死ぬことになるのは私たちかもしれない」。

ダウドの同僚であるフランク・リッチは、二〇〇七年二月に状況が非常に深刻になったので、耳を貸したくないホワイトハウスの注意を引くために必死の努力で専門家が秘密を公表しようとしていると警告した。「CIAのビン・ラディン対策班を率いていたマイケル・ショワーは、先週、MSNBCのキース・オルバーマンに、アフガニスタンとパキスタンで再編成されたタリバンとアルカイダが、『米国内で核爆弾を爆発させようとしている』と話した」と、リッチは書いた。しかし、マイケル・ショワーは、暗がりからいやいや脚を踏み出した秘密主義の専門家などではない。論争的な数冊の本の著者であり、評論家としてメディアによく登場している。そして、この発言はインタビューの終わりにふとしたはずみで出たコメントだった。「我々はイスラム原理主義者の敵に十分真剣に対処していない。一度に一人ずつ彼らを逮捕すればいいと思っている。米国内で核爆弾を爆発させようとしているのに、対抗する手段がまったくないことになるだろう。巨大権力にとって類のない事態になる。そして、我々は自分たちを責めるしかないということになるだろう」。司会者はここでショワーに礼を言い、それが番組の終わりだった。ショワーはこの短いコメントを裏づける証拠を何も示していなかった。だが、かつてCIAで働いていたというだけで、リッチはこのコメントをぞっとするような脅威の信頼に足る証拠として示した。皮肉なのは、二〇〇二年と二〇〇三年に、ブッシュ政権が（CIAが提供した証拠を用いて）米国に対して重大な脅威をもたらす大量破壊兵器をサダム・フセインが持っていると主張しているとき、フランク・リッチはその証拠を厳密に調べ、それが十分でないことを見つけ、世間を怖がらせてイラクへの侵攻を支持させようとする冷酷な試みだと強く非難した。しかし、二〇〇七年には、政策が変わっていたため、信頼に足る証拠と考えられるものについてのリッチの基準も変わっていた。[10]

これまで述べてきた要因がいかに重要であろうと、それらはなお表面に存在するものでしかない。メディアによる誇張されたテロの報道を促している真の力が見つかるのは、地球内部のプレートのように動いている底部である。

世間は恐れていた。直感が恐れろと言い、ブッシュ政権が恐れろと言った。恐れながら、世間はもっと知りたいと思った。記者や編集者、プロデューサーもこういった感情を共有していた。結局のところ、彼らもほかのみんなと同じ地域社会で暮らし、同じ大統領声明を聞き、同じ直感を使ってそれを処理している。だから、家庭でもニュース編集室でも等しく、テロが重大で増大しつつある脅威であるという事実上の合意が存在した。

そういった合意が成立すると、確証バイアスが働き始めた。みんなが信じていることに矛盾する情報（攻撃に関する統計、死亡する確率、リスクの比較、オウム真理教の失敗、見かけよりずっとたいしたものでないことが判明した大げさな陰謀）は、ほとんどあるいはまったく注意が払われなかった。しかし、みんなが信じていることを裏づけることであれば記者は何にでも飛びつき、それをメディアに供給した。膨大な量の偏った情報が流れた。

その情報によって、不可避的に、世間のテロの認識が強化された。巨大なフィードバック・ループが生み出された。メディアにとって（どんな規模のものであれ、どの程度洗練されたものであれ）実際の攻撃や阻止された陰謀は、テロが重大で増大しつつある脅威であることの証明になった。攻撃や陰謀が存在しないこともその証明になった。想像上の攻撃でさえ証明になっただろう。決して考慮されなかったのは、テロが重大で増大しつつある脅威でない可能性だった。確証バイアスが及ぼしうる深刻な影響が大々的に、不安を抱かせる形で実証されていた。

着実に恐怖を増幅していくフィードバック・ループに組み込まれたニュース・メディアと政治家、世間とともに、エンターテインメント・メディアも恐怖の増幅の一翼を担った。テロよりドラマに適した脅威を想像するのは難しい。そのため、テロは数十年のあいだ小説や映画、テレビ番組に用いられてきた。九月一一日以降、テロの恐怖が急増するとともに、しかめっ面をした陰謀者がロサンジェルスを核攻撃するのを劣勢の政府のエージェントが食い止めようと苦闘するというイメージ（人気のあるテレビドラマ『24』に最もよく現われている）は、ドラマの主要素になった。

こういったエンターテインメントの多くで不安を抱かせるのは、フィクションと現実の境界線を故意にぼやかしていることだった。「五年前、九月一一日は米国人の記憶に焼きつけられた」と、連続ドラマ『スリーパー・セル』の有名な宣伝は始まる。話し手は九月一一日のテロ攻撃から一周年の演説を行なっている本物のブッシュ大統領である。「現在、我々は以前より安全であるが、まだ完全に安全ではない」。不吉なドラムの音が鳴る。旗と都市の映像が現われ、暗転する。そのあと、すさまじい勢いで映像と音が始まる。銃を撃っている男、拷問を受けている者、切迫した「核攻撃……」というささやき。そして、最後に画面上に警告が現われる。「次の攻撃はどこにでもありうる」

リスク認識について知られているあらゆることが、この手の類は「頭」と「腹」の両方に有害であることを示している。「頭」にとっては、事実の誤りが問題となる。疾病対策センターは、天然痘がテレビ用映画で描かれているように伝染性で抑制できず致命的であることなどまったくないと、概要報告書で説明する必要があると実際に感じていた。「腹」にとっては、次々とたくさんの暴力的イメージが現われ、強い感情を引き起こし、直感的判断を促すことが問題となる。前に見たように、人が認識する気候変動がもたらすリスクは、映画『デイ・アフター・トゥモロー』を見ることではっきりと高まった。比較的抽象的な脅威に関する本当らしくない映画にそんなことが可能なら、ずっと強く直感と結びついていてずっと強く感情に訴える脅威に関する、リアルで脈拍が速まるような話に、ずっと多くのことが可能だと考えてもおかしくない。

これまで述べてきたことから形成される平均的な米国人とはどんな人だろう？　彼女はテロが重大な脅威であるという強い感情からスタートする。九月一一日の攻撃の記憶と感情によって、「腹」が判断したものだからである。この感覚はブッシュ政権や政界のほかの権威者の声明によって繰り返し強められる。政府機関や警察、安全保障の専門家、警備会社、NGO、メディア、評論家、エンターテインメント業界によっても毎日強化される。そして、この平均的な米国人は、同じ記憶と感情を持ち、米国政府とメディアから同じ情報を入手し、テロの脅威が大きいことに同意している他人に囲まれている。特に、すでに見たように、集団の見解に従う傾向は問題がより重要になると強まる（このことは問題が起きることと同じくらい重要である）ため、そういった合意に直面すると、集団に従うことだけが自然である。

テロの脅威が大きいと強く信じながら、この平均的米国人は次に確証バイアスの影響を受けることになる。出くわした情報のうち、自分の信念を支持するように思われるものにはすべて飛びつき、そうでないものは無視するか、退ける。要するに、彼女は情報を偏見というふるいにかけるが、その情報自体がすでにメディアや他人によってふるいにかけられたものである。その結果は偏見の二乗である。

こうなると、テロ攻撃がなかった四年間に米国人のテロの恐怖が現実に大きくなったことや、米国人のほぼ半数が自分あるいは自分の家族がテロリストに殺されることを心配していることが、完全に理解できる。これ以上に強力な要因がずらりと並んで無意識を圧迫するのを想像するのは難しい。そして、私たちの意識上の判断に及ぼす「腹」の影響を過小評価するべきではない。情報を理性的に分析することに人生を費やしてきた人の場合でさえ、過小評価すべきでない。二〇〇七年七月、国土安全保障省長官マイケル・チャートフは『シカゴ・トリビューン』紙に「脆弱な時期を迎えているという直感」を抱いていると話した。CIA元長官のジョージ・テネットは二〇〇七年の回想録でほぼ同じ言い回しを使った。九月一一日のテロ攻撃後の数年間に「なぜ攻撃がないのかわからない。しかし『アルカイダはここにいて待ち伏せしている』と直感している」。

そして、こういったことがまさにテロリストがジョージ・テネットやその他のすべての米国人に直感して欲しいことである。「米国は、北から南まで、西から東まで、恐怖に満ちている」と、二〇〇四年のビデオテープでオサマ・ビン・ラディンは言った。「そのことを神に感謝する」

ブライアン・マイケル・ジェンキンスは次のように書いている。「テロは、実際の、あるいは実行をほのめかされた暴力行為であり、恐怖と不安の雰囲気を作り出すように計算されている。作り出された雰囲気によって、今度は、人々はテロリストの強さとテロリストがもたらす脅威を誇張することになる」。テロリストは恐るべき敵ではない。もしそうなら、別の手段を用いて戦うだろう。テロリストが罪のない者の大量殺戮（最も弱い戦闘員にさえ可能な種類の攻撃）を行なうのは、弱いからである。そのような大量殺戮はそれ自体で相手に重大な打撃を与えることにはなりにくい。しかし、恐怖を生み出すため、テロリストが期待する反応を引き起こすことができる。

ルイーズ・リチャードソンの指摘によると、テロリストは常に二組の目的を持っている。一組は政治的なもの、もう一組は戦術的ですぐに結果が出るものである。テロリストが政治的目的を達成することはほぼない。しかし、戦術的目的をなんとかして推進することはよくあり、「迅速な是正手段を求める不満を抱いた若者の心に訴えるのは戦術的目的を達成することである」。こういった戦術的目的は三つの言葉に要約することができる。復讐、名声、反応である。

「復讐」がこの三つのうちテロリストが独力で達成できる唯一の目的である。敵が自分たちを不当に扱った（テロリストはそう考えている）から、報復として敵方の人民を殺す。

「名声」は、将来支持者になる可能性のある者たちのあいだでのテロリストのイメージを指す。テロリストは、敵に損害を与え、打倒することが現実的に可能な一大勢力（立派な兵士で構成される軍隊）と見られたいと思っている。彼らは、大胆な攻撃（一九世紀の無政府主義者はテロのことを「行為によるプロパガンダ」と呼んだが、それに当たる攻撃）を実行することによって、部分的にその望みを実現できる。しかし、そこまでである。攻撃はどの程度の損害を与えているのか？　テロリストはどの程度強いのか？　敵は重大な脅威を受けているか？　テロリストにこれらの質問に答える機会はない。敵の政府とメディアが答える。したがって、名声は、主に、敵の政府とメディアがその脅威をどう表現するかにかかっている。

「反応」はもちろん完全に敵次第であり、テロリストの計画はその反応によって決まることが多い。一般的に望まれるのは、テロリストによる攻撃が過激な過剰反応を引き起こすことである。一九七〇年代に、ドイツの赤い旅団は、西ドイツが民主主義とコンシューマリズムのベールの下に本性を隠したファシスト国家だと考えた。テロによって西ドイツ政府がベールを脱ぎ捨て本性を現わし、それを見た非暴力主義の左派が革命に駆り立てられればよいと願った。私たちにわかっているところでは、オサマ・ビン・ラディンは、九月一一日のテロ攻撃が、イスラム世界からの米国の撤退か侵攻のどちらかをもたらすと予想していたようである。米国が中東から手を引いたら、米国政府が支援した世俗的な独裁政権（終始ビン・ラディンの憎しみの対象だった）は致命的に弱体化するだろう。一方、米国がイスラム世界に侵攻したら、イスラム世界が「ユダヤ人と十字軍戦士」に攻撃を受けているというビン・ラディンの主張が裏づけられ、ジハードの旗の下に新兵を結集させることになるだろう。

この観点から見れば、ブッシュ政権の九月一一日のテロ攻撃に対する反応は、感情的には満足を与えるものだったが、まったく判断を誤っていた。攻撃を戦争と定義すれば、テロリストは兵士になり、テロリストの組織は軍隊になる。その戦争を、大変動をもたらす死闘――第三次世界大戦と同等のもの――と定義すれば、米国を倒すことも考えられるほどアルカイダは強力だと世界に対して効果的に宣言することになる。米国が倒されることはないと主張しても（ブッシュは大統領の全任期を通じて何度も繰り返して主張した）こういった含意は消えなかった。それどころか固定化した。

これはオサマ・ビン・ラディンがこれまで受け取った最大の贈り物だった。ビン・ラディンは、ブッシュからこの贈り物を与えられる前、自分の追随者の一団をアフガニスタンの砂漠に落ち着くまで国から国へと移動させざるを得ない無法者だった。仰々しく米国に「戦争を宣言し」無視された。東アフリカの米国大使館を爆破し、アラビアの沿岸で米国の船を攻撃し、ビン・ラディンの注目度は少し上がったが、腐敗した政権を一掃し、新しいカリフのもとで政権を樹立したいと思っている狂信的なイスラム教徒の代弁者になるために必要な名声と呼べるものはまだ何も持っていなかった。ビン・ラディンがその名声を得たのは、ブッシュが彼を米国の存在にかかわる脅威と宣言したときだった。「民衆の敵ナンバー1に昇格することは、まさにテロリスト集団が求めていることだ」と、リチャードソンは書いている。「それによって仲間に加わる可能性のある者たちのあいだで名声が得られ、その結果より多くの追随者を獲得する。要するに、テロリストとの戦争を宣言することは、テロリスト集団が求める名声を手渡すことだ」。オサマ・ビン・ラディンはこのことをはっきりと理解しており、米国の偉大な敵としての地位を思う存分享受した。「相手を侮辱して怒らせるのは簡単だ」と、二〇〇四年のビデオテープでビン・ラディンはほくそ笑んだ。「イスラム戦士を二人送り込むことだけだ……アルカイダと書かれた布切れを掲げて将軍たちを競走させるために……」(11)

九月一一日のテロ攻撃に世界戦争という枠組みを与えることも、ビン・ラディンが自分の求めていた反応を得ることを確実にした。アフガニスタンへの侵攻は世界中から支持された。しかし、ブッシュ政権がそこで世界戦争をやめていれば、ビン・ラディンは失望していたことだろう。アフガニスタンのような辺境の地への小規模な軍事介入が第三次世界大戦にふさわしいとは言いがたい。そこで、第三次世界大戦はイラクに及んだ。それは、イスラム原理主義者が描く、イスラム世界の破壊を決意した十字軍戦士の国としての米国の姿を裏づけるような侵攻だった。一九七〇年代に、西ドイツ政府は赤い旅団によって過剰反応させられるのを拒絶した。ジョージ・W・ブッシュは、テロリストが夢見た規模で過剰反応した。

リチャードソンは次のように結論を下している。「テロとの戦いを宣言することは（アルカイダに）目的を成しとげさせないどころか、目的を認めてしまっており、だからテロとの戦いに勝つことができないのだ」

「恐怖は我々が直面している最大の脅威である」と、ブライアン・マイケル・ジェンキンスは書いている。テロの脅威を煽り立てる者たちの多くは、恐怖が徐々に害を及ぼし、破壊的な形で反応するように促すものであることを知っており、この点に同意するだろう。ただし、恐怖とその反応を、あたかも全く制御できないかのようにテロが必然的に引き出すものと考えている。こういった考えは、元統合参謀本部議長リチャード・マイヤーズ将軍による、テロリストによる一万人が死亡する攻撃があれば「我々の生活様式が途絶えてしまう」だろうという発言の背後にも認められる。なぜ？　この四倍の数の米国人が車の衝突事故で毎年死亡しているが、車の衝突事故が米国人の生活様式に対する脅威だなどと誰も心配していない。もちろん、この将軍が言おうとしたのは、その規模のテロリストによる攻撃にひどく脅かされるため、米国人は警察国家を求めるだろうということである。つまり、テロリストは米国を破壊しないが、恐怖は米国を破壊するだろうということである。

テロが不釣合いに大きな恐怖を生み出し、攻撃を止めること以外にそもそもテロに関してできることはないというのは、ある程度正しい。テロは生々しく、暴力的で、不当で、大惨事を招きかねない。「腹」のボタンをすべて押すのだ。「頭」に基づいた分析による以上に大きな脅威だと感じるのは避けられない。しかし、人は無意識の奴隷ではない。自分の感情を覆すことができる、あるいは少なくとも修正することができる意識も持っている。ブッシュ大統領が、九月一一日のテロ攻撃のあと、テロのリスクを含めて考えても車を運転するより飛行機に乗る方が安全だとはっきりと繰り返し主張し、自ら民間ジェット機に乗ることによってその点を強調していたとしても、すべての人が納得し、不安感を無視して飛行機を利用することにはおそらくならなかっただろう。しかし、それによって、メディアでリスクと統計について話すことになり、飛行機から車の運転に切り替えた人のうち、かなりの割合の人が愚かであると気づいて飛行機に戻っただろう。その結果、人命が救われただろう。

テロとの戦いにおいて、テロが心理学的戦術であることに気づかなくてはならない。[12] テロリストは脅えさせようとしている。恐怖の管理が、攻撃の防止と陰謀者の逮捕と同じくらい大きな役割を果たすべきだ。ブライアン・マイケル・ジェンキンスが言うように「テロリストそのものではなく、恐怖を攻撃」しなくてはならない。

恐怖を攻撃するとは、まず、脅威を実際より大きなものとして描く発言を避けることだ。二〇〇六年に、ドイツ警察が二台の列車を爆破する陰謀を阻止したとき、ブッシュの元スピーチライターのデイヴィッド・フラムは印象的な文で新聞のコラムを始めた。「神経質な飛行機利用者は要注意――列車を利用したからといってテロリストから逃れられると思ってはならない」。これは、飛行機あるいは列車で移動中にテロリストに殺されるリスクがかなり大きいと述べているのと同じだ。これは真実に程遠いが、テロリストが信じてもらいたいと強く願っていることである。

恐怖を攻撃するとは、政治家やメディアが無視した統計を補充して、テロのリスクを相対的にとらえることでもある。そして、第三次世界大戦を戦うというような話をやめることだ。ナチス・ドイツは、文明世界の多くを征服し続け、民族を一掃し、最初の核兵器を開発するところまで恐ろしいほど近づいていた。ソビエト連邦は、一九八九年でさえ、六〇〇万人の兵士を擁し、膨大な量の戦車とジェット機と船、そして、米国とヨーロッパのすべての主要都市を三〇分以内に煙と灰にするのに十二分な戦略核兵器を装備していた。アルカイダは、最盛期においても、小火器とアフガニスタンの砂漠にある野営地のネットワークを持っただけの狂信者の一団だった。現在、彼らは小火器を持っただけの狂信者の一団に過ぎない。だから、そのようなものとして論じられるべきだ。

大量破壊兵器と最悪のシナリオ、特にテロリストによる核攻撃も同様に扱われるべきだ。実現しそうにないからといって危険を顧みないでおくべきではないことは確かだが、実現しそうにないという事実も無視するべきではない。あるいは、現代の国がそれらに耐え、以前より強くなれることも無視すべきでない。

民主主義政府が「テロリストそのものではなく、恐怖を攻撃」しようとする場合、テロについてどのように語るべきかの手本が存在する。かなり奇妙なことだが、その手本を提供したのはトニー・ブレアだった。ブレアは、ブッシュ政権の「テロとの戦い」を誇張したレトリックを何年も繰り返し述べてきたあと、二〇〇五年七月七日の朝、自分自身の危機に直面した。このとき、ブレアがホストを務めていたG8サミットが、自爆テロでロンドンの地下鉄とバスが攻撃されて五六人が死亡したというニュースによって中断された。ブレアは冷静で自制的だった。「この恐ろしい行為を仕出かした者たちが価値観を表現するのはテロを通してだ。だから今すべきことは、我々の価値観を示すことだ。彼らは罪のない人たちの大量虐殺によって脅し、怖がらせ、したいことをさせないようにし、通常どおり仕事を続けさせないようにしているが、我々には今までどおりする権利がある。彼らは成功すべきではないし、成功させてはならない」

ルイーズ・リチャードソンは次のように指摘している。「レトリックを強めたり、戦争とか復讐という言葉に終始したりするのとはまったく違い」、ブレアは「犯行現場と警察の仕事、それに、自国の価値観と生活様式を守るという英国の静かな決意について穏やかに語った」。ロンドン市長のケン・リヴィングストーンは、攻撃後の陰鬱な数時間のあいだに同様の見解を表明した。「彼らはロンドン市民を互いに敵対させようとしている。そのことでロンドンが分裂することはないだろう」。その翌日、リヴィングストーンは次のように忠告した。「この恐ろしい攻撃を計画した者たちは、まだロンドンに潜伏していようとどこか外国にいようと、来週、我々が亡くなった人たちを埋葬し、追悼するのを見るだろう。だが同じ日には、新しい住人がこの街にやってきて、ここをふるさとにし、自分たちをロンドン市民と呼ぶ。そうするのは、自分自身であるという自由のためだ」。さらに、リヴィングストーンは、これまでどおり地下鉄で通勤すると公表し、それを実行した。

「ロンドンは戦場ではない」と、二〇〇七年一月の演説で英国公訴局長官ケン・マクドナルド卿は明言した。「二〇〇五年七月七日に殺された罪のない人たちは、戦争の犠牲者ではなかった。そして、彼らを殺した男たちは、ばかげたビデオテープでうぬぼれて主張しているような『兵士』ではない。思い違いをしているナルシストの不適格者だ。犯罪者だ。空想家だ。我々はこのことをはっきりわかっている必要がある」。マクドナルドはこの見方は決定的に重要だと警告した。なぜならテロリストは自分たちを実際以上に大きな脅威として描き「我々をそそのかして価値観を捨てさせようともくろんでいるからだ……我々は、自由の伝統を捨てることなくこういった凶悪犯罪から自分自身を守らなければならない」。

もちろん、テロについてどのように話すかは、反応の始まりに過ぎない。政府は行動もしなければならない。そして、行動は金銭で評価される。

一九九五年から二〇〇一年のあいだに、米国連邦政府によるテロ対策費は六〇パーセント増加した。二〇〇一年（九月一一日のテロ攻撃前）から二〇〇七年のあいだに、対策費はさらに一五〇パーセント増加し、五八三億ドルに達した。これらの数字は国土安全保障に対するものである（国土安全保障は「米国内のテロリストによる攻撃を防ぎ、テロに対する米国の脆弱さを低減し、実際に行なわれる攻撃から損害を最小にして、回復するための協同の取り組み」と定義されている）。これらの金額にアフガニスタンとイラクにおける軍事作戦の費用は含まれていない。「テロとの戦い」の項目にイラクが含まれれば（ホワイトハウスは常にそうあるべきだと主張してきた）、テロ対策費の総額は跳ね上がるだろう。イラク戦争の予想総費用の推定額だけで、五〇〇〇億ドルから二兆ドルのあいだになる。

隠れた費用も存在する。たとえば、九月一一日のテロ攻撃以降加わった治安のための検査は、空港や国境検問所、港の通過を遅くしており、人や物資、サービスの移動を妨害するものは何でも経済に打撃を与える。ジョージ・メイソン大学の経済学者であるロジャー・コングルトンは、米国の空港で三〇分余計に遅れることによって年に一五〇億ドルの経済的損失があると算出した。

当然、費用は米国に限られたものではない。九月一一日のテロ攻撃は、先進国全体に優先事項の大幅な変更をもたらした。米国政府のかける圧力も同様の効果をもたらした。たとえば、米国の基準を満たしていない港から来た船は米国の港から締め出されたため、米国の港の治安基準の変更箇所は事実上国際基準になった。テロ対策の隠れた費用は、世界的規模ではわかっていないが、疑問の余地なく莫大であり、直接的出費も九月一一日のテロ攻撃後の時代にかなりの水準まで急増した。「過去五年間に莫大な資金の流入があった」と、カナダの首相スティーヴン・ハーパーの国家安全保障顧問は二〇〇六年にある上院委員会で話した。「おそらく短期間で使いきれないくらいある」

それでは、先進国はテロのリスクを低減するためにいくら使っているのか？　誰にも確かなところはわからないが、直接的な費用だけで年に一〇〇〇億ドルを越える可能性があり、総額はそれよりかなり大きいだろう。

これは理にかなったことだろうか？　テロリストの脅威の重大性に見合ったものだろうか？　こういった質問に理性的に答える唯一の方法は「費用便益分析」を用いることである。費用便益分析は、ある政策のもたらす利益が政策の実行にかかる費用を上回っているかどうかを調べ、費用に対する利益の比率が最も大きい対策を優先することを意味する。このように述べると冷酷で専門的な感じがする。特に人の命がかかっているときはそう思われる。しかし、金額は有限で、人の命に対する脅威は無数にある。可能な範囲で最大限有効に金を使うためには、費用便益分析は欠かすことができない。

残念ながら、テロにかかる費用は費用便益分析にかけられたことがない。その結果がどのようなものかは想像するしかない。テロのリスクは確かに実際に存在する。そして、大惨事をもたらすテロのリスクは一般に述べられているよりずっと小さいが、そういったリスクも実際に存在する。[13]また、政府がテロと戦うために何もしなければ、ずっと多くのテロがあり、ずっと多くの人命が失われただろうと想定しても差し支えない。したがって、費用便益分析の結果、相当な額の出費が正当化されることには何の問題もない。しかし、現行の出費の規模が、費用便益分析で妥当なものと評価されるとは考えにくい。

米国内だけでも、多くの比較が可能である。以下はその一例である。米国人の約一四パーセントが健康保険に入っていない。これは人数にすると四一〇〇万人になる。米国の子供の九パーセント（六五〇万人）が何の保険にも入っていない。二〇〇四年に全米アカデミーズの一つ医学院が出した報告によると、健康保険に入っていないことによって「米国で毎年一万八〇〇〇人が不必要に死亡している」。これは九月一一日のテロ攻撃による死亡者の六倍である。経費はどうかと言えば、医学院の委員会の結論によると、健康保険に入っていないことによって、米国全体で毎年六〇〇億ドルから一三〇〇億ドルかかっている。

別の比較もできる。疾病対策センターによると、「利用可能な最も有効な予防医療サービスを受けているのは、米国人の半分以下である」ため、米国で毎年「何十万もの」人が死亡している。

健康保険をすべての米国人に普及させるための費用と予防医療サービスの利用を拡大するための費用は、関係する複雑な細目によって大きく変わる。確かに、その費用は非常に高額(毎年何百億ドル単位)となるだろう。しかし、救うことのできる人命の数と取り戻すことのできる経費を考えれば、おそらく、どちらの政策も費用便益分析でテロ対策よりずっと良い結果が出ると考えて間違いないだろう。それでいて、共和党も民主党も、健康保険の普及あるいは予防医療サービスの増加の価値とテロ対策費の価値の比較に踏み切れていない。そして、これらの政策は不利を被り続けてきた。テロ対策費が再び増加したブッシュ政権の二〇〇八年度の予算において、疾病対策センターの予算は削られ、この機関は一億ドルの予防医療計画を撤回せざるを得なかった。

世界的に見れば、現行のテロ対策費の妥当性に疑問を投げかけるさらに多くの比較が可能である。はしかのワクチンは一回の投与につき一六セントしかかからないにもかかわらず、はしかによって年に三〇万人の子供が死亡している。一六〇万人以上の子供が、予防可能で簡単に治療できる下痢によって死亡している。一九八八年に、ポリオによって一日に一〇〇〇人の子供が麻痺していた。三〇億ドルかけた活動によって、ポリオウイルスを絶滅寸前まで追いつめたが、二〇〇三年でこのお金が底を突き、ポリオは二七ヶ国で急激に息を吹き返した。

二〇〇四年に、デンマークの政治学者ビョルン・ロンボルグは世界中から多くの専門家を集め、世界の多くの問題のうちどれが最も大きな費用便益比で取り組めるかを検討した。残念ながら、テロは検討されなかったが、それ以外の多くの主要な問題は検討され、優先順位表が作成された。第一位になったのは、エイズを抑制することだった。「二七〇億ドルの費用で、二〇一〇年までに約二八〇〇万症例のエイズを予防できる」と、ロンボルグは『五〇億ドルでできること』[14]に書いている。

マラリアもここで上位に入った。この病気によって年に約一〇〇万人が死亡し、そのほとんどがアフリカの子供であり、アフリカ経済から年に一二〇億ドルが失われている。著名な経済学者で経済開発の権威であるジェフリー・サックスは、マラリアが年に二〇億ドルから三〇億ドルの費用で抑制できると見積もっている。したがって、これは、米国が二〇〇七年にテロ対策のために予算に計上しているお金の約五パーセントに等しい年間費用で、非常に多くの人命が救われ非常に多くのお金が節約できる事例である。しかし、そのお金はアフリカにはない。国連は二〇〇七年にアフリカでマラリアのために二億二〇〇〇万ドルだけ使い、世界銀行は五年間にわたって五億ドルから一〇億ドル貸す約束をした。二〇〇五年に、ブッシュ大統領は「大統領のマラリア・イニシアチブ」を創設して称賛されたが、それは年に二億四〇〇〇万ドルだけ五年間提供するものだった。そういうわけで、過去四〇年間に国際テロで死亡したほぼ一万五〇〇〇人の六七倍の数の人が、マラリアによって毎年死亡し続けることになりそうである。

どの比較を取っても理にかなっているとは思えない。こういった状況は、フランクリン・ルーズヴェルトが一九三三年に警告した「いわれのない恐怖」の産物そのものだ。当時は、経済秩序が崩壊しつつあり、政治の秩序も共倒れし始めているように見えた。ファシズムと共産主義が台頭しつつあり、戦争の影が大きくなった。私たちの時代よりずっと希望の持てない時代だったが、それでもルーズヴェルトは落ち着いていた。「偉大な国家は、これまでもそうだったように、これからも困難に耐え抜き復活を遂げ繁栄を手にするでしょう」と、彼は就任演説で述べている。ただし、私たちが思考と行動を「言葉に表わせない、いわれのない、正当化されない恐怖」によって導かれないようにすればという条件が付いていた。言葉と行動によって、ルーズヴェルトは米国を落ち着かせ、破壊的な恐怖から離れるように導いた。ルーズヴェルトは米国を強くし、米国に自信を持たせた。言葉と行動によって、ルーズヴェルトの後継者は、ルーズヴェルトと反対のことを行ない、米国を弱くし、脅えさせるだろう。

第12章　結論——今ほど良い時代はない

オンタリオ州中心部の両親の家の近くに、錆びた鉄の骨組みと何十年に及ぶ冬の凍てつく寒さと春の雪解けによっておかしな角度に傾いた墓石でいっぱいの小さな墓地がある。ここはかつて農耕地域だった。開拓者が一九世紀末にやってきて、木を切り、切り株を掘り起こし、大変な労力をかけたが、カナダ楯状地の裸の花崗岩の上に広がる薄い土の層でしかないとわかった。一世代か二世代続いたあと、ほとんどの農場の畑は森に取って代わられた。今日、墓地だけが残っている。

開拓者は裕福な人たちではなかったが、常に、お金の許す範囲で最も大きな墓石を買った。自分たちが何者かを表明してくれるもの、そして、いつまでも残るものを求めていたのだ。彼らは自らの存在がいかにたやすく終わりを告げるかを知っていた。墓石は長持ちする必要があった。「ジェームズ・モーデンとジェイニー・モーデンの子供たち」と、墓地の一つのオベリスクが告げている。高さは一・八メートルほどもある。そこには、最初に亡くなったのがチャールズ・W・モーデンだと書いてあった。四歳と九ヶ月だった。

一九〇二年の冬のことだった。その幼い男の子は喉が痛いとこぼしていたことだろう。体がだるく、その額は母親の手に温かく感じられた。ベッドに横たわって一日か二日たつと、チャールズは青白い顔になった。心臓が激しく鼓動した。皮膚が焼けるように痛み、嘔吐し始めた。喉が腫れたため、呼吸するのが大変で、頭は汗でびしょびしょの枕から動かせなかった。母親のジェイニーは何が幼い息子をさいなんでいるのか知っていただろうが、治療法がなかったため、その名を口にすることはなかったにちがいない。

次に、チャールズの弟のアールが泣き始めた。喉が痛いと、うめき声を上げた。そして、とても熱が高かった。息子たちのなかで一番年上のアルバートが自分もだるいと言った。そして、やはり、アルバートの喉も痛んだ。

チャールズ・W・モーデンは一九〇二年一月一四日火曜日に亡くなった。チャールズの父親は幼い息子のなきがらを毛布でくるんで、降り積もる雪のなかを納屋まで運ばなければならなかっただろう。寒気がなきがらに染み込み、春までなきがらを固く凍らせる。春になって気温が上昇して雪の地面が溶けてから、父親は息子の墓を掘ることができただろう。

次の日、アールとアルバートがともに亡くなった。アールは二歳と一〇ヶ月だった。アルバートは六歳と四ヶ月だった。父親は毛布をさらに二枚取り出して、息子たちをくるんで、凍らせるために納屋まで運んで行っただろう。

その次に、娘たちが病気になり始めた。一九〇二年一月一八日に、長女が亡くなった。長女のミニー・モーデンは一〇歳だった。七歳の妹エラマンダも同じ日に亡くなった。一九〇二年一月一九日の日曜日、この熱病が、まだ一八ヶ月の幼いドーカスを襲った。最後の務めとして、ジェームズ・モーデンは娘を毛布に包み、雪の中を歩いていき、納屋の寒気と暗闇のなかに横たえた。そこで、この子は、兄や姉たちとともに長い冬を越して埋葬されるのを待ったことだろう。

一九〇二年の冬にモーデン家の子供たちを全滅させた熱病は、農場から農場へと急速に広がった。モーデン家のオベリスクの隣にあるオベリスクは、モーデン家の子供たちが亡くなってから数週間以内に亡くなったエライアス・アシュトンとローラ・アシュトンの二人の子供に捧げられている。アシュトン夫妻は、子供を失う気持ちをすでに知っていた。夫妻の一五歳の息子は一九〇〇年に亡くなっており、五歳の息子がその八年前に亡くなっていた。

過去数世代において、このような喪失を経験していない家族を見つけるのは難しい。一七世紀後半のニューイングランドの清教徒の牧師であるコットン・マザーは、娘の一人をアビゲイルと名付けた。この娘は亡くなった。そこで、彼は次に生まれた娘に同じ名前を付けた。この娘も亡くなった。そのため、三番目の娘にまたアビゲイルと名付けた。この娘は大人になるまで生き延びたが、出産のとき亡くなった。繁栄した社会の裕福な男性であるマザーは、全部で一三人の子供を、寄生虫と下痢、はしか、天然痘、事故、その他の原因で失った。

「亡くなった子供を見ても、割れた水差しか枯れた花程度にしか驚かない」と、ある説教のなかで彼は述べたが、いかに身近なものだったとはいえ、死は生きている者を苦しめる力を決して失わなかった。「子供が死んでいくというのは、手足を引きちぎられるようなものだ」と、コットンの父親のインクリース・マザーは書いた。

子供は特に病気にやられやすいが、子供だけがやられやすいわけではない。モーデン家とアシュトン家、その他大勢を襲った伝染病はこの点で典型的なものである。それは、特に子供にとって致死的だが、大人も死ぬ病気の一つであるジフテリアだった。一八七八年に、ヴィクトリア女王の四歳の孫娘がジフテリアにかかり、母親である女王の娘にその病気をうつした。ヴィクトリア女王は比べる者がないほど裕福で権力を持っていたが、何もできなかった。娘も孫娘も亡くなった。

これは私たちの世界ではない。もちろん、私たちは依然として悲劇と悲しみを知っているが、質的にも量的にも過去の人たちとは異なる。一世紀前、ほとんどの人が、チャールズ・モーデンを苦しめていた病気(腫れて大きくなった首の悪名が特に高かった)を知っていただろう。今日、私たちは「ジフテリア」という言葉を一度か二度聞いたことがあるかもしれないが(赤ん坊を診療所へ連れて行って注射してもらうときに出てくる)、ジフテリアについて何か知っている人はほとんどいない。なぜか? 一九二三年に作り出されたワクチンによって、先進国全体でこの病気がほぼ撲滅され、ほかの地域でも死亡者数が劇的に減少したからである。

ジフテリアに対する勝利は、私たちが暮らしている世界を作り出した多くの勝利の一つに過ぎない。いくつかは劇的である。たとえば、天然痘の絶滅は文明にとってピラミッドの建設より大きな記念碑的出来事である。わくわくする感じがかなり劣る勝利もある。たとえば、ビタミンによる食品の強化は、魅力に欠けるかもしれないが、病気を取り除き、子供を丈夫にし、寿命を長くするのに大きく貢献した。そして、話題にするにはおよそ不快な勝利もある。たとえば、私たちは人間の排泄物にちょっと言及されるだけで鼻にしわを寄せるが、下水処理システムの開発は、歴史上のほかのどの発明より多くの人命を救ったはずだ。

一七二五年に、のちに米国となる土地に生まれた赤ん坊の平均余命は五〇年だった。この植民地は土地と資源に恵まれており、米国人の寿命は、実のところ、英国（惨めなことに英国では三二歳だった）やほかのほとんどの場所や時代の人間と比べて非常に長かった。そして、寿命はじわじわと増加した。一八〇〇年までに、寿命は五六歳に達していた。しかし、その後、部分的には都市のスラムの拡大のせいで減少した。一八五〇年までに、寿命はわずか四三歳になった。しかし、再び徐々に増加し始めた。一九〇〇年に、寿命は四八歳になった。

これは人類の歴史を通しての平均余命の話でもある。少しの増加のあとに少しの減少が続き、数世紀がたいした進展もなく過ぎ去っていたのだ。

しかし、そのあとすべてが変わった。一九五〇年までに、米国人の平均寿命は六八歳まで急増していた。そして、二〇世紀の終わりまでに、七八歳になった。この知らせは、ほかの先進国でも同じくらいかさらに良かった。平均寿命は世紀の変わり目に八〇歳近くまで達するか、八〇歳を上回った。二〇世紀の後半に、同じくらい劇的な増加がほとんどの開発途上国でも見られた。

この目を見張る変化の最大の要因は、子供の死亡率の減少である。一九〇〇年に、米国で生まれた子供のほぼ二〇パーセント（五人に一人）が、五歳になるまでに死んだ[1]。一九六〇年までに、その数字は三パーセントまで下がっていた。そして、二〇〇二年には、〇・八パーセントになった。開発途上国でも非常に大きな進展があった。ラテン・アメリカにおいて五〇年前、子供の一五パーセント以上が五歳の誕生日以前に死亡していた。今日、その数字は約二パーセントである。子供の死亡率は、一九九〇年から二〇〇六年のあいだだけでも、中国で四七パーセント、インドで三四パーセント下がっている。

環境の変化に慣れるということは私たちの本性の一部であるため、平均的な人物が七〇年以上あるいは八〇年以上丈夫で元気でいることや、今日生まれる赤ん坊がさらに健康で長い人生を生きることになるということが、まったくありふれていると私たちは考える。しかし、現在から目を離して人類の歴史を眺めれば、ありふれたことではないのは明らかである。奇跡である。

そして、奇跡は姿を見せ続けている。「私も含めて、来世紀の平均余命の増加が過去一〇〇年の増加と同じくらい大きなものになると考えている人がいる」と、健康と死亡率、寿命を何十年も研究してきた経済史学者でノーベル賞受賞者のロバート・フォーゲルは言う。フォーゲルが正しいとすれば、その変化はちょっと聞いた感じよりいっそう劇的だろう。なぜなら、子供の死亡率の大幅な低減（二〇世紀の平均余命増加の最大の要因）は、子供の死亡率がすでに非常に低いという単純な理由で、可能ではないからである。したがって、寿命に関して二〇世紀と同等の改善が二一世紀に図られるとすれば、大人の死亡率の非常に大幅な減少があることになる。そして、フォーゲルはあると考えている。「私は、現在大学へ通う年齢の学生の半数が一〇〇歳まで生きると考えている」ほかの研究者はフォーゲルほど楽観的ではないが、二〇世紀の進展が二一世紀も続くという合意はある。二〇三〇年までの世界の健康の趨勢に関する、WHOの二〇〇六年の研究で下された結論によると、三つの異なるシナリオ（基準、楽観的、悲観的）のいずれも、世界のあらゆる地域において、子供の死亡率が減少し、平均余命年数が増加した。

もちろん人類の先行きに不安の影はある。たとえば、肥満は多くの研究者が考えていたように有害であることが判明しており、豊かな国で肥満率が上昇し続けたら、そのことによって進展が大きく損なわれる可能性がある。しかし、このような潜在的な問題は相対的にとらえる必要がある。「十分食べられないことを心配するのをやめて、はじめて食べすぎを心配し始めることができる。そして、人類の歴史の大部分、我々は十分食べられないことを心配していた」と、フォーゲルは皮肉たっぷりに述べている。どのような難題に直面するにしても、先進国に暮らしている者は、これまで生きてきた人間の中で最も安全で、最も健康で、最も裕福な人間であることが、議論の余地なく本当であるのに変わりはない。依然として死を免れることはできないし、死ぬ原因になる多くのことが存在する。ときには心配するべきである。ときには怖がりさえするべきである。しかし、今生きていられていかに非常に運がいいかを常に思い出すべきである。

米国の公共放送PBSのドキュメンタリーのインタビューで、米国環境保護局に所属している一流の研究者リンダ・バーンバウムは、潜在的脅威を真剣に受けとめることと、そういった脅威を相対的にとらえることの正しいバランスをうまくとっていた。「みんな親として子供のことが心配だと思う」と、バーンバウムは言った。当時、彼女は、環境中の内分泌撹乱物質が人の健康に隠れた悪影響を及ぼしているという仮説を調べるチームを率いていた。「しかし、子供たちが暮らしているこの世界を見て、子供たちがきわめて十分に食物を手に入れ、教育を受け、あらゆる生活必需品やさらに多くのものを入手することができていることに気づく必要があると思う。そして、子供たちの寿命が私たちの寿命よりおそらく長いだろうし、私たちの寿命が間違いなく親の寿命より長く、祖父母あるいは曽祖父母の寿命よりはるかに長いことにも」

ヴィクトリア朝時代の墓地で午後のひとときを過ごしたことのある人は誰でも、恐怖ではなくて、感謝の気持ちが私たちの時代を表わしている感情であるべきだと気づく。それでいて、私たちを表わしているのは恐怖である。私たちは心配する。身をすくませる。恐れなくてはならない度合いが小さくなるほど、恐れる度合いが大きくなるらしい。

この逆説の明らかな原因の一つは単なる無知である。「ほとんどの人が歴史を知らない」と、フォーゲルは言う。「知っているのは自分自身の経験と自分の回りで起きていることだけだ。だから、この偉大な進歩を当然のこととみなす」

しかし、史上最も安全な人間がベッドの下に隠れるようになっているのには、ずっと多くの理由がある。その一つに、どこにでもある恐怖の売り込みがある。政治家と企業、活動家、NGOは票と売り上げ、寄付、支援、会員を欲しており、怪我や病気、死について世間が心配するように仕向けることが、目的を達成する最も効果的な方法であることを知っている。そのため、私たちは、心配するように注意深くこしらえられたメッセージに日々攻め立てられている。その心配が理にかなったものかどうか、正確で完全な事実の十分な考慮に基づいたものかどうかは、そういったメッセージを大量に生み出す者たちの主要な関心事ではない。重要なのは目的である。恐怖は戦術に過ぎない。そして、改竄《かいざん》された数字や誤解を招く言葉、感情に訴えるイメージ、理屈に合わない結論によって、より効果的に目的を達成できる（実際にそうなることが多い）なら、それらを使おうということになる。

メディアも恐怖を売り込むことによって儲ける者の一部である。効果的なパニックほど発行部数と視聴率を押し上げるものはない。しかし、メディアがいわれのない恐怖を売り込むのには、もっと気づかれにくく、もっと説得力のある理由も存在する。最も重大な理由は、人間が単純に話をしたり聞いたりすることが好きだということである。メディアにとって、良い話に最も欠かすことのできない要素は、良い映画あるいは良い芝居、焚き火のそばで語られる良い物語で何より欠かすことができない要素と同じである。つまり、メディアにとっての良い話は、数字と理性ではなく、人と感情に関するものでなければならない。そのため、一人の子供の悲劇的な死が世界中で報道され、大幅で継続的な子供の死亡率の低下はほとんど注目されない。

こういったことはメディアの欠点というよりは、住んでいる世界とまるで似たところのない環境によって形成された人間の脳回路の反映である。私たちはiＰｏｄを聞き、新聞を読み、テレビを見、コンピューターを使って仕事をし、飛行機に乗って世界中を移動するが、その際、果実を摘み、アンテロープに忍び寄ることに見事に適応した脳を使っている。驚かなくてはならないのは、私たちがときどきリスクに関して過ちを犯すことではなく、ときどきリスクを正しく理解することだ。

それでは、これほど多くの史上最も安全な人間たちが自分自身の影に脅えているのはなぜなのか？　三つの要素が影響している。それは、脳とメディア、恐怖を掻き立てることに利害関係のある多くの個人や組織である。この三つの要素を一つの輪になるように配線すると、恐怖の回路が得られる。三要素のうちの一要素が警報を発する。その警報は次の要素によって受け取られ再度発せられ、そのあと、もう一つの要素によって同じことが繰り返される。警報は元の要素に戻り、前より音量の大きい警報が発せられる。こうして恐怖は増幅する。別のリスクに関して別の警報が発せられ、別のフィードバック・ループが作り出され、ルーズヴェルトが警告した「いわれのない恐怖」が日常生活に付き物となる。

こういったことは、部分的には、避けられない現代的状況である。石器時代の脳は変えられないし、私たちが情報技術を放棄することはないだろうし、恐怖を売り込みたいと思わせる誘因は増えている。

しかし、恐怖の回路を断ち切ることはできないかもしれないが、少なくとも音量を下げることはできる。その最初の段階は、リスクを誇張する独自の理由を持っている無数の個人と組織が存在し、そして、ほとんどのジャーナリストがこういった誇張を見つけて修正しないだけでなく、自らの誇張を付け加えていると、単純に認めることである。懐疑的になり、情報を集め、その情報について注意深く考え、自分自身のために結論を引き出す必要がある。

このように情報について注意深く考えている脳が、心理学の弱点の影響を受けていることも認める必要がある。これは実は実行するのが難しい。心理学者によると、人は、他人の思考が偏っているかもしれないという考えを受け入れるだけでなく、その偏りの度合いを過大評価する傾向がある。しかし、ほぼすべての人が、自分自身の思考も偏っているかもしれないという考えには抵抗する。たとえば、研修医を対象にしたある調査では、六一パーセントが製薬会社の営業マンからの贈り物に影響されていないと答えたが、自分以外の医者が影響されていないと答えたのはわずか一六パーセントだけだった。これでは、まるで、間違うのが人間だが、幸いなことに、自分は人間でないと認めているようなものだ。(2)

しかし、自分も人間だと認めたとしても、脳の偏りに対処するのは容易ではない。偏りが何であり、どのように影響を与えているのかを被験者に説明することによって、思考から偏りを除こうと研究者が試みたが、うまくいかなかった。「係留規則」を考えて欲しい。私たちが何か数を推測しなければならないとき、無意識のうちに最近出くわした数に飛びつき、その数から始めて上または下に調整することをもう読者はご存じだろう。しかし、ここで私がモーツァルトが三四歳で死んだことに触れ、そのあと国名が「A」で始まる国は何ヶ国あるかをあなたに推測してもらうとしたら、あなたの無意識は依然として「係留規則」を用い、三四という数が相変わらずあなたの推測に影響するだろう。三四という数を無視しようと意識的に決めても効果がないだろう。なぜなら、三四という数を無視しろという指令は「頭」から出ており、「頭」は「腹」を支配しないからである。私たちは無意識のスイッチを決して切ることができないのである。

私たちにできるのは「腹」がどのように働くか、どのようにときどき過ちを犯すかを理解することである。「人は一生懸命考えることに慣れていない」と、ダニエル・カーネマンは書いている。「そして、すぐに頭に浮かんだもっともらしい判断を信用して満足することが多い」。これは最も変更を要する点だ。「腹」はよくできているが完璧ではなく、これがリスクを誤って理解すると、人は愚かな結論に達することがある。たとえば、若い女性が乳癌の重大なリスクに曝されており、もっと高齢の女性はそのリスクを免れていると考えることになる。あるいは、飛行機に乗るのをやめて車を利用することが安全でいるための良い方法であると考えることになる。自分自身をいわれのない恐怖から守るため、「頭」を目覚めさせ、仕事をしろと言わなくてはいけない。私たちは一生懸命考えるようにならなくてはいけない。

「頭」と「腹」は頻繁に意見が一致する。そうなったときは、自らの判断に自信が持てる。しかし、「頭」があることを言い、「腹」が別のことを言うこともあるだろう。そのときは、用心すべき理由がある。私たちが今日直面するリスクのほとんどに対処するに当たって、素早い、最終的な判断は必要ない。したがって、「頭」と「腹」の意見が一致しないとき、判断を遅らせるべきだ。もっと多くの情報を集めるといい。もう少し考えるといい。それでもまだ「頭」と「腹」の意見が一致しないなら、ごくりとつばを飲み込んで、「頭」に従って欲しい。

九月一一日のテロ攻撃のあと、多くの米国人がそれと反対のことをし、飛行機に乗るのをやめて車を利用することを選んだ。この過ちによって一五〇〇以上の人命が失われた。「腹」より「頭」を重視するのは簡単にできることではないが、そうすることによって不安が和らぎ、人命が救われることを考えれば、努力する値打ちがある。

そういうわけで、私たちは、実際に、これまで生きた人間の中で最も安全で、最も健康で、最も裕福な人間かもしれない。そして、理にかなった食事を取り、運動をし、タバコを吸わず、交通規則を守るだけで、今直面している未解決のリスクをかなり低減できるかもしれない。また、現在の傾向が持続すれば、この幸運以上のことが将来起きると期待できるかもしれない。

しかし、頑固な心配性の人は、次のように尋ねるかもしれない。現在の傾向が持続しないとどうなるのか？　大惨事が起きたらどうなるのか？

書店や新聞の解説記事のページで入手できる情報を用いて判断すれば、大惨事は起きるだろう。エネルギーの枯渇や気候の混乱、大規模の飢餓は人気のあるテーマだ。核によるテロや人類を全滅させる伝染病もそうである。大惨事論者の著作は非常に流行しており、ひどく気のめいるものであることが多い。「二〇〇一年九月一一日のテロ攻撃のあとでさえ、米国は依然として未来に向かって夢中歩行している。燃えている家から抜け出して、今また、崖の縁から落ちる方向に進んでいる」と、『長い危機』の著者ジェームズ・ハワード・カンストラーは書いた。ひょっとすると今は（英国の天文学者で英国学士院会長のマーティン・リースの著書の題名を使うなら）『私たちの最後のとき[3]』なのだろう。

最終戦争の気配が世間に漂っている。未知の大惨事によって荒廃した未来の米国を放浪する父と息子を描いたコーマック・マッカーシーの『ザ・ロード[4]』は二〇〇六年に出版された。その一年後にジム・クレイスの『伝染病患者隔離病院』が出た。これは、未知の大惨事によってやや荒廃した未来の米国を放浪する二人の人物を描いた小説である。別々に仕事をしている二人の著名な作家がほぼ同一の筋書きを生み出すということは、同じ時代思潮を利用して書いているということであり、実に気味が悪い。

トーマス・フリードマン（技術楽観主義者として名を揚げた『ニューヨーク・タイムズ』紙のコラムニスト）でさえ、ときどき臆病な悲観主義に陥る。二〇〇三年九月に、娘を大学に車で連れて行ったとき、こんな気持ちになったとフリードマンは書いている。「私は、娘が生まれた世界よりはるかに危険な世界に彼女を降ろしている。娘の寝室を元に戻すと約束してやれるが、自分が彼女の年齢のとき何の心配もなく探検したようにその世界が安全だと約束できないように感じた」

フリードマンの話はよくある考えをうまくとらえている。過去は完璧ではなかったが、少なくとも自分がいた場所がどんなところかわかっていた。今、未来に目を向けると、見えるのは不確かさの暗闇だけで、その中ではさまざまな形で事態がひどく悪くなる可能性がある。私たちが暮らしているこの世界は、本当はずっと危険な場所である……。

しかし、奇妙なことに、それほど恐ろしいものではないと思っている過去に目を向けると、その時代の多くの人が、私たちが現代について感じているように自分の時代について感じていることに気づかされる。「この世の終わりのようだった」と、一八三二年にドイツの詩人ハインリヒ・ハイネは書いた。ハイネはパリにいて、コレラがフランス中を襲っていた。完全に健康だった人が数時間のうちに衰弱し、天日に干してある干しぶどうのようにしなび、死んだ。避難しようと家から逃げ出しても、なんとしてでもこの伝染病を寄せつけないようにしたい脅えた見知らぬ者に攻撃されるだけだった。コレラはヨーロッパにとって初めての経験で、どのように広がるかや患者をどのように治療したらよいかを誰も知らなかった。このとき患者が感じていた恐怖は想像できない。まさに想像できない。なぜなら、過去を振り返っている私たちは、これがこの世の終わりではなかったことを知っており（一九世紀のパリを想像するときは、伝染病でなく、ムーラン・ルージュを思い出しがちである）、そのためコレラを体験したハイネやその他の人々にとってコレラ体験を表わす特徴であった不確かさが取り除かれてしまうからである。

簡単に言えば、歴史は目の錯覚である。過去は常に実際より確かに見え、そのことによって、未来がますます不確かに――そして、そのため怖く――感じられる。この錯覚の原因は心理学者が「後知恵バイアス」と呼ぶものに見出される。

一九七〇年代初頭の一連の重要な研究において、バルク・フィッシュホフは、イスラエルの大学生に、英国とネパールのグルカ族との一八一四年の戦争のきっかけとなった出来事を詳細に説明した。その説明には、戦争の結果に影響を与える軍事的要素も含まれていた。たとえば、グルカ族の兵士の数が少ないことや英国人が不慣れな起伏の多い地形などである。説明から省かれていたのが、戦争の結果だった。その代わりに、一つ目のグループの学生は四つの可能な結果があると伝えられた。その四つとは、英国の勝利とグルカ族の勝利、和平合意のない膠着状態、和平合意のある膠着状態である。ここで、学生は次のように尋ねられた。この戦争が四つのそれぞれの結果で終わる確率はどのくらいか？

二つ目のグループの学生は四班に分けられた。それぞれの班は、一つ目のグループと同じ四つの結果が載った表を渡された。ただし、最初の班はこの戦争が英国の勝利で終わったと伝えられた（ちなみに、実際にそうだった）。二番目の班はグルカ族の勝利で終わったと伝えられた。三番目の班は和平合意のない膠着状態で終わったと伝えられ、四番目の班は和平合意のある膠着状態で終わったと伝えられた。ここで、学生は次のように尋ねられた。四つのそれぞれの結果になる確率はどのくらいか？

起きたことを知っていること（少なくとも、知っていると思っていること）によって、すべてが変わった。戦争がどのように終わるかを伝えられていなかった学生は英国の勝利の確率を平均三三・八パーセントと評価した。戦争が英国の勝利で終わると伝えられた学生は、その確率を五七・二パーセントと評価した。したがって、戦争がどのように終わるかを知っていることによって、被験者の確率の評価は三分の一から二分の一以上に跳ね上がった。フィッシュホフはこの実験の三つの別のバージョンを実施し、一貫して同様の結果を得た。そのあと、フィッシュホフはすべての実験をもう一度行なったが、一つ変更点があった。つまり、戦争の結果を伝えられた人は、結果を知っていることが評価に影響しないようにすることも求められた。しかし、やはり、結果を知っていることは影響した。

リチャード・ニクソンが中国とソ連への歴史的な訪問を実施すると発表したあと、フィッシュホフは一九七二年の研究において巧妙な工夫を考え出した。この訪問の前に、学生はニクソンの訪問中にあることが起きる可能性があると伝えられた。あることとは、ニクソンが個人的に毛沢東と会うかもしれないとか、ニクソンがレーニンの墓を訪れるかもしれないなどである。学生はそれぞれの出来事が、どのくらいの確率で起きるかを尋ねられた。フィッシュホフはその情報を記録しておき、しばらく待った。ニクソンの各国訪問の数ヶ月後、フィッシュホフはそれぞれの学生にそれぞれの出来事について尋ねた。その出来事が起きたと思いますか？　そして、どのくらいの確率で起きると考えたか思い出せますか？　「結果が示すところによると、被験者は、起きたと考えられている出来事に対しては、実際に回答した確率より高い確率で回答したように記憶していた」と、フィッシュホフは書いている。

「そして、起きなかった出来事に対しては、実際より低い確率だった」

後知恵バイアスの結果、不確かさは歴史から除かれる。過去に起きたことを実際に知っているだけでなく、起きやすかったと感じる。さらに重要なのは、予測可能だったと考えることだ。要するに、最初から知っていたと考える。

そういうわけで、私たちは現在、恐ろしいほど不確かな未来に目を凝らし、起きる可能性のあるありとあらゆる恐ろしいことを想像している。そして、過去を振り返ると？　過去は未来よりずっと安定していて、ずっと予測可能に見える。過去は今とはまったく違ったものに見える。ああ、やはりそうだ、今はとても怖い時代だ。

こういったことは、まったくの錯覚である。トーマス・フリードマンが二〇〇三年に大学で車から「生まれた世界よりはるかに危険な」世界に降ろした娘のことを考えて欲しい。この娘は一九八五年に生まれた。二〇〇三年の世界は一九八五年の世界より「はるかに危険」だったただろうか？　人の心の欠点のせいで、簡単にそのように見えてしまう。

しかし、一九八五年に、ソ連と米国は人類の半分を殺し、残りの人間を廃墟の中を小走りでごみをあさる者に落ちぶれさせるのに十分な核兵器を所有していた。この核兵器はお互いに照準を合わせていた。いつでも発射できた。わずか数分前の予告だけで壊滅状態となっただろうし、一九八五年にはいよいよその可能性が高かった。一九七九年のソ連のアフガニスタン侵攻と一九八〇年のロナルド・レーガンの当選以降、冷戦は実戦に近づいていた。現在の私たちは、ミハイル・ゴルバチョフが一九八五年にソ連の指導者になり、ゴルバチョフとレーガンがのちに会って着実に緊張を和らげたことや冷戦が平和裏に終結したこと、ソ連が数年以内に崩壊したことを知っている。しかし、一九八五年には、そういったことはすべて未来の暗闇の中だった。このあと実際に起きたことはきわめて起きそうにないように思われた。だからこそほとんど誰も実際に起きたことなどまったく予測しなかったのだ。しかし、核戦争はどうだろう？　恐ろしいほど起こりやすく見えたはずだ。

一九八三年には、核攻撃前後の米国の小さな町での悪夢のような生活を描いた『ザ・デイ・アフター』が、最も話題のテレビドラマになった。一九八四年には、核戦争を扱った小説が七冊も出版された。恐怖はリアルで強烈だった。その恐怖によって、ヨーロッパと米国の街路がものすごい数の抗議者で埋まり、無数の人の頭が悪夢で満たされた。「私が生き残ったとしよう」と、英国の小説家マーティン・エイミスは書いた。「目玉が顔から飛び出していないとしよう。モルタルや金属、ガラスの突然のミサイルの嵐にやられていないとしよう。こういったことがすべて揃っているとすれば、あの長い距離を家まで引き返さざるを得ないだろう（そして、それは、私が最もしたくないことだ）。火事嵐と時速一〇〇〇マイルの風が残した瓦礫、歪んだ原子、腹ばいになっている死人を潜り抜けて。家に着いたあと——何事もなければ、まだ体力が残っていれば、そして、もちろん、彼らがまだ生きていれば——私は妻と子供たちを見つけ、殺さなくてはならない」

そして、地球が焼きつくされることだけで心配し足りないなら、一九八五年には、致死性の新しいウイルスが急速に蔓延していたことが広く知られてもいる。エイズに治療法はなかった。エイズにかかると、間違いなく、徐々に衰弱して死ぬことになった。そして、異性愛者に広まることが避けられなかったため、誰でもかかる機会は十分にあった。「男女ともエイズを怖がるようになった」と、一九八七年にオプラ・ウィンフリーは聴衆に話した。「研究によると現在の推定で、異性愛者の五人に一人が、三年後にエイズで死んでいる可能性がある。つまり一九九〇年までに、五人に一人」。〔公衆衛生局医務長官のC・エヴェレット・クープはエイズのことを「この国が直面した健康に対する最大の脅威」と呼んだ。エイズに関する大統領主宰の委員会のある委員はさらに一歩進んで、この病気が「我々が知る限り、これまでに文明が直面した、社会にとって最大の脅威であり、過去の世紀の伝染病より深刻である」と表明した。私たちは現在、エイズがそうならなかったことを知っているが、当時はそう考えるに足る十分な理由が存在した。そして、すごく怖がる理由も存在した。

それでは、一九八五年の世界ははるかに安全だったのか？　トーマス・フリードマンは二〇〇三年にそう考えたが、私は彼が認識上の錯覚の犠牲者だったと考える。彼は冷戦が平和裏に終結したことやエイズが黒死病のように米国中を襲うことはなかったことを知っていた。知っていることによって、こういった結果が、当時思われていたよりずっと起きやすいように思われるようになった。だから、一九八五年のフリードマンが実際にこういった結果になると確信していた度合いよりずっと強く、一九八五年の彼が確信していたと感じるようになった。(5)

私はフリードマンをけなそうとしているのではない。重要な点は、単に、地球規模の問題に関する著名な評論家でさえ、この錯覚に弱いということである。そして、それは彼だけではない。『専門家の政治的判断』という二〇〇五年に出版された本において、カリフォルニア大学の心理学者フィリップ・テトロックは二〇年に及ぶプロジェクトの結果を示しており、そのなかには、二八四人の政治学者や経済学者、ジャーナリスト、その他の「政治あるいは経済の趨勢について意見を述べることあるいは助言すること」にかかわる仕事の人々による予測の追跡も含まれていた。テトロックは、全部で、八万二三六一件の予測の正確さを調べ、専門家の成績が当てずっぽうにも負けているほど悪いことを見出した。さらに、バルク・フィッシュホフの研究と同じように、専門家は自分の予測とそれにどれくらい確信があったかを事後に思い出すように求められると、自分の正確さと確信の度合いが実際より大きいように記憶していた（しかし、フィッシュホフが調査したイスラエルの学生と違って、専門家はこういったことを聞かれると守勢に回ることが多かった）。

あらゆる恐ろしい予測が間違っていることを示したいわけではない。恐ろしい出来事は確かに起きるし、頭の切れる知識の豊富な人がそれを予測することもありうる（非常に困難だがありうる）。個々の恐ろしい予測はその実績に基づいて受けとめなくてはならない。しかし、大惨事論者の著作によって神経質になる人は誰しも、恐ろしい（あるいは素晴らしい）出来事の多くが予測されていなかったことや、頭の切れる知識の豊富な人が災害を予測していたのに（どういうわけか、出来事の負の側面に焦点が当てられる傾向がある）[6]その災害が起きなかった非常に長い歴史があることも知るべきである。

一九六七年（ヒッピーの集会が開かれ、ビートルズの『サージェント・ペパーズ・ロンリー・ハーツ・クラブ・バンド』がリリースされた年）に、米国は差し迫った大惨事の驚くほど詳細な警告を受けた。一九七五年に大惨事が起き、世界は決して同じままではないだろう。ウィリアム・パドックとポール・パドックの兄弟が書いた『飢饉――一九七五年！』は、今日完全に忘れられているが一九六七年のベストセラーだった。この兄弟は信頼に足る資格を持っていた。一人は農学者であり、もう一人は経験豊富な外務職員だった。この本には、世界中から集めた科学的な研究と調査、データ（第二次世界大戦後のメキシコの小麦生産量からロシアの経済産出量まで）が載っていた。そして、パドック兄弟は厳しい結論に達した。人口の急増の結果、世界的に急速に食物が枯渇しつつある。大規模な、世界中に及ぶ飢餓が到来しつつあり、食い止めるためにできることはない。「大惨事は運命づけられている。飢饉は避けられない」

パドック兄弟は変わり者ではなかった。彼らに同意する無数の専門家がいた。ハーバード大学の生物学者ジョージ・ウォールドは、緊急対策を施さなければ「文明は一五年か三〇年以内に終わりを告げるだろう」と予測した。最も大きな音の警報を発したのは、スタンフォード大学の生物学者ポール・エーリックだった。「全人類を食べさせるための戦いは終わっている」と、一九六八年に出版された『人口爆弾』(7)にエーリックは書いた。「現在着手されたどの応急計画にもかかわらず、一九七〇年代と一九八〇年代に、何億人もの人が飢え死にするだろう」

パドック兄弟と同様に、エーリックも自分の本に研究と調査、統計を載せた。さらに、未来の出来事を非常に劇的な形式で展開させるために三つの異なるシナリオを書いた。これは、大惨事論のジャンルで一般的になる手法であり、すでに見たように、この手法によって「典型的なものに関する規則」が非常に発動しやすく、予測された出来事が理性が示す以上に起きやすいと「腹」が思うことに非常になりやすい。「配給を用いても、今の気候の変化が逆転しなければ、多くの米国人が飢えることになるだろう」と、最初のシナリオで、いらだつ科学者が妻に言う。「一九七〇年代初頭からこの傾向をはっきりと見てきたのに、一九七六年のラテン・アメリカの飢饉とインドの崩壊のあとでさえ、誰もこの傾向がこの地で生じるとは思わなかった。過去一〇年間にほぼ一〇億の人間が飢え死にし、幸運と暴力の組み合わせによって何とか抑制しているだけだ」。このシナリオは、米国がソ連に対して先制核攻撃を開始するところで終わる。二つ目のシナリオでは、貧困と飢餓、人口過密によって、アフリカからウイルスが出現し、世界を襲う。その結果、地球の人口の三分の一が死滅する。三つ目のシナリオでは、米国が自らの方法の誤りに気づき、抜本的な人口抑制対策に資金を提供するために裕福な国に課税する世界組織の創設を支援する。その結果、やはり一九八〇年代に一〇億人が飢餓のため死ぬが、人口増加は速度が遅くなり、人類は生き延びる。「近い将来改善しそうにない米国における見解と行動が成熟する必要がある」ため、この最後のシナリオはおそらく楽観的過ぎると、エーリックは書いている。

一九七〇年に、エーリックは、最初の「地球の日」を祝うために、可能性の幅をかなり狭めた小論を書いた。一九八〇年から一九八九年のあいだに、六五〇〇万人の米国人を含むおよそ四〇億人が、「グレイト・ダイ−オフ（大規模大量死）」と呼ぶもので飢えるだろう。『人口爆弾』は大ベストセラーだった。エーリックは有名人になり、ジョニー・カーソンが司会する『ザ・トゥナイト・ショー』を含むメディアに数えきれないほど登場した。飢餓の脅威の認識は普及し、大規模な飢餓は大衆文化の標準的テーマとなった。一九七三年の映画『ソイレント・グリーン』では、人口の増大した未来の人々が「ソイレント・グリーン」と呼ばれる謎の加工食品の配給を受けていた。印象的な最後のせりふでその正体が判明する——「ソイレント・グリーンは人間だ！」。

政府は、エーリックとその他大勢が唱導した人口を抑制するための緊急対策に着手しなかった。それでいてなお、大規模な飢餓はやって来なかった。これには二つの理由がある。第一に、出生率が減少し、人口が予測されたほど急速に増えなかった。第二に、食糧生産量が急増した。多くの専門家は、こういった結果が実現しそうにないだけでなく、不可能だと言っていた。しかし、二つとも実現し、『飢饉——一九七五年！』出版の四〇年後の今、世界の人々はこれまで以上に食糧事情がよくなり、長生きしている。

大惨事論者が未来を予測する能力について謙虚になるだろうと考えるかもしれないが、このジャンルには謙虚さの不在が顕著である。一九九九年に、ジェームズ・ハワード・カンストラーは、二〇〇〇年問題によってもたらされるコンピューターの故障に続く災害（一九三

○年代の大恐慌と同じくらいひどい不況も含まれている）について長々と詳しく書いた。五年後、彼は『長い危機』を出した。この本には、高い確実性で多くの種類の惨事が起きるということがたっぷり書いてある。ポール・エーリックについて言えば、『人口爆弾』で述べたのと基本的に同じ主張を四〇年間繰り返している。エーリックのテーマと同様のテーマに関心を持っているトロント大学教授トーマス・ホーマー＝ディクソンによって書かれ二〇〇六年に出版された本『暗い時代の明るい側面』のカバーに、エーリックの推薦文が載っている。「環境や社会にかかわるほぼ不可避の大惨事に直面した際、社会がより速く回復できるようにする方法に関する洞察に満ちた考え」が述べられているため、この本は高く推奨できる。どうやら、エーリックが過去四〇年間から学んだことは「不可避の」という言葉の前に「ほぼ」という言葉を付けることだけらしい。

ホーマー＝ディクソンに公正であるために言うなら、宣伝のせいでエーリックの著作あるいは大惨事論のジャンルのほかの人の著作のように人騒がせなものに見えているが、彼の本はそのようなものではまったくない。本でも、恐怖が売り物になる。差し迫った破滅の予測を読んだために缶詰と散弾銃の薬莢《やっきょう》を買い込んでいる人は、そのことを心に留めておくべきである。マーティン・リースが科学の進歩によって生まれる脅威に関する本を書いたとき、彼はその本に『私たちの最後の世紀？』(8)という題を付けた。しかし、リースの英国の出版社はこれだと十分恐ろしくないと思い、疑問符を取った。リースの米国の出版社はそれでも満足せず、「世紀」を「とき」に変えた。

あるインタビューで、リースは彼の本の宣伝に比べてずっと悲観的でなかった。我々が今以上に核兵器について心配するべきであり、軍備縮小のためにもっと努力すべきだと言った。核兵器が実際に大惨事を引き起こすように設計されていることを考えれば、この意見に同意しないのは難しい。しかし、リースは、科学が私たちに豊富に与えてきた目を見張るような恩恵を認めることが重要だとも考えている。「我々はかつてなかったほど安全だ」と、彼は言う。「食物中の発癌物質のような非常に小さなリスクや列車事故のリスク、ほかの似たようなこと」をあまりにも心配しすぎる。「我々は過度にリスク嫌いになっており、公共政策はこのようなささいな問題に対してきわめてリスク嫌いになっている」

バランスの取れた見方が不可欠だと、リースは言う。真の脅威（核兵器のような脅威）は存在するが、「世界のほとんどの人にとって、生きるのに今ほど良い時代はなかった」ということも理解する必要がある。

この根本的な真実の証明は、無数の統計や報告のなかに見出すことができる。あるいは、ヴィクトリア朝時代のすべての墓地に建てられている、私たちの幸運にとっての記念碑に書かれたことを読みながら午後のひとときを過ごすだけでもその証明が得られるだろう。

謝辞

私が初めてポール・スロヴィックに会ったのはカナリア諸島の天体物理学研究所だったので、リスク認識の心理学を私が知ったのは太陽系の模型やその他の次々と移り変わる天体物理学の光景の真っ只中だった。私は思った。宇宙は興味深い、しかし、心は魅惑的だと。

私がこの本を書けたのは何よりもポール・スロヴィックの忍耐強さと寛大さのおかげである。大変ありがとうございました。同様にマクレランド&スチュアート出版社のスーザン・レヌーフにもお世話になっている。私の情熱に対する彼女の情熱がすべてを動かし、すべてを最後まで続かせてくれた。ピーター・ボブロウスキーとラドヤード・グリフィスス、バリー・ドーキン博士、カール・フィリップス、ロン・メルチャーズも全員大いに力になってくれた。

オタワ・シチズンの同僚の編集者たちのことを特筆しておきたい。自由と好機という、ほとんどのジャーナリストが夢見ることしかできないものを私に与えてくれた。ニール・レイノルズとスコット・アンダーソン、ティーナ・スペンサー、リン・マコーリー、レナード・スターンに感謝します。

そして、最後に、子供たちヴィクトリアとウィンストンに感謝しなければならない。本を引っぱり落とし、書類をばら撒き、ノート・パソコンをばらばらに壊し、一番都合の悪いときに金切り声を出し、いつまでもうるさくドアを叩き、保育所という名のペトリ皿で増殖したすべてのウイルスを私にうつしてくれたことに対して。こんな猛攻撃の下で本が書けるなら、どんなことでもできることがわかった。だから、私は新たな自信を胸に進んでいくつもりだ。ありがとう、子供たち。

注

第1章

1　普通選挙権に関する現代の基準に従った完全な民主主義の資格がある国は、一九〇〇年には世界中に一ヶ国もなかったことに注意。

第2章

1　「機械の中の幽霊」的見解に対する威勢のいい反論を知るには、スティーヴン・ピンカー『人間の本性を考える――心は「空白の石版」か』（日本放送出版協会刊、山下篤子訳）を参照のこと。

2　邦訳は光文社刊、沢田博・阿部尚美訳。

3　答は五セントである。

第3章

1　念のため記しておくと、両方のグループとも大きく外れている。ガンディーは亡くなったとき七九歳だった。

2　心理学者のバルーク・フィッシュホフらは、様々な死因による死亡者数を推定させる研究で、数を係留することの別の使い道を見出した。手引きとなるものがないと、回答はひどく不正確であることが多く、極端に小さなものから逆に極端に大きなものまであった。しかし、五万人の米国人が毎年車の衝突事故で死亡していると被験者に伝えると（死亡者数は、この研究が実施されてから減少している）、被験者が五万から始めて上下に調整したため、回答は「劇的に安定した」。のちの実験で、係留する数を感電による死亡者数である一〇〇

○に変えたところ、予想どおり感電以外の死因による死亡者数の推定値は非常に大きく下がった。

3 誰もが持ち得る無意識の信念の説明とテストを見るには、www.implicit.harvard.edu の Project Implicit を参照のこと。

4 邦訳は日本経済新聞社刊、春日井晶子訳。

5 当たって微笑んでいる人を強調する宝くじやカジノの広告は、もう一種類の強力な人心操作である。大当たりする確率はごくわずかであり、ほとんど誰も私生活において大当たりした人を思いつけないだろう。しかし、宝くじやカジノは、大当たりした人の例を広告することによって(その人の話を記憶しやすくする個人的な情報を伴うことが多い)、当たった人の例を思い出しやすくする。そして、思い出しやすくなるため、「腹」による当たる確率の推定値が高くなる。

第4章

1 単純接触効果のもっと変わった実証例では、被験者に二つの画像のうちどちらが好きかを選ぶように求める。一つは実際どおりの被験者の顔の写真である。もう一つは同じ画像を反転したものである。ほとんどの人は反転した顔を選ぶ。なぜか? それが毎朝鏡で見ているものだからである。

2 黒のユニフォームを着ていると、審判がそのチームに悪い印象を持ち、そのため黒のユニフォームでない場合より厳しい判定をすることになるのか? あるいは、黒のユニフォームによって、選手がより攻撃的になるのか? その両方であるとフランクとギロヴィッチは結論を下している。

第5章

1 邦訳は近代文芸社刊、野一色泰晴監訳。

2 ここに示したダイアナ・オコナーの人生の要約は『ニューヨーク・タイムズ』紙が二〇〇一年九月一一日のテロで死亡したすべての人について作成した注目すべき死亡記事から取ったものである。

3　逸話はこの本のなかにもいっぱいある。ここで言いたいのは、逸話を意味のないものとして退けることではなく、多くの状況で価値があるかもしれないが逸話には限界があるという重要な点を指摘することである。

4　比較的感情的にならない状況（冷静な計算が主になると思われる状況）でさえ、数はほとんど影響力を持たない。心理学者のユージーン・ボージダとリチャード・ニスベットは、ミシガン大学の学生に科目の一覧表を見て将来履修してみたいと思うものに丸を付けるように求める実験に着手した。一つ目のグループは追加情報なしに丸を付けた。二つ目のグループは、前にこれらの科目を履修した学生による短いコメントを聞いた。この説明は学生の選択に「かなりの影響」を及ぼした。三つ目のグループは、これらの科目を履修した学生を調査して得られた各科目の平均評価点数を提示された。個人的なコメントと対照的に、そのデータはまったく影響を及ぼさなかった。

5　邦訳は早川書房刊、柴田裕之訳。

第6章

1　これ以外の規則でもいいだろう。肝心な点は、その規則が「二ずつ増える偶数」でないことである。

2　なぜこの報告について読者は聞いたことがないのか？　米国政府が葬り去ることに成功したからである。WHOの記録によると（そして、WHOのスポークスマンが間違いないと請け合ったところでは）、一九九五年五月に行なわれた会議でWHOの米国代表ニール・ボイヤーは「（WHOの）薬物乱用に関する計画は誤った方向に進んでいた……という見解である。……薬物に関するWHOの活動によって、証明済みの薬物抑制手法が強化されないのであれば、関係する計画の資金は削減されるべきだ」と語っている。資金の大幅な減少に直面して、WHOは最後の最後になって引き下がった。プレスリリースは発表されたが、報告自体は公表されなかった。

3　たとえば、二〇〇四年の『ニューイングランド・ジャーナル・オブ・メディシン』誌で、アルコールによる年間死亡者数を八万五〇〇〇と算出しており、すべての違法薬物による年間死亡者数は一万七〇〇〇となっている。ほかの国ではこの二つの死因の差はさらに大きい。

第7章

1　邦訳はヴィレッジブックス刊、古川奈々子訳。
2　邦訳はダイヤモンド社刊、藤川佳則・阿久津聡訳。
3　自己正当化に対して脳がどのようにできているかを楽しみながら知るには、キャロル・タヴリス、エリオット・アロンソン『なぜあの人はあやまちを認めないのか』(河出書房新社刊、戸根由紀恵訳) を参照のこと。
4　別の好例として、ボストン大学公衆衛生学部の教授マイケル・シーゲルは、反喫煙グループが副流煙の危険の誇張によって喫煙の禁止を推進した様子を報告している。そして、もう一つ好例がある。一九八〇年代後半から一九九〇年代初頭、エイズが「ゲイの病気」に限らないことを世間に納得させようと必死だった活動家や役人は、残念なことに、数字を作り出す傾向があった。たとえば、米国疾病対策センターは「一九九五年に成人および青年のエイズ患者の一九パーセントを女性が占め、これまで報告された最も高い割合である」と報告した。この恐ろしいニュースは米国中で大きく取り上げられた。しかし、デイヴィッド・マリーらが指摘しているように、米国疾病対策センターはエイズ患者の数を示しておらず、実際には、女性のエイズ患者の数はわずかに減少していた。そして、エイズ患者の男性の数が女性よりはるかに大きく減少していたため、女性の患者の割合は増加していた。一九九〇年代半ばまでに、米国や英国などで活動家や機関が同性愛による感染のリスクを煽り立てていたことがだんだん明らかになってきていたが、それを実に素晴らしいと思う者もいた。「政府が嘘をついてくれて嬉しい」と、マーク・ローソンは一九九六年に『ガーディアン』紙のコラムに書いた。
5　環境保護主義者に対する批判者の多くは、最後の数文を切り離してこの箇所を繰り返し引用してきた。そのためシュナイダーが恐ろしいことを言いふらすのを支持しているかのように見えている。そうではない。

6　不確かな情報を刺激的なものにするもう一つの手法は、不確かさに付き物の可能な範囲に言及せず、一つの数だけを引用することである。そういうわけで、世界銀行の元チーフエコノミストのニコラス・スターンが二〇〇六年に、最も大きく最も恐ろしい値である。そういうわけで、世界銀行の元チーフエコノミストのニコラス・スターンが二〇〇六年に、気候変動にかかる費用の世界経済に対する割合が様々なシナリオのもとで五から二〇パーセントになると推定したとき、環境保護主義者は「最大二〇パーセント」とか単に「二〇パーセント」という表現でこの数字を引用した。

第8章

1　扇情主義を見つける簡単な方法は、一文に「危険」と「潜む」が一緒に含まれているのを見つけることである。たとえば、「思いも寄らない町角に危険が潜んでいる」（『USAトゥデー』紙）、「イエローストーン国立公園に危険が潜んでいる」（AP通信）、「なぜ高校の駐車場に危険が潜んでいるのか？」（ボストンの『メトロ・ウェスト・デイリー・ニューズ』紙）。私のお気に入りは「不潔なサロンに危険が潜んでいる」である。これは、衛生環境が適切でない爪磨きと足湯の脅威というほとんど認識されていない脅威に関するフォックス・ニュースのものである。

2　邦訳は飛鳥新社刊、高見浩訳。小学館文庫版もある。

3　一九九六年と一九九七年に、典型的なフィードバック・ループのせいで「空飛ぶトラックタイヤ」がオンタリオ州で大きな問題となった。タイヤがはずれてぶつかり、死亡者が出る悲劇的な事故が二件あり、一時、相当大きくメディアの注目を集め、政治問題になった。報道が急増し、誰も危険な目に遭わなかったささいな事故でさえニュースになった。車道は無秩序状態にあるように思われ、新しい安全規則が認可されたが、そのころ問題は急速に消失した。

では、その規則は実際に役に立ったのか？　役に立たなかった。運輸省は総合的な事故集計システムをこの危機の前に整備していなかったが、この問題が出現し始めた年の一九九五年に少なくとも一八件の脱輪事故があり、二人死亡したことがわかっている。車道上の何百万台もの車のことを考えれば、些細な数である。運輸省がまともなデータを集め出した一九九六年の数字によると、四一件の脱輪事故があり、二人が死亡している。一九九七年には二一五件の脱輪事故があり、死亡者はなかった。一九九八年には九九件の脱輪事故があった。その次の年は七九件で、さらにその次の年は八七件あった。二〇〇一年には六五件の脱輪事故があり、二人が死亡した。二〇〇二年には六六件の脱輪事故があった。二〇〇三年には七五件の脱輪事故があり、一人が死亡した。

この危機の前、タイヤはときどき取り付けが甘くなり、運転者にとって些細なリスクがあった。同じことはこの危機のあいだとそのあとにも当てはまった。違ったのはフィードバック・ループの出現と消失だけである。

第9章

1 エリザベス・スマートは二〇〇三年三月に生きて見つかった。『ピープル』誌は「二〇〇五年の最も美しい人五〇人」の一人に彼女を指名した。

2 アリス・シーボルト著。邦訳はアーティストハウス刊、片山奈緒美訳。

3 一九九九年と二〇〇〇年に、犯罪者が突然家に押し入り、住人に暴力を振るい、何でも素早く奪っていくという事件が多発し、「押し込み強盗」のパニックがトロントとバンクーバーを襲った。ある事件では、八五歳の女性がひどく殴られ、あとで死亡した。ニュースが相次ぎ、押し込み強盗が、急速にひどくなっている新たな脅威だというのが常識となった。「押し込み強盗」の定義が存在せず、そのためこの犯罪の統計が存在しないということに言及する記者はほとんどいなかった。また、ほとんどの犯罪が急速に減少しており、この暴力犯罪だけが急増しているとは信じがたいということにも。そんなことは重要ではなかった。誰もがこの犯罪の急増が本当だと知っており、その熱い雰囲気の中では刑罰を強化する法案の存在が当然となり、それが提出され可決された。そして、それとともに、問題全体が色あせた。しかし、そのあと二〇〇二年に、カナダ統計局が「押し込み強盗」の二つの異なる定義を急ごしらえし、既存のデータを元にその二つの定義を用いてこの犯罪を追跡した報告書を出した。最初の定義を用いると、「押し込み強盗」の発生率は一九九五年から二〇〇〇年のあいだにわずかに低下していた。二つ目の定義を用いると、二二パーセント低下していた。この報告書はメディアによってほぼ完全に無視された。

4　この期間の後半には、収監人口の急増と犯罪の大幅な減少が同時に起き、政治的立場の両極にいる人々が、刑務所に詰め込めるだけ詰め込むことが犯罪を減らす効果的な方法だと判断した。ほとんどの犯罪学者は意見が異なる。カリフォルニア大学の犯罪学者フランクリン・ジムリングは、カナダが一九八〇年代と一九九〇年代に米国のやり方に従わず、結果として、両国の収監率に大きな差が生じたことを指摘した。一九八〇年に米国はカナダの倍の率で収監しており、二〇〇〇年にはカナダの六倍だった。それにもかかわらず、カナダの犯罪傾向はこの間ずっと米国と驚くほど似ていた。ジムリングによると、カナダは一九九〇年代に犯罪の減少を経験しており、それは「米国の減少の時期とほぼ完全に一致しており、減少の相対的大きさは米国の約七〇パーセントだった」。そして、この事実が、米国の政治家が犯罪に「厳しくする」と公約して選挙に勝っただけでなく、犯罪との戦いにも勝ったという従来の見解に「異議」を唱えるものだと、ジムリングはかなり控え目に結論を下している。

5　この話は著者が役人の一人から個人的に教えてもらった。

6　自分たちが広めているこの統計値がぞっとするような誤った判断に人々を導いていることにこれらの機関が気づいていないとは信じがたい。グーグルでちょっと検索するだけで、小児性愛者のもたらす脅威の証拠としてこの値を引用している無数のブログやウェブサイトが見つかる。ケイトリン・フラナガンによる『アトランティック・マンスリー』誌の記事にもこの値は同様の文脈で登場した。そして、ジョン・ウォルシュはCNN

のインタビューでこの値を引用した。「司法省は五人に一人の子供がインターネット上で性的誘惑を受けていると言っている。そして、すべての米国人が『デートライン』のおとり捜査を見たと思う。あらゆる種類の小児性愛者、医者、ラビ、司祭が登場し、子供と性的関係を持とうとした」。ユニセフに関しては、ユニセフの声明の情報源を教えてくれるようにスポークスマンに頼むと、ニューハンプシャー大学の研究を教えてくれた。しかし、そこにはユニセフが述べているようなことは述べられていなかった。

7 死体が出て大騒ぎになる殺人の場合とはちがって、窃盗犯罪は追跡するのが難しい。だが、ヨーク大学のジェームズ・シャープのような歴史家は、暴力犯罪が単に窃盗犯罪に姿を変えていただけである可能性を調べ、そうではないと確信している。シャープによると、一七世紀に、殺人は英国で急減し、窃盗も殺人と共に減少した。

第10章

1 邦訳は新潮社刊、青樹簗一訳。

2 疑惑は一九四〇年代に深まり始めた。一九五〇年に、英国のリチャード・ドールは、二〇人の肺癌患者を調べ、喫煙が全員に共通している唯一の事柄だと結論を下した。ドールはすぐにタバコをやめ、論文の中で癌のリスクは「一日に二五本以上タバコを吸う人は非喫煙者の五〇倍大きい可能性がある」と警告した。一九五四年に、四万人の英国の医者の調査によって同じ結論が得られ、英国政府は喫煙と癌が関係している可能性があると公式に勧告した。一九五七年に、米国公衆衛生局医務長官リロイ・バーニーが喫煙が癌を引き起こすという見解を述べた。一九六二年三月に、英国の王立内科医協会が同様の内容の報告書を出し、その直後にバーニーが創設した委員会が、喫煙は死をもたらすという一九六四年の有名な宣言を行った。

3 生活様式に含まれる重要な要因のいくつかは分かりやすいとは言い難い。たとえば、乳癌のリスクは排卵に関与するホルモンによって増大する。したがって、子供時代の栄養状態が悪いことなどの結果として月経が遅く始まる女性は乳癌のリスクが下がりやすい。最初の妊娠が早い女性はさらにリスクが下がるだろう。多くの子供を生む女性もそうなるだろう。逆に、子供時代の栄養状態が良く、健康な女性は月経が早く始まる可能性があり、その場合リスクは増大するだろう。年を取るまで子供を生む時期を遅らせることや、一人か二人だけ子供を生むか子供を生まないことによって、リスクはさらに増大するだろう。これは現代の先進国の女性のほとんどに当てはまる。

4　別の例をあげよう。腫瘍の生検をすることほど「予防」の考え方にふさわしいものはない。腫瘍が良性だった場合、手術は不必要なリスクということになる。そこで、生検をすることにすると、細胞を採取する際に癌細胞がはがれ、癌を拡散させるごくわずかなリスクがある。したがって、生検をしなければ必要のない危険な治療を受けるかもしれないが、生検をすれば癌を拡散させる可能性がある。こういった状況で「予防」は何を意味するだろう？

さらに別の例をあげよう。難燃剤は血液検査によく出てくる種類の化学物質である。環境保護主義者は、癌や子供の多動性障害、その他の病気のリスクを高めている疑いがあるという理由で使用禁止にするように求めている。しかし、そもそも難燃剤はどのようにして私たちの体内に入ったのだろう？　その名が示すとおり、難燃剤は子供のパジャマや家具などに添加して耐火性を高める化学物質である。サリー大学の研究によると、すべての新しい家具に難燃剤の使用を義務づける英国の一九八八年の規則によって、九年間に一八〇〇もの人命が救われ、五七〇〇件の傷害が防がれた。それでは、予防原則に基づいた場合、難燃剤の使用は禁止されるべきなのかそれとも強制されるべきなのか？

5　この一九九六年の報告は、専門家が集まって食物中の発癌物質に関する情報を三年間かけて評価した結果だった。「まず、当委員会の結論として、既存の暴露実験データによると、食物中の天然および合成の化学物質の大多数は、はっきりとした生物学的悪影響を及ぼす可能性がある濃度より低い濃度で存在し、濃度が非常に低いため評価可能な癌のリスクをもたらすことはなさそうだと思われる。二番目に、当委員会の結論として、癌のリスクに関して、食物中の天然成分の方が合成成分より重要であることが判明するかもしれない。ただし、最終的な結論を出すまでに追加の証拠が必要である」

第11章

1　当時成功することはさらにありそうになかった。この陰謀は規模が大きく複雑であり、一つの失敗ですべてが破綻する瞬間がたくさんあった（そういった破綻は、九月一一日のテロの数年前に失敗に終わった野心的なフィリピンの陰謀や二〇〇六年に潰されたロンドンの陰謀で起きた）。テロリストたちは、役人のまずい判断や予期せぬ幸運によって何度も助かったものの、九月一一日の陰謀は実際に失敗を経験していた。

2　「大量破壊兵器」に関する重大な但し書きが見過ごされていることが多い。この言葉は冷戦のあいだ、主に核兵器の同意語だったが、特別国際協定によって管理されているその他の従来型でない兵器（化学兵器と生物兵器を意味する）も含むように意味が拡大した。したがって、この言葉は本質的に法律の産物であり、このことは、なぜ多くの「大量破壊兵器」が大量破壊を引き起こさず、大量破壊兵器に該当しない多くの兵器が大量破壊を引き起こすのかを説明するのに役立つ。ティモシー・マクベイはオフィスビルを（大量破壊兵器に該当しない）肥料で作った爆弾で真っ二つにしたが、（大量破壊兵器である）マスタードガスは通常苦痛を伴う水ぶくれをもたらすだけである。誇大に喧伝されている「汚い爆弾」（放射性物質も撒き散らす従来型の爆発物）について言うなら、この爆弾は放射性物質のせいでたいてい大量破壊兵器に分類されているが、米国疾病対策センターによると、放出される放射能のレベルは、死は言うまでもなく、重病を引き起こすほど高いことすらありそうにない。したがって、この爆弾の最も危険な部分は旧式の爆発物である。

3　テロの脅威に関する誇張のほとんどが、テロの脅威を、ソ連あるいはナチス・ドイツがもたらす脅威と同格に位置づける。しかし、ときおり、テロの脅威は第一位を独占する。たとえば、元アーカンソー州知事で共和党の有力大統領候補であるマイク・ハッカビーが「イスラムファシズム」は「この国がこれまでに直面した最大の脅威」だと述べた。

4 大量破壊兵器をこの世の終わりをもたらす兵器と描写し、大量破壊兵器にとらわれ過ぎると、最も洗練された考え方をする人でさえ、実にお粗末な結論に達することがある。二〇〇七年一一月、近東研究に携わる教授バーナード・ルイスは、テロとの戦いを、ナチズムと共産主義との戦いに続く、全体主義との三度目の大戦と表現した。しかし、重要な違いがあるとルイスは書いた。ナチスは「大量破壊兵器を持っていなかった。ソ連政府は持っていたが『相互確証破壊』として知られるものによって使用を思いとどまった。我々の現在の敵は大量破壊兵器を持っているか、まもなく持つことになるが、終末論的な考え方を持った彼らにとって、相互確証破壊は抑止力ではないだろう。むしろ、誘引だろう」。ルイスによると、ヨーロッパを征服し地球を支配する寸前まで行った大量虐殺狂も、予告後一五分で文明を滅ぼすことができる超大国も、大量破壊兵器の一つか二つをいつか手に入れるかもしれない、散在した狂信者の集団ほど危険でないのである。

5 ジュリアーニの九月一一日のテロ攻撃へのこだわりは数ヶ月たっても揺らぐことがなかったため、民主党の上院議員ジョー・バイデンに次のジョークを言わせることになった。ニューヨークの元市長が口にするすべての文には三つのものが含まれている。「名詞と動詞と『九月一一日』だ」

6 クラークの災害のシナリオは、ほとんどのシナリオよりやや細部が詳しく、ややとっぴだが、その他の点では、このジャンルの典型である。『それは誰の戦争?』のなかで、カナダの歴史家で安全保障問題の評論家であるジャック・グラナットスタインは、二〇〇八年二月一二日の朝バンクーバーを壊滅させた地震の生々しい描写から始める。この機会に乗じて、イスラム原理主義者のテロリストがモントリオールで爆弾を爆発させ、トロントで炭疽菌を放出する。「それほど時間がたたないうちに、暴徒が、中東出身と思われる者には誰にでも暴力を振るっており、ブルカを着ている女性は殴ったり蹴られたりした」。カナダの軍隊は、その乏しい人員がまるごとアフガニスタンに派遣されているため、介入できず、混沌状態の影が迫る。恐れをなした米国の政治家は国境を封鎖する。トロント証券取引所の株が暴落し、経済が混乱する。わかっていない人のために言っておくと、この本が最も言いたいのは、カナダの軍隊と安全保障機関が是非とももっと資金を必要としているということであり、もし資金が得られないのなら何が起きるか想像してみよということなのである。

7 大惨事が起きる可能性を述べたシナリオに対処する理にかなった方法の一つは、検討されている脅威の実際の経験に目を向けることだろう。しかし、めったにそうされなかった。たとえば、殺人ウイルスが話題になるにもかかわらず、ヨーロッパにおける天然痘の最後の流行（一九七二年、ユーゴスラビア）で三五人しか死亡しなかったことに言及する人はほとんどいなかった。また、一九六七年、ドイツのマールブルクでアフリカのサルを研究していた人が、のちに「マールブルクウイルス」と呼ばれることになるエボラウイルスと近縁のウイルスに感染したときのこともあまり注目されなかった。ジャーナリストやテロの専門家の想像では、この事件は疑う余地なくぞっとするほど多くの人命が失われて終わることになるだろう。しかし、現実はかなり控えめなものだった。三二人が感染し、七人が死亡した。

8 ほかの多くの事件も同様の経緯をたどった。最も悪名の高い事件では、米国市民でイスラム教への改宗者であるホセ・パディリャが二〇〇二年五月に逮捕されたとき、いわゆる汚い爆弾を爆発させる陰謀にパディリャが加担していたとブッシュ政権が勝ち誇って宣言した。それは世界中で大きなニュースとなった。パディリャは外部との連絡を絶たれて監禁され、有罪とも無罪とも決まらないままだった。それから二年後、司法省はパディリャが汚い爆弾の爆発を計画していなかったことを静かに認めた。司法省によると、陰謀とはアパートの一室でガス栓を開け、ガスに点火するというものだった。大量破壊兵器を配備しかけているテロリストの証拠として示されていたものは、失敗に終わった、取るに足りない、間の抜けた陰謀の証拠に過ぎなかった。さらに時間がたった。最終的に、パディリャは裁判にかけられ、申し立ての内容はさらに縮小した。つまり、アフガニスタンでテロリストとともに訓練を受けたと申し立てられたが、特定の攻撃を計画したことでは訴えられなかった。そして、メディアはどうだったか？　申し立ての内容が縮小するにつれて、報道も縮小した。パディリャの裁判までにはこの事件はほとんど忘れられていたが、大量破壊兵器で武装したテロリストによる大規模な攻撃をブッシュ政権がかろうじて回避したという印象は無傷で残っていた。

当局の極端な誇張のパターンが明白であっても、メディアはためらうことなく回避された大惨事の新たな発表を喧伝した。二〇〇六年六月に、ワシントンとマイアミで同時に記者会見が開かれ、起訴状の言葉によると「米国で戦争を始める」ことを企てていた男性のグループがフロリダで逮捕されたことが発表された。米国司法長官はこの男たちが「本格的な地上戦」を始めるつもりだったと述べた。計画にはシカゴのシアーズ・タワーの破壊も含まれていたという。しかし、この男たちはアルカイダとつながりを持っていなかったし、訓練も受けていなければ、兵器も、装備も、計画もなかったことがすぐに明らかになった。アルカイダに所属しているように見せかけていた政府の覆面捜査官はブーツを買ってやったほどだ。彼らは「国際テロリスト」を演じている暴力的不平分子に過ぎなかった。そして、この事実は最初の記者会見のときのようにメディアに注目されることはなかった。

9　メディアによるテロの報道において、恐ろしい発言と懐疑的な吟味のあいだに逆の相関関係があるように見えることがときどきある。二〇〇七年九月に、調査報道記者でテロに関する本の著者でもあるロン・ケスラーは『オタワ・シチズン』紙の記者に「彼ら（アルカイダ）が核爆弾をロシアか自分たちの科学者から手に入れるのはかなり容易だ」と話した。一見して、これは疑わしい。「かなり容易」なら、なぜまだ手に入れていないのか？　しかし、ケスラーはこのかなり自明の質問を尋ねられなかった。CNNドット・コムは、アルカイダが「静かになった」（首領たちはしばらくのあいだビデオテープあるいは音声テープを公表していなかった）ことを指摘し、沈黙の意味を推測することによって、文字通り、何も起きていないということを恐ろしいニュースに仕立て上げさえした。二〇〇七年五月、『USAトゥデー』紙は、アルカイダがまだ米国を攻撃していないことが不安を引き起こしていることに気づいた。「諜報アナリストは次のように言っている。アルカイダ主導の攻撃が米国で行なわれていないということは、死傷者数と宣伝効果の点で九月一一日のテロ攻撃に匹敵する攻撃を開始できるまで時機をうかがっていることを示すのかもしれない」

10　同様に、米国の左派の由緒ある雑誌『マザー・ジョーンズ』は、二〇〇七年三月にテロが増大しつつある脅威だと宣言した。この雑誌が委託した研究によると、「世界規模の死をもたらす聖戦士による攻撃」が大幅に急増していた。英国の『インディペンデント』紙は、大喜びでこの研究について「どのようにしてテロとの戦いは世界をより恐ろしい場所にしたか」と報道した。両方の記事の目立たないところに埋もれていたのが、テロの急増が起きているのが中東と南アジアだという決定的に重要な事実だった。米国あるいはヨーロッパでは、相変わらず極小のリスクであるという事実は触れられないままだった。

11　二〇〇七年九月のビデオテープで、ビン・ラディンは「一九人の若者」が米国の政策を根本的に変え、「イスラム戦士の話題はおまえたちのリーダーの演説の切り離せない一部となった」とさらに自慢した。

12　小説家のウィリアム・ギブソンがインタビューの中で言っているように、「テロは一種の信用詐欺だ。いつもうまくいくとはかぎらない。詐欺を行なっている社会による。米国では確かにうまくいった」。

13　妙なことに、核によるテロのリスクを低減するためにあまりにも少ない金額しか使われていないともっともらしく主張することもできる。核によるテロは、起きそうにない種類のテロかもしれないが、それにもかかわらず、危険に曝されている人命の数が多いという単純な理由で最大のテロリストによる脅威なのだ。核物質を保有しているロシアの設備の少なくとも半数で、まだ保安の向上が図られていない。保安の向上を図る計画を実行するための米国の資金が非常に不足しているからである。同様に、ロシアが破壊することに合意している膨大な量のプルトニウムは、作業を実施するお金がないため単に倉庫に置かれているだけである。国連の国際原子力機関（世界の核の監視役）は一億三〇〇〇万ドルの予算しかなく、長官はしばしば寄付を求めに行かなくてはならない。「この機関は常に技術競争に遅れを取る危険を冒している。わずかな予算でやっていかざるを得ないからだ」と、ムハンマド・エル＝バラデイは二〇〇七年に米国連合通信社に対して話した。資産家のテッド・ターナーとウォーレン・バフェットは、核安全保障構想が世界各国の政府によって不当に扱われていることを知り、主要な資金提供者となった。

14　邦訳はバジリコ刊、小林紀子訳。

第12章

1　子供を失うことは非常に裕福な人々にとってすらよくあることだった。

2　心理学者のエミリー・プロニンらは、スタンフォード大学の学生に心理学者が発見した八つのバイアスを説明する小冊子を渡した。そして「平均的な米国人」がそれぞれのバイアスにどれくらい影響を受けやすいかを尋ねた。スタンフォード大学の平均的な学生は？　あなたは？　どのバイアスの場合も、学生は、平均的な学生は非常に影響を受けやすいが、自分はずっと影響を受けにくいと答えた。サンフランシスコ国際空港で実施したときも同様の結果が得られている。また、プロニンらは被験者に二人一組になって、「社会的知能テスト」を受けてもらった。そのテストは偽物で、一人（ランダムに選ばれた）には高い点数がつけられ、もう一人には低い点数がつけられた。次に、被験者は、このテストが社会的知能の正確な測定方法だと思うかどうかを尋ねられた。ほとんどの場合、高い点数を取った人はそうだと答え、低い点数を取った人はそうでないと主張した。これは「自己奉仕バイアス」と呼ばれるものが働いていることを示している。ここで被験者に自己奉仕バイアスを説明し、続いてこのバイアスが判断に影響を与えたかどうかを尋ねた。ほとんどの被験者が「えーっと、確かに相手の人の判断に影響を与えました。でも私は？　それほどでもありません」と答えた。

3　邦訳は『今世紀で人類は終わる？』、草思社刊、堀千恵子訳。

4　邦訳は早川書房刊、黒原敏行訳。

5　二〇〇五年に、カナダ人の五人に四人が「今日世界が、自分が育った時代ほど安全な場所ではない」ことに同意した。悩ましいのは、第二次世界大戦のあいだか大戦以前に生まれたカナダ人の八五パーセントがこの意見に同意したことである。したがって、全体主義の悪夢や経済の崩壊、世界大戦によって特徴づけられる時代に育った人のほぼ全員が、今日世界がその時代より危険だということに同意したのである。

6　未来に目を向け、恐ろしいことが起きると想像するのとまったく同じように、素晴らしい変化を考え出すこともできる。マラリアとエイズのワクチンは何億人もの命を救うかもしれない。遺伝子組換え作物は世界の人人に大量の安い食物をもたらすかもしれない。超効率的な代替エネルギーによって化石燃料が不要となり、気候変動が根本的に緩和されるかもしれない。これらが組み合わさって、前代未聞の黄金時代が到来するかもしれない。こういったことは、大惨事論者のもっととっぴなシナリオと同じくらい起きやすいのである。

7　邦訳は河出書房新社刊、宮川毅訳。

8　この恐ろしい題をすべて記載すると、『私たちの最後のとき——ある科学者の警告　テロと過失、環境災害は、地球と宇宙における今世紀の人類の未来をどのように脅かすか』になる（邦題は『今世紀で人類は終わる?』）。この本の多くは完全な推測に基づくものである。たとえば、リースは、ナノテクノロジーが制御できなくなり、自己再生するようになると、世界が「灰色の塊《グレイ・グー》」に変わることに言及している。こんなものは、人類がこれまで発明した技術あるいは予測可能な未来に発明する技術のレベルをはるかに越えており、それを理論的に可能にしているのは、物理法則を犯していないという事実だけだと、リースは認めている。英国のサイエンスライターのオリバー・モートンがリースの本の書評に書いたように「我々がこういったリスクを真剣に受け止めようとするなら、物理法則を犯していないという以外にもっと具体的な事実が必要だ。姿を見せないウサギは捕まえられない」。

訳者あとがき

本書は、テロや犯罪、病気などのリスクを現代人が必要以上に恐れている状況を認知心理学の知見をもとに読み解いたものである。

まずプロローグで示されるのは、二〇〇一年九月一一日のテロ後、移動手段を飛行機から車に切り替えた結果、自動車事故の死亡者が増えたという例だ。このほか、インターネット上の小児性愛者の数として喧伝されているものが憶測に過ぎなかった話（第3章）、地球への小惑星の衝突のリスクがなぜ小さく見積もられるのか（第4章）、シリコン豊胸材の安全性をめぐる騒動の原因（第5章）など、さまざまな実例があげられ心理学の実験とともにリスク認識の真相が解き明かされていく。

たとえば第2章で著者が子供の写真の入った財布をすられ、危険を顧みずに探し回ったことがあげられているが、これは無意識（「腹」）の判断を意識（「頭」）が修正できなかったためであると著者は説明する。このほか、リスクを誤解する原因として、正しい答えがはっきりしないとき最近聞いた数字を参考にするという「係留と調整によるヒューリスティック」（「係留規則」）、典型的なものは正しいと判断するという「代表性ヒューリスティック」

するという「利用可能性ヒューリスティック」（「典型的なものに関する規則」）、実例を思いつくのが容易なものは一般的なものだと判断するという「利用可能性ヒューリスティック」（「実例規則」）などが紹介されている。また、第6章では、集団における見解形成について述べられ、いったん見解が形成されると見解を支持する情報を受け入れ、そうでないものを拒否するという「確証バイアス」などが紹介されている。

中盤から後半にかけて、リスクに対する恐怖を利用して利益を図る企業や政治家、活動家の実態、そして誤解を招く偏った報道の実情が述べられている。とくに第11章ではテロのリスクや九月一一日のテロ後の政治状況が詳述されており読み応えがある。

結論として、著者は、今は良い時代なのだから、リスク認識の仕組みを自覚し、できるだけ理性を働かせてリスクを恐れないようにしようと主張する。

著者のダン・ガードナーは、カナダ、オタワ在住のジャーナリストである。ヨーク大学で法学の学位と歴史学の修士号を取得し、オンタリオで政策アドバイザーをつとめたのち、『オタワ・シチズン』紙の記者となり、現在は同紙のコラムニスト兼シニア・ライターをつとめている。これまでにカナダ新聞賞など多数の賞を受賞している。本書が初の著作となる。

なお、著者は、本書の執筆に当たって、分量が多くなることを考慮して金融リスクを除外することに決めたが、二〇〇八年のリスクに関する最大のニュースが世界金融危機となったことを考えれば、この決定は残念だったとして、次のように書いている。行動経済学者ロバート・シラーは、過去の住宅価格の推移を調べるという基本的な調査によって、二〇〇五年に住宅バブルを見抜いた。なぜ当時住宅バブルに気づいた人がごくわずかしかいなかったかは、人間を合理的存在（ホモ・エコノミクス）ととらえ、効率的市場仮説を採用する従来の経済学では分からない。それに対して、心理学を取り入れ、人間を限られた範囲で合理的だと考える行動経済学を用いれば、住宅価格が上昇し続けるとなぜ人々が信じたかなどの事態が理解できる。個人向けローンから不可解な金融派生商品までの金融商品は、複雑になっている。このローンはどういう仕組みか？　これは健全な投資か？　払いきれるか？　この金融派生商品の詳細はどうなっているのか？　これらは、難しく、重要な質問であるため、第6章で示したように、自分の判断を放棄して他人の意見に従うことになりやすい。そして、多くの人が何かを信じるようになると、雪だるま式にさらに多くの人がそのことを信じるようになる。これに確証バイアスやメディア、既得権益を持った個人や組織の影響が加わる。結果として、ものすごい数の人が、住宅バブルが見えなくなってしまった。こういった事態に陥らないために、行動経済学者のシラーやダン・アリエリー、リチャード・セイラーらの一般向けの著作を読むのも参考になるだろう。リスクを客観的にとらえる目を持ちたいものだ。

翻訳にあたって、早川書房編集部の東方綾さんに大変お世話になりました。ありがとうございました。

（単行本の解説を再録）

解説

合理的なリスク認識のための、現代人必読の書

サイエンスライター
佐藤健太郎

最高の読書体験とは、どのようなものだろうか。最後のページをめくり終わったと同時に、世界がそれまでと違ったものに見えてしまい、読んだことを皆に聞かせてやりたくて仕方なくなる、という本がそれに当たるだろうか。ただ残念ながら、そのような本にはなかなか出会えるものではない。

本書『リスクにあなたは騙される』は、筆者にとって間違いなくそうした本のうちの一冊であった。冒頭数十ページを読んだだけで、それまでリスクに関して感じていたもやもやが、一挙にクリアになる。筆者など読んだ内容を人に話したくなるどころか、『「ゼロリスク社会」の罠』（光文社）なる本を一冊書いてしまったほどだ。著者ガードナーの唱えるリスク論はもっと広く知られるべきと思ったし、筆者の専門分野である化学物質に関するリスクを考える上でも、彼の考えは極めて有効と考えたためだ。

著者ガードナーが本書で投げかけるのは、「歴史上最も健康で、最も裕福で、最も長生き

な人間である我々が、なぜリスクに脅えているのか？」というパラドックスだ。現代人は何の疑いもなく、昔には存在しなかった災害、テロ、流行病、化学物質など数々のリスクが、自分たちを飲み込もうと大口を開けて待っていると思い込んでいる。現代は歴史上かつてないほど悪い時代であり、古きよき物や心、平和な暮らしは失われていく一方と信じ込んでいる。

しかし各種のデータは、現実がこれと全く逆であることを示している。二十世紀初頭まで人類を苦しめ続けた多くの感染症は一掃されたし、先進国から発展途上国まで貧困は改善されつつある。何より、世界各国で平均寿命が飛躍的に伸びていることは、生きていく上でのリスクが減少していることを示す、この上なくシンプルで説得力あるデータだ。それなのに我々は、様々なリスクに脅え、危険情報に耳をそばだてながら暮らしている。そして我々は、この矛盾に気づきもしていない。そこには、明らかなリスク認識の過誤がある。

リスクを正しくとらえる能力は、生きていく上での最重要な力であるはずだ。人生は常にリスクの連続であり、絶対安全ということはありえない。となれば我々は、昼飯の選択から家の売買に至るまで、あらゆる場面でリスク比較を行わねばならない。毎日の生活は、そのままリスク測定能力を磨く場となっているはずだ。

にもかかわらず人類の歴史は、「なぜあれほどの人物がリスクを見誤ったのか」と思うような事例で溢れている。戦国時代、天下の大半を制した織田信長は、「部下の反乱」というリスクを過小評価したがために身を滅ぼした。昭和十六年の日本政府首脳は、あらゆるデータやシミュレーションで勝ち目がないことがはっきりしていた、アメリカとの開戦に踏み切ってしまった。

もっと身近でも、たとえば有機栽培の野菜を摂取し、毎日ジョギングして健康維持に励んでいるくせに、平気で携帯メールを打ちながら車を運転するような人が、あなたの周りにもきっといることだろう。人類は、生きていく上で最も必要なはずのリスク判断能力に、なぜか重大な欠陥を抱えたままここまで来てしまったのだ。

なぜこんな状態になっているか？　ガードナーは、我々が二つのリスク判断系統を持っているためと説明する。直感的で素早く判断を下す「システム・ワン」（この本では「腹」と呼ばれる）と、計算によって冷静にリスクを計量する「システム・ツー」（この本では「頭」）の二つだ。前者は、いわば本能的なリスク判断機構、後者は理性的に計算して評価を下す仕組みだ。

人類は長らく、「腹」でリスクを瞬時に判断すべき状況の中で生きてきた。草むらからライオンが現れた時、「頭」であれこれ考えていてはとうてい間に合わない。こうした時は、「腹」は、全身の力を振り絞ってとにかく逃げろ、と一瞬のうちに決断する。こうして人類は、「腹」という強力なリスク判断機構に頼り、数百万年の歳月を生き延びてきた。

しかしここ数百年の間に築かれた高度な文明社会にあっては、猛獣に襲われるような

「腹」が素早く対処すべきリスクは減少し、「頭」で冷静に判断すべきリスクが多くなっている。しかし我々のリスク判断機構は、残念ながらこの変化にまだついていっておらず、理性の代わりについ本能がしゃしゃり出てしまう。これが、人類がリスク判断を誤る理由だ——とガードナーは唱える。

これは筆者にとり、まさに眼から鱗であった。真理をあまりにも明快に解説されると、あたかも前々から知っていた当然の事柄のように感じてしまうことがあるが、まさにそんな思いになった。その他、ガードナーが示す多くの「規則」は、リスクの読み誤りがなぜ起こるか、極めてわかりやすく説明する。信長が反乱のリスクを過小評価したのは正常性バイアスが影響し、開戦を決断した日本政府の過ちは、同調圧力が強く働いた結果と解釈できよう。

社会学の翻訳書で取り上げられる事例は、日本の読者にとってはピンとこないことがしばしばある。国によって国民性や環境など様々であるから、これはある程度やむを得ない。しかしこの本で取り上げられた事例は、ほとんどが欧米のものでありながら、日本でもよく類似した例を思いつくものばかりだ。

たとえば第10章で指摘されている「天然」「自然」は善、「人工」「合成」とつくものは悪という思い込みは、日本でも全く同じように通用している。「X人が死亡した」とのみ伝え、「Y人のうち」とは報道されない「分母盲目」現象も、国内のあらゆるマスメディアで目にすることができる。児童を狙った犯罪が頻発している、がんによる死亡者が増え続けている、台所、電車の吊革、洗濯機などあらゆるところに病原菌が溢れている——恐怖を誘うこうした広告も、日本国内のテレビやウェブで毎日見かけるものだ。本書で扱っている内容が、国境を超えて普遍的な、人間の本質に深く根ざしたものである証ともいえよう。

著者が本書で最も訴えたかったのは、第11章で扱ったテロのリスクについてであろう。幸いにして日本国内では、オウム真理教事件以後、このリスクとはほぼ無縁でいられている。その代わりに我が国で取り上げるべきは、地震を初めとする天災の数々、そして原発事故に関するものだろう。

二〇一一年三月一一日以後の我が国は、まさにリスクに関する議論の見本市となった。そして、その中にはあまりに残念なリスク誤認が、数多く見られた。たとえば二〇一一年八月の、京都五山送り火の騒動がその一例だろう。津波で大きな被害を受けた岩手県陸前高田市の松を、鎮魂の意を込めて送り火の薪として燃やそうという企画が、放射能汚染を危惧する苦情のため、二転三転の末に中止となった一件だ。

これこそ「腹」によるリスク判断が「頭」に勝ってしまった、典型的な事例であった。陸前高田は福島から二〇〇キロメートルも離れていること、原発事故ではなく津波による被災地であること、のちに薪の放射線測定が行われ、健康に影響は考えられないごく微量なものであったことなどは、「腹」にとっては問題ではなかった。放射能という得体の知れない恐怖に対し、「腹」はことさらに強く反応する。この後も各地で類似の騒動が続き、被災地への風評被害を強める結果となったことは、極めて残念な出来事であった。

また、「放射能への恐怖」を煽ることで利益を得ようとする者が現れたことも、放射能を極度に危険視する人々が集まって「集団極性化」を起こしたことも、本書を読んだ読者にはその理由が納得されることだろう。今回の震災後に起きた多くの騒動は、全て本書に予言されていたといっていい。

現在、日本国内には大量の放射性物質を内部に保持した五四基の原発があり、またいつでも巨大震災に見舞われる可能性があることは、紛れもない事実だ。それに備えるため、また将来のエネルギー政策を考えるためにも、正しく原発のリスクをとらえることは必須だ。しかし事故から三年以上を経た現在も、いまだ冷静な議論ができる状況とは言い難い。

リスクを冷静にとらえられない状況は、何も原発問題に限ったことではない。たとえばBSE（狂牛病）問題では、人間への感染の心配がないことが確実になってからも、科学的にはほとんど意味のない全頭検査が延々と続けられ、数百億円を空費した。また、ソルビン酸は低毒性で非常に効果的な保存料であり、うまく使えれば食品廃棄や冷蔵用の電気消費を数百億円分も削減できるという試算がある。しかしソルビン酸は「保存料」「化学物質」という名前だけで消費者に嫌われ、使用量は減る一方だ。こうした不合理なリスク判断のために、巨大な社会的損失が他にも数多く生じているであろうことは、まず疑いがない。

となると次なる課題は、こうした判断の難しい問題について、いかに合理的なリスク認識を正しく人々に伝えていくかであろう。「腹」による思い込みはあまりに強力であり、科学的なリスク判断の多くは直感に反するものであるから、容易には受け入れがたい（というより科学的手法は、直感では届かない問題の判断を下すために存在する）。合理的なリスク判断を、上から押し付けるのではなく、多くの人に納得の行くように伝え、建設的な議論へと導くのは全く至難の業だ。行き届いたリスクコミュニケーションは現代日本の、そして世界の大きな課題だが、このことはまだまだ認識されていないように思える。

成熟したリスク認識をもった社会とはなかなか困難な課題だが、まずはできる限り多くの人に、本書のような優れた書籍を手に取ってもらうのが第一歩かと思う。せめてマスコミ関係者や教育に携わる人には、ぜひ本書が広く読まれることを願いたい。「現代人必読の書」という使い古された言い回しは、できれば本書のためにとっておいてほしかった、と思う。

二〇一四年六月

本書は、二〇〇九年五月に早川書房より単行本として刊行した作品を文庫化したものです。

訳者略歴　翻訳家　京都大学農学部卒業，同大学院農学研究科修了
訳書『知性誕生』ダンカン，『数学で読み解くあなたの一日』ブラウン（以上早川書房刊），『偶然と必然の方程式』モーブッシン他

HM=Hayakawa Mystery
SF=Science Fiction
JA=Japanese Author
NV=Novel
NF=Nonfiction
FT=Fantasy

〈数理を愉しむ〉シリーズ

リスクにあなたは騙《だま》される

〈NF413〉

二〇一四年七月二十日　印刷
二〇一四年七月二十五日　発行

（定価はカバーに表示してあります）

著　者　ダン・ガードナー
訳　者　田《た》淵《ぶち》健《けん》太《た》
発行者　早川　浩
発行所　株式会社　早川書房

郵便番号　一〇一‐〇〇四六
東京都千代田区神田多町二ノ二
電話　〇三‐三二五二‐三一一一（大代表）
振替　〇〇一六〇‐三‐四七七九九
http://www.hayakawa-online.co.jp

乱丁・落丁本は小社制作部宛お送り下さい。
送料小社負担にてお取りかえいたします。

印刷・精文堂印刷株式会社　製本・株式会社明光社
Printed and bound in Japan
ISBN978-4-15-050413-7 C0130

本書は活字が大きく読みやすい〈トールサイズ〉です。